本书为著者主持的国家社科基金重大专项
"中国马克思主义学术通史研究"（23VLS004）的阶段性成果

中国现代学术概论

第五卷

吴汉全 著

人民出版社

目　　录

第　五　卷

第十二章　新闻学

　　新闻学是研究新闻事业和新闻工作规律的科学。它主要研究新闻事业与社会的关系,各种新闻媒介的特性、功能及其运用,新闻事业的历史、现状及其发展规律,新闻事业的管理等。现代中国的新闻学,包括资产阶级新闻学和马克思主义新闻学两个部分。随着中国共产党领导的新民主主义革命的推进,中国马克思主义新闻学得以壮大和发展,而中国资产阶级新闻学则逐步衰落下去。现代中国的新闻学与哲学、经济学、历史学、政治学等学科相比,尽管发展的程度不是很高,但作为一门学科也得以建立起来,并在中国现代学术体系中占有重要的位置。

一、五四时期中国新闻学的创建

　　五四时期中国新闻事业处于发展的重要时期,有力地促进了新闻学研究的开展。1918 年 10 月 14 日,"北京大学新闻学研究会"宣布成立,这是中国的新闻学研究的第一个学术社团。蔡元培到会讲话,并被选为会长。会议还聘请徐宝璜为研究会主任,讲授新闻学;聘请邵飘萍为导师,讲授采访学。该研究会向校内外招收会员,其活动一直延续到 1920 年 12 月,在当时的新闻学界有很大的影响。"北京大学新闻学研究会"是新闻学作为一门学科在中国进行研究的开端,同时也是中国新闻教育事业的开端①。

（一）中国新闻学创建的历史条件

　　中国的新闻学在五四时期得以产生,大致有以下几个条件:

---

① 　方汉奇、张之华主编:《中国新闻事业简史》,中国人民大学出版社 1995 年版,第 203 页。

第一，民国的建立为中国新闻学的发展创造了政治条件。1912年中华民国成立后，南京临时政府颁布了具有资产阶级共和国性质的《中华民国临时约法》，明确规定"人民具有言论、著作、刊行及集会、结社之自由"。这对于中国新闻事业的发展产生过积极的影响。由此，中国的新闻事业也在短期内出现了发展的局面，促进了新闻学这门学科的产生。

第二，近代中国著名报人的报业实践为新闻学的产生作出了重要的贡献。新闻学作为一门学问的孕育与形成，是基于新闻事业发展的需要。民国初年，一些重要的报人如林焕庭、杨公民、李抱一、张平子等资产阶级报人，在办报过程中对于新闻问题有过积极的思考与探索，他们虽没有形成系统的新闻学著作，但在他们的文章、讲演、信函中对于新闻报刊等问题多有论及，这推动了中国资产阶级新闻思想的产生和发展，并为此后新闻学成为一门独立的学问播下了种子。

第三，外国新闻学著作的引进和新闻思想的输入，为新闻学研究提供了学术的基础。早在1903年10月（光绪二十九年），上海商务印书馆翻译出版了日本学者松本君平的《新闻学》一书。该书分为三十六章，对于新闻与文明的关系、新闻与社会的关系、记者与政治的关系、记者与报刊业务的关系、欧美新闻事业现状、报刊业的经营管理及报馆的内部组织、记者的采访写作和报纸编辑业务等加以叙述。1913年美国记者休曼的《实用新闻学》一书也由史青译成中文，由上海广学会出版。该书共十六章，对于美国报业发展史，新闻从业人员条件、职责及待遇，新闻的采访、写作与编辑，报业的广告与经营，报刊的美术与副刊，新闻自由与新闻法律，妇女新闻事业等，给予较为全面的叙述。日本和西方新闻学著作的引进，为中国现代新闻学的创建提供了学术资源。

第四，新文化运动为中国新闻学创造了思想自由的条件。以陈独秀、李大钊、胡适等为代表的新文化运动精英，进行了思想启蒙运动，积极宣传民主和科学思想，大大解放了人们的思想。他们的新闻思想和新闻实践活动，为新闻学的诞生发挥了催生的作用。尤其是蔡元培执掌北京大学，在"兼容并包"、"思想自由"的治校理念下，促进了新闻学这门学科的产生。

五四时期至1927年间，全国的不少高校相继开展了新闻教育，为新闻学培养了不少人才，同时也推动了新闻学的学术研究。在北京，平民大学、燕京大学、北京民国大学、法政大学等相继创办了新闻系；在上海，圣约翰大学、南方大学、复旦大学、上海沪江大学、大夏大学、光华大学、上海大学等，也相继创建了新闻系。关于我国新闻学的早期历史，邵飘萍1924年的一篇文章有如下的记述：

> 我国之有新闻学，始于一二海外学子之编译；多注重于说明新闻之原

理,而方法则较少焉。是因我国尚为特殊之社会,则适用于探究新闻,亦不可以无特殊之方法。且是类极少数的编译之书,仅供有新闻与味者之参考而已,未有集多数学子以讲授研究者。至民国九年,蔡子民先生方长北京大学,愚与徐伯轩君(编有新闻学一册),合商之于蔡校长,于是北京大学,始创设新闻学会,听讲者百余人,愚与徐君分任其事,愚则讲述新闻记者外交术,专研究探索新闻材料之方法。去年所出版之拙著《实际应用新闻学》,盖即以斯会为其动机。此百余人者,自北大毕业以后,今正从事于新闻业者颇众,且多优秀之分子焉。是为我国大学中有新闻学之始。①

从中国新闻学发展的历史来看,1919年北京大学新闻学研究会出版的徐宝璜所著《新闻学》一书,这是中国现代新闻学产生的显著标志。不少高校相继创办新闻系,开展新闻教育,也极大地推进了新闻学的研究。

(二) 新闻学的几位主要开创者

徐宝璜、邵飘萍、任白涛等一批学者,是中国现代新闻学的主要开创者。

1. 徐宝璜的《新闻学》(1919年)等著作

徐宝璜② 1919年出版的《新闻学》一书,是其新闻学研究的处女作,同时也是我国第一部新闻学著作③。该著原是徐宝璜为新闻学研究会讲课所写的讲义,后来经四次重要的修改,并定名为《新闻学》,于1919年12月由北京大学出版部以新闻学研究会名义出版。蔡元培为该著作序,称该著"在我国新闻界实为'破天荒'之作"。全书共十四章,六万字左右。该著主要从新闻学定义,到报纸工作的性质和任务,兼及报纸的编辑、采访、评论、发行诸方面,作了理论与实践的探讨。此后,他又撰写了《新闻学概论》(1927年)、《论新闻学》(1930年)等著作,发展了自己关于新闻问题的认识。

徐宝璜从社会进步和教育普及的视域来看待新闻事业的地位,认为新闻是

---

① 飘萍:《我国新闻学进步之趋势》,《东方杂志》第21卷第6号,1924年3月25日。

② 徐宝璜(1894—1930),字伯轩,江西九江人。中国现代新闻学的开创者,新闻教育家。早年就读于九江文化学堂、汇文中学,1912年毕业于北京大学,后考取官费留美,于密歇根大学攻读经济学、新闻学。1916年回国,先任北京《晨报》的编辑,继任北京大学教授兼校长室秘书。1918年与蔡元培发起成立北京大学新闻学研究会,被推为副会长、新闻学导师和会刊《新闻周刊》的编辑主任,并代蔡元培负责处理日常事务,定期为会员讲授新闻学基本知识。1920年后,相继任教于北平、朝阳、中国、平民等四所大学,讲授新闻学和经济学方面的课程。著作有《新闻学》等。

③ 赵凯、丁法章、黄芝晓主编:《二十世纪中国社会科学·新闻学卷》,上海人民出版社2005年版,第120页。

社会进步的产物,在教育普及的国家对于社会舆论有着重要的影响。他指出:
"在教育普及之国,其国民无分男女老少,平时有不看书者,几无不看新闻纸者。
言论行动,多受其影响。"于是,在西方国家,新闻已经成为"社会教育最有力之
机关"。徐宝璜还从政治民主化高度评析新闻的地位,认识到新闻在政治民主
化中有着特别的重要作用。他指出:"自各国民权发达以来,国内大事,多视舆
论为转移,而舆论又隐为新闻纸所操纵,如是新闻纸之势力,益不可侮矣。"①徐
宝璜以西方新闻发展的实际状况作为考察对象,研究了新闻与社会发展、教育发
达的关系,充分肯定新闻对于提升国民素质的积极作用,因而也就特别期待新闻
在中国的发展并对中国社会变革产生积极的影响。

徐宝璜还研究了新闻业与社会运行的关系,认为新闻业对于社会的良性运
行有着十分重要的作用。新闻业具有什么样的价值呢? 徐宝璜认为,新闻业是
社会上有价值的事业,对于社会运行有着重要的意义,但新闻业的作用是通过其
所提供的内容来实现的。徐宝璜通过对欧美发达国家新闻业的考察,指出:"新
闻纸之发生为适应社会之需要,其在欧美各国,犹布之于衣,谷之于食,政客官
僚,可借以发表政见;学者人士,可借以发挥学术;农工商等,亦可借以互相介绍。
其重要职务有四:(一)供给新闻,(二)评论时事,(三)补助商业,(四)补助教
育。例如新闻通讯社为供给新闻,《现代评论》等则为评论时事,杂志等则为补
助教育,日报等则包括上列四项焉。凡新闻纸须含有上列各项,方有可存在之价
值,反之则否也。"②在徐宝璜看来,新闻的作用主要表现在以下几个方面:

一是具有"代表社会舆论"的功能。在徐宝璜看来,新闻是"国民的喉舌",
在社会上具有代表舆论的作用,亦即通过新闻业来表达社会上的民意,并进而影
响国际国内政治之走向。他说:

> 西人常云,新闻纸者,国民之喉舌也。国内各报出版时,其发刊词亦莫
> 不曰将代表舆论,可见代表舆论,为新闻纸重要职务之一,已为世所公认矣。
> 欲尽此职,新闻纸之编辑应默察国民之大多数,对于各事之舆论,取正当而
> 有利于国有福于民者,著论立说,在社论栏中,代为发表之。言国民欲言而
> 又不善言者,言国民所欲言而又不敢言者,斯无愧矣。……又重要新闻纸之
> 言论,不仅其本国政府注意之,外国政府亦复如是,因知其本国政府之行动,

① 徐宝璜:《新闻学》,新闻学研究会 1919 年版,第 2 页。
② 徐宝璜:《新闻学概论》(1927 年),黄天鹏编:《新闻学刊全集》,光华书局 1930 年版,第 3 页。

多少必受其言论之影响之。①

二是具有"创造正当之舆论"的功能。徐宝璜认为，新闻不仅是社会舆论的代表，而且有着引领社会舆论之走向，因而必须善于运用舆论的力量，使新闻"为舆论之母"，发挥其"创造正当之舆论"的功能。那么，如何才能发挥新闻"创造正当之舆论"的功能呢？对此，徐宝璜结合新闻实践工作，有以下的言论：

> 然新闻纸不仅应为舆论之代表也，亦应善用其势力，为舆论之母，创造正当之舆论，而纳政府及国民于轨物焉。此种创造的职务，世界之大新闻社，无不重视之。我国戊戌以后上海发行之《苏报》、《警钟报》、《民呼报》等报，均注重创造舆论之新闻纸也。至创造方法有三：一为登载正确之新闻。因世人心理中对于几种重大事情，常有一定之善恶观念，如营私舞弊、拍卖国家权利，均举世所谓恶行也。急公好义，举世所谓善行也，世如果有营私舞弊或拍卖国家权利之人，新闻纸只须将其劣迹，振笔直书，"和盘托出"，则舆论自必起而攻之，不待其鼓动也。二为访问重要之人物。因国民之多数，往往对于国家大计，或内容复杂之问题，无一定之主张，以所信仰之人之主张为主张，使新闻纸于此时访问此众所信仰之人而征求其主张，登之报上，常可使游移不定之舆论，变而为一致赞成的或反对的舆论。三为发表精确之社论。由为编辑本自己之学识与热忱，细心研究社会上或政治上应改良之事，常著切实之论说以提倡之。初或无甚反应，然历时稍久，必能促国民之觉悟，唤起正当之舆论，使应兴之事果兴，应革之事果革，此则毫无疑义者也。②

三是具有向社会"灌输智识"的功能。徐宝璜非常看重新闻对于社会教育的作用，把新闻作为社会公众获取知识的重要来源，从而使新闻事业担负起社会教育的功能。他说："灌输知识，世界各大新闻社亦莫不认为其重要职务之一，欲尽此职，新闻纸应力求每日所登之新闻，丰富而正当，使阅者不出屋而可知天下之大事。又应对于教育实业，科学、美术、商业、金融特立专栏，请有专门智识之人担任编辑，使阅者每日破少许之工夫，得很多有用之智识。"③在徐宝璜看来，新闻应该担负起为国民提供知识教育的职责，新闻社应该成为"阅者每日之图书馆，或其购买知识之杂货店"。这样，社会公众通过新闻社，就能学习到各

---

① 徐宝璜：《论新闻学》，黄天鹏编：《新闻学论文集》，光华书局1930年版，第3—4页。
② 徐宝璜：《论新闻学》，黄天鹏编：《新闻学论文集》，光华书局1930年版，第4—5页。
③ 徐宝璜：《论新闻学》，黄天鹏编：《新闻学论文集》，光华书局1930年版，第5—6页。

行各业所需要的知识,如此"则国民之知识,必可大为增进"。

徐宝璜是中国新闻学的奠基人,其所著《新闻学》是中国第一部新闻学著作,在中国现代新闻学研究史上有着开创者的地位。徐宝璜曾留学美国,接受了西方最先进的新闻学知识,因而有着开放的学术研究视域,力图推进西方新闻学理论的中国化,创建具有中国特色的新闻学体系。他回国后有过从事报刊编辑的经历,同时又有在高校从事新闻学教育与研究的相关经历,这对于他的新闻学思想的发展并形成新闻理论与新闻实践相结合的特色有着重要的影响。他关于新闻学的诸多主张具有创新性,为后来的中国新闻学所继承与发展。徐宝璜在中国现代新闻学史上有着先驱者的地位。

2. 邵飘萍的《中国新闻学不发达之原因及其事业之要点》

邵飘萍[①]是五四时期著名的新闻学家,《中国新闻学不发达之原因及其事业之要点》文章是邵飘飘的遗稿,上海联合书局 1929 年出版的《新闻学名论集》予以收入。

邵飘萍在《中国新闻学不发达之原因及其事业之要点》这篇文章中,对于新闻的要素、新闻的分类及新闻价值等有着重要的见解。关于新闻的要素,该文提出新闻六要素说,指出:"新闻的要素差不多有六,兹列举于下:(一)何事,(二)何人,(三)何地,(四)何时,(五)为何——原因——,(六)结果。要是六样兼备,固然是很好的新闻,可是不能说六样兼备才是新闻,虽是六样有几样,亦不能不算新闻,不过不能算是完全的新闻罢了。"[②]关于新闻的分类,邵飘萍提出二分法,指出:"新闻的分类还有两个方法:(一)裸体的新闻;(二)非裸体的新闻。甚么是裸体的新闻呢? 比方开群众大会,记者可以参加,会中种种举动,都赤裸裸的摆在记者的脸前,这个亲眼看见的事情就叫做裸体的新闻。甚么是非裸体的

① 邵飘萍(1886—1926),原名新成,又名镜清,后改为振青,浙江东阳人。13 岁考中秀才,16 岁入浙江高等学堂(浙江大学前身)。1912 年任《汉民日报》主编。袁世凯称帝后,为《时事新报》、《申报》、《时报》撰稿,抨击袁的罪恶阴谋,以后又在两年里写了 250 多篇、20 多万字的文章,揭露并批判军阀政府的丑恶行径。1916 年 7 月,在北京创办了"北京新闻编译社",1918 年 10 月在北京创办《京报》,任社长,开始独立办报生涯。后又与蔡元培一起,创办了"北京大学新闻学研究会"。1920 年后,致力于新闻教育事业并赞颂十月革命。1922 年在《北京厂甸春节会调查与研究》序言中,提出:"欲改造现实之社会,宜先明现实社会中事物之真象"等进步主张。1926 年 4 月 26 日,以"宣传赤化"的罪名在北京天桥被奉系军阀政府杀害。著有《新闻学总论》、《实际应用新闻学》等著作。
② 邵飘萍:《中国新闻学不发达之原因及其事业之要点》,黄天鹏编:《新闻学名论集》,上海联合书店 1929 年版,第 71—72 页。

新闻呢？比方内阁阁议，记者不能参加，自然一切议决的事情不能知道，且不能亲眼看，只好由旁去探听，这个事情并不是赤裸裸摆在记者的眼前，所以叫做非裸体的新闻。还有形似裸体而实不是裸体的；比方有人招集国民大会，拟解一些非法的问题，内幕有种种作用，看得见的是国民大会，看不见的是国民大会里边内幕的种种，这种事情就叫做形似裸体的新闻，而实不是裸体的新闻。"①邵飘萍所说的"裸体新闻"与"非裸体新闻"，实际上是就记者的层面及新闻的来源渠道方面来说的，相当于我们今天所说的"直接新闻"与"间接新闻"。新闻的价值如何，这是新闻学需要研究的课题。那么，如何来考查新闻的价值呢？对此，邵飘萍提出从时间、距离、折中三个方面来评价新闻的价值。他指出：

新闻的价值，……不过是其价值而已。今再申言之，分述于下：

（一）新闻时间的关系：就是新闻的时间当不当，要是时间适当，则有价值。要是时间不适当，则未有价值。比方在冬天的时候，报上登着由煤气熏死的有多少人，虽是记者未有确实的调查，及确切的数目，然而在冬天总是应有的事。倘若是在夏天的时候，即使将熏死的人调查很清楚，在报上登出确切的数目，看报的亦不免疑忌，以为是记者捏造的，而损其报的价值。……可见过去的旧东西不是全不可用，有时被新的引出，反成为新的适当、有价值的了；新闻亦是如此。平常虽有时间的问题，就看适当不适当，适当就是旧的——过去的——新闻，无价的新闻，亦变成有用的新闻，有价值的新闻了。

（二）距离的远近：一件新闻距离看报的近，则关系密，而价值高；距离远，则关系疏，而价值低。比方北京的洋车夫，因生计艰难竟被饿死，要是登在北京报上，则觉得关系切，而新闻的价值高。倘若以这个新闻登在上海报上，因与上海的社会关系疏，所以其价值也不如登在北京报上高。因北京的社会，发生这样与北京的居民有攸关的车夫饿死惨闻，觉着利害相关切，所以其价值大。总之距离愈近，其价值愈增；距离愈远，其价值愈减；所以报的价值与距离是正比例。……

（三）折中：新闻不可偏颇，偏颇则减其价值；报里主张及各栏要闻须不偏不倚，不偏不倚就是折中；折中才有价值。不然仅为一方面的事体，何能引起大家的兴趣？要是不能引起大家的兴趣，则其价值可知。比方先前因

① 邵飘萍：《中国新闻学不发达之原因及其事业之要点》，黄天鹏编：《新闻学名论集》，上海联合书店1929年版，第72页。

为大家都注意政治,不注意经济,不注意社会,于是报的折中问题就是政治。现在因为大家都注意到社会问题,所以办报的不能偏于政治或经济,调转头来亦得注意社会,因之新闻纸亦更改了方位,注意社会的问题,就成了现在的折中办法。所以报纸能够随着环境去折中,则其价值决不会落下。①

以上,邵飘萍提出考察新闻价值的标准问题,不仅将新闻与时间、空间这两个维度联系起来,而且将新闻与社会生活的实际结合起来,其所谓"折中"标准实际上就是要求新闻能够引领社会生活的走向。邵飘萍还注意到,即使有的新闻其本身有着很大的价值,但如果处置不好也会"减少新闻价值",这主要是四个方面的情形:一是"广告的意味太浓",二是"攻击人家的隐私",三是"有伤风败俗的新闻",四是"残忍的事"②。故而,要求报刊在登载新闻时,对此四种情形应尽力加以避免。

邵飘萍的《中国新闻学不发达之原因及其事业之要点》文章,是在社会生活中考察新闻的地位与作用。他指出:"为甚么要新闻?就是大家要求新闻上的知识与自己发生的利害关系,且有很多的兴味,怪好玩的!反转来说,则报纸是否重要,有无效力,就是将重要要列为第一,次要列为第二;利害关系是第一,兴味关系是第二;所以我们非看新闻纸不可。因其与我们关系最深最切,就是报纸与社会的关系,亦是如此。再则如中国域内之外报,谈不到是牟利,不过是传达消息与兴味而已,所以外人视为很重要的。"③又指出:"报纸与社会之影响亦可略为说说:(一)报可作第三者,(二)可作人民之代表,(三)补充人民知识之不足,(四)科学等类的学问多在报上发表。可见,报又有教育的性质;好比学校中的讲义,不能任意瞎说,引起一般人之错误。混乱是非,贻害无穷,此层应当慎重。"④邵飘萍强调新闻在社会生活中的地位,认为新闻对于社会来说不仅在提供基本的知识,而且与读者本身存在着"利害关系",故而要求报纸在新闻的编排中要引起高度的重视。

邵飘萍在《中国新闻学不发达之原因及其事业之要点》中,不仅就新闻记者

---

① 邵飘萍:《中国新闻学不发达之原因及其事业之要点》,黄天鹏编:《新闻学名论集》,上海联合书店 1929 年版,第 73—75 页。

② 邵飘萍:《中国新闻学不发达之原因及其事业之要点》,黄天鹏编:《新闻学名论集》,上海联合书店 1929 年版,第 75—77 页。

③ 邵飘萍:《中国新闻学不发达之原因及其事业之要点》,黄天鹏编:《新闻学名论集》,上海联合书店 1929 年版,第 50 页。

④ 邵飘萍:《中国新闻学不发达之原因及其事业之要点》,黄天鹏编:《新闻学名论集》,上海联合书店 1929 年版,第 50—51 页。

提出具体的要求,而且就记者的新闻采访与写作等问题提出自己的建议。邵飘萍认为,新闻记者除了要有职业的操守外,还"应当注意几项:(一)守秩序:有许多的报馆费许多时间养成个记者,然而有时不到报馆里去,不就是把稿子失落了,再不就把稿子也不看即送到报馆里去,这个不守秩序与报的关系很重大,当记者的千万不可这样任意凌乱,一点秩序也守不住。(二)守时间:……在中国这种情形之下,守时间更薄弱了,差不多外国与人约会总是几点几分,未曾见像中国与人约时,'三点至五点吧'。究竟是三点还是五点呢?不过三点五点之间罢了。当新闻记者要去掉这个毛病。……(三)访人不要错过时间:倘若记者与人约,不早赴约,错过了时间,便是那人在家里,硬说没在家,记者也是没法。所以当记者的与人约,总要守约定的时间才好。"①在邵飘萍看来,记者获取新闻尽可能要通过"查访而来",因而就要有"查访"的方法。他指出:"新闻是由查访而来的,间或有人告诉亦不大多,即令有人告诉,恐怕新闻的里边也未必有作用。查访的方法有二种:(一)正式的:这种方法即是被查访的人,不论是本人,或是本人的言语,及谈话,都可做为新闻的材料,那末这种叫做正式的方法。(二)非正式的方法:比方探听某一件事情,只能发表所探听的事,不能把某人也登在报纸上,这个方法就叫做非正式的方法。"②邵飘萍认为,记者不仅要查访新闻,还要有"执笔"的功力,能够在采访时写出稿子,故而记者需要多加练习,并知晓一篇好的新闻稿的要求。他指出:"有许多人差不多在稠人广众之下不能执笔,但也要练习,顶好在那个情形之下能将精神集中,自然外务纷退;久而久之,则养成写稿子的习惯。稿子最要紧的就是'简单明了'四字,其实能做到这四字实不容易。有时简单就不明了,有时明了又难简单。要想简单,就别说废话,别说废话,自然就简单。要想明了,不要去掉了重要,不去掉了重要,自然就明了。再以'真'字做资格,'兴味'做血液,定是很好的稿子,投出去一定招人欢迎,并且报酬丰富,这个就是写稿的大概。"③记者的新闻稿写好了,对于编辑部来说就是要加以编辑。邵飘萍对于编辑新闻稿提出了这样的要求:"编辑部的事情,差不多与报馆的外交部相同,有公告的性质,对看报的人有注意的必要,须适于阅者的

---

① 邵飘萍:《中国新闻学不发达之原因及其事业之要点》,黄天鹏编:《新闻学名论集》,上海联合书店 1929 年版,第 80—81 页。

② 邵飘萍:《中国新闻学不发达之原因及其事业之要点》,黄天鹏编:《新闻学名论集》,上海联合书店 1929 年版,第 71 页。

③ 邵飘萍:《中国新闻学不发达之原因及其事业之要点》,黄天鹏编:《新闻学名论集》,上海联合书店 1929 年版,第 77—78 页。

心理。而其适合的方法有：（一）大纲；（二）细叙；（三）小题目。一篇新闻，大概不外此三种。其大纲则为名题，前边已言之；大纲之后，则为细叙，就是新闻的内容详细叙述；另外再设小题目，是半为忙人便利打算的；因忙人则未有许多时间去看报，只好看看题目，再看看细目，就可知新闻的大概；如果再不明白的时候，还有大纲呢。"①邵飘萍关于记者对新闻的查访、撰稿等工作及编辑部对于新闻稿加工所提出的要求，指明了新闻采集及登载的程序。

邵飘萍在《中国新闻学不发达之原因及其事业之要点》文章中，十分重视报纸的广告业务和销售问题。在他看来，广告业务和销售情况关系到新闻事业的发展，尤其是广告业务更是重要，因而必须加以重视。关于登载广告的重要性，他说："广告为新闻事业的本位，而发行因之亦有重大关系，要是发行好，报的销售自大，报的影响之效果亦广，所以开报馆差不多都拼命的设法销售，且拼命的减价和折扣，于是其目的在广告费之收入而不在发行。"②邵飘萍认为，广告的效力如何，主要看广告"与新闻接触情形，有接触则有效力，无接触则无效力"，故而"接触则有价值，接触多则价值越多"。于此，邵飘萍就广告问题提出应注意这样几个方面：一是报纸"买的多则其效力大"；二是注意"看报的种类，即是看哪一种人看的多"；三是注意"报的信用"，这是因为报纸信用好的话，"大家才敢信用你报上登的广告，信你不至于骗人，因之登广告的人亦多"；四是注意报纸"发行的地点"，"倘你的报纸是在乡下销售多，亦就是发行的地点多在乡下，则学校招生的广告，虽然不无效力，然而效力就很小"；五是注意"纸面一致的主张"，就是报纸的主张与其所宣传的不能相违背，"比方排斥日货时，则不登日货的广告"③。邵飘萍也十分注重报纸的销售问题，提出了"使报纸销售多"的具体办法。他指出：

约略言之，有以下可使销售加多的方法：（一）宣传的得法。宣传的得法自然销售的多，要是宣传的不得当，报的销售自然不能亢进，……（二）当某某团体开会时，报馆请许多人吃饭。他们谈话之间，无意间说到尚有某报请我吃饭，于是一人传十，十人传百，不一会全会场差不多都知道有某报。（三）开联合运动会。开报馆可以借这个机会发行号外，到运动会场的人，

①　邵飘萍：《中国新闻学不发达之原因及其事业之要点》，黄天鹏编：《新闻学名论集》，上海联合书店 1929 年版，第 78 页。

②　邵飘萍：《中国新闻学不发达之原因及其事业之要点》，黄天鹏编：《新闻学名论集》，上海联合书店 1929 年版，第 55 页。

③　邵飘萍：《中国新闻学不发达之原因及其事业之要点》，黄天鹏编：《新闻学名论集》，上海联合书店 1929 年版，第 57—58 页。

没有不愿知道运动会的情形的,一听某报有号外,谁不争先去买,这个方法,亦可以风行的传播一时。(四)报馆代办电影。……(五)分馆的销售发。比方京报在天津销售的少,拟在设立分馆,广其销售,当分馆开幕时,各人赠阅三天,分文不收,五天以后看有多少订阅再算钱。这个方法,因为前三天不要钱,看报必然多,也可多销好些。(六)零售白送法。这个方法是对零星卖报的人,在一月之内总有一天是报馆白送,不管曾拿多些报,都不要钱,完全送与零星卖报的人。……(七)征文的法子。这个法子出些题目,悬赏征文,被征者及得了报酬,又发表了文章,报馆方面亦有不少利益。凡是应征的,多是专家的论文,一来可以鸿其篇幅,二来又可状其声势,于是订阅的自多,销出自广,而且这种方法于社会于报馆都有利益。(八)投机的方法。这个方法比如最近的《东方时报》,以其阅报的多寡,来决定能得汽车与否,这几乎与彩票的开彩是一样的,与社会方面太不利益了。(九)廉价。廉价亦可销售多,在各种报中,我们的报纸与别家报新闻是差不多的,可是价值便宜,就可销售的多了。(十)设备完全。设备完全,则印的精美,送的灵便,消息详尽……等等,都可销售增加。①

邵飘萍的《中国新闻学不发达之原因及其事业之要点》文章,回顾了新闻的历史,并重点分析了中国新闻学落后的原因。在邵飘萍看来,新闻源于官报,尽管新闻与官报在性质上相差很大,但仍可以视官报为新闻的源头。他指出:"新闻事业从何时起? 即无论东西中外都是从'官报'蜕化来的。'官报'不过是命令录,公文抄之类,以所抄录几份,传达消息与命令。即如古代之《春秋》,亦是记载之文;这记载事情的《春秋》,也可以说是新闻的起源。想那时可记的事情,即是那时的新闻。就以现在之新闻,过去几年后便是历史。新闻与历史的关系,不过是时间的关系,历史即过去的新闻,新闻亦即将来的历史,《春秋》为历史,故《春秋》可以说是新闻之起源。"②邵飘萍分析了中国新闻学不发达的原因,认为有以下五个具体的原因:

(一)教育不普及。新闻事业能否发达,专看新闻纸销售多少,新闻纸销售多少,专看社会阅报的多少,社会上阅报的多少,又以教育是否普及为前提。要是教育普及,看报的自多,销售的至伙,新闻事业还能不发达? 不

① 邵飘萍:《中国新闻学不发达之原因及其事业之要点》,黄天鹏编:《新闻学名论集》,上海联合书店 1929 年版,第 59—61 页。
② 邵飘萍:《中国新闻学不发达之原因及其事业之要点》,黄天鹏编:《新闻学名论集》,上海联合书店 1929 年版,第 45 页。

用以西洋来论,即以日本来说吧:厨子,老妈子皆可看报纸与杂志。中国四万万人,能读报的不过四十万人;所以中国新闻事业不发达,就因为教育不普及的缘故。

(二)交通不便利。交通二字,似乎说着甚易,其实作去则难;即以北京之高低不平的马路为例吧,就见出实施时之困难了!然而教育不发达,也是交通的原因;倘交通便利之处,则见文化昌明;闭塞之处,则死气沉深。再比方拟把《京报》送到中大去,有电车可乘便不为难,要送往四乡,则颇费周折,于是乡中看报的自少;这种情形在外国则不然,外国交通便利,电车,电话,电报,设备完全,传递新闻自易,可见交通不便利,也是新闻事业不发达的一个原因。

(三)政治不良。商品要法律保护,新闻亦要法律保护。所谓法律保护,不过是准言论自由,言论自由,新闻乃可发达。倘政治不良,言论莫克自由,处处受恶势力钳掣与压迫,不是封闭报馆,便是逮捕记者,轻则下狱,重则枪毙,人人都感到"邦无道危行言逊"的恐怖,谁还肯大发厥词呢?办新闻的自不勇跃,新闻事业何克发展,中国就种上这个因;——政治不良——所以新闻事业不见得发展。

(四)实业不发达。实业发达与否,亦与新闻事业关系綦要。前面已说过新闻事业全赖广告维持其生命,广告多则生命绵长,且易于发展;然而广告有多种,最靠不住的是学校的招生广告,不是想着打八折,就是想着按六折,甚至于不给一文!靠得住的广告费,当算大公司了;然要实业发达,才可公司林立,公司林立(公司本身发展,非广告不可),公司的广告自然加多,哪个公司的广告不是新闻事业的好营业呢?……中国新闻事业不克发达的地方,就是因为中国是实业落后的国家。

(五)新闻影响各方面之情形。这件事情,就是当记者拿起笔来时,细想报纸里边缺少的是甚么?缺少哪桩事情与哪方不生影响;缺少哪栏新闻与哪方不发生关系;记者都要熟思慎虑,缺乏的充足之,残缺的完善之,一报务必使它影响各方面,使它与各方面都发生重大的关系;不用说阅报的自多,销售的自广,新闻事业不期然而然的自然发达。然而中国报馆里的记者,不是没有人想到此层,可是差不多都是新闻学的知识幼稚,就是区区这一点也是不大了解;所以中国新闻事业不发达的,这亦是个大原因。[①]

[①] 邵飘萍:《中国新闻学不发达之原因及其事业之要点》,黄天鹏编:《新闻学名论集》,上海联合书店1929年版,第51—54页。

邵飘萍的《中国新闻学不发达之原因及其事业之要点》文章,是中国现代新闻学史上一篇重要的学术文献。该文紧密联系中国新闻学的状况,阐发了作者关于新闻学的诸多主张,并重点地探讨了中国新闻学不发达的原因,为中国新闻学理论的建设作出了积极的探索。邵飘萍为我国新闻教育和新闻学研究作出了开拓性贡献,是中国现代新闻学的重要开创者,在中国现代学术史上有着重要的地位。

3. 任白涛的《应用新闻学》(1922 年)

任白涛[①]是五四时期著名的新闻学家,同时也是较早地把传播学引进新闻学领域的新闻学者。所著《应用新闻学》,在中国新闻学史上有着重要的地位。

任白涛的《应用新闻学》是一部开创新的新闻学专著。该著除"自序"、"引论"外,共四编。第一编"总论",第二编"搜材",第三编"制稿",第四编"编辑"。另外,该著还附编有"欧美报纸史略"。全书约 10 万字。此著篇幅虽不大,但花费了作者的不少心力。据初版"自序"中说,作者撰写该著"实用去六七寒暑"。然而,书稿的出版并不顺利,据作者在"再版的话"中所说,"在这书脱稿乃至大样完成之后,我都向所谓大书馆或大书局者,直接或间接地问过津,可是得到的回敬,却是一样味道的闭门羹"。于是,只好自费出版。该著于 1922 年自费出版后,获得很好的社会声誉,1926 年由亚东图书馆再版,又在 1928 年出了第三版。

任白涛在这部《应用新闻学》书中,高度重视新闻在现代文明和民主政治发展中的作用。该著在"引论"中指出:"报纸者,近世文明产出之原动力也。报纸之发达,与世界文明之发达为正比例。但就一国家而论,内治无报纸为前导,则修明无望;外交无报纸为后盾,则优胜难期。故报纸威力之雄伟堂皇,殆有非专制君主之压力,以及披靡金汤之炮火、纲维乾坤之电气,所可相提并论者矣。……民本政治胜于官僚政治者,要在不以少数私人决国事,而以公众舆论决国事。健全舆论之造成,民治国人民之责任也。以舆论而行国家之政治,民治国

---

① 任白涛(1890—1952),幼名洪涛,笔名冷公、一碧,河南南阳人。现代中国的新闻学家。辛亥革命后,任上海《民主报》《神州日报》《时报》《新闻报》驻汴特约通讯员,积极参与反帝斗争。1916 年东渡日本,就读于日本早稻田大学政治经济科,参加日本新闻学会,与周恩来相识,友谊甚笃。1920 年回国,在杭州创办中国新闻学社。1922 年,在上海以中国新闻学社的名义,自费出版《应用新闻学》一书。1937 年完成《综合新闻学》一书。1939 年,经周恩来介绍到郭沫若主持的国民政府军事委员会政治部第三厅任设计委员。1941 年皖南事变后,出任《新湖北日报》总编辑。其后,任第六战区中校参谋,湖北省政府参议。抗战胜利后定居于上海,从事新闻研究工作。1948 年,为生活·读书·新知三联书店翻译《资本论图解》一书。1949 年 7 月,出席了中华全国文学艺术工作者代表大会。著有《应用新闻学》《综合新闻学》等著作。

人民之权利也。苟无报纸为之提示、倡导,则焉能造成健全之舆论,又何由得预国家之政治。故民治国家之报纸,实造成舆论之冶金炉,而运用政治之推进机也。……欲得真正优秀之民本政治,必先求真正优秀之报纸,此无论何人亦不能否定之理由也。而欲得真正优秀之报纸,尤不可不以真正优秀之新闻记者为要图。是新闻记者之养成,洵方今必不可缓之事业也。"①正是基于新闻在现代社会中推进民主政治的独特地位,任白涛强调新闻学研究的极端重要性,认为"欲为记者有成而不败,则新闻学之研究,固不容一刻缓也"。

任白涛对于如何研究新闻学及新闻学的地位等问题提出自己的看法,主张新闻学有广义和狭义之分,并指出新闻学在学科上属于应用科学的性质。他指出:"研究新闻学者,不限于现操新闻事业者,及希望将来以新闻为业者之范围。新闻学者,实一种最名贵之应用科学也。狭义言之,乃治政治学、社会学、教育学及文学诸学者之必修学科。广义言之,无论从事何种业务者,皆不可不具此知识也。"②在任白涛看来,在学术昌明的今天,没有什么不可以作为研究对象而成为科学的,故而以报纸为研究对象亦可成就"新闻学"这门学问,并可使之成为科学序列中的重要学科。他指出:"使命重大、组织复杂之报纸,亦应人类之需要及贤哲研究之结果,遂于科学位置中,特占一席焉。"③在新闻学的学科功能上,任白涛认为新闻学固然是新闻从业人员的必修课,对新闻记者从事新闻事业有着理论上的指导作用,但要真正地做好新闻记者,也不能只是停留在新闻学理论的学习上。他指出:"新闻记者,社会各种职业中之最有权威者也,非博学多识必不能胜任而快愉。新闻学不过揭出为新闻记者之路径及必要之技术已耳,于人生一切常识,实不能兼备并列。吾人如仅读若干册之新闻学,即遽以新闻记者自命,是又易视新闻事业者也。"④鉴于新闻学对于新闻记者理论上的指导地位及在从业上的具体要求,任白涛介绍了自己撰写《应用新闻学》的著述思路:

> 研究新闻学,当从何处着手,何处踏脚;经营报纸,当取则何法,是为读者脑中应发生之问题,亦即编者编制本书之顺序及方针之问题也。前者,则本书之编制顺序,说新闻事业之性质,新闻记者之地位,新闻社之组织等,是为第一编,曰总论。说"新闻"之定义、价值与其搜集方法等,是为第二编,曰搜材。说论评、记事,乃至特殊文字之如何调制,是为第三编,曰制稿。说

---

① 任白涛:《应用新闻学》,上海书店出版社 2011 年版,第 1—2 页。
② 任白涛:《应用新闻学》,上海书店出版社 2011 年版,第 2 页。
③ 任白涛:《应用新闻学》,上海书店出版社 2011 年版,第 2 页。
④ 任白涛:《应用新闻学》,上海书店出版社 2011 年版,第 2 页。

编辑部之构造、编辑部之搜材、实务上之编辑等，是为第四编，曰编辑。又无论研究何种事物，皆不可不明晰该项事物之来源及其变迁，因于卷尾殿以"欧美报纸史略"一篇。此本书编制顺序之大略也。后者，则英美之报纸，为现世代表的报纸，良堪作我之模范。而日本之报纸，就形式上言，亦多可取之点。故本书之取材，以英美为主、以日本为副。同时我报界之劣点，亦一一由反面映出，不言自明，其针锋相对、不得不言者，自不能不言之。此本书编制方针之概要也。①

任白涛的《应用新闻学》以创新的理念研究新闻学，在诸多方面提出全新的观点或主张。譬如，该著在"新闻价值"问题上不仅强调"新"、"速"、"确"为新闻价值的"前提要件"，而且对于新闻之"新"作出独特的解释："至于'新'之一字，有时未必因之判定'新闻'之价值。即其事若与时下问题相关切，纵极陈腐，亦有价值。例如，民七中日军事协商条件发生。邦人所设之某通信社记此条件，同时将《日韩条约》抄出。夫《日韩条约》之为物，固霉菌累累者也。然比较对照，益足令读者触目心惊。即以新事件为中心，以引起与新事件有关之旧事件，新旧相映，益增读者之兴味。"②任白涛的看法是，新闻在于"新"，但所谓"新"在于能引起读者的兴味，故而"凡可满足吾人之希望，动起吾人之情感者，即为有兴味之'新闻'"。在任白涛看来，新闻是否有价值及价值之大小，与报纸的经营理念与经营方式密切相关，否则就会出现"价值减杀之新闻"，如"含诈欺性的广告臭味者"、"涉及个人之隐私者"、"背乎善良之风俗者"等，皆减杀"新闻价值"③。任白涛关于"新闻价值"的论述，有着诸多的创新观点，可以说是开启了"新闻价值"问题研究的新思路。又譬如，该著关于"新闻事业之特质"问题，创新地提出新闻事业具有公共性、人类性、教育性、艺术性等"特质"。关于新闻事业"公共"性的"特质"，任白涛认为新闻事业的公共性乃是其最大的"特质"，"绝对当以公众为本位"，"以大多数人之利害荣辱为标准"，这是因为新闻事业是"社会之公共机关"，其"主张则透明无色、态度则公平不偏，是为经营新闻事业者当守之要则"。由此，"报纸之权威信用，皆视尊重此要则之程度为差等。换言之，尊重公共特质之报纸，其声价日益高大，若个人或一部分人的色彩浓厚，不惟其事业难得健实的发展，且为社会所嫌弃。"④关于新闻事业的"人类"性的

---

① 任白涛：《应用新闻学》，上海书店出版社 2011 年版，第 3 页。
② 任白涛：《应用新闻学》，上海书店出版社 2011 年版，第 18 页。
③ 任白涛：《应用新闻学》，上海书店出版社 2011 年版，第 3 页。
④ 任白涛：《应用新闻学》，上海书店出版社 2011 年版，第 4 页。

"特质",任白涛认为,尽管新闻事业在现代"仍不可不以一国家或一民族为目标",这是因为现代"国民之生命、财产、权利、名誉,尚视国家地位之升降为转移也"。但新闻事业又是具有"人类"性的"特质",而作为"新时代之报纸经营者,宜高瞩远瞻,勿为老朽冥顽之政治家所利用",在新闻事业经营中应该"认定一国家或一民族,为人类之一部",既"维护一国家或一民族之福利,同时更须顾及全人类之福利","其凡足为吾人类福利之障碍者,皆当努力排除之,是又现代报纸中所应具之绝大要素也"①。关于新闻事业的"教育"性的"特质",任白涛认为:"处今之世,能日日告我以新事件、供我以新知识者,莫报纸若矣。吾人一日不读报纸,斯一日与社会事情相隔离,即一日逊于时代之进步。故报纸实为广义的社会教育机关,而其功效之神速,绝非学者之讲述、政客之演说、宗教家之劝导,所能届及者也。"正是因为"报纸既负有社会教育之重任,故其论评、记载,务以通俗为旨归。其促进社会之迁善也,亦宜渐而不宜急。抑无论何种事业,太过乎社会程度,则难告成功。……故制作报纸妙谛,在使社会了解,即其见地只较社会先一步,示进步之方向于社会,夫然后始能满足社会之需要,以尽其诱掖指导之责任也。"②任白涛强调新闻事业的社会教育功能,并主张采取"通俗化"路径及"循序而进"的步骤,这是很有见识的。关于新闻事业的"艺术"性的"特质",任白涛认为"报纸上之文字,非仅为活字之排列。于材料之选择、记事之标题、纸面之编辑,皆含有多量艺术的要素"。为了提升艺术性,任白涛对报纸提出了这样的要求:"报纸对于社会之情状,若单为平面的叙述,则决不能鞭入题里、穷形尽象,以餍读者之希望,必须为立体的观察而后可。换言之,事物之来,不仅为直线的处理,宜为曲线的描写,是即艺术作用之极致也。……报纸更有一绝大作用,即潜入人心、陶冶情感是也。此种作用能使吾人之心理感奋、默化,使吾人之情操,进于纯正优美之域,同时亦能蠹惑群众,诱起不良之现象。前者,基于热诚的爱群观念,及社会的同情。后者,则造孽之妖魔也。约言之,报纸实有造人第二天性之能力。然苟于报纸之形式及精神上,不施何等之艺术,则此能力之运用,断难获美满之效果。……报纸为满足人类共同的兴趣起见,故传播'最新'之事实。同时尤须注力于'最有兴趣'之点。将'最新'与'最有兴趣'之二原质,含蓄而调和之,亦艺术上重要之条件也。"③任白涛的《应用

---

① 任白涛:《应用新闻学》,上海书店出版社 2011 年版,第 5—6 页。
② 任白涛:《应用新闻学》,上海书店出版社 2011 年版,第 6 页。
③ 任白涛:《应用新闻学》,上海书店出版社 2011 年版,第 7 页。

新闻学》一书虽是注重于"应用性"的新闻学研究专著,但该著以其创新性的观点对待新闻理论,并提出了诸多创新性的观点,这是该著的一个很显著的特色。

任白涛的《应用新闻学》一书贯彻"致用"的理念,特别注重"应用"问题,书中对于新闻记者从业的技巧、报刊的经营方法、新闻制作程序等方面多有阐述,提升了该著的实用性。譬如,该著认为报纸的制作既要讲求"制作之速度",更要遵循其"手续"来进行,指出:"报纸制作之手续,一曰搜集,二曰执笔,三曰整理,四曰印刷。第一,为材料之搜集。即由国内外传来之电报,通信员通信社之通信,交换报纸之剪裁等,其最重要者,为己社社员自行奔走所得之材料。第二,为文稿之制作。除论评记者之论评及特派常驻他所通信员之通信外,其经访事员或通信社集来之材料,必再别以取舍,施以调制。第三,为纸面之编辑。即总括制成之文稿,审轻重,附标题,指定活字之种类,及揭载之地位等。最后乃付诸印刷。复经数番手续,而为社会耳目之报纸遂出现。综之,由读者方面所见之报社,有二十四小时之优裕。而在报社内,实无瞬刻之暇隙也。"①又譬如,该著对于新闻记者的"访问"问题,不仅介绍了"略式访问"与"正式访问"的两种类别,还提出了"访问八要则"的具体要求。这个"八要则"的内容是,对手之研究、质问之注意种种、铅笔与簿册、谈话以外之材料、善察对手之颜、以外之线索、载否之预约、权作我之良友。在"对手之研究"中,要求记者在"访问之前,必须研究对手"。对此,该著指出:"访问之前,必须研究对手。若对手为政治家,则其出生、经历、党籍及在党内之地位、与他党及当局要人之关系。对手为实业家,则其所经营之主要事业及其事业之成功、失败、与实业界有力者之关系、有无将起之新计画。若对手为新来之外国人,则其来我国之使命,更须加一番之研究。如不了解对手为何许人,漫然会见,不惟谈话难得要领,且不免为对手所轻视。如访问医学家,而不知生理学之初步者,则徒招其侮耳。既知对手之为人,及相见,务与对手以善感,则自能得满足之谈话。……要之,若能充分预为对手之研究,则决不至为对手所欺,更不虑话柄之缺乏也。"②在"意外之线索"中,认为记者访问时可能得到"意外之线索",这对于获取新闻很是重要,但作为记者在"偶获意外之线索时","要注意者:第一,不可深问。盖恐对手随口话出之后,忽尔反悔,不复续说,甚或取消其说,或嘱记者勿为宣布。……第二,不可急遽告别。如以

---

① 任白涛:《应用新闻学》,上海书店出版社 2011 年版,第 22—23 页。
② 任白涛:《应用新闻学》,上海书店出版社 2011 年版,第 28—29 页。

良材入手,欣喜之余,恨不立时返社,匆匆告别,则亦有被对手察觉之虑。故务守沉着态度,徐徐为二三之闲话,然后归去,斯得矣。"①在"质问之注意种种"中,任白涛认为访事员"须具临机应变之才",但也需要"先将质问之条项加以准备",亦即需要"预定质问之方针",同时在"质问对手时,尤须严守第三者之地位,不可偏袒一方",亦不可以"然"、"否"可答之质问(直接质问)②。可见,任白涛非常重视新闻访问的技巧之法,并将采访技巧视为记者的基本素质。再譬如,该著在论述"新闻材料之排列与组版"时,强调要遵循"基本要则",这一"基本要则"就是"培养读者之'定读性'(Reading Habit)",这是因为"'定读性'云者,即读者日日必读之习惯也,乃报纸生命之所系,亦报纸与书物不同之关键。人多厌读成册之书物,而不厌多张之报纸,因读书往往感多少之苦痛,而读报则毫无苦痛之可言也。是盖报纸日日以一定之分量与一定之时间供给读者,且能适应读者消化之程度。故无论何人,俱有此'定读性'也。"故而,"编辑报纸时,当注意下列三事:(一)如何培养此'定读性'。(二)既经养成之'定读性',如何可使维持永久。(三)维持既经养成之'定读性',同时向新方面次第造就新'定读性'。"③不难看出,任白涛的《应用新闻学》一书将"应用"作为该著的特色,重点阐发新闻事业从业中有关技巧、方法、操作等方面的内容,这大大提升了该著的实用性。

任白涛的《应用新闻学》是一部理论与实用相结合的学术性专著,同时也是一部难得的高水平著作。该著观点新颖,语言通俗,架构清晰,条理分明,自成体系,并紧密联系新闻事业的实际。该著取材范围较广,既有西方国家新闻事业的实例,又有中国新闻事业中的具体例证,显示该著实用性的显著特色。该著在中国现代新闻学史上有着开创性的地位,不仅为新闻从业人员提供了学理上的知识及技能上的要求,而且为新闻学这门学科的建立作出了奠基性的贡献。

中国现代的新闻学学科是在五四时期形成和发展起来的,带有五四时期思想解放、追求新知、视域广阔、学术创新、学科构建、中西合璧的显著特征。其后,中国现代的新闻学大致沿着两条道路前进:一方面是中国资产阶级新闻学思想得到发展,在介绍和宣传西方资产阶级新闻理论中产生了很大的影响;另一方面

---

① 任白涛:《应用新闻学》,上海书店出版社 2011 年版,第 31 页。
② 任白涛:《应用新闻学》,上海书店出版社 2011 年版,第 29 页。
③ 任白涛:《应用新闻学》,上海书店出版社 2011 年版,第 99 页。

是中国马克思主义新闻学思想得以产生,在推进马克思主义新闻学思想中国化中发挥了积极的作用。

二、中国资产阶级新闻学的发展

中国资产阶级新闻学在五四运动的推动下,随着思想自由、新闻自由的舆论宣传,而得以产生和发展。

(一) 20 世纪 20 年代代表性新闻学著作

中国资产阶级的新闻学是在五四时期新闻学的基础上,形成和发展起来的。伍超出版的《新闻学大纲》(1925 年)、戈公振出版的《中国报学史》(1927 年),以及其他一批资产阶级学者所出版的新闻学著作,把现代中国的资产阶级新闻学研究推向了高潮。以下,对于 20 世纪 20 年代伍超的《新闻学大纲》及戈公振的《中国报学史》,作简要的介绍。

1. 伍超的《新闻学大纲》(1925 年)

伍超是现代中国有成就的新闻学研究者,生卒年不详,出版有《新闻学大纲》[1]等著作。在伍超的《新闻学大纲》中,与一般学者忽视报纸的负面作用不同,该著对于报纸的作用作了两方面的论述,一方面说明报纸具有启迪民智的作用,另一方面又说明报纸也有愚弄百姓的作用。如该著对于报纸的功能,有这样的陈述:"报纸更有一绝大作用,即潜入人心,陶冶情感是也。本于此种作用,能使吾人的心理奋发和沉默,使吾人的情操,进于纯正优美的境域;不过,同时亦能愚惑群众,诱起不良的社会现象:前者基于热诚的爱群观念,及社会的同情;后者为造孽的妖魔;约言之,报纸实备有创造人类第二天性的能力。但于报纸的形式及精神上,不施何等的艺术,则此能力的运用,断难获美满的效果。"[2]这里,伍超说明报纸对于民众具有正面和负面两方面的作用,而要发挥其正面引导的作用,亦即发挥报纸的"创造人类第二天性的能力",则需要施行一定的艺术为之支撑。这个看法是极为正确的,强调了报纸功能发挥的具体条件。正是在这种意

---

[1] 武超所著《新闻学大纲》卷首,有孙中山于 1923 年 11 月写的序,则该著应该是完成于 1923 年 11 月之前。

[2] 伍超:《新闻学大纲》,商务印书馆 1925 年版,第 15—16 页。

义上,伍超要求社会高度重视报纸的作用,认识到"社会无报纸,则成为聋瞆的社会"这个道理,而报纸自身则必须自觉地承担"社会耳目"的责任,他说:"在现在人事烦杂,民意澎涨的时代中,报纸为各方的需求,不得不负着重任,在人类进化的路上,唱着进行曲走着。"①那么,报纸如何才能发挥引领社会的作用呢?对此,伍超提出了四点具体要求:

一是报纸不能刊登"含欺诈性质之广告"。伍超注意到,随着广告业的发展,一些赢利者看重了报纸,"以绝顶良好之新闻,投诸报社,藉作其商品或事业之广告"。"例如:文人画家,以其作物为广告;教育家以其学校为广告;军事家以其战迹为广告;政治家以其治迹为广告;诸如此类,无非皆为私己之手段。"而在伍超看来,这虽然是"广告术之进步"的表现,但"无如新闻之价值"。由此,伍超要求报纸编辑要善于判别这种新闻所具有的广告性质,对于"半含新闻半含广告之材料,即可删去其广告之部分而用之。至若其全部皆以广告为目的者,实字纸篓中之物耳。"作为新闻记者,在"衡量新闻价值之际,须于此点倍加用心也"②。

二是报纸中的纪事不能"述及个人之隐私"。伍超以报纸的公共性作为立论的依据,要求报纸以关注社会的公共领域为其使命,使报纸成为"大众之事业",因而也就不赞成报纸"述及个人之隐私",否则就会"减杀新闻之价值"。他说:"报纸为公众之读物,……故凡报纸之所云,概为有关大众之事业,其特质在有公告性质。若与国家社会无关之个人私事,充诸篇幅,非特法律所不许,即该记者之人格,亦早已扫地矣。纵或所记之事,是善是恶,然皆为他人所不许者也。盖此非善恶之差别,乃公私之问题也。记人善事,尚属不可;何况揭人隐私,藉以敲诈。因新闻之能否记载,首在其有否记载之价值,故凡关于个人私事,无论其为善为恶,皆无新闻之价值。因其与多数读者,无若何关系之可言也。我国近有不少记者,对于此义似乎未加深考;且每以尽发他人之私事为能,故终日所探索者,无一非他人之隐私,竟有专以叙述他人之家庭秘密、闺房私语,生平隐事,藉以诈取,更为常闻之事。新闻记者被人厌视之原因,此亦其中之最大者也。"③这里,伍超强调报纸不能"述及个人之隐私"是对的,但说"关于个人私事,无论其为善为恶,皆无新闻之价值",这就不对了。这反映他对"新闻之价值"作了绝对

① 伍超:《新闻学大纲》,商务印书馆1925年版,第16页。
② 伍超:《新闻学大纲》,商务印书馆1925年版,第163页。
③ 伍超:《新闻学大纲》,商务印书馆1925年版,第163—164页。

化的理解,没有能看到个人与社会的关系,因而也就将个人的善恶问题完全排除在新闻报道之外。

三是报纸的内容不能"有害社会风化"。伍超坚持以社会为新闻的本位,强调报纸对于社会道德、风俗的引领作用,故而要求报纸的新闻不能"有害社会风化"。伍超指出:"报纸为社会教师,其感化力之大,殆过于无论何种事业。故凡有害社会风俗之事,切不可作为新闻而任意披露之。所谓有害社会风化者,最当注意之点,即为秽亵读物及淫书淫画之禁止。盖此等物件之存在,无非遗害于社会风俗,而增长人类之淫乱性也。是则报纸又安可违反此义,而不加检点乎?欧美诸国之中等以上之报纸,对于娼妓卖笑之生涯,男女淫奔野合之纪事,皆不肯略事叙述,盖预防秽亵性之增长也。我国报纸则不然,每有一青楼裹事,充塞篇幅,甚至改造种种纪事,以行其报仇敲诈之惯伎。不惟足以助长社会上恶浊之风俗,且同时即具有真真价值之纪事,亦于无形中,受其影响矣。然揣度报纸之所以悍然不顾者,无非以此迎合一般社会恶劣分子之读者而已。不知再行详察之,若此既有损于新闻之价值,而贻害社会之风俗,不尤较甚于一己之营业问题否耶?"①这里,伍超既从报纸的社会义务又从中外报纸的对比中,说明当时中国报纸所存在的严重问题,指出报纸要保有"新闻之价值"就必须贯彻不能"有害社会风化"的要求。

四是报纸的新闻不能"引起人类之恶感"。伍超认为,报纸应引领社会成员积极向上的精神状态,因而不能以报道社会的负面现象为能事。针对当时中国当时有些报纸专刊载负面现象,他说:"近有不少之报纸,对于惨死等残忍事项,每不惜为之作长篇之记载,必使之详述无遗,才夸其尽探访明析之能者;不知在读者对之,已为之心身皆悸矣。……况日日灌输以此种之纪事,吾恐畏法之效未可睹,而未有不流于残忍者矣。故为新闻记者者,于下笔时,不可不存一身在讲堂演说之地位,惟恐一般读者,因受教师不良之感化,而日形沉沦于残忍之地狱中也。"②伍超以社会立论,说明报纸刊载的内容不能引起"人类之恶感",而是要引领社会成员积极向上,这是很有见地的。

伍超的《新闻学大纲》对记者提出了诸多的专业性要求,要求记者掌握访问的技巧,特别提到记者应具有"谈话中之擒纵"的本领,亦即能够对采访的局面予以掌控。他说:"记者须具临机应变之才,于行访问时尤为重要。盖无论如何

---

① 伍超:《新闻学大纲》,商务印书馆 1925 年版,第 164—165 页。
② 伍超:《新闻学大纲》,商务印书馆 1925 年版,第 165 页。

高才,若不先将其质问之条项,加以准备,临时亦难免有失措之虞。世有一言见询,即滔滔不休者,如遇此等人,则记者诚无所劳。但其人有时因恣意健谈之结果,往往溢出题外,而于本问题反不得何等之要领,所谈之话,更不知其着眼何处。故对于此等人,不得不与以恰当之擒纵,方其谈话奔放时,则设法擒之;方其沉默时,则设法纵之。如略提其生平最感得意之事迹,如借用彼之反对者所言,而挑拨之;或反面质问,令其自证,或旁面质问,使之不觉;是全在记者之善为运用耳。总之,访问时之擒纵,为最重要之部分;同是访问一人,善谈者与不善谈者相较,其所得之效果,几有天壤之别焉。"①伍超还提出记者应具备的速记本领,这里的所谓"速记"并非通常所指的书面文字的速记,而是指在记者心中的速记。在他看来,记者"访问之妙谛,全在彼此自然之谈话",如果记者"当众笔录",就会给被访问者一种警诫:"现在尔所云云,明日皆在报纸上披露也"。因此,"记者除特殊之情形外,切不可妄出铅笔与簿册"。记者如果当面记录访谈,对于记者来说,"且听且书,即其谈话之气,必为笔记所夺,而对谈者之风采,亦难表现";而对于被访问者来说,"经此一番警告,至少亦必立减其以前之真实性与秘密性,间或矫揉造作"。因此,伍超提出记者在访谈时必须具有用"心"记录的才能。他说:"优良之记者,听到重要处,纵心中十分注意,而外形毫不惊诧,惟泰然首肯,使人敢于尽量发表;及至握手道别,离去访问者之门后,始如飞而奔返记录之。"②伍超提出的"谈话中之擒纵"及"速记"的要求,虽然主要是就采访中记者的技巧问题,实际上是提出了记者从业的素质问题。

关于一个记者应具有怎样的条件,伍超在《新闻学大纲》中作了较为深入的探索。概而言之,他提出了这样的几条:一是独立的人格。伍超对于"不能自重其人格"的人特别反感,认为这些人属于"不健全分子",其行为是:"平日对于新闻材料之选择,既不求实际的真相,而以忠实之态度取舍之。有时或受一时小利的诱惑,强力所威迫,或偶时因个人意气,泯灭其良知,视他人之名誉,为毋足轻重。"甚而"逞其造谣之惯伎,以作私人仇恨之报复"。因此,伍超要求新闻从业者具有独立的人格,不能"流于不道德之恶习","凡以革新进步自任之新闻记者,万万不可与俗同流,而招社会之轻视与厌恶"③。二是"机警与敏捷"。伍超

① 伍超:《新闻学大纲》,商务印书馆 1925 年版,第 88—89 页。
② 伍超:《新闻学大纲》,商务印书馆 1925 年版,第 95 页。
③ 伍超:《新闻学大纲》,商务印书馆 1925 年版,第 36—37 页。

认为记者需要有足够的应变能力,善于把握时机。他说:"记者活动,每因时机之确当,在无意中,即能探得无数重要之新闻;是乃全仗各人之机警与敏捷。因为有许多事件,明知其甚为重要,然亦明知其此时,我恐不能探得。但此时若拘于一法,必难望其成功,故不得不略使权术(此非欺诈之谓,阅者幸勿误会),以资应变。盖幸时,或能在意料之外,更得其他重要新闻之线索者,所在都有。"①三是"善于交际"。伍超把交际能力作为记者的必备素质,他说:"至于对人交际之态度,则须和蔼,庄严,机警,沉着,兼而有之。盖和蔼令人可亲;庄严令人敬爱而不轻视;机警令人知不可欺;沉着令人知为勤恳笃实,对人毫无恶意。总之,善于交际之新闻记者,其对人手段,能因人而施,且似有一种吸引力,无论老幼新旧阶级之人,一次与之交谈后,即无不乐与为友者。"②四是穿着合宜。伍超认为,新闻记者的穿着应该因不同的环境而有所变化,不能千篇一律、同一格调。他说:"服装为观觇各部最能引人注目之一;如过于不入时或过于奢靡,其足令人厌视则同也。盖素朴之服装,易得一般人爱敬。然亦必须因地而施,视对手者之目光如何耳。例如:见性质古僻之腐朽官僚,而御华美之西装;接候初归国之青年外交官,而着不合时流之粗服;则二者之心目中,早已存一不快之感觉;苟易之,则尽善矣。又如在北京以马褂为普通礼服,可以聚会宴庆;在广州无此定例,是又因地而易矣。其他更有记者必备各种之服装,遇性质特殊之人,亦有随时变易之必要;惟此并非侦探化装之意味。严格言之,总求不失乎整洁,高尚,使多数人乐于应接是矣。"③五是懂得多种语言。伍超认为,记者在语言上有严格的要求,语声浑浊、乡音、语法无层次等"在常人已属不宜,而对于记者为尤忌";"至于欲为优秀之记者,现时最少须通一二种之外国文;英文、法文、德文,皆属现代文明之锁钥。凡为现代之人,皆应选择而熟读之,新闻记者之需要,自不待言。若为我国记者计,万不可不学者,日文是矣。盖我国今日,已成为世界之中心舞台。张牙伸爪,演剧较多,并怀抱种种之妄想者,日本人也。故我国民,必欲一聆其腔调,察其隐微,求有介绍传播此腔调此隐微之责任者,非新闻记者而谁耶?是以我国新闻记者,而不解日文,谓其资格不完备,亦无不可。"④伍超超提出的新闻记者从业的具体要求,是比较切合新闻工作实际的,反映作者对新闻记者有深入的研究与思考。

---

① 伍超:《新闻学大纲》,商务印书馆 1925 年版,第 55 页。
② 伍超:《新闻学大纲》,商务印书馆 1925 年版,第 59 页。
③ 伍超:《新闻学大纲》,商务印书馆 1925 年版,第 60 页。
④ 伍超:《新闻学大纲》,商务印书馆 1925 年版,第 60—61 页。

伍超的《新闻学大纲》中,对于"新闻之价值"问题作出探讨,主张新闻的独立立场而不受党派利益的支配,并将"新闻之价值"作为考量新闻的根本尺度,这也是该著的显著特色之一。对此,该著有一段集中性的论述:

> 凡物之存在,必有其存在之价值,凡物之能继续进行而不息,必有其进行不息之价值。反之,凡物之失败,亦必有其所以失败之理由,故准此观新闻事业之发展,不得不论及其发展之原因。然欲探究其发展之原因,则又不得不详察其若者为有价值,若者为无价值而后可矣。盖如此下笔,斯则记载有方针,探访有选择,非特可以引起大众爱读者之兴趣,且能使报社之营业,日益扩大。我国有所谓机关报者,其数甚多,彼等第一之任务,即高唱利于所系党之言论而已。其外界之非议,皆不顾及。故记载之中,虚报者有之,诬捏者有之,其唯一之目的,为扶助本党,倾轧异己。故凡本党之事,不惜牺牲报社之信用,乱笔为之吹嘘;异己者纵或偶有一时之失误,则必尽其谩骂之本能,恶声而讥笑之。总之,新闻之有否价值不问也。然此种宝藏仇视性质之新闻,早已为稍具常识之读者所不齿,更有何价值之可言。新闻事业之至今不能发展,良有以也。至于更有许多报纸,专刊无聊之文字,或花柳优伶之品评纪事,而其时亦有一二自称才子之臭名士,专作无聊奇丑之文章,不啻为引诱青年男女于堕落之一种工具。维时各报,每因为迎合社会上一部分之心理,和利用社会上普通之弱点起见,似乎关于花柳优伶种种不堪入目之记载,为决不可少者,故反置真正之新闻(news)于不顾。斯则又为报纸之编辑者,未明新闻之价值测定而已。[①]

伍超的《新闻学大纲》一书,以新闻与社会关系作为研究的视角,吸收和借鉴既有新闻学著作关于新闻研究的成果,显现出作者宽阔的研究视域。该著在新闻的相关问题研究中,既善于从新闻学的学理给予学理上的说明,又能征引西方报刊发展的有益经验,同时又注意中国新闻业发展的实际,因而是将西方新闻学思想中国化的重要努力。总体来看,伍超的《新闻学大纲》是一部开拓性著作,虽然书中某些观点还不够稳妥,但该著兼具学术性与应用性的特点是比较显著的,在中国新闻学史上有着重要的学术地位。

---

① 伍超:《新闻学大纲》,商务印书馆 1925 年版,第 166—167 页。

2. 戈公振的《中国报学史》(1927 年)

戈公振①是中国著名记者、新闻学家,长期在报界工作,积累了丰富的报刊从业经验,并搜集到大量的中国报纸历史的材料。1925 年夏应聘在上海国民大学讲授《中国报学史》课程,后将所撰讲稿整理成书,于 1927 年 11 月由商务印书馆出版发行。该著曾多次重印、再版,并有日文译本出版。在中国新闻学史上,戈公振的《中国报学史》影响很大,与徐宝璜的《新闻学》、邵飘萍《实用应用新闻学》、任白涛的《应用新闻学》一起,被称为五四时期中国新闻学研究的"四大名著"②。

戈公振的《中国报学史》对于报纸的性质作出这样的分析:"报纸之公告性,即消息传达之方法。故报纸之成立,即在公开性质可以证明之时。像毕修所言,报纸与私函及公函无异,由传达消息之需要而生。不过公函系写与多数确定之人,私函专写与一人,报纸乃写与多数不确定之人,此唯一不同之点也。换言之,私函及公函为个人传达消息之方法,报纸乃消息公开之方法也。"③这里,该著将报纸作为"消息公开之方法",揭示了报纸作为大众媒介的性质。

戈公振的《中国报学史》立足于中国的情况,探寻了中国报业何以未能从过去的"官报"发展出来的原因。在他看来,尽管中国早有官报,但报业却是落后的,这是由于中国官报不是"民阅"的性质,而其根源就在于中国的专制主义传统。他指出:"我国之有官报,在世界上为最早,何以独不发达? 其故盖西人之官报乃与民阅,而我国乃与官阅也。'民可使由,不可使知',无儒家执政之秘

① 戈公振(1890—1935),名绍发,字春霆,江苏省东台市人。中国现代著名新闻学家,20 世纪 30 年代著名的新闻记者,中国新闻史学的重要拓荒者。1912 年在《东台日报》担任编辑工作。1913 年南下上海,在书局当学徒,后被提升为出版部主任。1914 年,被调到《时报》编辑部工作,初任校对、助理编辑,后升任编辑直至总编。1920 年首创了《图画时报》。1921 年上海新闻记者联合会成立,任会长。1925 年起,先后在上海国民大学、南方大学、大夏大学、复旦大学等学校讲授新闻学。1927 年出版《中国报学史》,开创全面系统地研究中国新闻发展史的先河。1927 年 1 月赴法国、瑞士、德国、意大利、英国、美国、日本等考察新闻业。1928 年底,出任《申报》总管理处设计部副主任。1930 年创办了《申报星期画刊》,并亲任主编。1932 年"一二八"淞沪战争爆发后,参加上海文化界的抗日救亡运动,与巴金、丁玲等 129 人联合签名发表了《中国著作者为日本进攻上海屠杀民众的宣言》。1932 年初,以记者身份参加国联调查团到上海和东北调查日本侵略真相。1933 年 3 月,随中国驻苏联大使颜惠庆去莫斯科访问。在苏三年,对莫斯科、列宁格勒以及乌克兰、高加索、乌拉尔一带进行了考察。著有《中国报学史》、《新闻学》等著作。

② 赵凯、丁法章、黄芝晓主编:《二十世纪中国社会科学·新闻学卷》,上海人民出版社 2005 年版,第 122 页。

③ 戈公振:《中国报学史》,商务印书馆 1927 年版,第 7 页。

诀;阶级上之隔阂,不期然而养成。故官报从政治上言之,固可收行政统一之效;但从文化上言之,可谓毫无影响,其最佳结果,亦不过视若掌故,如黄、顾二氏之所为耳。进一步言之,官报之唯一目的,为遏止人民干预国政,遂造成人民间一种'不识不知顺帝之则'之心理;于是中国之文化,不能不因此而入黑暗状态矣。"①戈公振从中国专制主义制度来认识中国报业的不发达原因,是很有见识的。

戈公振的《中国报学史》对近代以来中国报纸的演变历程进行梳理,认为报纸在近代中国之所以得以产生,有着近代以来中外文化交流的影响。该著指出:"自葡人发见印度航路,基督教东来,而后我国人始知世界大势。基督教传教之方法,旧教由上行下,故重在著书;新教由下向上,故重在办报。而均以实学为之媒介自重。……中间又经过中英与英法之战,我国人士之守旧思想,渐次为之打破,而以研究新学相激励。至是,中西文化融和之机大启,开千古未有之创局。追本溯源,为双方灌输之先导者,谁欤? 则外人所发行之书报是已。虽然,从文化上之全体以观,外报在我国,关于科学上之贡献,当然为吾人所承认;惜以传教为主要目的,是去一偶像而又立一偶像也。且流弊所及,一部分乃养成许多 Boy式之人材,舍本逐末,为彼辈之走狗,得不偿失,无过于此。若就近日之外报言之,几一致为其国家出力,鼓吹资本主义与帝国主义。关于外交问题,往往推波助澜,为害于我国实大。不过以第三者眼光观之,外报于编辑、发行、印刷诸方面,均较中国报纸胜一筹,销数不多而甚有势力,著论纪事,均有素养,且无论规模大小,能继续经营,渐趋稳固,是则中国报纸所宜效法者也。"②这里,戈公振以辩证的态度看待外报,一方面看到了外报对中国新闻业产生的积极影响,另一方面也看到外报在对于中国进行文化侵略上所起的反动作用。戈公振在《中国报学史》中不仅研究了官报、外报,而且重点研究了中国的民报的产生历程。该著指出:"官报,无民意之可言也。外报,仅可代表外人之意思;虽其间执笔者有华人,然办报之宗旨不同,即言之亦不能尽其意也。我国民报之产生,当以同治十二年在汉口出版之《昭文新报》为最早。……惜国人尚不知阅报为何事,未为社会所见重耳。迨光绪二十一年,时适中日战后,国人敌忾之心颇盛,强学会之《中外纪闻》与《强学报》,先后刊行于京沪,执笔者皆魁儒硕士,声光炳然。我国

---

① 戈公振:《中国报学史》,商务印书馆 1927 年版,第 65 页。
② 戈公振:《中国报学史》,商务印书馆 1927 年版,第 112—113 页。

人民之发表政论,盖自此始。"①该著认为,中国近代以来不同时期出现的报纸有着不同的特点,而其所起的作用亦有很大的差异。该著指出:"自报纸内容上言之:同光间之报纸,因受八股盛行之影响,仅视社论为例文。经甲午庚子诸变后,康梁辈之新民自强诸说出,始为社会所重视。革命派之报纸,则以社论为主要材料,执笔者亦一时知名之士;惟其有明确之主张,与牺牲之精神,故辛亥革命乃易于成功耳。当光绪末,宣布预备立宪时,各报均延学律之士主笔政。《时报》创始后,曾与社论外别立时评一栏,分版论断,扼其机枢,与今日之模棱两可,不着边际者,截然不同,故能风靡一时。民国初元,报纸之论调,虽以事杂言庞为病,然朝气甚盛,上足以监督政府,下足以指导人民。乃洪宪以后,钳口结舌,相率标榜不谈时政,惟以迎合社会心理为事。其故或以营业为宗旨,不欲开罪于人;或有党派与金钱之关系,不敢自作主张。于是人民无所适从,军阀政客无所顾忌;造成今日之时局,报纸不能不分负其责也。"②这里,戈公振将近代中国的报纸分为三个重要阶段:第一个阶段是"同光间之报纸",这时"因受八股盛行之影响,仅视社论为例文";第二阶段是甲午之战后至洪宪之前的报纸,无论是康梁变法时的报纸还是革命派的报纸,总体来说是"朝气甚盛,上足以监督政府,下足以指导人民";第三阶段是洪宪以后的报纸,这时的报纸"惟以迎合社会心理为事",其情形"或以营业为宗旨"、"或有党派与金钱之关系",故而现在所出现的政治问题、社会问题,均与报纸未能发挥其应有的引领社会舆论的作用有关。

戈公振研究报学史有着强烈的现实追求,他重点分析了民国以来报纸发行的状况,一方面指明此时的报纸"渐失指导舆论之精神",另一方面也看到欧战以后中国"报界思想之进步"。他指出:"共和告成以后,革命之目标失,报纸之论调或主急进,或主缓进,然其望治也尚同。迨经洪宪复辟之祸,受年年军人利诱威胁之蹂躏,舆论颠倒,道德堕落。北京为政治中心,因利津贴而办报者有之,因谋差缺而为记者者有之,怪状尤百出。于是杀记者封报馆之事,亦屡见不一见。自好者流,幡然觉悟,改向本身努力,以求经济之独立。然商业色彩大浓,渐失指导舆论之精神,是其病也。不过自全体言之,欧战以后,报界思想之进步,不可不谓为一线曙光。……苟循斯途以进行,则去中华民族自决之期不远矣。"③对于民国以来的报纸,戈公振在《中国报学史》中从国体方面、社会思想方面、科

---

①　戈公振:《中国报学史》,商务印书馆 1927 年版,第 115 页。

②　戈公振:《中国报学史》,商务印书馆 1927 年版,第 327 页。

③　戈公振:《中国报学史》,商务印书馆 1927 年版,第 327—328 页。

学方面、艺术方面、外交方面等层面加以详细的评析。该著说：

> 民国以来之报纸，舍一部分之杂志外，其精神远逊于清末。盖有为之记者，非进而为官，即退而为营业所化。故政治革命迄未成功，国事窳败日益加甚。

> 从国体一方面观，当筹安时代，号称稳健之报纸，多具暧昧之态度，其是否有金钱关系虽不可知，若使无国民党报纸之奋不顾身，努力反抗，则在外人眼光中，我国人之默许袁氏称帝，似无疑义。故从严格立论，若当袁氏蓄意破坏共和之时，各报即一致举发，则筹安会中人或不敢为国体问题之尝试，是以后纷乱，可以不作。更进一步言之，使袁氏至今而健在，则其为害于民国，有为吾人所不敢想象者。报纸之失职，有逾于此耶？其实袁氏虽死，继之而起者，往往倒行逆施，无所恐惧。虽曰其故甚多，而舆论软弱无力，不可谓非一种诱因。

> 从社会思想方面观，各种学说，如共产无政府诸主义之输入，纷纭杂错，目迷五色，论其学理，无不持之有故，言之成理；然其果适合于我国国情否，果适合于我国今日之人否，是尚不能无所踌躇。身为记者，于此应先下一番研究功夫，以徐待事实之证明，若根据捕风捉影之谈，人云亦云，漫为鼓吹相攻击，其不为同人所齿冷也几希。

> 从科学方面观，可谓最无贡献。因科学之不发达，而迷信遂益难打破。乩坛可以问政，建醮可以弭兵，野蛮时代之把戏，居然能在二十世纪之新舞台上与人争长短，不可嗤哉？甚至"天皇圣明"，"天命所归"之文字，竟能在报纸上发表，此真足悲愤者也。

> 从艺术方面观，如音乐，戏曲，绘画，文学等，均为人生必不可少之正当娱乐，而报纸多不提之。……试问我国报纸对于此种事业之成绩如何，能不扪心自愧否？今日之报纸，惟搜求不近人情之新奇事物，以博无知读者之一笑。其幼稚诚不堪言矣。

> 从外交方面观，国际因交通与经济之关系，息息相通。外人之对我国也，其政策均有一定步骤，虽五卅惨案之猝然发生，可谓震动全国，而外人之态度依然不改其镇静。盖由平日知之有素，自可因病而下药也。我国报纸向不注意国际间事，外交常识可云绝无。每遇交涉，则手忙脚乱，恒不能导民众入于有利之途。上者为外人宣传而不自觉，下者则以受外人之津贴为得计。言念及此，不寒而慄矣。

> 虽然民国以来，报纸对于社会，亦非全无影响。如人民阅报之习惯业已

养成,凡具文字之智识者,几无不阅报。偶有谈论,辄为报纸上之记载。盖人民渐知个人以外,尚有其他事物足以注意。……今则渐知自己以外,尚有社会,尚有国家,去真正觉醒之期不远矣。且人民因读报而渐有判断力。……此外,报纸之作用,已为一般人所谂知。故一家庭有报,一学校有报,一商店有报,一工厂有报,一团体有报,一机关有报。其不能有报者,亦知藉他报以发抒其意见。即就报界自身言,亦知经济独立之重要,而积极改良营业方法;知注意社会心理,而积极改良编辑方法。不过自本国言之,似比较的有进步;若与欧美之进步率相比较,则其进步将等于零。至此,吾不能不希望我国报纸之觉悟,吾更不能不希望报界之努力!①

戈公振在《中国报学史》中强调言论和思想的自由对于报业发展的极端重要性。在他看来,民国初年以后的法律,在报纸方面皆有"非依法律不受限制"一语,这里"所谓自由并不彻底,乃相对的而非绝对的",并不能真正体现言论自由、出版自由。他援引美国宪法条文指出:"美国宪法曾规定:'国会不得制定何种法律,关于一种宗教之设置,或禁止其自由的信仰行为,或减缩言论出版之自由,或人民平和的集会,对政府陈告疾苦之请愿权。'是关于言论出版,均为绝对自由,不能以通常国会所制定之法律为干涉。在行政官吏,固不能以命令式为干涉;即立法之国会,亦不能以法律式为干涉。脱有国会制定法律而限制之者,即属违宪之行为,在法庭上不生效力。美人之所以绝对尊重自由者,盖鉴于母国国会之腐败,不为君主之附属品,即为一党之爪牙,故当费府宪法会议之时,初无上列条文,后经各州之详密审查,卒加入保障人民自由之条文共十条,而始获诸州立法部之批准,而上条即为当日增加第十条中之第一条也。我国宪法应仿美国先例,以绝对自由条文,明白规定于宪法中,删去言论出版自由项下'非依法律不得限制',而加入'人民言论出版自由不得以法律限制'一项。夫所谓绝对自由者,非绝对不受法律之制裁也,实不受专为言论出版而设之法律之制裁耳。故言论出版物而鼓吹谋叛国家,杀人放火,毁人名誉之举,则有普通之刑律足以制裁之,固无须另为加重之法律;更不容于言论出版未实现之际,而预为制裁之。是则报界所宜联合请求于将来之正式国会,非达目的不止者也。"②戈公振以中国报纸演变的历史说明,中国报业之发达必须以"言论自由"为前提条件,否则就没有"出版自由"和"思想自由"。他指出:"自报纸改进上言之:言论自由,为

①　戈公振:《中国报学史》,商务印书馆 1927 年版,第 199—202 页。
②　戈公振:《中国报学史》,商务印书馆 1927 年版,第 333—334 页。

报界切肤之问题,此问题不解决,则报纸绝无发展之机会。概自洪宪以还,军人柄政,祸乱相寻,有若弈棋。报纸之言论与记载,苟忠实而无隐讳,则甲将视为祖乙,乙又将视为祖甲。故封报馆、扣报纸、检阅函电,十余年来,数见不鲜。然而反视报界,则涣散特甚,无一机关可代表一地方之报纸,遑论全国?甚有幸灾乐祸,以他报之封闭或扣留为快。彼且不自尊,欲人尊之也,得乎?夫《出版法》之废止,要求亘十余年之久,《出版法》废止矣,而邵飘萍、林白水之流,可以身死顷刻,则更无法律可言,岂不足以促我报界之觉悟耶?英国有以'红旗'名报者,德国有以'炸弹'名报者,国会中有共产党,而其政府不禁之;今欲假'赤化'以摧残言论自由,乃无意识之下焉者也。"①戈公振以言论自由作为报业存在的先决条件,申明"言论自由"为报界切肤之问题,抨击了张作霖"军治"的专制实质。

戈公振在《中国报学史》中对于报业的经营与管理问题进行探讨,主张积极发挥广告业务对于报业发展的作用。关于广告在报业经营中地位以及中国报业广告的问题,他指出:"广告费之销耗,以报纸为最巨;而报纸之支出,亦多仰给于广告。故在欧美发达之报纸,其广告费常占收入十分之九而强。我国商业未兴,无剧烈之竞争,视广告为无足轻重,而报馆又不能表显其广告之效力,以博得商人之信任,而裕其财源;一方面又不知广告之内容,亦足引起读者之注意,与新闻同其价值。又如(1)广告章程,视为具文,取费时并不依据,此何以取信?(2)广告编辑,杂乱无章,不若外报将同性质者汇列一处,使读者易于寻见。(3)北方报纸所载之官营业广告,如铁路广告、银行广告等,实为津贴之变相,足以养成报馆贪惰之风,此皆广告不能发达之大原因也。"②戈公振具体分析中国报纸上登载广告的情况,指出其存在的偏向。他指出:"我国广告事业,年有进展,自为可喜之现象。如《申报》、《新闻报》、《益世报》之经济充裕,不可谓非广告之赐。然就上列各表观察,则外货居十之六七,国货仅十之二三,而就国人广告论,除书籍外,大半为奢侈品及药品,其中且有不道德与不忠实之广告。此不但为我国实业界之大忧,亦广告界之大耻也。报纸为买卖货物之媒介,杂志亦然;应设法引诱本国商人登载广告,为之计画,为之打样,为之尽力,必使商人不感困难,又排列务求美观,印刷务求清晰,地位务求明显,俾易入读者眼帘,使其出费小而收效大。而欲得买卖双方之信托,尤应严厉拒绝含有欺骗性质之广告。是一方虽为

---

① 戈公振:《中国报学史》,商务印书馆 1927 年版,第 378 页。

② 戈公振:《中国报学史》,商务印书馆 1927 年版,第 222 页。

推广报馆营业,而一方即足以促进实业。至关于商业之报纸与杂志,可特辟专栏,研究广告学,以引起商人对于广告之兴趣,则又应尽之天职也。"①戈公振将引领本国商人登载广告作为报纸经营的重要任务,同时又要求报纸不能登载"不道德与不忠实之广告",而是将"严厉拒绝贪有欺骗性质之广告"作为经营的底线,亦即报纸的广告经营不能仅仅从经济利益出发。戈公振的这个主张不仅坚守报人的道德底线,而且也指明了报纸经营广告的坚持社会效益的方向。

戈公振的《中国报学史》是一部开创性的学术著作,对于中国报刊演变的历史作出了全面而又系统的梳理,是中国第一部关于报学史的研究性专著,成为中国新闻史研究的奠基之作。该著不仅梳理中国近代以来报纸发展的历程,而且就这一时段的报纸作出集中性的评价,并指明了中国报纸争取言论自由、争取经济独立的努力方向。该著具有理论与实践相结合的特色,不仅揭示了报纸的性质及其引领社会舆论的作用,而且对于报纸的广告经营等业务也提出了建设性的意见。戈公振的《中国报学史》为新闻学在现代中国成为一门独立的学科作出了重要的贡献,在中国现代新闻学史上有着重要的地位。

(二) 20 世纪 30—40 年代代表性新闻学著作

20 世纪 30 年代和 40 年代,是中国资产阶级新闻学的发展阶段。在这 20 年中,中国资产阶级新闻学以 30 年代的成果最为突出,40 年代则走向衰落。以下,试介绍吴定九、黄天鹏、张静庐、马星野等具有代表性的新闻学著作:

1. 吴定九的《新闻事业经营法》(1930 年)

吴定九②的《新闻事业经营法》(1930 年)于 1930 年 4 月由上海联合书店出版、1932 年重版。该著研究新闻事业所具有的商业经营性质问题,重点探讨了报纸的"经营法",并提出了新闻事业的经营方法与经营策略。

---

① 戈公振:《中国报学史》,商务印书馆 1927 年版,第 230 页。

② 吴定九(1890—1930),名鼎,字定九,上海嘉定人。早年求学于上海南洋公学,毕业后公派赴日本留学。留学时结识在东京政法学校读书的邵飘萍,遂成密友。学成回国后,任职北京市政公所。1920 年 9 月,《京报》复刊,受邵飘萍邀请到《京报》工作。初为兼职,1923 年辞去市政公所公职,专职于《京报》,负责发行、财务、总务等经营管理。1926 年 4 月 26 日,邵飘萍在《京报》馆附近被奉系军阀逮捕,吴定九逾墙而逃,幸免于难。邵被害后,《京报》被封,一直留守《京报》。著作有《新闻事业经营法》,上海联合书店出版 1930 年 4 月初版,1932 年重版。

吴定九在《新闻事业经营法》一书中，重点研究新闻的商业经营问题，对于新闻社的组织架构、新闻事业的性质等问题提出自己的看法。在吴定九看来，编辑部、营业部及印刷部三者作为新闻社的主要机构，相互间需要有"合作之精神"。该著指出："新闻社之组织，大别之可分为三大部分。（一）编辑部，（二）营业部，（三）印刷部。编辑部犹之军队之战斗部队，冲锋接战之任务属也。营业部犹之军队之粮台与辎重，为报社之营养机关也。印刷工场乃犹军队中之工程队也。……故健全之军队，须三部队有充分之联络，方能立于不败之地；而健全之新闻社，亦须编辑、营业及印刷三部间有合作之精神，方能日臻发达。"①吴定九以经营者的眼光研究新闻事业，将新闻事业视为一种商业，而将新闻纸视为一种商品，故而十分重视研究新闻"品质之精美"及新闻"营业方法之得宜"这两个问题。

正是基于这样的经营理念，吴定九主张重视产品的质量，认为新闻事业需要在编辑上下功夫，重点研究编辑方针与编辑形式问题。他指出："新闻纸既视为一种商品，则欲求商品之畅销，必先求其品质之精良；欲求品质之精良，则全恃材料之精选与制造之得法。编辑部者，新闻纸之制造厂也。欲得精美之新闻纸能吸收多数之读者，使新闻社臻于发达之境者，编辑部之责任矣。新闻纸如何而能精美乎？是则有先决问题也：一曰编辑之方针，二曰编辑之形式。……愚以为编辑方针之究以何者为本位，当以新闻社经营之方针而决定，此盖有二说焉：（一）如视新闻事业纯为营利的职业，则直视新闻纸为一种商品。由此一观念而言，则优秀超越之新闻，其吸收读者之功，自比严正枯燥之言论为大。情势所趋，自当以新闻为本位。此美国编辑方针所以造成今日之现象也。（二）以新闻纸之主旨言，则新闻纸不仅为单纯营利的商品，乃亦为舆论之代表，即就此一点而言，则新闻纸之言论，足为政府之针砭，社会之指导，其价值或有什百倍于新闻记事者，况我国内政外交以及社会状态尚未于正轨之秋，经营新闻事业者，似未能仅以供给正确新闻为已尽记者之天职。故愚以为，编辑方针之决定，以大体言之，固视新闻社经营之方针以为断，以中国之现状而言，则苟力之所及，言论与新闻二者并重，斯得之矣。"②这里，吴定九主张新闻的编辑方针"言论与新闻并重"，亦即既照顾了新闻纸的商品性，又照顾到新闻本身引领社会言论的地位。值得注意的是，吴定九探讨新闻的编辑方针问题是从社会整体的视角切入的，并特别重视新

---

① 吴定九：《新闻事业经营法》，上海联合书店 1930 年版，第 2—3 页。

② 吴定九：《新闻事业经营法》，上海联合书店 1930 年版，第 11—14 页。

闻的编辑工作与社会的政治及经济的关系。他指出："新闻社之主体为编辑部，而编辑部之脊髓为政治经济与社会之二系。诚以国家与社会之各问题，都半属之二系范围之内，故其任务至为重要。新闻社之所谓政治经济者，乃广义的，举凡一国之政治外交问题，各省各县之行政，市政，农政，交通行政，以及海陆军问题，悉属之政治。而国家之财政，民间各种之经济机关，商工业贸易，交易所及关于理财之事项，皆属之经济，故政治经济系范围至广也。……政治经济系之任务既重，范围又广，故非但为之主任者须有专门知识与兴味，对于各种发生之问题为正确明快之判断力与观察力；即其所属之记者亦须有相当之知识与活动。"① 又指出："社会系之范围，至为广大而琐碎，自天灾地变以及市井琐事，莫不为社会之新闻。换言之，即政治经济以外之一切事件，凡社会之各阶级各方面所发生之问题，俱属之社会系范围之内。故社会系之主任与记者，虽未必定要深博之学识，而健全明快之常识与机敏之脑力，则为不可缺少之条件也。"② 这两段引文，清楚地表明吴定九是力求将新闻的编辑工作，置于国家的政治经济情形及社会的状况之下。正是基于编辑部所面对的国家"政治经济"问题和"社会问题"具有复杂性，吴定九强调编辑部在编辑新闻时要处理好"编辑部各系"间的"联络"问题，他说："编辑部各系有相当之联络，为编辑上至为紧要之事。以愚经验之所得，曾拟有下列联络之方式，兹略述其方式之大要如下：凡外来及外交记者之稿件，悉数交于编辑长，由编辑长为之分类交于各系。各系主任乃详为选择取舍，交由编辑员从事编辑。编辑既竣，则由主任审察其标题之适当与否，应用铅字之大小合宜与否，并审度新闻重要之程度而随时略定其排列之先后，仍交之编辑长。编辑长则更统视各系编成新闻之重要程度，而定新闻全体排列之顺序。如是则既可永免重复之新闻，且足增加新闻纸之精彩。"③ 吴定九关于新闻编辑工作的要求，不仅将社会的政治、经济、文化生活各方面纳入视域，而且根据自己的编辑经验，就编辑部中各方面之"联络"作出具体要求，这对于新闻编辑是有实际指导意义的。

同时，吴定九也十分重视报纸的经营问题，主张在发行和广告两者的关系上，可以将广告业视为发行的重要策略，但也不能忘记广告与发行之间"互为因果"的关系。他指出："营业分为二大部，一发行，二广告。在昔经营新闻事业

①　吴定九：《新闻事业经营法》，上海联合书店 1930 年版，第 35 页。
②　吴定九：《新闻事业经营法》，上海联合书店 1930 年版，第 37—38 页。
③　吴定九：《新闻事业经营法》，上海联合书店 1930 年版，第 51—52 页。

者,以发行报纸——销售报纸——为其主要财源,近则以广告为主要之财源,而销售报纸反为新闻社之损失者矣。盖当此新闻事业竞争剧烈之秋,不减低新闻纸之卖价,难以吸收多数之读者。不能得多数之读者,即不能有多数之广告,且亦不能增加广告之刊费。不能得多数之广告与增加刊费,即不能维持新闻社之存在。故权衡轻重,宁忍发行上——销售报纸——损失,博得多数之读者,以增加其广告之为得策。换言之,即与其以发行为本位,毋宁以广告为本位。虽然,所谓广告为本位者,乃以经营新闻之策略而言。若以本质言之,则发行与广告互为因果、互相为用。诚以当此商战竞争之世,商店之所以欲在新闻纸上刊登广告者,在欲使其店中之商品周知于世,以达其广为销售之目的,欲达此种目的,自不能不求有多数读者之报纸,为之刊登广告,而不愿于发行少数之报纸上刊登广告,此理至为明显。但自报社一方言之,欲吸收多数之广告,自当先求发行之广大。欲求发行之广大,由根本上言之,自当先求报纸内容之丰富,消息之灵通,而减低报纸之卖价,实为推广销路之捷径。故由新闻事业之本质言之,当以发行为本位。于其策略而言,则又当以广告为本位也。"①这里,在经营中的发行与广告两者关系上,吴定九认为"以广告为本位"只是经营上的策略,而"以发行为本位"才是"新闻事业之本质"要求。但鉴于新闻竞争上的严峻形势和报纸经营上经济独立的需要,吴定九也认为要将广告作为经营的重点。他说:"营业部为新闻社之收入机关,而广告处尤为营业部中收入之大本营。盖发行与广告较,发行报纸,纯为一种商品买卖之性质,其利甚微。而近自推广销路及以广告为本位之说兴,发行报纸未必有利,抑且有若干之损失也。发行既未必有利,则欲求新闻社经济之充裕,不得不求诸广告之收入。广告在新闻社中既负此重大之责任,则广告处之组织当益求其健全,而广告处之人员当益求其有敏活之手段与忠实之奋斗。"②尽管吴定九十分重视营业上的广告问题,但他还是认为应该处理好新闻编辑与新闻营业之间的关系,以求得两者达致互相促进的目标。如他说:"新闻纸之善良与否,在于编辑部之得法,与取材之丰富。而新闻社之存亡兴废,则在营业部营业之得宜,与管理之精密。……故意地位言,编辑部与营业部同为经营新闻社之重要分子,二者乃相辅而行,相得而益彰者也。"③

---

① 吴定九:《新闻事业经营法》,上海联合书店 1930 年版,第 5—6 页。
② 吴定九:《新闻事业经营法》,上海联合书店 1930 年版,第 87 页。
③ 吴定九:《新闻事业经营法》,上海联合书店 1930 年版,第 53—54 页。

吴定九的《新闻事业经营法》由于重点研究报纸的"经营法"，故而对于新闻事业的经营方法与经营策略颇为重视。譬如，在报纸的推销方面，吴定九提出报纸要讲求"推广销路之法"。他指出："推广销路之法，亟宜讲求。……推销之方法，可分为二：（一）增加新读者，（二）保持旧读者。增加新读者之方法虽无定致，然其最要者，在使报纸与读者时有接触之机会。……所谓推广报者，即新闻社每日将若干新闻纸赠与派报社不计其值而以之为推广销路之用也。例如某派报社每日向某新闻社取报一万份，而新闻社于此计值之一万份外，更予以不计值之一千份。此千份者即推广报也。派报社既得此千份之推广报，乃以之分配于各贩报夫，使之分赠于不阅某报之家庭。既赠数日，贩报夫乃乘机进言于此等受赠之家庭，而怂恿其订阅某报。此种办法，每得良好之结果。盖新闻纸之内容消息如果精良，则只患其与读者无接触之机会，苟有之，则鲜有不起爱读之心也。况更加以人之怂恿乎？此即增加新读者之一法也。挽持旧读者之方法，更可分为二种步骤。（一）提醒已订阅之读者，于其所订阅期限将满之时，继续订阅，并与以继续订阅之便利。（二）对于期满停阅之读者，提起其再行订阅之兴趣。"①又譬如，吴定九提出广告在报纸中的安排，也要讲求广告的"编辑法"。他说："新闻纸中之广告地位，以有美国式编辑法与英国式编辑法之分，故各国初无一致。然以理论言之，则同页纸面上之广告，在其上部者为优，下部者次之。上部之右者为优，左者次之。此盖就广告版面言也。若广告插入于新闻栏中者，则以与新闻记事之方面接触多者为优，少者次之。……总之广告地位之优劣，在与读者眼帘相接触之难易以为断。与读者之眼帘接触易者为优，反是为劣，此殆定理也。"②吴定九的《新闻事业经营法》一书由于注重实用技能的介绍，故而对新闻事业的经营有指导意义。

吴定九的《新闻事业经营法》是中国现代较早的一部新闻事业经营方法的著作。该著是将新闻理论与新闻事业结合起来的学术著作，既有一定的理论高度，同时也十分注重新闻事业实际上的问题，并且因为所举例证皆来源于自己的从业经验，因而实用性较强。该著摆脱了中国早期新闻著作纯粹的理论介绍，注重将方法的研究与介绍作为重要内容，这是一个很大的进步。吴定九的《新闻事业经营法》在现代中国新闻学史上有着重要的地位。

---

① 吴定九：《新闻事业经营法》，上海联合书店 1930 年版，第 79—80 页。
② 吴定九：《新闻事业经营法》，上海联合书店 1930 年版，第 88—89 页。

2. 黄天鹏的《中国新闻事业》(1932 年)

黄天鹏①所著《中国新闻事业》一书,从"社会教育"的视角来研究新闻事业,阐明了新闻事业所具有的"公共之特性",并提出了新闻事业应该列于"法人组织之下经营"的主张。该著在 20 世纪 30 年代对中国新闻学界有较大的影响。

黄天鹏的《中国新闻事业》一书以"社会教育"的视角来看待新闻的性质,认为新闻与人们的社会生活存在着紧密的联系,不仅对于人生的影响非同一般,而且关系到整个国家的文化事业的发达。他在《中国新闻事业》一书中指出:"新闻事业之特质如何,此为治新闻事业者所应首先认识者也。世人之论新闻事业者曰:人类公共之机关也,民众舆论之代表也,广义之社会教育也,各种艺术之综合也,一般人之必需品也。"②又指出:"教育之目的在给与人生以生活必需之智识,然教育时期不过全人生五分之一而已,而新闻纸与人生则终其身而不离,实一广义之社会教育也。夫人生必日求新智识以应新环境也,学校教育为期既短,而获得亦止根本之学识,则新闻纸自少小至老死,给人生以无穷之新智识,其效力较大多矣。吾人读国际消息,知世界之大势;读国内要闻,知政局之变迁;读商业专栏,知市场之贸易;读社会记事,知市井之琐事;读副刊小品,足以陶适性情;读各种专刊,足以资修养。举凡人生一切之学问,新闻纸皆包罗万有,实不啻一学问之文库,人生必须常识之课本也。"③黄天鹏从"社会教育"的视角分析新闻的地位与作用,进而对新闻事业发展的文化意义,给予重要的说明:

> 一国国家之进步,虽所以致之者,在多方面;而枢机所在,则惟文化事
> 业。盖文化不发达,教育不发达,则民智终于低落,而科学技术,亦莫由资之
> 高深。中国为数千余年来之古国,素以文化先进自豪,然一察目下之情形,

---

① 黄天鹏(1905—1982),原名鹏,字天鹏,别号天庐,以字、号行世,广东省普宁市人。早年毕业于普宁三都书院,后就读于北京平民大学报学系。1927 年 1 月,主编的《新闻学刊》在北平创刊。1928 年 8 月又主编《新闻周刊》。1928 年底,离京赴沪,在《申报》工作。同时,又将原北京《新闻学刊》改组扩大为《报学杂志》(月刊)在上海出版。该刊于 1929 年 3 月创刊,光华书局发行。1929 年夏,辞去《申报》的职务,参加在日本东京召开的"太平洋学会"。会后留学日本,初修业新闻研究所,旋入早稻田大学新闻系。后绕道西伯利亚伯力(今哈巴罗夫斯克),遍历苏联、朝鲜、蒙古等邻国。1930 年回国后,担任《时事新报》通信部主任。同时,担任复旦大学新闻系教授,开设新闻学的必修课、选修课,并兼任上海沪江大学等校的新闻学教授。1931 年 8 月参加上海记者团赴东北采访,如实地报道日本制造万宝山惨案的真相。抗战期间,曾任重庆《时事新报》经理。抗战胜利后,担任国民党中央印务总局管理处处长,1949 年去台湾。著作有《中国新闻事业》、《怎样做一个新闻记者》等,编有《新闻学名论集》、《新闻学刊全集》、《报学丛刊》等。

② 黄天鹏:《中国新闻事业》,现代书局 1932 年版,第 1 页。

③ 黄天鹏:《中国新闻事业》,现代书局 1932 年版,第 4 页。

则识字者之比例,视世界任何国家为少,而文化事业教育书籍,自亦更不足以颉颃列强。一方故由于近年以来,政治之不定,军事之骚动,而一方亦以人民未能自己尽力于推广文化之事业有以互相造成者也。因军事之骚动,而人民避死不遑,无从率教,因政治之不定,而学校社会间之教育,两难督促,此以往十七年之事实,于今为过去;在兹统一告成之后,正可惩前毖后,以谋急起直追者也。至人民之文化事业,书籍新闻为两大端,而在目下生产落后之中国经营斯二业者,殊不易易,政府既无积极赞助之力,重以生活环境等种种变迁,则已成者有捉襟见肘之虞,未成者有难于组立之势,二者之间,新闻事业之于文化,庶有比较更重要之关系。盖每日刊行报纸,尽为关于政治社会经济教育之消息,人民日日接触,浸淫于正义,研讨于大势,以定其从违,以觇诸舆论,则智识较丰者,可以进于国情世况,以奋发而导扬,智识较逊者,亦得切磋于文字,以端其趋向。总之,报纸与人民日日为接近,则其所以诱掖而潜移之者,亦自是益为密切,可断言矣。①

黄天鹏的《中国新闻事业》一书,鉴于新闻所具有的"社会教育"的意义,特别强调新闻事业的"公共之特性"。该著指出:"新闻纸主要之目的,在宣布新闻于公众,新闻以事实为依归,而不容私见作用于其间。从业新闻事业者首应认识其公共之特性,新闻纸乃社会公共之机关,与营业牟利者异其旨趣。营业者可以牟利为前提,而新闻纸则应以公共之利益为准则,报告正确之消息,贡献公允之意见,皆其应循之正轨。吾人评判新闻纸价值之高低,即可以其公共性之多寡定分寸。质言之,若带御用之色彩,违反社会之公意,众必共弃之。今日新闻事业虽卷入营业之旋涡,然主持者倘止知以商业之手段经验,而忘其本来之特质,则其终必失败也无疑。"②黄天鹏不同意那种将新闻业纳入商业经营范围的看法,更不同意那种以"牟利为前提"的商业化运营方式,而是主张将新闻事业列入"社会公共之机关"的范畴,以"其公共性之多寡"作为评定新闻事业的标准,并要求报纸必须"以公众之利益为准则",不仅要"报告正确之消息",而且要"贡献公允之意见"。这实际上申明了新闻事业"公共性"的特征,并明确了新闻事业所应该担负的服务社会、引领社会的义务。黄天鹏的这个看法是很有见识的,体现了社会对于新闻事业的根本要求,因而也是值得充分肯定的。

---

①　黄天鹏:《中国新闻事业》,现代书局 1932 年版,第 105—106 页。
②　黄天鹏:《中国新闻事业》,现代书局 1932 年版,第 1—2 页。

　　黄天鹏不仅考察了中国新闻事业落后的状况，而且在分析其落后原因的基础上，提出了新闻事业列于"法人组织之下经营"的主张。黄天鹏认为中国的新闻事业处于极为落后的状况，他在《世界通讯事业》一文中以"通讯界"为例指出："我国通讯界情形如何，言之实为痛心，以偌大之国家，通讯社为量虽数百十家之众，然竟无一大规模组织之世界的通讯机关，以参加于国际团体。举凡国际之消息，止仰给于一二外国通讯社，是非黑白，一任外人之操纵。吾人每谓若外国通讯社一致罢工，中国新闻纸当成一大笑话，虽此事未必实现，然业新闻者依赖之心理，可见一斑矣。往者巴黎和会及华盛顿会议，各国通讯社以周密之组织，与国家事前之布置，皆具伟大之宣传力，我国则毫无设施，假口舌于外人，以求各国怜悯之同情，此不特国家之辱，亦新闻界之羞也。"①黄天鹏在《中国新闻界之鸟瞰》一文中，具体地分析了中国新闻事业不发达的原因，认为不发达的原因主要是："一政治未上轨道，言论每受摧残；二教育不普及，新闻纸未至人人必读之地位；三商业衰落，新闻纸主要养料之广告费，收入极为有限；四交通不便，消息及运输滞而费昂；五工艺未兴，机器纸料油墨，无一非舶来品。至关于内部方面，则人才之缺乏也，组织之未善也，探访之无术也，编辑之不得法也，无一非今日新闻界之通病。"②那么，中国的新闻事业如何发展呢？当时，国内新闻界有人主张新闻事业"国有"，其看法是："新闻事业由私人而移于国家之手，以国家之力以消灭其竞争之弊端，与无谓之糜耗，而仍保存其独立之精神，与各报之特点，而非使尽成为御用之机关……。故拟执笔者于掌教，彼有如法官之遵守国家法令纪律，而仍有其职务与思想之自由。"黄天鹏不同意这种"国有"的看法，他指出："此说言之固善，而行之维难，且近于理想，在现代国家制度之下，似尚无实现之可能也。"③黄天鹏主张新闻事业"公有"而不是"国有"，这种经营模式是由社会中"法人组织"来承担，但又不为私人所操持和掌控，从而使新闻事业能够真正地担负起社会职能。他指出："至'公有'之说，今日颇为学者所盛道。夫新闻事业既为社会之公器，又为人生享用之一种，则自非少数人所可操持，且舆论之代表，民众之喉舌，亦非少数人所可代庖。故应由少数人之手，移于法人组织之下经营之，宜也。法人云者乃得政府许可之合法团体，以谋公益为目的者。

---

　　① 黄天鹏：《世界通讯事业》（1928年），黄天鹏主编：《新闻学刊全集》，光华书局1930年版，第100—101页。

　　② 黄天鹏：《中国新闻界之鸟瞰》（1926年），黄天鹏主编：《新闻学刊全集》，光华书局1930年版，第70页。

　　③ 黄天鹏：《中国新闻事业》，现代书局1932年版，第169页。

新闻事业由其出而经营,另组专会以主其事,既可集中财力与人才,并可免除营业本位资本主义之流弊。而于发行与广告无谓之竞争,加以禁止与限制,使其循正轨以发展,执笔有适当之保障与遵守,自可发挥布衣宰相之威权。一报之记载,无所忌惮,则可秉笔直书;一报之评论,无所畏惧,则可直言是非。信如是,则新闻纸与权势金钱之结纳,自无从而发生,而言论之尊严,新闻事业之责职,乃可整个之完成也。今日之各报所标榜之宗旨正大,消息灵通,评论严允,编制新颖,始可不托空言,而达理想之境也。此说实行方法,虽多待乎讨论,而予意在原则上实为新闻事业应走之正鹄也。"①当然,黄天鹏也注意到这样的事实,即新闻事业由于与国家的社会制度有着密切的关系,故而其经营模式自然也就不能外离于社会制度,但作为新闻事业的经营者仍然应有"理想之鹄"。故而,他说:"虽然,新闻事业之发展与社会制度之变迁,至有密切之关系也,如英美之卷入资本主义也,苏俄之骤变为国家管理也,固非学者理想所可左右。特吾曹每云站在时代之前头,不能不有一理想之鹄,以为发展之目标。若以我国最近之将来言,则一方固应求营业之独立,而一方不应忘其为社会公共之机关,则于发展之正鹄,庶几近欤!"②

黄天鹏的《中国新闻事业》一书是现代中国新闻学研究的专门性著作。该著在分析中国近代新闻事业的基础上,将新闻事业视为"社会教育"的范畴,强调新闻事业与文化发展的密切关系,揭示了新闻事业"公共性"的特征和引领社会的责任,并主张新闻事业通过"公有"的模式加以经营,这对于新闻事业的经营是有一定的现实意义的。该著为推进中国新闻学的发展在学理上作出了积极的探索,在中国现代新闻学史上有着重要的地位。

3. 张静庐的《中国新闻记者与新闻纸》(1932 年)

张静庐③是现代中国著名的出版家、文化人,所著《中国新闻记者和新闻纸》等著作在中国现代新闻学史上有着重要的地位。

张静庐的《中国新闻记者与新闻纸》一书,积极倡导和坚决主张新闻自由,高度重视新闻在社会中舆论宣传的重要地位,并阐述了新闻的种类及新闻记者的采访所应注意的事项。张静庐对于国民党统治下新闻不自由的现象予以猛烈

---

① 黄天鹏:《中国新闻事业》,现代书局 1932 年版,第 169—170 页。
② 黄天鹏:《中国新闻事业》,现代书局 1932 年版,第 170 页。
③ 张静庐(1898—1969),浙江慈溪人。著作有《中国近代出版史料》初编、二编,《中国现代出版史料》甲、乙、丙、丁四编,及《中国出版史料补编》、《中国小说史大纲》、《中国新闻记者和新闻纸》、《在出版界二十年》等。

抨击,指出:"中国简直不是一个法治国,法律不能够保障人权;尤其是新闻界,容易犯罪。约法上的'人民有言论出版集会结社之自由',本来是说说罢了;还加以《报纸条例》,《出版法》等,重重缚束。不过枪毙新闻记者的一件事,在前清的专制时代,似乎不曾有过。……以一个军人,随随便便拿捕反对他的新闻记者,不经过法庭正当的讯判手续而加以枪决,这是张宗昌之前,未之有也。"①关于新闻的作用,张静庐指出:"新闻纸有制造舆论,宣传主义的能力,所以中国的革命,实与中国的新闻纸有密切的历史的联系。中国新闻纸的主张革命,当推光绪二十五年在香港出版的《中国日报》为最早。而与辛亥革命有直接关系的《苏报》、《国民日日报》、《警钟日报》、《复报》、《民报》,和至今犹脍炙人口的《民权》、《民立》等报。"②又指出:"新闻纸既为人人所必读,它的效力之宏大,是无待细说的。于是乎国际的交涉,政局的变化,吏治的优劣,社会的道德,一切都记载在新闻纸上面,——不但记载,而且还加以批评。这些评论,往往是中紧的,得一般人心的,为多数人说话的。于是这批评便造成了社会的舆论。社会的舆论造成,它的势力便能左右一切而有余。譬如政府将举行一种新税,此新税实为苛细平民,于社会无利,于是在报端评之,责以不当办此苛捐杂税;这成了社会的舆论以后,政府势不能置民意于不顾,于是或加以修改,或竟废止之。即此一端,便可见舆论的效力了。"③这里,张静庐充分肯定了新闻在社会舆论中的引领性地位。张静庐将新闻分为两类,一类是"未来的"新闻,另一类是"过去的"新闻。对此,他指出:"新闻记者采访的新闻有两种:一为未来的,二为过去的。未来的事,并非指天文家的预言:是说一件重大的事故,在还没有发生以前,已预见端倪,因而欲采访其事的是否必须发生,和倘若发生则预测其日期等。……一件事情的将要发生,其变化真是瞬息万象,新闻记者欲采访这种新闻,须全仗临场的机警随机应变,迅速决定活动的方针,不能彷徨莫定,也不可墨守成规。因采访某事而得访问其事的主人翁,固属万全;但有时因其事关系重大,主人翁绝不肯随便表示其态度。那时新闻记者便不能不为多方面的采访,以明其事的远因、近况,旁敲侧击,烘云托月,全在自己的机警,若只知向一个主人翁进行,而不知从旁探问,倘主人翁不见,或不肯表示意见,岂不是将无从探得新闻了吗?……所谓过去的事,也不是说旧事重提,乃是指刚才发生的事而论。新闻记者为要迅速

---

① 张静庐:《中国新闻记者与新闻纸》,现代书局 1932 年版,第 47 页。
② 张静庐:《中国新闻记者与新闻纸》,现代书局 1932 年版,第 24 页。
③ 张静庐:《中国新闻记者与新闻纸》,现代书局 1932 年版,第 12—13 页。

将其事的真相报告于几千百万的读者之前,愈速愈妙,愈详愈贵。晚报的记者想将其事的真相披露于当天的晚报上,日报的记者更要将其事的详细经过的真相刊登于次日出版的晨报上,晚报的记者因急于出版之故虽不能如日报记者的有充分的时间,可以从容的记述,但其所扼要的要旨和采访的方法,大致是相同的。"①那么,新闻记者在采访新闻的过程中,到底要注意怎样的问题呢? 张静庐根据自己从业的经验,提出了七条具体要求:

新闻记者因人访问,应注意下列数项。

1. 对方的研究——访问之前,必须研究对方之为何人。若对方为政治家,则其出身,经历,党籍,及其在党内之地位,与当局要人的关系。若对方为实业家,则其所经营之主要事业,及其事业之成功,失败,与实业界有力者的关系,在实业界的地位,有无新兴的计划。若对方为新来的外国人,则其来我国的使命,更须加一番研究。如不了解对方为何许人,漫然会见,不惟谈话难得要领,且易为对方所轻视。既知对方的为人,在访问的时候,预先与以好感,则自然得满足的谈话。也有一种素性不喜接见新闻记者的人,对于此种人,则必择其所好之题目作引子,然后徐徐入于本题,也就不难得良好的结果了。

2. 质问时的注意——新闻记者须具临机应变之才,于行访问时,尤为需要,然必须先将质问之条项,加以准备,方能免临时失措之虞。……又于质问的时候,须竭力避免"直接质问"的语句。所谓直接质问的语句,便是被质问者可以用"是"或"否"一语回答的话,譬如去访问某一个重要人物,问他说:"听说阁下将于某日赴某处,有这话吗?"被质问者往往答以"是"或"否",此种答语,于不喜与新闻记者会面的人,多借此以塞责。而往访的记者每易不得要领。故质问的语句应改为间接质问,如"足下什么时候出发呢?"则被质问者势不能不答以确定的答复了。……

3. 谈话外的材料——访问之目的,固在记取对方的谈话,而谈话以外,尚有许多好材料。例如:对手的居处,服装,容貌,态度,以及其左右的伴侣,会晤时的景趣话,都可以拿来作为记事的点缀。

4. 对方的态度——谈话中应向对手表充分之敬意,自不待言。然尤当注意观察对手方的态度和颜容,其效能:一、可藉表敬意;二、可使对手知我喜聆其言,自发快谈于不觉;三、可察其言之是否出自肺腑。如不善察对手

① 张静庐:《中国新闻记者与新闻纸》,现代书局 1932 年版,第 42—44 页。

之态度与颜容,则将无由形容之,即令写出,也必失真相了。

5. 意外之线索——与人谈话中,凡遇获意外的线索时,应注意:一、不可深问,盖恐对手随口说出之后,忽尔反悔,不复续说,甚或取消其说,或嘱记者勿为宣布。二、不可急遽告别。如以良材入手,欣喜之余,恨不能立时返社,匆匆告别,则亦有被对手察觉之虑。故务守沉着态度,徐徐为二三闲话,然后归去,方为上策。

6. 载否之预约——如对手方发出"此事不可登载"或"此不过语君耳"等话,则宜力为谢绝,盖往访问之目的,本在获得新闻材料也。倘一旦与对手方约定暂守秘密,就道德言之,亦不宜为之披露,务始终守其秘密。此不特有关于个人的人格,即于全体新闻记者的信用,亦是很有关系的。

7. 权作我之良友——对于对手,当存一长相交的观念。羁旅一晤,后会有期,何况"人生何处不相逢";所以新闻记者认识一人之后,其人无论为何阶级者,应存一"我所认识的朋友"的观念,既可备他日再有事故发生时的访问,又可于新闻采访外占不少的便宜。①

张静庐在《中国的新闻记者与新闻纸》中,对于新闻记者本身进行研究,阐明了新闻记者的从业范围及其社会地位。张静庐所说的新闻记者是极其广泛的,并不限于进行采访的记者。他说:"今试说新闻记者之范围如下:凡供给、编辑各种新闻(电报当然在内),使成为报纸者,便是新闻记者。凡代表报馆立论者,便是所谓评论记者,——这往往是一报馆的总主笔。而文艺编辑虽也有称为记者的,但是附庸的,无关重要。就通信社方面说:自社长,外勤,编辑,都可以称为新闻记者。就报馆方面说:自总主笔,电信编辑,外埠编辑,本埠编辑,商业编辑,教育编辑,文艺编辑——这些都是内勤的,以至于外勤的记者,都可以称为新闻记者。此外又有特约的通信记者,……这当然也是新闻记者。"②在张静庐看来,新闻记者的地位乃是由新闻纸的地位所决定的,而新闻纸的地位又是源于人类探求新知的需要。他指出:"人类不能不求知,人类不能不明了自己的行为。但自己的行为不是从自己本身可以看出的,一定要从普照一切的镜子里方可以映出——这普照一切的镜子,就是我们日常必需的新闻纸了。因为那上面详细的载着:人类的斗争,自私,虚伪,强暴,一切无告的痛苦,罪恶的欢乐,人类从这里可以窥见自己。——但一般醉生梦死的局促之夫,也可以从这里迷却自

---

① 张静庐:《中国新闻记者与新闻纸》,现代书局 1932 年版,第 47—51 页。
② 张静庐:《中国新闻记者与新闻纸》,现代书局 1932 年版,第 7—8 页。

己！……这些就是新闻纸的可贵之点，新闻纸之所以成为我们每天必需的读物之理由也就在这一点。然而这些可贵之点，不是新闻纸本身所具有的，乃是新闻记者所造成的。新闻记者去采访了一切珍贵的新闻，新闻记者又把这些珍贵的新闻分门别类的编辑起来，再经过了一番印刷的手续，才成为我们一日不能脱离的新闻纸。所以饮水思源，如果我们要把新闻纸的价值看高，我们就得要把新闻记者的地位也同样看高才对。"①张静庐的看法是，新闻记者的社会地位是以所凭借的新闻纸为前提的，这又是"因在今日的世界，新闻纸已成了人生必需的读物"，故而新闻记者只有凭借其工作才能使这种地位真正地成为社会中现实的地位。他指出："举凡新闻纸上的记载，批评，这些都是新闻记者所做的工作。新闻记者做这些工作的时候，往往是秉了大公无私的，为社会的，为多数人的，公平的胸怀着想。他反对个人的利益，他嫉恶不道德的行为；他的言论行为，往往以公众的幸福为前提。他的言论受社会的欢迎，拥护，因此他便有了势力，便能左右一切。这便是新闻记者在社会上处于一种很高的地位之唯一的原因。……新闻记者的言论不但是深入多数人心的，他常常居于先觉的地位，来指导社会，来启发人心。民众的思想往往是落后的，民众的行动往往要流于非礼的。新闻记者便有启发与指导的义务和责任。新闻记者在社会上的地位不但很高，简直可说是'超社会的'，处于一种指导者的地位。我国已故的名记者邵飘萍先生曾说：'新闻记者是社会的公人'。也就是这个意思。……所谓'超社会的'，与'社会的公人'云者，都是说明新闻记者的地位之高尚，……因此被人敬爱，被人尊重，他的地位也因此自然而然的高了。究竟地位之高下，不是自己可以作主的，完全是社会的意思啊！"②张静庐从社会角度阐发新闻记者的社会地位，突出了新闻记者与社会生活的联系，这是很有见地的。

鉴于新闻记者在社会中的重要地位，张静庐对于新闻记者提出了诸多的要求。譬如，张静庐提出新闻记者要有敬业精神，认为"明达的新闻记者，他并不以在社会上为人推崇而自夸自满，反而格外的谦恭，忠实的、公平的、努力的对他的职业负起责任；这便是说，对社会要说公平的话，要负启导的责任。这样，一个新闻记者自然而然地为社会人士所尊敬了。"③又譬如，张静庐要求新闻记者要有交际能力，具有"和蔼的性情"，从而在交际中获得新闻。他指出："就新闻记

①　张静庐：《中国新闻记者与新闻纸》，现代书局1932年版，第3—4页。
②　张静庐：《中国新闻记者与新闻纸》，现代书局1932年版，第13—15页。
③　张静庐：《中国新闻记者与新闻纸》，现代书局1932年版，第17页。

者的行动说来,如果不着眼于他的职务是新闻事业,那一定要被称为社会的交际家的。差不多每一个新闻记者,都是一般社会所共知的。有些著名的新闻记者,他的交际的范围非常的广,无论达官,贵人,文学家,实业家,军人,政客,平民,甚至娼妓,流氓,都一样的周旋其间,一视同仁,一律平等,并没有什么阶级观念。新闻记者之必须交际,原不是为了喜欢交际,乃是从交际可以获得各种新闻,而上述的达官,贵人,政客,军人……之流都是重要新闻的来源。新闻记者的交际所以不歧视各阶级者,就因为新闻记者交际的目的是在求得新闻,而新闻本身是没有阶级性。有许多记者,差不多恃交际以获得新闻为唯一的途径。所以交际的手段,在新闻记者是不能不讲求的。但要交际的手段灵活,就不能不有赖于和蔼的性情。谁曾见过社会上有一个气质粗暴的人,而同时又被称为交际家的呢?每一个交际家都是言语动听,蔼然可亲的——至少从外表看来这样。新闻记者必须于交际方面有所活动,也就必须要具备和蔼的性情,虽然一个人的性情之粗暴与和蔼,都是天生的,但也可以加以人为的改善,此即所谓'涵养的工夫'是。这种功夫,可说是新闻记者必修的功课。"①再譬如,张静庐对于新闻记者提出了通晓两门外语的要求,指出:"新闻记者至少要懂得二种以上的外国语,因为这不特可以辅助采访新闻,而且可以观察外国人对于某件事件的意见。……虽然现在有许多新闻记者他们未必全懂得外国语,但我的意见总以懂得一二种外国语为更方便于新闻记者的职务。这一层,我想凡是新闻记者都当首肯的罢。"②又再譬如,张静庐强调新闻记者在道德修养上的极端重要性。他指出:

> 新闻记者既处于社会之第三者的地位,操舆论褒贬之权,他的一举一动,便都为人所注意,这也是当然的事情。但因为他操了舆论之权,处于社会之喉舌的地位,便不免有人想利用他的时候——军阀官僚想利用以便其卖国营私,外交官吏想利用以便其侵略别国,商人想利用以赚钱发财,盗贼想利用以消灭罪恶:种种的人想把新闻记者来利用。因为新闻记者以职务的关系,周旋于政治上社会上,不能不与那般想利用他的人接触,于是利用、攻击、牵引、包围、诱惑等等手段,都直接间接的加到新闻记者的身上。新闻记者处于这样险恶的环境之中,往往容易被人利用了去;要如何卓立不堕,公平正直,不为权威所屈,不为金钱所惑,以保全其尊严的人格,那就非有高尚的德性不可了。倘若一个新闻记者而没有高尚的德性,不能保全尊严的

---

① 张静庐:《中国新闻记者与新闻纸》,现代书局 1932 年版,第 23—24 页。
② 张静庐:《中国新闻记者与新闻纸》,现代书局 1932 年版,第 30 页。

人格,被人利用做人傀儡,有的简直想借此而求升官发财的捷径,为权势所鼓动,为金钱所诱惑,结果必致颠倒黑白,混淆是非,虽也能蒙蔽于一时,终必至于失掉社会的信仰为止。照此说来,试问新闻记者的品德之当特别重要,还有什么疑义呢?①

张静庐的《中国新闻记者与新闻纸》是现代中国新闻学史上的开创性著作。该著积极地研究中国新闻业的实际状况,对于新闻与新闻记者进行创造性的研究,对于新闻记者的范围、地位、新闻采访的注意事项及新闻记者的职业要求等作出较为详细的探索,在建构新闻学研究体系方面有着积极的努力。张静庐的《中国新闻记者与新闻纸》在中国现代新闻学史上有着重要的地位。

4. 马星野的《新闻自由论》(1948 年)

马星野②所著《新闻自由论》一书,1948 年由中央日报社出版。该著收入作者 20 世纪 40 年代发表的《新闻记者的共信与共勉》、《新闻自由与世界和平》、《到世界新闻自由之路》、《新闻事业与民主政治》、《出版自由论》等文章。该著贯穿"新闻自由"的主题,在中国新闻学史上有较大的影响。

《新闻自由论》一书高度重视新闻在国际政治中的作用,不仅认为新闻是在"海陆空"之外的"第四武力",而且认为"新闻自由"在国际间可以消灭战争,因而主张开展所谓"国际新闻自由运动"。该著指出:"新闻是国际政治中一个重要因素,是一股极大的力量。以前英国政治家谓新闻纸是第四权力,在国内政治上,他的力量超过贵族、僧侣与中产阶级。在国际政治中,我们可称之为第四武力,海陆空以外,还有新闻一个武力。用之不当,直接可以拨弄战争。这个武力好好利用,可以根本消灭了战争。目前美国朝野发动的便是运用新闻在国际政治中伟大力量,来消弭战争永保和平,因为:第一,新闻自由可以肃清国与国间之恶意宣传,第二,新闻自由可以防止国与国间之秘密外交,第三,新闻自由可以消除国与国间之误会而养成四海一家的国际意识,第四,新闻自由可以组织形成强有力之国际舆论,以此舆论力来制裁侵略,来抑制战争之企图,保障和平

① 张静庐:《中国新闻记者与新闻纸》,现代书局 1932 年版,第 28—29 页。

② 马星野(1909—1991),原名允伟,改名伟,浙江省平阳县人。新闻学者、新闻教育家。旅美时,取"星野"二字作为笔名。1926 年以同等学力考入厦门大学。1929 年,任《政治舆论民意》杂志主编。1930 年留学美国,入密苏里大学新闻学院。1934 年毕业于美国密苏里大学新闻学院,复进华盛顿国会图书馆研究半年。次年回国后,任中央政治学校教授、新闻系主任,讲授《新闻学概论》、《新闻事业经营及管理》。1942 年后任国民党中央宣传部新闻事业处处长、《中央日报》社社长。1949 年到台湾。著有《新闻学概论》、《新闻事业史》、《新闻的采访与编辑》、《言论研究》、《中国新闻记者信条》等 10 余种。

之永固。"①又指出："我们根据历史的事实,确信新闻不自由可以引起侵略战争,德国、日本发动此次残酷战争即是实例。我们亦确信垄断新闻,可以使和平的努力失败,威尔逊前度之失败,便因美国新闻界受到少数野心家垄断。如果全世界人民,对于其他国家,不断的能得到真确的消息,有真真实实的了解与认识,世界和平,是可以确保的。"②马星野由于过于崇尚"新闻自由",故而相信新闻自由在国际政治中有着"制裁侵略"、"保障和平"的作用。这自然是很不现实的言论。在《到世界新闻自由之路》的文章中,马星野更是因为过分崇尚"新闻自由",进而主张开展"国际新闻自由运动",认为这就是"到世界新闻自由之路"的重要保证。在他看来,开展"国际新闻自由运动"有两个主要的问题需要加以去除,"第一是普遍全世界的检查制度,第二是新闻的垄断制度"。他承认,"新闻的检查制度"在战时"为使军事机密不泄露,为使战斗意志不动摇",确实有着存在的必要;但由于"新闻自由运动,目的在战后各国全部废除了政治的检查制度",因而"并不是说战时新闻制度不必改善"。至于各国业已存在的"新闻垄断制度",马星野也认为是"新闻自由运动"的障碍,因而必须加以去除。他指出:"新闻的垄断制度,比之于检查制度,对于国际新闻之自由交通妨碍同样的大。垄断以各种形式存在着,例如(一)国家垄断。如国营通讯业之国家,除掉一个通讯社外,绝不许第二个通讯社采访及发布新闻的。(二)通讯社本身之垄断。如美国的美联社,他所采到的新闻只许本社社员应用,绝不许其他报纸购订其电讯,美联是合数百家大报的资力来采访国际新闻的,在一切城市中,只许一家报纸为会员,其他报纸的读者便没有看到美联电讯之自由。(三)通讯社集团的垄断。在过去哈瓦斯、华尔夫及美联三家订有契约,划分势力范围,世界某某地区新闻采访由某社包办,该区市场不许他社侵入。如在 1932 年以前,远东便是路透社之市场,哈瓦斯、美联等不许在此地带发稿。(四)电讯机关之垄断。例如过去大东公司,其海底电缆为路透社服务,特别迅速,使其他通讯社无法和路透竞争;又如英帝国电讯会议决定,凡大英帝国范围内有线电与无线电,价格一例,且有有待,外国通讯社使用时,价格特别高些。"③马星野认为,如果影响"新闻自由"的这些障碍没有得以消除,那么"国际新闻自由的目标仍极遥远,国际和平的危机仍将日益扩大"。因而,他主张国际新闻界必须进行"更多的几种努力",

---

① 马星野:《新闻自由与世界和平》(1944 年),《新闻自由论》,中央日报社 1948 年版,第 9 页。
② 马星野:《到世界新闻自由之路》(1944 年),《新闻自由论》,中央日报社 1948 年版,第 13 页。
③ 马星野:《到世界新闻自由之路》(1944 年),《新闻自由论》,中央日报社 1948 年版,第 16 页。

扫除这些影响"新闻自由"的障碍。

马星野在《新闻自由论》一书中对于新闻与民主政治的关系进行研究,着重说明新闻对于民主政治的推进有着极为重大的意义。在马星野看来,民主政治在本质上就在于能够充分地体现"众人的意志",而"让人民意思有表现机会的,形成民意,表现民意,最有效最周到的方式,却是新闻纸"。于此可见,"新闻事业本身,负有二大使命:第一是把众人之事,报道给众人。不管是本城本埠之事,或本国本省之事,或全世界全人类的事,每天新闻纸要详细告诉了民众。第二,是把众人的意见,便是众人对于这些事情与人物的态度,表示出来。使甲地人民,知道乙地人民的意思,管理众人之事的公仆,知道他们主人的意思,使大家有交换意见,讨论政策的机会。如果行使选举权与罢免权,因为有新闻纸,人民便有机会知道谁好谁坏,谁该当选,谁该免职;如果行使复决权与创制权,因为有新闻纸,人民更有机会知道那一个法律是有害的,那一个政策是值得拥护的。有害的要废掉它,有益的要定出来。所以新闻事业,便是用新闻纸为工具,来报道新闻,来形成公意的事业。新闻是公意的制造原料,社论是公意的制造模型。任何其他力量对于公意的形成与表达,没有新闻纸的力量大。……所以我们可以说,因为报纸是民意的寄托物,所以报纸成为民主政治的基石,民意报纸,没有民治。报纸没有自由,任何民治的招牌,完全是虚伪的。"[1]这里,马星野从"公意"与新闻事业的联系上打通了"民主政治"与新闻之间的关系,就在于说明新闻事业在民主政治运行中的独特地位。正是鉴于新闻在民主政治推进中的地位,马星野提出了"民主政治需要自由的新闻纸"、"民主政治需要负责的新闻纸"、"民主政治需要普及于民间之新闻纸"等主张。他说:

　　民主政治需要新闻事业,然而需要合于标准的新闻事业。要民主政治成功,我们首先要新闻事业成功,要有自由的、独立的、勇敢的、负责的而且普及于民间,真正做老百姓耳目与喉舌的报纸。

　　第一,民主政治需要自由的新闻纸。新闻纸为什么会不自由呢? 有一类国家,新闻纸受到政府的严格控制,变成政府的御用品,是不自由的。有的国家,新闻纸受到资本家的控制,被金钱收买与左右,失去了自由。更有一些国家的新闻纸,因为经费不独立,或者因为主持人的无行,而受各形各色的力量所控制,失去自由的报格。……另一类国家,报纸因为受商业利益或金融势力之控制而失去了自由,即在报纸最发达、民主政治最彻底的英

---

① 马星野:《新闻事业与民主政治》(1946年),《新闻自由论》,中央日报社1948年版,第40页。

美,有的地方也免不了这种现象。大财阀操纵着报纸,以遂其私利。……民主政治所要求的,是真正自由的新闻事业,为着报道真情实事,为着主张公事公非,不受任何政府之支配,资本家之限制及任何特殊力量之指使,所谓富贵不能淫、威武不能屈。只有这样才能为民众之代言人,与社会是非善恶之裁判者。

第二,民主政治需要负责的新闻纸。自由与责任,是一件事的两方面,只有能负责的才能享有自由,也只有自由的才能充分地勇敢地负起责任。在民主政治的国家,报纸是对读者负全部责任的,此外,报纸对谁也不负责任。报纸对读者负的责任是:第一,每一条新闻,负正确迅速而完备报道的责任。第二,每一篇评论,负公正纯良、发言有据的责任。第三,报纸上每一种读材,负有益读者、无害社会的责任。因为新闻事业是一种信托事业,公民本身不能看到国家每天发生的大事,公民本身也无法想到别人对于此诸大事之意见,只得信托报纸,要报纸来报道给他们。……做老百姓代言人,便不许说老百姓所不愿说的话,负起责任,对读者负起正确报道、公正评论、作有益服务之责任,这是民主政治下报纸之第二要求。

第三,民主政治需要普及于民间之报纸。民主政治的最高理想,是全民政治,一个国家中每一个国民,都直接来管他们公共事务。退求其次,至少要大多数的人民表示其对政治之意见。新闻纸既为此大多数人民之代言者,其最必要条件,是每天到达最大多数人民之手,使最大多数人民,看到了国家大事,看到了代言者代表他们发表之意见。所以普及报纸之发行,实为民治国家之必有现象。英美等国,每家至少有一份报纸,故其民意政治,能名副其实,因此那些日销数百份的报纸,销路限于少数特殊阶级之报纸,均不符合民主政治之基本要求。

民主政治之成败,在于新闻事业之成败;而新闻事业之成败,则取决于报纸的是否真正自由,是否确实负责,是否普遍发行,深入民间。①

马星野的《新闻自由论》一书集中体现作者的"新闻自由"的主张,其对于"新闻自由"达到迷恋的地步,不能够看到新闻的阶级性。马星野曾留学美国,受到新闻学专业的系统训练,又有着新闻从业的经验。他崇尚西方的民主政治,但也不满足于西方的民主政治。他倡导"新闻自由"的主张,尽管在当时的国统

---

① 马星野:《到世界新闻自由之路》(1944年),《新闻自由论》,中央日报社1948年版,第40—42页。

区不能实现,但代表了自由主义者的理念,这对于批判国民党的"新闻统制"政策也是有意义的。马星野的《新闻自由论》在中国现代新闻学史上有着重要的地位。

(三) 其他新闻学著作及新闻学研究者

上面重点介绍了现代中国的时段中,几部重要的新闻学的代表作。此外,还有不少有价值的新闻学研究专著,这也是需要提及的。譬如,蒋国珍的《中国新闻发达史》(世界书局 1927 年版),对于中国新闻的历史作了较为客观的叙述,不仅认为"近代报纸的实质,代表舆论","古代报纸的实质,是代表统治阶级的意旨的,是专为官场说话的",而且认为我国新闻不发达有两个重要的原因:一是由于"中国帝王势力的强大",二是由于我国"民间的经济发达,远不及欧洲了"①。故而,该著又说:"我国到前清末年,外国文明,已如波涛涌入,但除唯一的官报以外,民间对报纸,还没发生需要的观念,这也是我国今日报纸,尚不免于幼稚的一大原因吧!"②又譬如,胡道静的《新闻史上的新时代》(世界书局 1946年版),是在世界新闻发展的视域中专门研究新闻问题的一部学术专著,提出了诸多的新看法。如该著主张将广告发展的内容,纳入新闻研究的范畴,指出:"我们谈新闻史的,对于报纸中广告部门发展的经过,也值得研究。关于报纸招揽广告的技巧,广告图文拟制的技巧,广告对于报社经济的影响,对于版面和编辑政策的影响,对于社会和商业所发生的影响,都是大可研究的事。"③又如该著提出"新闻事业是一种错综复杂的社会形象的结合体"的观点,并认为它有"最基本的结构"④,这对于深化对新闻事业的认识是有益的。

值得注意的是,现代中国的新闻界比较注重新闻学术研究的积累,这一时期编选了有关新闻著述的论文集。譬如,上海联合书店 1929 年出版的《新闻学名论集》,收入众多著名学者的新闻学研究论文,有邵飘萍的《中国新闻学不发达之原因及其事业之要点》、丁叔良的《新闻论略》、潘公弼的《新闻编辑法》、蒋震泉的《新闻述辑概要》、徐霄汉的《报纸评论之分类》、潘公展的《新闻记者的观点》及《访问的谈话》等。又譬如,光华书局 1930 年出版了《新闻学论文集》,收录了罗志希的《今日中国之新闻界》、白鹏飞的《我对于新闻记者之希望》、黄天

---

① 蒋国珍:《中国新闻发达史》,世界书局 1927 年版,第 12—13 页。
② 蒋国珍:《中国新闻发达史》,世界书局 1927 年版,第 13 页。
③ 胡道静:《新闻史上的新时代》,世界书局 1946 年版,第 17—18 页。
④ 胡道静:《新闻史上的新时代》,世界书局 1946 年版,第 1 页。

鹏的《中国新闻界之鸟瞰》、周孝庵的《中国最近之新闻事业》等文章。光华书局还于1930年出版《新闻学刊全集》①，收录黄粱梦的《外人在中国经营之通讯业》、王小隐的《新闻事业浅论》等文章。再譬如，燕京大学新闻学系1932年编印了《新闻学研究》一书，收入张恨水的《新闻文艺编辑法》、吴秋塵的《文艺版的研究》、徐凌霄的《中国的戏剧与报纸》、胡政之的《我理想中之新闻事业》、安怀音的《新闻记者的责任心》、林仲易的《谈谈几个改良报业的实际问题》、成舍我的《中国报纸之将来》等文章。新闻学研究论文集的出版，有力地推动了新闻学知识的传播和新闻学的研究工作，同时也反映了现代中国的新闻学在学科意识、学术积累等方面有了显著的自觉意识。这里所涉及的不少学者，今天已不为学术界所知晓，选择几位介绍如下：

潘公弼（1895—1961），江苏嘉定（今属上海市）人。1914年赴日本留学，入东京政法学校。在留学期间，与邵飘萍合办"东京通讯"，并担任上海《申报》、《时事新报》驻日通讯员。1916年回国，入时事新报馆任编辑。1919年春起在北京，任《京报》主笔。因批评北洋政府入狱，报纸被封。释放后重入《时事新报》，先后任总编辑、总经理、总主笔。1921年6月参加创办上海《商报》，任主笔。1926年起，先后在上海国民大学新闻系、上海沪江大学商学院新闻科任教。抗日战争初期，主持《申报》笔政。1941年到新加坡，担任《星洲日报》总主笔。抗日战争胜利后，任国民党中央宣传部东北特派员，创办长春《中央日报》，任社长。1947年赴香港，曾任《国民日报》社长。1951年去台湾。

严独鹤（1889—1968），名桢，字子材，别号知我、槟芳馆主，笔名独鹤、老卒、晚晴。浙江桐乡乌镇人。1913年，进中华书局任英文部编辑，并从事文艺创作。自1914年起，在上海主持《新闻报》副刊笔政长达30余年，编有《快活林》、《新园林》等。1931年，任该报副总编辑兼文艺副刊主编，后又兼任《新闻夜报》总编辑。著有长篇小说《人海梦》、《严独鹤小说集》及电影剧本数部。

徐凌霄（1882—1961），原名仁锦，字云甫，号简斋，笔名彬彬，凌霄汉阁主，祖籍江苏宜兴。京师大学堂土木工程科毕业，后因身体原因从文。曾任农林部主事、北平大学艺术学院戏剧讲师、平民大学新闻文学教授、盐务专门学校教员、《京报》创始人、上海《时报》特约撰稿等，与邵飘萍、黄远生并称"清末民初三大

---

① 《新闻学刊全集》收录的文章是在《新闻学刊》上发表的新闻学论文，由黄天鹏主编。《新闻学刊》是一份新闻学的刊物，1927年2月由北京新闻学会编印出版，黄天鹏任主编，徐宝璜、戈公振等报界名流为其撰稿。该刊共出2卷8期，并出版了4号增刊，1928年底停刊。

记者"。在《新闻报》、《京报》、《实报》、《大公报》等副刊上发表京剧评论文章多篇。1954 年被聘为北京市文史研究馆馆员。著作有《旧都百话》、《古城返照记》、《凌霄一士随笔》等。

胡政之(1889—1949),名霖,字政之,四川成都人。新记《大公报》创办人之一,任总经理兼副总编辑。1907 年到日本勤工俭学,进东京帝国大学攻读法律专业,通晓多种外语。1912 年进《大共和报》编辑部任日文翻译。1913 年受聘任《大共和报》总编辑,并在中国公学兼法律教员。1915 年,到北洋政府做幕僚。1916 年 9 月受聘出任《大公报》经理兼总编辑。1920 年在北京和林白水合办《新社会日报》,1924 年 8 月创办国闻通讯社和《国闻周报》。1926 年,与吴鼎昌、张季鸾共同接掌《大公报》。抗战期间,《大公报》相继创办了汉口版、香港版、桂林版、重庆版。1945 年 4 月,联合国成立大会在美国旧金山举行,以中国新闻界代表和国民参政会参政员之身份,作为中国代表团成员参会,并在《联合国宪章》上签字。

成舍我(1898—1991),原名希箕,又名汉勋,后改名成平,湖南湘乡人。北京大学中文系毕业。曾任上海《民国日报》主编,北京《益世报》总编辑。1924年起,先后创办《世界晚报》(北京)、《民生报》(南京)、《立报》(上海)、《香港立报》等。后出任国民参政员。1945 年在重庆创办《世界日报》。1952 年由香港去台湾,执教于政治大学、台湾师范大学、东海大学。

在现代中国的新闻学界,一些资产阶级的学者在新闻学研究中坚持资产阶级的意识形态,但也有使新闻学成为一门独立学科的意识,故而在宣传资产阶级新闻理论的同时,确实也介绍了新闻学的一般知识。这是一个事实。尽管他们的著作不能很好地联系中国新闻事业的实际,但也有将西方新闻理论"本土化"的趋向。对此,需要加以深入研究和具体分析,并作出符合实际的评价。

三、马克思主义新闻学体系的构建

早期马克思主义者李大钊、陈独秀以及此后的毛泽东、刘少奇、张闻天、陆定一、恽逸群、张友渔等,对无产阶级新闻学思想作了开拓性的研究,形成了中国马克思主义新闻学的经典性文献。代表性的论著有:李大钊的《给新闻界开一个新纪元》(1922 年),毛泽东的《红军宣传工作问题》(1929 年),张友渔的《新闻的性质和任务》(1933 年),张闻天的《关于我们的报纸》(1933 年),陆定一的

《我们对于新闻学的基本观点》（1943年），恽逸群的《新闻学讲话》（1948年）等。这些论著以马克思主义为指导，对新闻的理论与实践问题都进行了丰富的阐述，对新闻在无产阶级革命中的任务和作用、新闻的阶级性、新闻与政治的关系、无产阶级的办报路线、方针、风格以及无产阶级新闻工作者的党性修养等原则性问题都进行了说明，是马克思主义新闻学中国化的初步成果，在中国新闻思想史写下了辉煌的一页。

（一）对新闻的定义、性质及类别的探索

在五四时期，新闻学作为一门学问在中国逐步建立起来。1919年北京大学新闻学研究会出版了徐宝璜的《新闻学》一书，标志着中国资产阶级新闻学的产生。其后，伍超出版《新闻学大纲》（1925年）、戈公振《中国报学史》（1927年）等，标志着学院式新闻学的发展。随着五四时期马克思主义在中国的传播和中国无产阶级新闻事业的兴起，一批马克思主义的新闻工作者开始从学理上探索新闻学的理论与实践，就新闻学的基本理论问题进行马克思主义的初步分析，对于新闻的定义、性质及类别等基本问题做了有益的研究，推进了中国马克思主义新闻学的产生。

（1）关于新闻的定义。当时的新闻界，由于对于新闻本源理解不同、也由于各自的阶级立场，对"什么是新闻"这一问题也有不同的回答。关于新闻的定义，李大钊指出："新闻是现在新的、活的、社会状况的写真。历史是过去旧的、社会状况的写真。"[1]这里，新闻是"社会状况的写真"，是说新闻是以社会生活为其根本的来源，新闻在本质上是社会生活的真实反映，离开了社会生活就没有新闻。这就要求新闻在其内容上要为社会提供真实的信息，反映社会的全貌。随着马克思主义新闻观在中国的传播，早期马克思主义者基于唯物主义观点，认为新闻的本源是事实，新闻是事实的报道，事实是第一性的，新闻是第二性的，事实在先，新闻（报道）在后，因而对新闻的定义作了正确的说明。陆定一指出："唯物论者认为，新闻的本源乃是物质的东西，乃是事实，就是人类在与自然斗争中和在社会斗争中所发生的事实。因此，新闻的定义，就是新近发生的事实的报道。"[2]基于新闻的本源及其事实性的认定，马克思主义者把"新事物"作为新

① 《给新闻界开一个新纪元——在北京大学新闻记者同志会成立会上的演讲》，《李大钊全集》第4卷，人民出版社2006年版，第40页。
② 《我们对于新闻学的基本观点》（1943年），《陆定一新闻文选》，新华出版社1987年版，第2页。

闻的基础,认为那些"大家司空见惯了的事物,当然不能称其为新闻",因而"新奇不是构成新闻的唯一条件"①。早期马克思主义者关于新闻的正确定义,就是要求新闻工作者必须尊重事实,无论在采访中还是在编辑中,都要力求尊重客观的事实。

（2）关于新闻的性质。中国马克思主义者提出了报刊的阶级性问题,指出不同阶级的报刊总是为了不同阶级的利益服务的。瞿秋白在创办《新青年》季刊时指出,开展资产阶级的民主革命"亦非劳动阶级为之指导,不能成就","真正的解放中国,终究是劳动阶级的事业;所以《新青年》的职志,要与中国社会以正确的指导,要与中国平民以智识的武器。《新青年》乃不得不成为中国无产阶级革命的罗针。"②毛泽东在《〈政治周报〉发刊理由》中提出:办《政治周报》是"为了革命","为了要使中华民族得到解放,为了实现人民的统治",还提出该报的任务是"向反革命派宣传反攻,以打破反革命宣传"③,阐明了报刊为无产阶级服务的目的和向反革命作斗争的任务。

关于新闻性质问题,形成了两个基本观点:

一是新闻的政治性观点。这主要是体现在新闻是阶级斗争武器的见解。关于新闻的性质,早期马克思主义者以阶级及阶级斗争的观点予以分析,形成了"新闻是阶级斗争的武器"的观点。张友渔对此有这样的解释:"无疑地,新闻是社会的一现象,是社会意识的一表现。所以说到新闻的性质和任务,也不外是以社会组织为基础,应社会实际的需要而产生的东西。人类社会,是采取着对立之形态的;人类历史,是演着阶级斗争之进程的。"④正是因为存在着阶级社会这样一个事实,决定了在阶级社会之中的新闻也就具有鲜明的阶级性质。这就是说,"社会本身既是阶级斗争之社会,因而成为社会的一现象之新闻,也不能不是阶级斗争之一表现,故所谓新闻,不外是阶级对立的人类社会中之阶级斗争的武器。即压迫阶级,用新闻维持他的支配地位,被压迫阶级,用新闻反抗压迫阶级,还有同一阶级,在分解过程中有时也用新闻互相攻击。"⑤而就新闻演变的历程

---

① 《新闻学讲话》(1948 年),《恽逸群文集》,江苏人民出版社 1986 年版,第 254 页。

② 瞿秋白:《〈新青年〉之新宣言》,《新青年》季刊第 1 期,1923 年 6 月。

③ 《〈政治周报〉发刊理由》(1925 年),《毛泽东新闻工作文选》,新华出版社 1983 年版,第 3 页。

④ 《新闻的性质和任务》(1933 年),《张友渔学术精华录》,北京师范学院出版社 1988 年版,第 304 页。

⑤ 《新闻的性质和任务》(1933 年),《张友渔学术精华录》,北京师范学院出版社 1988 年版,第 305 页。

来看,新闻也是伴随着阶级社会的产生而产生的,成为社会阶级关系的反映。"在原始社会乃至将来的社会,都是没有阶级,没有阶级斗争的。不过,新闻的发生、成长和发达,是在阶级社会里;尤其所谓真正的新闻,即近代乃至现代的新闻,是发生、成长和发达于阶级社会之最高阶段即资本主义社会里的。所以不能不说新闻是阶级斗争之武器。"①

二是新闻的事实性观点。早期马克思主义者在承认新闻在阶级社会中打上政治烙印而具有阶级性的同时,也认识到新闻具有描述社会实际而具有事实性的另一面,力图在新闻的政治性与事实性关系作出科学的解释。在新闻的政治性与事实性关系方面,中国的马克思主义者结合新闻与社会关系的考察予以清晰的解读,在推进马克思主义新闻思想中国化进程中作出了贡献。张闻天指出:"我们需要的是真实,……我们需要我们的报纸,如实地反映苏维埃的实际,真正为党与苏维埃政府所提出的具体任务而斗争。我们不是沉醉于自己美妙的空想家,我们也不是由于我们自己工作的缺点与错误,陷于悲观失望的无节分子。我们是从目前的现实出发,依照我们的路线改造这一现实而稳着脚步前进的马克思主义者。"②在新闻工作的实践中,中国早期的马克思主义者逐步将新闻反映社会真实与完成政治任务结合起来。对此,恽逸群指出:"一个正确的新闻纸,它要真正做到为大众的耳目,为大众的喉舌,记载真实的、大众应该知道的事实,说大众要说的话。但是一个报纸还不是仅仅做到这样为止,就算完成了它的使命,它更应该积极地指导大众,教育大众,组织大众。在当前民族危机日益加深的时候,新闻从业员所负担的任务,无疑义地格外重大。"③陆定一从理论的高度剖析新闻政治性与事实性的关系,认为革命的新闻工作者"就一定承认每个新闻归根结蒂具有政治性",但"这种政治性比起那包含这种政治性的事实来,乃是第二性的、派生的、被决定的,而第一性的东西,最先有的东西,乃是事实而不是什么'政治性'",因而"事实与新闻政治性,二者之间的关系,万万颠倒不得。一定要认识事实是第一性的,一切'性质',包括'政治性'在内,与事实比起来都是派生的、被决定的、第二性的。一定要认识我们革命的新闻工作者必须尊重事实,而且尊重事实是与政治上的革命性密切结合不可分离的。反之,凡是不

① 《新闻的性质和任务》(1933年),《张友渔学术精华录》,北京师范学院出版社1988年版,第307页。
② 张闻天:《关于我们的报纸》,《斗争》第38期,1933年12期。
③ 《新闻界联合战线——〈记者道〉序》(1936年),《恽逸群文集》,江苏人民出版社1986年版,第240页。

尊重事实的,哪怕装得象很'革命',实际上一定是反动的家伙。"①

　　(3)关于新闻的类别。关于新闻的种类,当时的中国新闻界也有不同的分类。一般的新闻机关依据工作的分工,采用两种分法:第一,照地域分,叫作国际新闻、国内新闻、地方(本埠)新闻;第二,照性质分,有政治新闻、外交新闻、军事新闻、经济新闻、文化新闻(教育新闻、体育新闻、艺术消息)、社会新闻(社会消息、司法案件、冲突事件)等。中国早期的马克思主义者,对于这种"有了新闻材料的分类"、从便于新闻工作者工作所作的划分,提出了新的看法,主张依据事物的具体性质来对新闻的种类进行划分。恽逸群在其《新闻学讲话》一书中,提出了新闻的十个类别:"1. 群众运动。2. 政治(包括外交、军事等)动态。3. 有关公众生活的事实、计划,以及负责人或专家的意见。4. 有关社会生产力之变动事件(从大规模的建设到极小部分的改进工作方法)。5. 文化建设与文化动态。6. 科学技术的发明与发现。7. 灾害。8. 典型事例(足资他人或他处取法的成功事例,及足资他人或他处避免重蹈错误的失败事例)。9. 人物介绍:(一)通过一个人以表现社会某一部分的情况或反映当前重要问题的动向;(二)介绍成功的学者、专家、艺人或有特殊成就的人物,使读者知其成功的过程及其所成就事物的内容;(三)社会上某一界人物——工人、农民、商贩、士绅等的典型介绍,用以反映社会的变动及趋向。10. 新奇的事物。"②这个依据事物本身的性质所进行的分类,反映了中国马克思主义者在新闻问题上"依照事物的本来面目去解释它,而不作任何曲解或增减"的科学态度③。

(二)　新闻自由问题的马克思主义阐释

　　中国的马克思主义者及其新闻工作者是在新闻极不自由的条件下开展新闻事业的,既要与封建顽固势力作斗争,又要与当局的钳制思想、控制舆论的政治统制相抗争。在此情形之下,争取新闻自由、加强对新闻自由的理论探索,成为新闻事业发展的重大问题。中国的马克思主义者及其新闻工作者,将"新闻自由"作为一个重要的对象来研究,将新闻自由的分析置于阶级社会的历史过程之中,形成了具有中国特色的新闻自由观。

---

　　①　《我们对于新闻学的基本观点》(1943 年),《陆定一新闻文选》,新华出版社 1987 年版,第 5 页。
　　②　《新闻学讲话》(1948 年),《恽逸群文集》,江苏人民出版社 1986 年版,第 256—257 页。
　　③　《目前宣传工作中的四个问题》(1939 年),《陆定一新闻文选》,新华出版社 1987 年版,第 1 页。

（1）关于新闻自由的相对性。在军阀专制统治而没有新闻自由的环境中，当时一些报人和资产阶级新闻学者喊出了"新闻自由"的口号，以对抗统治阶级的思想专制。在这场斗争中，马克思主义者及广大革命新闻工作者，为争取新闻出版的自由权利进行了不懈的努力，同时对社会上形成的"新闻自由"进行了阶级的分析，认为所谓"新闻自由"只有其相对性。当时，中国马克思主义者从中国现实状况的分析出发，认为新闻自由有多数人的自由和少数人的自由之分，完全的新闻自由只有在阶级消灭以后。邹韬奋指出："完全的言论自由，须等到没有阶级的社会实现之后才能办到。在资本主义的国家和资本帝国主义所侵略的殖民地，只有少数人享到自由言论的权利，因为强有力的言论机关都在这少数人的掌握中，或至少是在这少数人威迫之下；在无产阶级专政的国家里，却有多数人享到自由言论的权利，因为强有力的言论机关都在这多数人为中坚的政权统辖之下。"[1]新闻自由相对性主张的提出，揭露了统治者言论自由的虚伪面纱，打破了社会上一些自由主义者"全民自由"、"超阶级自由"的幻想，对于研究新闻自由的历史性及其阶级本质有着积极的意义。

（2）关于新闻自由的阶级性。从阶级斗争的观点来诠释"新闻自由"问题，揭示新闻自由的阶级性质，是中国马克思主义者的一个主要的路径。在他们看来，所谓新闻自由在阶级社会里只能是阶级的自由，反映阶级的意志和要求，因而深刻地打上阶级的烙印。张友渔就指出："新闻是阶级斗争之武器，即支配阶级对于被支配阶级，在暴力的统制之外，有借新闻，来实行一种思想的统制；同时，被支配阶级，也在暴力的反抗之外，常拿新闻来作一种反抗的工具。因而在阶级社会里，支配阶级和被支配阶级之间，必然发生新的斗争，（即思想言论的斗争之一形态），像必然地发生暴力斗争一样。"[2]在张友渔看来，由于新闻是阶级斗争的工具，因而在阶级社会里，统治阶级一方面是整饬自身的军容，扩充自己的实力，即增加自身的新闻，且统一作战的步骤；另一方面就是凭借政治的权力，摧毁对方的堡垒，即对于被支配阶级的新闻威胁利诱，使其投降，以便在新闻斗争中取得胜利。张友渔又指出："实则世界上只要有政治存在，便没有什么绝对的言论自由。……所以在理论上因为报纸是统治的工具，站在政府的地位，当然不能不实行统制言论。民众在认为政府尚没有到应该被推翻的时候，自不能

---

① 邹韬奋：《言论自由问题》（1935年），穆欣编：《韬奋新闻工作文集》，新华出版社1985年版，第177页。

② 张友渔：《论统制新闻自由》（1934年），《报人生涯三十年》，重庆出版社1982年版，第144页。

要求绝对的言论自由。言论自由不过是政治自由的一部分。"①中国马克思主义者及革命新闻工作者,从阶级斗争的实际揭示"新闻自由"的阶级性是很有见地的。

（3）关于新闻自由的真理性标准及民众利益原则。中国马克思主义者及革命的新闻工作者,不仅强调新闻自由的相对性及其阶级性本质,而且还基于探求真知和"民众本位"的理念提出"新闻自由"的标准与原则问题。在他们看来,自由本源于对真理的探求,但这种价值性标准又是与利益性原则相结合的,而马克思主义者是以人民的利益为本位的,因而考量新闻自由问题最终要落实到大众利益上。恽逸群指出:"资本主义和法西斯主义的代言人常责难社会主义国家和新民主主义国家,说'没有新闻自由'。这需要稍加说明。自由是不能离真理而独立存在的,符合真理的自由才是真自由,是人民大众所拥护的自由;违背真理的'自由'则是伪自由,是人民大众所要反对,所要消灭的。……什么叫做真理呢? 真理就是最大多数人民的最大、最长远的利益。革命与反动的分别就在掌握真理与违背真理,也就是一个是为了争取最大多数人民最大、最长远的利益而奋斗,一个是为了剥夺最大多数人民利益而致力。对于违背真理的,以危害最大多数人民的利益为其目的的'新闻自由',应该加以限制,也必须加以限制,否则就是助长了反动派的'杀人自由'。"②中国马克思主义者以民众利益来设置新闻自由的标准与原则,体现了鲜明的无产阶级的政治立场。

（三）新闻功能问题的中国化解读

早期马克思主义者李大钊就鉴于新闻在中国的实际情况,对新闻的功能作过较为全面的论述。在李大钊看来,新闻的功能表现在三方面:一是新闻能够给民众丰富精神生活,使民众得到知识和教益。他说:"今日的报纸,于把每日发生的事件,报告出来以外,有时亦附载些文艺论坛,及别种有趣味的评论等,以娱读者。"又说:"而就报纸的普通,而且重要的主旨,乃在尽力把日日发生的事实,迅捷的而且精确的报告出来,俾读报纸的人们,得些娱乐、教益与知识。今日报纸的需要,几乎成了一种人生必需品的原故,就在他能把日日新发生的事件,用有系统、有趣味的笔法,描写出来,以传布于读者,使人事发展、社会进化的现象,

---

① 《政治与报纸》(1934 年),《张友渔学术精华录》,北京师范学院出版社 1988 年版,第 333 页。
② 《新闻学讲话》(1948 年),《恽逸群文集》,江苏人民出版社 1986 年版,第 260—261 页。

——呈露于读者的眼前。"①二是新闻能起到舆论导向和政治宣传作用。李大钊指出:"凡一报,无论其为一党派或一团体的机关,或为单纯营业的独立的组织,必各持有一定的主义与见解。社中的记者,即本此主义与见解以发挥其宣传的作用。"②三是新闻能为以后的历史研究提供基本的史料。在李大钊看来,报纸上所登载的内容如果能反映时代的真实,提取当时社会的信息,成为"社会状况的写真",那么,新闻事业就能为后来的历史研究提供大量的史料。他指出:"报纸上所记的事,虽然是片片段段,一鳞一爪的东西,而究其性质,实与纪录的历史原无二致。……今日新闻记者所整理所记述的材料,即为他日历史研究者所当搜集的一种重要史料。"③李大钊关于新闻功能的论述虽然还是初步的,但为后来马克思主义者系统地探讨新闻的功能起了先驱作用。在李大钊之后,中国马克思主义者关于新闻功能的研究,突出了新闻的以下功能:

(1)宣传教育的功能。八路军军政杂志创办时,毛泽东为该刊写了发刊词,指出:"发扬成绩,纠正缺点,是八路军全体将士的任务,也是《军政杂志》的任务。抗战是长期的与残酷的,发扬八路军的成绩,纠正八路军的缺点,首先对于提高八路军的抗战力量是迫切需要的;同时对于以八路军经验贡献抗战人民与抗战友军,也属需要。《八路军军政杂志》应该为此目的而努力。"④《中国工人》杂志创刊时,毛泽东在写的发刊词中也指出:"《中国工人》应该成为教育工人、训练工人干部的学校,读《中国工人》的人就是这个学校的学生。"⑤毛泽东也非常重视报纸的宣传教育功能,他要求地方领导同志"应该把报纸拿在自己手里,作为组织一切工作的一个武器,反映政治、军事、经济又指导政治、军事、经济的一个武器,组织群众和教育群众的一个武器。要以很大的精力来注意这个工作,使这个东西一年比一年进步。"⑥不难看出,以毛泽东为代表的中国马克思主义者从中国政治变革的要求中阐发新闻的宣传教育功能,融入了中国共产党人开展新闻事业的成功经验,体现了中国马克思主义者和革命新闻工作者运用新闻这一工具启迪民智、普及新知、培养革命意识的基本理念。

---

① 《报与史》,《李大钊全集》第4卷,人民出版社2006年版,第188页。
② 《报与史》,《李大钊全集》第4卷,人民出版社2006年版,第188页。
③ 《报与史》,《李大钊全集》第4卷,人民出版社2006年版,第188页。
④ 《〈八路军军政杂志〉发刊词》(1939年),《毛泽东新闻工作文选》,新华出版社1983年版,第42页。
⑤ 《〈中国工人〉发刊词》(1940年),《毛泽东新闻工作文选》,新华出版社1983年版,第48页。
⑥ 《报纸是指导工作教育群众的武器》(1944年),《毛泽东新闻工作文选》,新华出版社1983年版,第113页。

（2）配合政治的功能。在阶级社会里，报刊代表阶级的利益，表达其阶级的政治意志，因而具有配合阶级实现其政治任务的功能。中国马克思主义者和革命新闻工作者，从新闻与政治的关系以及新闻与中国政治变革的关系，阐发新闻配合政治的功能。1940年《中国工人》创刊时，毛泽东在发刊词中指出："团结自己和团结人民，反对帝国主义和封建主义，为建立新民主主义的新中国而奋斗，这就是中国工人阶级的当前的任务。《中国工人》的出版，就是为了这一个任务。"[①]1941年《解放日报》创刊时，毛泽东在写的发刊词中指出："本报之使命为何？团结全国人民战胜日本帝国主义一语足以尽之。这是中国共产党的总路线，也是本报的使命。在目前的国际国内形势下，这一使命是更加严重了。"[②]1942年《解放日报》改版，毛泽东在召开的座谈会上发表重要讲话，指出："利用《解放日报》，应当是各机关经常的业务之一。经过报纸把一个部门的经验传播出去，就可推动其他部门工作的改造。我们今天来整顿三风，必须要好好利用报纸。"[③]为了发挥新闻的政治功能，毛泽东要求党报要遵循党性原则。他对于党报在宣传中存在着不坚持党性原则、不适合党的政策的现象提出严肃的批评，认为这是党的领导机关"对当地通讯社工作及报纸工作注意甚少，对宣传人员及宣传工作缺乏指导"的结果，要求按照中央的政策"改正过去不讨论新闻政策及社论方针的习惯，抓紧对通讯社及报纸的领导，务使通讯社及报纸的宣传完全符合于党的政策，务使我们的宣传增强党性，拿《解放日报》所发表的关于如何使报纸增强党性的许多文件去教育我们的宣传人员，克服宣传人员中闹独立的错误倾向"[④]。中国马克思主义者和革命的新闻工作者所阐发的新闻配合政治的功能，是马克思主义的政治理论在新闻实践中的正确运用，有效地发挥了新闻在推进中国民主革命进程中的作用。

（3）联系群众的功能。密切联系群众是中国共产党的群众路线，也是中国马克思主义者和新闻工作者的工作作风。在关于新闻功能的研究中，中国马克思主义者和革命的新闻工作者从马克思主义群众观点出发，提升了中国共产党

---

① 《〈中国工人〉发刊词》（1940年），《毛泽东新闻工作文选》，新华出版社1983年版，第47页。

② 《延安〈解放日报〉发刊词》（1941年），《毛泽东新闻工作文选》，新华出版社1983年版，第55页。

③ 《在〈解放日报〉改版座谈会上的讲话》（1942年），《毛泽东新闻工作文选》，新华出版社1983年版，第90页。

④ 《增强报刊宣传的党性》（1942年），《毛泽东新闻工作文选》，新华出版社1983年版，第97页。

创办党报的经验,将联系群众作为新闻的重要功能之一。毛泽东希望全党都要重视报纸的作用,形成一个"全党办报"的局面,认为"一个机关也可以办报,党员非党员都可以参加,这叫做党与非党联盟。这样一来,我们的报纸可以起很大的作用。"①又说:"我们的政策,不光要使领导者知道,干部知道,还要使广大的群众知道。有关政策的问题,一般地都应当在党的报纸上或者刊物上进行宣传。我们正在进行土地制度的改革。有关土地改革的各项政策,都应当在报上发表,在电台广播,使广大群众都能知道。"因此,"办好报纸,把报纸办得引人入胜,在报纸上正确地宣传党的方针政策,通过报纸加强党和群众的联系,这是党的工作中的一项不可小看的、有重大原则意义的问题。"②

(4)政治动员的功能。马克思主义者和革命新闻工作者注意报刊在开展政治动员、传达党的政治意志的作用,将政治动员作为新闻不可缺少的重要功能之一。毛泽东指出:"马克思列宁主义的基本原则,就是要使群众认识自己的利益,并且团结起来,为自己的利益而奋斗。报纸的作用和力量,就在它能使党的纲领路线,方针政策,工作任务和工作方法,最迅速最广泛地同群众见面。"③张友渔也指出:"报纸,具有煽动的机能,能够煽动群众去实现一种行动。所以在任何一种革命时代,报纸常是站在斗争的前线。……报纸,在革命工作中,具有伟大的力量,发挥伟大的效用。……然而煽动群众,也是政治的报纸之必要的任务;重要的机能。"④这就是说,包括报纸在内的新闻媒介是传播党的路线、方针、政策的主要渠道,担负着传达党的政治意志的任务。

(5)领导社会的功能。早期马克思主义者不仅从政治的角度而且也从社会的角度来分析新闻的功能,注意到新闻在引领社会生活中的作用。自然,早期马克思主义者基于当时的政治斗争环境和"民众本位"的政治立场,他们在新闻"领导社会"的观点上有着鲜明的"引导政治生活"的色彩。邹韬奋指出:"舆论机关的重要任务一方面在领导社会,一方面在能反映社会大众的公意,这两方面要融会贯通,打成一片的。一个报纸对社会能引起领导的作用,绝对不是由于它

---

① 《报纸是指导工作教育群众的武器》(1944 年),《毛泽东新闻工作文选》,新华出版社 1983 年版,第 115 页。

② 《对晋绥日报编辑人员的谈话》(1948 年),《毛泽东新闻工作文选》,新华出版社 1983 年版,第 149—150 页。

③ 《对晋绥日报编辑人员的谈话》(1948 年),《毛泽东新闻工作文选》,新华出版社 1983 年版,第 149 页。

④ 《报纸可以煽动群众?》(1934 年),《张友渔学术精华录》,北京师范学院出版社 1988 年版,第 325 页。

要怎样便怎样,必须由于它能够灵敏地意识到社会大众的真正的要求,代表着社会大众的真正的利益,在这个立场上,教育大众,指导大众。这样的报纸才是进步的报纸,只有进步的报纸能起领导的作用。在另一方面,只顾到少数人的利益,有意歪曲事实,胡说八道,那是开倒车的报纸,开倒车的报纸在形式上是舆论机关,在实际上已不能发生什么领导的作用。所以舆论机关能否负起它的领导的任务,全看它是站在进步的立场,还是站在开倒车的立场。"①1948年,刘少奇在对华北记者团的讲话中也指出:"报纸办得好,就能引导人民向好的方面走,引导人民前进,引导人民团结,引导人民走向真理。如果办得不好,就存在着很大的危险性,会散布落后的、错误的东西,而且会导致人民分裂,导致他们互相摩擦。因此,新闻工作的影响是很大的。你们的工作做得好,就很好;做得不好,就要受历史的处罚。"②概而言之,中国马克思主义者主张新闻通过引领群众而发挥其领导社会的功能。

中国马克思主义者和革命的新闻工作者在民主革命阶段将马克思主义的新闻理论与中国新闻事业的实践结合起来,提升和吸收了中国共产党领导新闻事业的经验,构建了以马克思主义为指导的关于新闻理论的框架体系,为推进马克思主义新闻理论中国化作出了历史性的贡献。③早期马克思主义者和革命新闻工作者对马克思主义新闻思想中国化的探索,是一份十分珍贵的思想财富和学术成果,值得我们认真地研究并使之发扬光大,从而成为我们今天创建具有中国特色新闻学体系的本土化资源。

(四)中国马克思主义者的新闻学思想

中国马克思主义新闻学的产生和发展过程中,涌现出李大钊、张友渔、邹韬奋、恽逸群、陆定一等为代表的马克思主义新闻学家。中国共产党领导人毛泽东、刘少奇等,也有极为丰富的新闻学思想,为建构新民主主义新闻学体系作出了重要贡献。

1. 李大钊的新闻学思想

李大钊是现代中国的学者和思想家,同时又是著名的报人,对中国的新闻事业作出了贡献。李大钊不仅曾参与《民彝》、《晨钟报》、《甲寅日刊》、《宪法公

---

① 邹韬奋:《领导与反映》,重庆《新华日报》1941年1月11日。
② 《刘少奇选集》上卷,人民出版社1981年版,第396页。
③ 吴汉全:《马克思主义新闻思想中国化的早期探索》,《新闻与传播研究》2011年第6期。

言》、《新青年》、《每周评论》等众多刊物的编辑事务,而且对五四时期兴办的一些刊物进行过指导工作,对五四时期的舆论界起了积极的导向作用;与此同时,李大钊还对新闻学发表过许多重要意见,形成了有关新闻学的具体主张,这在中国早期的马克思主义者中也是独树一帜的。李大钊的新闻学思想,对中国现代的新闻学的建立和发展有着重大的影响。

李大钊发表了《给新闻界开一个新纪元——在北京大学新闻记者同志会成立会上的演讲》(1922年2月12日)、《报与史》(1923年8月13日)、《新闻的侵略》(1924年6月18日)等关于新闻学的专门文章。李大钊在其大量的著作中,也曾论述过新闻问题。

李大钊对新闻事业的性质进行了论述。1922年2月12日,北京大学新闻记者同志会在北大二院召开成立大会,李大钊、胡适、徐宝璜等应邀出席大会并发表演讲。胡适在演讲中认为,新闻事业是要研究"活的问题"、"真的问题",强调的是新闻的真实性。李大钊在演讲中不仅强调新闻的真实性,要研究"活的问题"、"真的问题",而且还强调这种对"活的问题"、"真的问题"的研究必须面向社会,以"社会"作为新闻事业的研究对象。也就是说,新闻事业在本质上是社会的事业,反映的是社会的要求,所要解决的是社会的问题。李大钊说:

> 我以为新闻事业,是一种活的社会事业。刚才胡先生说新闻事业,是要研究"活的问题"、"真的问题",不希望诸位替人家做那'充篇幅'的事情。我现在更希望诸位对于新闻事业,是社会的事业,这一点也特别注意。因为社会是复杂的、多方面的关系,要想把这不断的、发生的、多方面的社会现象描写出来,而加了批评或指导,非有相当的学问和知识不可。以前新闻界,所以有很多缺点,就是因为从事新闻业者的眼光,不能映注到全社会的生活上的缘故。①

李大钊强调新闻事业的社会性,认为新闻事业是社会事业的一部分,并且要求新闻工作者要把眼光"映注到全社会的生活上",亦即要求新闻工作者仔细地研究社会生活的情形,把社会作为研究的对象,这是很有见地的,反映了新闻事业的本质。这是李大钊应用马克思主义唯物史观原理研究新闻问题所得出的正确结论。

李大钊基于对新闻事业的社会属性的认识,对"新闻"进行定义,并从新闻

---

① 《给新闻界开一个新纪元——在北京大学新闻记者同志会成立会上的演讲》,《李大钊全集》第4卷,人民出版社2006年版,第176页。

与历史的关系方面对新闻的含义和新闻的特点进行深入的阐发。关于新闻的定义,李大钊指出:

> 新闻是现在新的、活的、社会状况的写真。历史是过去旧的、社会状况的写真。现在的新闻纸,就是将来的历史。历史不应是专给一姓一家作起居注,或专记一方面的事情,应当是注重社会上多方面的记载,新闻纸更应当如此。①

对于李大钊的"新闻"定义,需要作些简要的解析和说明。李大钊在这里所说的"新闻是现在新的、活的、社会状况的写真。历史是过去旧的、社会状况的写真",揭示了新闻的内涵和特征,其所蕴含的意义是极为丰富的。新闻是"社会状况的写真",是说新闻是以社会生活为其根本的来源,新闻在本质上是社会生活的真实反映,离开了社会生活就没有新闻。这就要求新闻在其内容上要为社会提供真实的信息,反映社会的全貌。历史也是"社会状况的写真",也是要反映社会生活的真实面貌。因而,在"社会状况的写真"上,历史与新闻是有其共同点,即都体现社会的真实性。但新闻与历史又有不同的特点,"新闻是现在新的,活的"。所谓"新闻是现在新的",是强调新闻的时效性,突出的是新闻反映的"现在"的"社会状况",而不是历史所记载的"过去"的"社会状况",因而"新"与"旧"成为新闻与历史的重要区别。所谓新闻是"活的",是说由于新闻是"社会状况的写真",而其所反映的又是"活的"社会,因而新闻具有丰富性与多样性的特征。李大钊说历史"应当是注重社会上多方面的记载,新闻纸更应当如此",就是强调的新闻的丰富性与多样性,"注重社会上多方面的记载"。由上面对李大钊关于"新闻"的定义所作的诠释,可以看出李大钊所说的新闻具有社会性、真实性、时效性、丰富性与多样性的特点。在新闻的诸多特点中,李大钊尤其强调"社会状况的写真"是新闻最基本的要求,并以此批评当时中国的新闻界只是关注"督军的举动"或"阔人的一言一行",而不注重社会事实的全面记实和社会上最重要问题的揭露。李大钊批评道:"现在新闻界,遇着'督军的举动',或'阔人的一言一行',都是用大字,排在前几版,那穷人因穷自尽,或其他种种因为受环境压迫发生不幸的结果,乃社会上很大的变故,反用小字,排在报的末几版不注意的地方。这是旧习惯未退尽的一个最大的表现,也就是新闻界的一个大缺点。"②李

---

① 《给新闻界开一个新纪元——在北京大学新闻记者同志会成立会上的演讲》,《李大钊全集》第4卷,人民出版社2006年版,第40页。

② 《给新闻界开一个新纪元——在北京大学新闻记者同志会成立会上的演讲》,《李大钊全集》第4卷,人民出版社2006年版,第40—41页。

大钊对新闻的定义、对新闻含义的揭示以及对中国新闻界存在问题的批评是很有见地的。

李大钊对新闻的作用也进行了比较全面的论述。在李大钊看来,新闻的最基本的作用表现在三方面:一是新闻能够给民众丰富精神生活,使民众得到知识和教益。在李大钊看来,报纸作为新闻事业的重要方面,其重要的目标在于能满足读者的精神生活的需要。他说:"今日的报纸,于把每日发生的事件,报告出来以外,有时亦附载些文艺论坛,及别种有趣味的评论等,以娱读者。"又说:"而就报纸的普通,而且重要的主旨,乃在尽力把日日发生的事实,迅捷的而且精确的报告出来,俾读报纸的人们,得些娱乐、教益与知识。今日报纸的需要,几乎成了一种人生必需品的原故,就在他能把日日新发生的事件,用有系统、有趣味的笔法,描写出来,以传布于读者,使人事发展、社会进化的现象,一一呈露于读者的眼前。"①李大钊把报刊能提供人们的知识、教益、娱乐,作为新闻的基本功能,确是看到了新闻的最基本作用。二是新闻能起到舆论导向和政治宣传作用。李大钊很注意新闻在社会政治生活中的作用,认为新闻都是有一定的思想指导,有的甚至有一定的政党利益和目的,因而其政治性功能十分突出。李大钊指出:"凡一报,无论其为一党派或一团体的机关,或为单纯营业的独立的组织,必各持有一定的主义与见解。社中的记者,即本此主义与见解以发挥其宣传的作用。"②李大钊强调新闻的宣传作用,正是反映现代新闻的阶级性。从报纸产生的历史来看,现代报纸是政党政治的产物,它是有着强烈的政治斗争色彩。因而,现代的新闻又有着政治宣传和舆论导向作用。三是新闻能为以后的历史研究提供基本的史料。李大钊有一个很重要的观点,即"报是现在的史,史是过去的报"。也就是说,"报的性质,与记录的历史,尤其接近"。在李大钊看来,报纸上所登载的内容如果能反映时代的真实,提取当时社会的信息,成为"社会状况的写真",那么,新闻事业就能为后来的历史研究提供大量的史料。李大钊指出:"报纸上所记的事,虽然是片片段段,一鳞一爪的东西,而究其性质,实与纪录的历史原无二致。……今日新闻记者所整理所记述的材料,即为他日历史研究者所当搜集的一种重要史料。"③李大钊的论述是将新闻的价值提高到历史研究价值的高度,这是从历史的长河来考察新闻的价值。新闻虽然是即时的记录,

---

① 《报与史》,《李大钊全集》第4卷,人民出版社2006年版,第188页。
② 《报与史》,《李大钊全集》第4卷,人民出版社2006年版,第188页。
③ 《报与史》,《李大钊全集》第4卷,人民出版社2006年版,第188页。

但随着时间的推移将转化为历史的记录,因而新闻的即时价值就上升到史料的价值。李大钊关于新闻作用的论述虽然没有今天的著述那么全面,但他的论述很有自己的独到见地。李大钊不仅从新闻的时代性进行分析,而且还从历史的高度来看待新闻的价值,这对我们今天来研究新闻的功能还是很有启发的。

　　根据新闻的性质和新闻的功用,李大钊对新闻记者的职责问题也进行了探索。在李大钊看来,新闻记者的职责主要有这样几个方面:

　　(1)新闻记者最基本的使命是面向社会,"纪述事实"。李大钊认为,社会是复杂的,处于不断的发展变化之中,而新闻记者的最基本的使命就是"把这不断的发生的、多方面的社会现象描写出来",真实地反映"全社会的生活"。因此,从事新闻工作的人就必须受到专门的训练,具备多方面的知识和学问,并且必须不断提高自己知识素养。针对当时新闻界存在的缺点,李大钊寄希望北大学习新闻专业的学生能够利用所学的知识来达到完成"改造"、"提高"新闻界的任务。他说:"现在我们北大同学从事新闻事业的,如此之多,将来必能'改造'、'提高'新闻界。因为大学是一个最高的学府,所研究的学问,是多方面的,故由大学出身的人,必有比较的多方面的知识,或有与多方面的知识界接近的机会。希望诸位同学出其所学,把新闻界在社会上的地位提高,给新闻界开一个新纪元。"①

　　(2)"新闻记者的责任,于记述事实以外,还应该利用活的问题,输入些知识"②。在李大钊看来,记述社会的事实是新闻记者的基本的职责,但除此之外,新闻记者还必须将知识输入社会,提高社会的知识水平。李大钊在北大新闻记者同志会成立大会的演说中,号召学新闻的同学要把向社会"输入知识"作为自己的任务。李大钊指出:"一切的科学知识,都可以觅得机会,利用一种活的事实,输入给大家。例如新疆、甘肃发生地震,我们便去访问地质学家。太阳忽然现出红光,我们便去访问天文学家。某种政治问题发生,我们便去访问政治学家。请他就此事实为学理上的说明。此外如有各国学者来华,亦当随时访问,叩其意思,以转为介绍于社会。这是新闻界对社会灌输知识的职分与方法,这点诸位要注意的。"③李大钊强调新闻记者担负起向社会输入知识的责任,他所说的

---

　　① 《给新闻界开一个新纪元——在北京大学新闻记者同志会成立会上的演讲》,《李大钊全集》第4卷,人民出版社2006年版,第39页。
　　② 《给新闻界开一个新纪元——在北京大学新闻记者同志会成立会上的演讲》,《李大钊全集》第4卷,人民出版社2006年版,第39页。
　　③ 《给新闻界开一个新纪元——在北京大学新闻记者同志会成立会上的演讲》,《李大钊全集》第4卷,人民出版社2006年版,第40页。

知识不仅仅是关于社会的即时性的知识,而且还包括社会的历史知识,主张将"死的"历史材料"变成活的"来加以利用,并认为"死的材料,若是随着活的事实表现出来,便是活的、有趣味的材料"。李大钊举例说,譬如平日登些克鲁泡特金的学说,人便全不注意,若当接到克鲁泡特金逝世的消息,那一天,把他的历史、他的学说,写出来贡献在社会上,便可以引起社会一般人的注意了。李大钊主张新闻记者向社会灌输知识的责任,号召作为知识分子的新闻记者担负起文化启蒙的重任,其意义是重大的。

(3)新闻记者要通过团体组织承担起政治宣传的任务。李大钊虽然重视新闻记者在向社会灌输知识中的责任,但他还特别提出新闻记者要担负起对社会的政治指导责任,并主张通过新闻记者的团体组织来实行这种政治任务。在李大钊看来,新闻记者组织团体对新闻记者社会作用的发挥有特别重要的意义,并且高度评价组织"新闻记者同志会"成立的意义,认为"我们北大同学,在新闻界的人,发生这样一个团体,是一件很有关系的事"。不过,李大钊并不把成立新闻记者团体的意义仅仅局限在新闻记者在团体内"人人能发挥个性"这一点上,而是认为新闻记者的团体组织能够使新闻记者团结起来,并在政治宣传中发挥作用。李大钊说,新闻记者"有了这个团体,总可以藉此情谊,立在同一的、知识的水平线上,常有机会来交换各人不同的意见。遇有国民的运动发生时,我们总可以定一大目标,共同进行,以尽指导群众,而为国民的宣传的责任"①。李大钊把指导群众、进行国民革命的政治宣传作为新闻记者的政治责任,目的在于发挥新闻的政治斗争作用,以推动中国政治现代化的进程。

(4)新闻记者要具有史家的责任,为后来的历史研究提供重要的史料。李大钊认为,史家作史的要义有三,一是"察其变",二是"搜其实",三是"会其通";而"新闻记者的职分,亦与历史研究者极为相近似",即新闻记者要以历史研究者的责任来对待自己所写的材料。李大钊把为未来的历史研究提供史料的责任赋予新闻记者,因而对新闻记者提出了更高的要求。他指出:"今日新闻记者的事务,既负为他日史家预备史料的责任,那么新闻记者于载笔记事的时候,必当本着上述史的三个要义,以相从事,其报始有价值。……新闻记者要有历史研究者的修养,要有历史的知识,要具有与史学者一样的冷静的头脑,透澈的观察,用研究历史的方法,鉴别取拾关于每日新生事实的种种材料。这样子才可以

---

① 《给新闻界开一个新纪元——在北京大学新闻记者同志会成立会上的演讲》,《李大钊全集》第4卷,人民出版社2006年版,第41页。

作成一种好报纸,同时亦能为未来的史家预备些好史料。"①李大钊对新闻记者的职责所作的论述中,不仅对新闻记者提出了很高的要求,而且还指出了新闻记者所应具备的各种素养条件以及为达到这种素养所必须作出的努力。这对新闻记者提高自己的素质,认识自己的职责,推动新闻事业的发展,有着重大的意义。

李大钊在对新闻理论作了深入研究的同时,还抨击帝国主义对中国的新闻侵略。李大钊分析了帝国主义在中国实施新闻侵略的目的,揭露了帝国主义进行新闻侵略的罪行,指出其新闻侵略在于在从政治上、思想上、文化上控制中国。他说:"中国遍地尽是外国通讯社的宣传机关,如东方、路透、中美等,他们挟资本雄厚的优势,在内地时时操纵新闻,传播于己有利之消息,暴露华人之弱点,以图引起国际公管;表彰外人在内地之言论及事业,以坚华人对西人之崇拜。"②更有甚者,路透社制造孙中山逝世的谣言,造成广州"扰乱不安之象,人心惶惶"。根据帝国主义争相在中国经营新闻事业的形势,李大钊对日本、美国在中国争夺建立无线电台的事实进行评述,指出日美争夺在中国的新闻权利就是为了得到进一步控制中国的便利。李大钊说:"最近如日、美争在中国建无线电台,亦是利用传播敏捷消息的便利,在平时图操纵中国的金融、商业,战时亦利用以供军事通讯,帮助中国一派军阀得到胜利。"③李大钊主张收回中国的新闻主权,从根本上反对帝国主义的新闻侵略。他对广州革命政府驱逐路透社的造谣记者表示坚决拥护的同时,进一步主张取消外国在中国的新闻机构,认为如此才能从根本上杜绝新闻侵略现象的发生。他说:"广州政府于此次谣言传播后,即毅然驱逐路透记者出境,不可谓非对人散播谣言的罪恶的正当处罚。但我以为路透社记者不仅在广州的应该驱逐,中国政府应根本取缔外国利用通讯社在国内各地宣传,应将那些造谣生事的、侮辱中国的外国新闻记者,驱逐出境,一个不留,才是正办。"④

李大钊以马克思主义为指导研究新闻理论,对新闻的性质、作用以及新闻记者的职责等问题进行探讨,为中国马克思主义新闻学的产生作出了突出的贡献。从中国现代新闻事业的历程和中国马克思主义新闻事业、中国马克思主义新闻学的产生发展的实际来定位,李大钊不愧是中国马克思主义新闻事业的开创者,

---

① 《报与史》,《李大钊全集》第 4 卷,人民出版社 2006 年版,第 188 页。
② 《新闻的侵略》,《李大钊全集》第 4 卷,人民出版社 2006 年版,第 454 页。
③ 《新闻的侵略》,《李大钊全集》第 4 卷,人民出版社 2006 年版,第 454 页。
④ 《新闻的侵略》,《李大钊全集》第 4 卷,人民出版社 2006 年版,第 455 页。

中国马克思主义新闻学的奠基者。

2. 陆定一的新闻学思想

陆定一①是无产阶级革命家,长期担任宣传工作。他在 20 世纪 40 年代撰写的《我们对于新闻学的基本观点》等文章,强调新闻要坚持唯物论的反映论,坚持新闻的本源是事实,认为新闻是"新近发生的事实的报道",必须把新闻事实置于革命立场的统帅之下。陆定一在中国马克思主义新闻学史上有着重要的地位。

陆定一在《我们对于新闻学的基本观点》中阐发了无产阶级的新闻观。在陆定一看来,"新闻是什么"问题只有在唯物论视域下才能获得解决,这是因为唯物论尊重客观的事实。他指出:"新闻是什么?对于这个问题,有两种回答。由于对于新闻的本源理解不同,一种人对于新闻是什么,作了唯物论的解决,另一种人则作了唯心论的解决。唯物论者认为,新闻的本源乃是物质的东西,乃是事实,就是人类与自然斗争中和在社会斗争中所发生的事实。因此,新闻的定义,就是新近发生的事实的报道。新闻的本源是事实,新闻是事实的报道,事实是第一性的,新闻是第二性的,事实在先,新闻(报道)在后。这是唯物论者的观点。因此,唯物主义的新闻工作者,必须尊重事实,无论在采访中,在编辑中,都要力求尊重客观的事实。"②正是基于唯物论,陆定一阐明了新闻的事实性、客观性的要求。他指出:"辩证唯物主义,主张依照事物的本来面目去解释它,而不作任何曲解或增减。通俗一点说,辩证唯物主义就是老老实实主义,这就是实事求是的主义,就是科学的主义。……在新闻事业方面,我们的观点也是老老实实的观点。这种观点,在我们党开始从事自己的新闻事业时,就有了的。"③在他看来,辩证唯物主义承认新闻的政治性,但新闻是基于基本事实的,故而其政治性

---

① 陆定一(1906—1996),江苏省无锡人。1926 年毕业于交通大学。1928 年秋,被选为团中央委员,仍担任宣传部部长,主编《中国青年》。1928 年底赴苏联莫斯科,1930 年回国后继续担任团中央宣传部部长。长征时,任红军总政治部宣传部长。遵义会议后,担任中国工农红军总政治部宣传部部长,主编《红星》报。1937 年全面抗战后,历任八路军总政治部宣传部部长、八路军前方总部野战政治部副主任,领导《新华日报》华北版的工作。延安整风运动期间,负责编辑《解放日报》的《学习》副刊,后担任《解放日报》总编辑。1945 年,任中国共产党中央宣传部部长。在中共七大上,当选为中央委员。新中国成立后,任中共中央宣传部部长、中央人民政府文教委员会副主任,是中共第八届中央政治局候补委员、第十一届中央委员,第十二届、十三届中顾委常委。

② 《我们对于新闻学的基本观点》(1943 年),《陆定一新闻文选》,新华出版社 1987 年版,第 2—3 页。

③ 《我们对于新闻学的基本观点》(1943 年),《陆定一新闻文选》,新华出版社 1987 年版,第 1 页。

与事实相比处于从属性。他指出："我们革命的新闻工作者，既然有唯物的社会观，就一定承认每个新闻归根结蒂具有政治性。但是我们认为，这种政治性比起那包含这种政治性的事实来，乃是第二性的、派生的、被决定的，而第一性的东西，最先有的东西，乃是事实而不是什么'政治性'。说'新闻就是政治性本身'，就是把事实与其政治性的关系，头足倒置颠倒过来。"①又指出："事实与新闻政治性，二者之间的关系，万万颠倒不得。一定要认识事实是第一性的，一切'性质'，包括'政治性'在内，与事实比起来都是派生的、被决定的、第二性的。一定要认识我们革命的新闻工作者必须尊重事实，而且尊重事实是与政治上的革命性密切结合不可分离的。反之，凡是不尊重事实的，哪怕装得象很'革命'，实际上一定是反动的家伙。"②陆定一关于新闻的事实性要求，以及关于新闻的事实性与政治性关系的解说，是在马克思主义指导下的新闻性质问题上的创新性研究。

陆定一研究了现代社会报纸发展的历史，并依据报纸的不同性质而阐明报纸的具体作用。他指出："世界上为什么会产生现代的报纸？这是因为人民大众要求知道真实的消息。现代报纸是资本主义社会的产物，几乎是同民主主义的思想同时产生出来的。专制主义者不要人民聪明懂事，只要人民蠢如鹿豕，所以他是很不喜欢现代报纸的。新专制主义者，即法西斯主义者，他们比其先辈，就更高明些了。戈培尔的原则，就是把所有的报纸、杂志、广播、电影等完全统制起来，一致造谣，使人民目中所见，耳中所闻，全是法西斯的谣言，毫无例外。到了戈培尔辈手里，报纸发生了与其原意相反的变化，谣言代替了真实的消息，人民看了这种报纸，不但不会聪明起来，而且反会越来越糊涂，最后，成千上万替希特勒去当炮灰。所以，有两种报纸。一种是人民大众的报纸，告诉人民以真实的消息，启发人民民主的思想，叫人民聪明起来。另一种是新专制主义者的报纸，告诉人民以谣言，闭塞人民的思想，使人民变得愚蠢。前者，对于社会，对于国家民族，是有很大好处的，没有它，所谓文明，是不能设想的。后者，则与此相反，它对于社会，对于人类，对于国家民族，是一种毒药，是杀人不见血的钢刀。"③鉴于报纸的重要作用，陆定一在抗战时期特别从宣传工作的角度，要求

---

① 《我们对于新闻学的基本观点》（1943年），《陆定一新闻文选》，新华出版社1987年版，第5页。

② 《我们对于新闻学的基本观点》（1943年），《陆定一新闻文选》，新华出版社1987年版，第5页。

③ 《人民的报纸》（1946年），《陆定一新闻文选》，新华出版社1987年版，第72页。

在抗日救亡运动中要努力发挥报纸的作用。他指出："报纸在平时是重要的，在战时尤为重要，这已经是众所周知的事实。在今天，我们需要解决的任务是：在地方上，做到每县有一个报纸；在军队中每团有一个报纸，并且保证所有的报纸，在战时能经常出版，经常发行。尤其是几个重要报纸，如《战斗日报》（将改为《上党日报》）、《新华日报》、《胜利报》等，必须解决战时出版与发行的艰巨任务。这几个较大的报纸，以及一切报纸的出版与发行，决不是一个报社自己的工作，与他人无关的事，而是每一个关心救亡事业的人，人人应当负责的事，是每个救亡团体和军队及政府机构所应关心的事。因此，展开一个广大的报纸读者联合会的运动，来具体解决帮助报纸平时战时发行与推销工作的任务，是必要的。"[1]在《我们对于新闻学的基本观点》中，陆定一集中地提出了如何创办"为人民服务的报纸"的问题，从而使"报纸与人民密切结合起来"。他指出：

> 只有为人民服务的报纸，与人民有密切联系的报纸，才能得到真实的新闻。这种报纸，不但有自己的专业的记者，而且，更重要的（再说一遍：更重要的！）是它有广大的与人民血肉相联的非专业的记者。它把这二者结合起来，结合的方法就是：一方面，发动组织和教育那广大的与人民血肉相联的非专业的记者，积极的为报纸工作，向报纸报道他自己亲身参与的事实，因为他们亲身参与这些事实，而且与人民血肉相联，因此他们会报道真实的新闻；另一方面，教育专业的记者，做人民的公仆，对于那广大的与人民血肉相联的人们，要做学生又做先生。做学生，就是说，要恭敬勤劳，向他们去请教事实的真相，尊重他们用书面或口头告诉你的事实真相，以他们为师了解事实，来检查新闻的真实性；做先生，就是在技术上帮助他们，使他们用口头或书面报告的事实，制成为完全的新闻，经过这种结合，报纸就与人民密切结合起来了。[2]

陆定一以"为人民服务"作为新闻工作者的宗旨，要求新闻工作者站在人民的立场上立言，树立为大众服务的公仆意识，谦虚地向人民学习。他指出："我们新闻工作者，必须时刻勉励自己，做人民的公仆，应知我们既不耕田，又不做工，一切由人民供养，如果我们的工作，无益于人民，反而毒害人民，那就比蠹虫

---

① 《目前宣传工作中的四个问题》（1939年），《陆定一新闻文选》，新华出版社1987年版，第75页。

② 《我们对于新闻学的基本观点》（1943年），《陆定一新闻文选》，新华出版社1987年版，第8页。

还要可恶,比二流子还要卑劣。……我们的新闻工作者,是学了些新闻技术的,但万勿以此自满,看不起人民,但是另一方面,我们做专业的新闻工作者的人,却有很大的缺点,因为对于你所报道的事实,没有感性知识,无论如何不会象亲身参加那个工作尤其是领导那个工作的人知道得那样透彻、了解得那样亲切的。所以你作报道的时候,你一定要请教那亲身参加或领导这件工作的人,细细地听,好好的记,写成之后还要请他看过(或听过)和改过,写得不好就要听他的意见重新写过,以真正求得忠于事实。"①陆定一还要求新闻工作者"小心"而又谨慎地开展工作,而这种"小心"正是"用来服务于人民,当人民的勤务员"。他指出:"人民,是记者们最尊贵的主人。如果为这样的尊贵的主人服务,当然应该自觉的'小心'。这种'小心',不是不许发表真实消息,恰恰相反,是要竭尽一切可能,使消息能够十分真实,使言论能够真正代表人民的意思。"②陆定一要求党报记者不断提高政策水平,工作"要特别慎重,多多推敲研究,时时刻刻注意政策。要知党报工作就是宣传政策,报纸的一字一句,一则新闻,一条标题,处处都体现着党的政策,稍一疏忽会产生错误。每个党报工作者,要认识自己光荣而艰巨的责任,努力学习,使报纸办得更好。"③陆定一对新闻工作者提出严格的要求,贯穿着"为人民服务"的政治理念,就在于能够更好地办出为人民服务的报纸。

陆定一长期担任党的宣传工作的领导,具有丰富的领导新闻工作的经验。他撰写的《我们对于新闻学的基本观点》等文章,系统地阐发了马克思主义的新闻观。陆定一的新闻学思想有两个最为显著的特色:一是他运用辩证唯物主义阐释新闻的事实性要求,清晰地梳理出新闻的真实性与政治性的关系,这是对马克思主义新闻思想的重要发展;二是他提出创办"为人民服务的报纸"的思路,将中国共产党人的宗旨与新闻服务对象有机地结合起来,为新民主主义新闻学的发展指明了前进方向。陆定一的新闻学思想是马克思主义与中国共产党领导的新闻工作相结合的结晶,为推进中国新民主主义新闻学体系建设作出了重要的贡献。陆定一在中国现代学术史上有着重要的地位。

---

① 《我们对于新闻学的基本观点》(1943年),《陆定一新闻文选》,新华出版社1987年版,第10页。

② 《人民的报纸》(1946年),《陆定一新闻文选》,新华出版社1987年版,第73页。

③ 《在〈晋绥日报〉编辑部的谈话》(1948年),《陆定一新闻文选》,新华出版社1987年版,第69页。

3. 恽逸群的新闻学思想

恽逸群①是著名的马克思主义新闻学家,其所著《新闻学讲话》等著作,构建了以马克思主义为指导的新民主主义新闻学体系,在中国现代学术史上有着重要的地位。

恽逸群就新闻价值的标准问题进行创造性的探讨,认为新闻不能以"新奇"为其唯一的条件。在他看来,所谓新闻必须有着"新事物"的性质,但"新事物"本身并不就是"新奇",故而不能以是否"新奇"作为考察新闻的标准。他指出:"什么是新闻?有一位美国人下过一个定义,叫做'狗咬人不是新闻,人咬狗才是新闻'。这句话对不对呢?有一部分是对的。'新闻'必须是新事物,每天刚发生的事;大家司空见惯了的事物,当然不能称其为新闻。但新的事物并不一定是出人意外或骇人听闻的,而且世界上就很少有骇人听闻的奇事。把'奇'与'新'相提并论,把'新奇'作为新闻必要条件,于是资产阶级的不少新闻机关就不断制造神话式的谣言。有的诚然仅仅为了满足部分读者的低级趣味,而又的则是为了制造反人民的借口。'人咬狗才是新闻'这句话,就成为造谣新闻机关的护身符。"②恽逸群认为"新奇"不能成为新闻的唯一条件,就在于他看到新闻具有"新事物"的本质问题,而不是事物的外在形式问题。由此,他要求新闻工作者从事物本身出发,在获取新闻的问题上不能刻意求"奇",而是应该寻找那些"来龙去脉条理分明的新闻"。他指出:"新奇不是构成新闻的唯一条件,有时刻意求'奇',就会脱离新闻事业的正轨,成为'野狐禅'。杜甫所说的'语不惊人死不休',文艺工作者为求其文字精炼、优美而当作座右铭是可以的。如果新闻记者也把这句话当作努力的目标,那就是'舍正路而不由'。不错,有些新闻来得突然,出于一般人的以外,是会使人大吃一惊的,优秀的新闻记者会首先预感

① 恽逸群(1905—1978),原名钥勋,字长安、逸群,江苏武进人。1921年考入上海大同大学。1932年,先后在上海《立报》、香港《生活日报》、上海《导报》、《译报》任编辑、总编辑等,并参与发起成立"上海文化界救国会"。抗日战争爆发后,《立报》迁往香港,改任上海《大美报》编辑。1938年,任《导报》副刊编辑、副总编辑、总编辑,同时兼任《译报》总编辑,并为《华美晨报》、《大美报》、《循环报》撰写社论。1939年9月,去香港,任国际新闻社香港分社编辑、主任。与郑森禹合办《二十世纪》半月刊,并兼任香港中国新闻学院教授。香港沦陷后,于1942年经韶关、金华回上海。任上海编译社社长、《中国周报》主编,撰写《中国内幕异闻录》。1943年,为《新中国报》撰写星期专论。日本投降后,到华中解放区。继范长江后接任《新华日报》华中版总编辑,任新华社华中总分社社长及华中新闻专科学校校长。1947年2月,任中共中央华东局政治秘书,兼新华社华东总分社第一副社长。1948年8月,任济南《新民主报》社社长兼总编辑。新中国成立后任上海《解放日报》的社长、总编辑,兼任华东新闻出版局局长。著作有《新闻学讲话》、《吴佩孚评传》、《中国内幕异闻录》等。

② 《新闻学讲话》(1948年),《恽逸群文集》,江苏人民出版社1986年版,第253—254页。

到并抓紧时机去取得其材料。但绝大多数的新闻并不是那些惊人之事。奇峰突出的新闻虽能使读者兴奋、感叹，但来龙去脉条理分明的新闻，对读者更有教育意义。"①恽逸群阐明不能以"新奇"为新闻的唯一条件的主张，就在于说明新闻性质的复杂性、社会性及其变动性，因而也就需要对新闻问题进行多因素的综合分析与判断，进而能够对新闻价值的标准问题作出探索。他指出："每一条新闻并不是单纯包含一个因素，各种性质常是错综复杂的。时间、地点、对大众的利害关系、影响或关心人数的多少、对社会的进步作用，常常都牵涉到的。要判断一则新闻的重要与次要，必须综合各种因素作出判断：如利害关系的程度相等，则以影响到的人数来判断；关切的程度与数量相等，以时间、空间的远近来判断。但有时各种因素的轻重大小是不一致的，那就要看编辑的经验与判断能力，不能规定出哪一项重要，哪一项次要，必须看当时当地的情形，就事论事，加以处理了。"②基于这样的理念，恽逸群就新闻价值的标准问题提出自己的看法：

难道就没有标准可以判断新闻的价值大小吗？那当然可以定出标准，也必须使标准明确化。个人认为判断新闻价值大小的标准，有下列各项：

1. 和大众利害关系的密切程度（如某一事件对人民有生死存亡的关系，那就是新闻价值最大）。

2. 受到这一事件影响的人数（影响的人愈多，新闻的价值愈大）。

3. 关心这一事件的人数（关心的人数愈多，新闻价值愈大）。

4. 时间的久暂（发生的时间与刊出的时间距离短，则新闻价值愈大）。

5. 空间距离的远近（事件发生的地点与报纸出版地点距离愈近，则价值愈大。如在清江发生火灾，烧去民房二十间，在《新华日报》华中版上是一件大新闻；上海烧房二十间，在此地就变成极小的新闻；如发生在外国，就不算新闻了）。

6. 促进社会进步的作用（为促进生产力发展，促进文化教育、科学研究等。其促进社会进步作用愈大，则新闻价值也愈大）。

7. 阻碍社会进步，或造成社会倒退的作用（如限制言论出版自由，束缚生产力发展等等，其作用愈大，新闻价值也愈大）。

8. 发展性（这一件事今后的发展将日益扩大，影响到大多数人民，则今天虽是小事，其新闻价值还是很大的；如果这件事已没有什么发展，则新闻

---

① 《新闻学讲话》（1948 年），《恽逸群文集》，江苏人民出版社 1986 年版，第 254 页。
② 《新闻学讲话》（1948 年），《恽逸群文集》，江苏人民出版社 1986 年版，第 258 页。

价值就小了)。

9.反常性(愈超出常理之外,则新闻价值愈大;但这类事实如继续发现,新闻价值就逐步降低)。①

以上,恽逸群所开列的九条关于新闻价值的标准,是基于新闻本身的性质及其在社会中的具体影响层面来立论的,应该说是符合新闻性质和新闻工作实际的。当时,也有人认为应该将新闻的真实性、是否符合党的政策作为考量新闻价值的标准。恽逸群不同意这种看法。他指出:"有一些同志说:新闻的真实性是不是应该作为衡量新闻价值大小的标准?我认为不必列入。新闻是必须真实的,如果不真实,那就不是新闻而是谣言。不真实的新闻,是没有价值的。这属于新闻价值的有无问题,而不是大小问题。没有价值,还讲什么价值大小?……还有一些同志问:是否应把符合党的政策,作为衡量新闻价值的标准呢?党所号召的中心工作往往是当前最重要的事情,他们认为应该作为一个标准。这也是不必要的。因为我们中国共产党是为人民服务的党,除了为最大多数的人民获得利益,促使社会进步之外,我们的党就没有另外的政策。我们党的所有政策,都是为了最大多数人民的利益,所以不必另外加上一个标准。"②恽逸群所确定的以上九条标准,既立足于新闻本身的实际又有着社会的分析视域,因而是一项创造性的学术探索,不仅为考量新闻价值之大小提供了可靠的依据,而且也有助于推进新闻工作的顺利开展。

恽逸群在研究新闻价值的标准问题的同时,也对于新闻的种类问题进行了探索。对于新闻有哪些具体的种类,一般的新闻机关有着自己的分类,并以此进行新闻工作上的分工。大致有两种分法:第一,照地域分,叫作国际新闻,国内新闻,地方(本埠)新闻;第二,照性质分,有政治新闻,外交新闻,军事新闻,经济新闻,文化新闻(教育新闻、体育新闻、艺术消息),社会新闻(社会消息、司法案件及突发事件)等。恽逸群认为,以上的两种分法"只是有了新闻材料之后的分类,或是为了使新闻工作人员便于工作而划分的",这种分类对于"什么事物可以算是新闻"是不能答复的,因而是不科学的。在恽逸群看来,新闻的种类应该是就新闻本身来进行分类的结果,而不是待有了"新闻材料之后的分类"。他根据自己的看法,就新闻的具体种类提出了自己的看法:"那么究竟哪些具体的事物是新闻呢?现就一时想到的列举下列十项:1.群众运动。2.政治(包括外交、

① 《新闻学讲话》(1948年),《恽逸群文集》,江苏人民出版社1986年版,第257—258页。
② 《新闻学讲话》(1948年),《恽逸群文集》,江苏人民出版社1986年版,第259页。

军事等)动态。3.有关公众生活的事实、计划,以及负责人或专家的意见。4.有关社会生产力之变动事件(从大规模的建设到极小部分的改进工作方法)。5.文化建设与文化动态。6.科学技术的发明与发现。7.灾害。8.典型事例(足资他人或他处取法的成功事例,及足资他人或他处避免重蹈错误的失败事例)。9.人物介绍:(1)通过一个人以表现社会某一部分的情况或反映当前重要问题的动向;(2)介绍成功的学者、专家、艺人或有特殊成就的人物,使读者知其成功的过程及其所成就事物的内容;(3)社会上某一界人物——工人、农民、商贩、士绅等的典型介绍,用以反映社会的变动及趋向。10.新奇的事物。"①恽逸群将新闻分为十个种类,自然还是可以讨论的,但他是以社会现象所显现的具体层面为依据的,并突出了"群众运动"在社会变革中的地位以及社会生活的诸多领域所发生的变动,因而有着唯物史观分析社会的研究视角。

恽逸群站在民众的地位看待新闻的重要性,坚持无产阶级的政治立场,不仅提出报纸为大众服务的任务,而且要求报纸在服务大众中发挥"指导大众,教育大众,组织大众"的使命。他指出:"一个正确的新闻纸,它要真正能做到为大众的耳目,为大众的喉舌,记载真实的、大众应该知道的事实,说大众要说的话。但是一个报纸还不是仅仅做到这样为止,就算完成了它的使命,它更应积极地指导大众,教育大众,组织大众。在当前民族危机日益加深的时候,新闻从业员所负担的任务,无疑义地格外重大。"②又指出:"我们要明白所谓新闻纸的权威,新闻纸的力量,决不是指报人的本身有什么权威、什么大的力量,也决不是完全仰赖政府的维护而会发生力量,是要站在民众的立场上,代表民众说话,获得数千万的民众为后盾,才能发生巨大的力量,以克服钳制舆论的缠索。"③恽逸群将报纸的民众立场视为报纸存立的前提条件,把"代表人民说话"视为报纸的力量源泉,集中地体现了马克思主义新闻观的基本要求。

恽逸群以马克思主义的阶级新闻观为指导,集中地批判了资产阶级学者的"超阶级"、"纯客观"的新闻观,认为阶级社会中的新闻乃是阶级的新闻,存在着"为什么人服务的问题"。因而,新闻与政治有着密切的关系。对于资产阶级"超阶级"、"纯客观"的新闻观,恽逸群提出了明确的批评意见。他指出:"资产阶级的新闻工作者常以'新闻是纯客观的报道'为标榜,以表示其超政治性、超

① 《新闻学讲话》(1948年),《恽逸群文集》,江苏人民出版社1986年版,第256—257页。

② 《新闻界联合战线——〈记者报〉序》(1936年),《恽逸群文集》,江苏人民出版社1986年版,第240页。

③ 《评广州报界的免登标准》(1936年),《恽逸群文集》,江苏人民出版社1986年版,第250页。

党派性,这完全是欺人的说法。不错,新闻材料是客观存在的事物,写新闻的人不能凭空捏造,也不应加油加酱,使它变质。(资产阶级的新闻机关恰恰善于玩这套把戏,而且惯常玩这套把戏。)但你所以要写这则新闻,所以用那样的角度来写那新闻,你必然有个立场,你必然希望读者得到什么影响,就是一件毫无政治意义的社会新闻,甚至是黄色、桃色新闻,你也必然有一个目的,要社会同情他,还是唾骂他,或者是当做一个问题研究。你说:我不过是为了'博读者一笑',那么你的'博人一笑',也包含着'博什么人一笑'的问题,这就是为什么人服务的问题。"①关于新闻的阶级性质,恽逸群是通过新闻与政治关系来说明的。他指出:

> 新闻和政治是不可分离的。任何新闻机关,不论是报纸或通讯社,都有它的政治立场。它为哪一类人服务,代表什么人说话,它所赞成的是什么,反对的是什么(你所赞成的是代表什么人的利益,你所反对的又是代表什么人的利益),怎能说超出于政治之外呢?你发出一篇稿件,总希望报上登出来;你发行一个报,总希望有很多的人看它,而且一定还希望人家相信你所发表的东西是正确的。那么,你为什么这样说,不那样说呢?为什么你要读者相信这是白的,而不要读者相信它是黑的呢?这就是你的政治立场与政治态度。如果你毫无目的,既不要人家看你的报,也不要人家相信你所发表的是好的、对的,那你决不肯办什么新闻事业。或许有人说:我办的是黄色新闻报,专供人消遣的,的确毫无政治目的,我的目的只是为了赚钱。但我问你:你供什么人消遣?你用什么东西来满足读者的需要?这就包含了"为谁服务"与"给读者以什么影响"两个问题,这就属于政治范围了。②

恽逸群认为报纸在其社会功能上有着指导社会的作用,只是不同的报纸所起的指导作用不同罢了。他指出:"新闻纸(报纸)的主要任务是指导社会,它报道社会各方面(从上到下、从下到上,从市井以至于全世界)的现实情况,反映各方面人士的生活与意见,批评与表扬,检查过去,预示将来,刺激人们向上思想,使现有的社会成就更进一步,更提高一步。不论报纸的立场如何,它的基本目的是一样的,所差的只是道路不同:进步的报纸要促使社会更进步,指导读者朝进步的方向努力;反动的报纸要使社会更反动,指导读者走反动的道路。就是低级趣味的无聊的报纸,表面上没有政治作用,实际上它所起的麻痹作用是大有助于

---

① 《新闻学讲话》(1948 年),《恽逸群文集》,江苏人民出版社 1986 年版,第 270—271 页。
② 《新闻学讲话》(1948 年),《恽逸群文集》,江苏人民出版社 1986 年版,第 259—260 页。

反动派的。"①恽逸群对报纸社会指导作用作出具体的分析,认为报纸有新闻、言论、副刊之分,尽管各部分都有指导作用,但其中"新闻的指导作用最大,而言论与副刊次之"。他指出:"新闻纸的指导作用,一般人只重视言论,以为言论的指导作用最大,因为它所占的份量(比重)也最重。这并不正确。其实,新闻纸的任何一部分都有指导作用,而新闻的指导作用则为最大,最有效;言论(社论、短评、专论)虽有时占极重要地位,但一般说来是远落在新闻之后,有些与副刊作用相等,有些则甚至不及副刊的引人注意。读者中有专看新闻而不看言论与副刊的,但专看言论与副刊而不看新闻的人则极少极少。因为新闻是报道事实,言论与副刊文字则发表主观的意见。大多数读者对于事实的报道是信心较多,对于别人的意见则不免将信将疑。所以新闻的指导作用最大,而言论与副刊次之。"②恽逸群在社会视域中分析报纸的功能,不仅指出报纸因其性质的不同而在指导社会上所显示的差异性,而且突出了报纸中的新闻在指导社会上的特殊地位。

恽逸群对于新闻采访、新闻稿的写作、新闻编辑等问题提出了严格的要求,集中起来有这样三个方面。第一,采访新闻不仅需要详细,而且要有精心准备,并能在采访时"随机应变"。在恽逸群看来,采访是新闻取得的重要渠道,同时也是新闻稿撰写的前提,故而得重视这个关键环节,并加以精心的采访准备,而在采访中特别需要详细而又具体,切忌笼统、不着边际来"发问"。他指出:"一个担任采访工作的人,对于所采访的事件首先要具备相当的知识,知道这一事件的内容,才能提出扼要中肯的问题来。询问得愈深入,则收获也愈大。如果笼统地发问,则得到的往往是一篇空话,甚至使被访问者无从回答,只好用空话搪塞。抗战前一年,李石曾老先生从欧洲回国,许多记者到轮船上去接他,在接客小轮中有人问他:'李先生在欧洲住了一年多,感想如何?'后来李石曾对人说:'上海的新闻记者怎么落后到这地步,出了一个感想如何的题目,不是要我写一本厚书来回答他们吗? 真是从何说起!'大概那几位记者,平时拿惯要人的书面谈话,所以并不准备提问题,碰到了没有准备书面谈话的人,就无从提出具体问题来,所以闹这样笑话。"③恽逸群还特别重视采访中"随机应变"的重要性,要求记者抓住采访中的各种机会。他指出:"采访工作如作战一样,需要随机应变,发挥

① 《新闻学讲话》(1948 年),《恽逸群文集》,江苏人民出版社 1986 年版,第 289 页。
② 《新闻学讲话》(1948 年),《恽逸群文集》,江苏人民出版社 1986 年版,第 290 页。
③ 《新闻学讲话》(1948 年),《恽逸群文集》,江苏人民出版社 1986 年版,第 265—266 页。

高度的机动性、灵活性。如果机械地执行原定方针,则往往会使重要的新闻交臂失去。譬如你为了甲地与乙地的物价差额甚大而去访问贸易局的负责人,一谈之后,发觉到问题的重心不在于物价差额而在于汇兑率的差额,那你必须马上去访问金融机关的负责人,才能把事实的根源弄清楚,完成采访任务。又如你原来预定去访问某一负责人的,到了那里之后发现有一位别处来的客人,在他口中可以得到很多新闻,但他马上要走,那你就应该首先访问那位远客,不要把机会错过。"①恽逸群提出采访中所要注意的问题看似"细节",却对于采访的成功有着决定性的意义。第二,新闻写作不仅要坚持政治立场,而且需要掌握技巧。恽逸群非常重视新闻稿的写作,认为这是新闻工作中"极重要的环节",要求从"政治问题"的高度加以认识。他指出:"新闻写作是一个极重要的环节。同样一件材料,写得不好,读者会毫无影响,甚至感到讨厌而不愿看下去;写得好的,则能使读者津津有味,留下深刻的印象。这不仅是技术问题,也是政治问题。当然,要写得好,需要相当长时期的修养(政治的、文学的),不是一学就能写好的。需要多读,多看,多分析,多研究,多练习,多比较。"②这里,恽逸群把"多读,多看,多分析,多研究,多练习,多比较",作为记者修养的功夫。那么,新闻稿的写作除了平时所应具备的修养外,还应该在写作中注意怎样的问题呢?恽逸群强调"开门见山"的重要性,指出:"新闻要便利读者阅读,大多数读者都是没有工夫能一口气从头至尾看完全份报纸的,他们大都是先选择重要的或感兴趣的先读,所以写新闻的人必须把最主要的部分,一开始就'开门见山'地写出来,告诉读者这一篇讲些什么事情。美国有一位教授说过,'第一句话没有把事件中心说出,那一则新闻就失败了'。这是一句名言,必须牢牢记住。新闻和文艺作品不同,文艺作品要把高潮放在后面,使读者留下深刻印象或有余意未尽之感,而新闻(包括通讯、特写)则必把要点放在前面,当然后面仍应有高潮的。"③恽逸群还就通讯稿一类的新闻稿的写作提出具体的要求,主张写作中去掉人所尽知的"老生常谈"的内容,而应在所涉事物的"特点具体化、形象化"上下功夫。他指出:"通讯稿是有系统的或写得更动人的新闻,一般说字数较多,因此最应注意的一点就是勿说空话,凡是可以省的都应省去。凡是一般现象,为大家所知道的,就不必再重复,对特殊的突出的部分就应该多着力叙述。我们现在常看到一

① 《新闻学讲话》(1948 年),《恽逸群文集》,江苏人民出版社 1986 年版,第 267 页。
② 《新闻学讲话》(1948 年),《恽逸群文集》,江苏人民出版社 1986 年版,第 270 页。
③ 《新闻学讲话》(1948 年),《恽逸群文集》,江苏人民出版社 1986 年版,第 274—275 页。

些描写群众的文字,很多是浮光掠影的常谈,什么'老百姓都很兴奋','老百姓某某说','新四军来了真好!''现在我们可翻身了!'这些话都是多余的'老生常谈'。我们所要写的是怎样兴奋,用什么表示其兴奋?他们所感到的'好'是哪些具体事实?'身'是怎样'翻'的?在不同的地点,不同的时间,不同的人物中,有各别的新的内容,新的情绪的,新闻写作者应把那些特点具体化、形象化起来,要活生生写出这件事决不是那件事的重复,这里的事决不是那里的事的翻版。"①自然,恽逸群并不认为新闻稿写好就止步,他还强调新闻"及时传播"的极端重要性。他指出:"新闻必须及时传播,倘稍一延搁,就会失去时效,落在人家后头,不成其为新闻了。在今后的政治斗争中,新闻竞争是一个重要事情,如果让别人抢在前面发布不正确的新闻,你再跟着辩明,则所受的损失就很大了。所以无论哪一类新闻,都必须一得到就写出,必须尽力争取时间,就是在深夜,只要没有截稿,就应写出。"②恽逸群以"新闻竞争"的理念来对待新闻的及时性,可见他对于新闻及时传播的重视程度。第三,新闻编辑必须坚持"便利读者、帮助读者"的导向,所取立场"必须有编辑方针完全相符"。在恽逸群看来,新闻编辑有着规定的要求,编辑工作不能偏离其任务。他指出:"新闻编辑工作的主要任务,是便利读者,帮助读者了解新闻的轻重,使读者一拿到报纸,就能马上找到他所要先读的东西。一切编辑技术,都需要环绕这一中心。如离开了便利读者、帮助读者的立场,则一切编辑技术,无论标题制作得如何动人,版面规划得如何美观,都是如没有灵魂的艳尸,虽美丽如天仙化人,不过是死尸而已。"③恽逸群还强调,在报纸的编辑过程中,社论与新闻必须采取同一的政治立场,并且必须与编辑方针的完全一致,坚持编辑的底线原则。他指出:"社论是代表报纸说话的,其所取的立场必须与编辑方针完全相符,而且应成为整个报社工作的准绳,决不能社论这样说,而新闻或其他部分却采取另一态度。因为社论是代表整个报社讲话,所以应有明确的立场,要对读者负责任,不能昨天讲这一套,今天又反过来讲那一套。有些报纸(甚至自称或被若干读者认为是'权威'的报纸)会今天主张民主和平,明天却鼓吹专制内战,那正是说明官僚政客的无耻和自失报格。"④恽逸群关于新闻采访、新闻写作、新闻编辑等问题的研究,切合新闻事业的实际状况及其需求,这是对新闻工作具体层面的问题所进行的积极探索。

① 《新闻学讲话》(1948 年),《恽逸群文集》,江苏人民出版社 1986 年版,第 275 页。
② 《新闻学讲话》(1948 年),《恽逸群文集》,江苏人民出版社 1986 年版,第 272 页。
③ 《新闻学讲话》(1948 年),《恽逸群文集》,江苏人民出版社 1986 年版,第 284 页。
④ 《新闻学讲话》(1948 年),《恽逸群文集》,江苏人民出版社 1986 年版,第 293 页。

恽逸群研究和探讨如何争取"新闻自由"问题,并猛烈抨击国民党的新闻检查制度。在恽逸群看来,新闻在国民党统治下是没有言论自由的,应对的办法就是新闻界联合起来,组织"新闻界联合战线"。他指出:"当局者们无论怎样'不恤人言',难道他能把一切不愿出卖自由的报馆都封起来?把一切不肯放弃个人对民族责任的报人都拘禁起来?我们都明白不会有这样事情,那么我们为什么不联合起来,积极收回我们的言论自由、记载自由呢?……只要我们能联合一致,联合就是力量,联合就可以战胜一切困难!我们天天记载别人战斗的事迹,难道自己不能从那里得到一点教训、鼓起一点勇气?……为民族解放运动、救亡运动尽力,要争回报纸的言论自由权,这已是绝大多数新闻从业员的呼声。但是,为什么不能汇成广大的集体,使这许多呼声在事实上表现出来?主要的原因就是不能联合,不能联合就不能发生力量,这是当然的事。"①恽逸群抨击国民党的新闻检查制度,认为新闻检查制度扼制了新闻的思想自由,并直接导致中国新闻事业的衰落。他指出:"新闻事业衰落的原因,主要当然是检查制度。在严密的检查下,报纸不敢讲话,不敢记载真实的新闻,纸面上千篇一律,人云亦云。人民虽然迫切地有着看报的需要,可是报纸不能供给他们以要看的东西,这样的报纸又有谁要看呢?"②当时,有人为新闻检查制度辩护,说什么"在非常时候,应谋国家的自由,不应再讲人民的言论自由"。对此,恽逸群认为不能以所谓"国家自由"而取消人民的言论自由,更不能以"官吏的自由"来代表所谓"国家的自由"。他指出:"是的,为整个民族、整个国家的利益计,我们也百分之百的同意对新闻事业不能完全放任,例如传播汉奸理论,鼓吹投降敌人,以及一切媚外乞怜等行为做辩护和铺张的报纸,都应该绝对禁止,我们不应给他们以言论自由。不过,我们要知道,所谓'国家',绝对不是等于'官吏';所谓'国家的自由',绝不是'官吏的自由'。"③恽逸群在《新闻学讲话》中,批驳了那种以"没有新闻自由"来污蔑社会主义国家和新民主主义国家的反动言论,指出:"资本主义和法西斯主义的代言人常责难社会主义国家和新民主主义国家,说'没有新闻自由'。这需要稍加说明。自由是不能离真理而独立存在的,符合真理的自由才是真自由,是人民大众所拥护的自由;违背真理的'自由'则是伪自由,是人民大众所要反对,所要消灭的。关麟徵在昆明制造惨案叫做'开枪自由',那样的'自

---

① 《新闻界联合战线——〈记者报〉序》(1936年),《恽逸群文集》,江苏人民出版社1986年版,第243页。

② 《真实消息与报纸》(1936年),《恽逸群文集》,江苏人民出版社1986年版,第247页。

③ 《真实消息与报纸》(1936年),《恽逸群文集》,江苏人民出版社1986年版,第247页。

由'大概没有人不反对吧！什么叫做真理呢？真理就是最大多数人民的最大、最长远的利益。革命与反动的分别就在掌握真理与违背真理,也就是一个是为了争取最大多数人民最大、最长远的利益而奋斗,一个是为了剥夺最大多数人民的利益而致力。对于违背真理的,以危害最大多数人民的利益为其目的的'新闻自由',应该加以限制,也必须加以限制,否则就是助长了反动派的'杀人自由'。"①恽逸群以充分的事实说明,"在解放区,只要不违背最大多数人民的最大利益,新闻的自由是有充分保障的,而且其天地非常宽阔。华中分局关于出版《新华日报》华中版的决定,规定'《新华日报》可以批评任何机关或个人,受《新华日报》批评的,必须提出答复'。报纸有这样大的权力,在旧中国固然没有,在资本主义国家也是没有的。"②恽逸群不仅抨击国民党统治下新闻没有"言论自由"的状况,揭示了其所谓"新闻检查"的阶级性本质,而且以马克思主义的阶级分析的方法阐明"新闻自由"的阶级实质,这是对"新闻自由"问题研究的重要成果。

恽逸群是中国的马克思主义新闻学家,他的新闻学思想是以马克思主义为指导构建起来的学术理论体系。恽逸群站在人民大众的立场上研究新闻学,不仅就新闻价值的标准、新闻种类、新闻指导社会的功能等方面进行创造性的探讨,而且对于新闻采访、新闻稿的写作、新闻编辑等具体问题提出了自己独特的看法,并且在对资产阶级"超阶级"、"纯客观"新闻观的批判中、在对"新闻检查制度"的抨击中而建立自己的学术研究体系。恽逸群撰写的《新闻学讲话》等著作为构建新民主主义新闻学研究体系作出了突出的贡献,在中国现代学术史上有着重要的地位。

4. 张友渔的新闻学思想

张友渔是中国马克思主义法学家、政治学家、新闻学家,其所撰写的《新闻的性质和任务》、《政治与报纸》、《报纸何以能煽动群众?》、《论统制新闻》等文章有着丰富的新闻学思想,为中国新民主主义新闻学理论的形成和发展作出了重要贡献。

张友渔发表的《新闻的性质和任务》这篇文章,以马克思主义理论为指导,将新闻置于阶级社会的历史进程之中,比较详细地说明了新闻的阶级性质和充当阶级斗争武器的任务。在张友渔看来,正是因为"人类社会,是采取着阶级对

---

① 《新闻学讲话》(1948 年),《恽逸群文集》,江苏人民出版社 1986 年版,第 260—261 页。
② 《新闻学讲话》(1948 年),《恽逸群文集》,江苏人民出版社 1986 年版,第 261 页。

立之形态的;人类历史,是演着阶级斗争之进程的",所以新闻也就是阶级和阶级斗争所反映出的一种社会现象。他指出:"社会本身既是阶级斗争之社会,因而成为社会的一现象之新闻,也不能不是阶级斗争之一表现,故所谓新闻,不外是阶级对立的人类社会中之阶级斗争的武器。即压迫阶级,用新闻维持他的支配地位,被压迫阶级,用新闻反抗压迫阶级,还有同一阶级,在分解过程中有时也用新闻互相攻击。"①又指出:"无疑地,新闻是社会的一种现象,是社会意识的一表现。所以说到新闻的性质和任务,也不外是以社会组织为基础,应社会实际的需要而产生的东西。"②张友渔以上的论述,以马克思主义的阶级分析方法来看待新闻问题,不仅将新闻置于阶级社会之中,说明新闻作为"社会的一现象"皆是一定阶级的新闻,亦即新闻"不能不是阶级斗争之一表现",这是突出了新闻所具有的阶级性(亦即政治性)的特征,而且又揭示了新闻的意识形态性特征,指出新闻乃是"社会意识的一表现",这是强调新闻乃是一定阶级意志的体现。张友渔正是抓住了阶级社会这个历史总依据,形成了这样的论断:"总之,在原始社会乃至将来的社会,都是没有阶级,没有阶级斗争的。不过,新闻的发生、成长和发达,是在阶级社会里;尤其所谓真正的新闻,即近代乃至现代的新闻,是发生、成长和发达于阶级社会之最高阶段即资本主义社会里的。所以不能不说新闻是阶级斗争之武器。"③张友渔基于新闻在阶级社会中的基本情形,认为新闻不能离于阶级性而独立,更不可能成为所谓"社会的公器,文化的推动器";概而言之,"新闻之性质和任务,不外是阶级斗争的武器"④。

张友渔不仅揭示了新闻的阶级性质和充当阶级斗争武器的任务,而且更进一步分析了新闻表现其性质、实现其任务所在的历史阶段及其所表现的特点。在张友渔看来,新闻表现其性质与任务在不同的社会条件下是有所不同的,而在阶级斗争最为激烈之时则表现为最为突出。张友渔指出:"新闻最能表现它的性质和任务的时期,是在旧社会和新社会间,正在变革,旧势力和新势力之间,正在斗争,以及新社会代替旧社会而成立,但新势力还没有巩固地确立了它的支配

---

① 《新闻的性质和任务》(1933年),《张友渔学术精华录》,北京师范学院出版社1988年版,第305页。

② 《新闻的性质和任务》(1933年),《张友渔学术精华录》,北京师范学院出版社1988年版,第304页。

③ 《新闻的性质和任务》(1933年),《张友渔学术精华录》,北京师范学院出版社1988年版,第307页。

④ 《新闻的性质和任务》(1933年),《张友渔学术精华录》,北京师范学院出版社1988年版,第312页。

地位的时候。尤其是当封建社会嬗递到资本主义社会的前后,以及资本主义社会,还发挥自由主义的精神,而没有发展到经济上独占,政治上独裁之帝国主义阶段的时候。"①张友渔认为,新闻体现其性质与任务是在"旧社会和新社会之间",特别是在"封建社会嬗递到资本主义社会的前后"这个时段,但在资本主义发展到"经济上独占,政治上独裁之帝国主义阶段的时候",其情形就有很大的不同,这种不同主要表现为"新闻的商品化"。关于资本主义社会中新闻商品化的状况,张友渔指出:

> 但随着资本主义的支配之确立,新闻也在资本主义的支配之下而商品化了。商品化了的新闻和一般的商品一样,是以在数量方面的多量销售,为第一重要的事情。所以在新闻经营者,常努力于投社会之所好,而以在新闻上露骨地表现出其为自己的机关之性质为厉禁;同时,标榜所谓"严正中立"、"不党不偏"及"超阶级"等,以欺骗社会大众。一见的时候,也许有人会相信新闻不是阶级斗争的武器。实则,新闻经营者,绝没有忘却利用新闻于阶级斗争的这件事。他们对于新闻,一方面,固抱有不可不获得利润的要求;而一方面,也另具有利用新闻于自己之阶级的意识之支配的要求。……

> 再进一步说,纵使商品化新闻的经营者,真是要除去了新闻之阶级对立和阶级斗争的性质,而把它改造为一种文化机关或教化机关,也还不过是利用新闻使布尔乔亚的统治安定之一方法,决不是什么"超阶级"。原来,在布尔乔亚的统治,已经确立了的现在,阶级对立和阶级斗争之事实和意识的存在,在统治者之布尔乔亚基,实在是非常不利的。所以布尔乔亚新闻,在所谓"超阶级"之名义下,努力于布尔乔亚社会的心理形态之形成而缓和对立的社会意识,消灭被压迫阶级之阶级斗争,因以保持布尔乔亚之支配。②

张友渔发表了《报纸何以能煽动群众?》、《政治与报纸》等文章,对于报纸与政治的关系作出说明。在他看来,梳理政治与报纸的关系,就要首先说明"政治是什么"的问题。"政治是管理众人的事"这个定义,在形式方面没有什么不对,但关于"政治的作用"却不能从这个形式上的定义"找得"。事实上,"从政治的作用上说,政治是站在支配地位的支配阶级,对于站在被支配地位的被支配阶级的一种统治工具。不论是在任何政治形态下,无产阶级专政也好,法西斯蒂独裁

---

① 《新闻的性质和任务》(1933年),《张友渔学术精华录》,北京师范学院出版社1988年版,第308—309页。

② 《新闻的性质和任务》(1933年),《张友渔学术精华录》,北京师范学院出版社1988年版,第309—310页。

也好,资产阶级的民主政治也好,都是这样的。"在对"政治的作用"上如上的理解之后,还要知道"报纸是什么"的问题。张友渔正是在对"报纸是什么"问题的回答中,对政治与报纸的关系作出如下的分析:

我们要知道"报纸是什么"? 报纸大概分别起来,可以有两类:一类站在支配阶级的方面,对于被支配阶级,营着思想上统治的作用之"御用新闻";一是站在被支配阶级的方面,对于支配阶级的思想统治,表示反抗的"反抗新闻"。所谓"思想上的统治",就是拿一个思想支配了许多人的思想,结果,使许多人的思想都融化在这一个思想之内,而实现了"思想统一"。实行统治思想的方法,可有种种:或用教育,或用电影,或用戏剧……但最有效的,要首数报纸。因为教育等,都限于一定的场所,都以有限的人为对象;只有报纸在社会上的影响,没有限制,故在思想统治上,报纸的效力最大。政治是支配者对被支配者统治的工具,而报纸尤其"御用新闻",也便是这种统治工具的一方面——在思想的统治上,而"反抗新闻"呢? 却正是同一统治工具的反作用。如其政治上的反抗的势力,得到成功,则"反抗新闻"一变而为"御用新闻"了。所以政治和报纸的关系,是非常密切的。有人以为报纸对于政治,是中立的,超然的,不偏不党的;其实不然,任何报纸,也脱不了政治作用,也就是任何报纸对于政治不是中立或超然的。①

上面的这段论述,张友渔主要在于说明这样的事实,即"任何报纸对于政治不是中立或超然的",不是"御用新闻"就是"反抗新闻"。张友渔研究报纸与政治的关系,固然在于批驳社会上那种"报纸中立"论和"报纸超然"论,但也在于能够运用报纸为无产阶级的阶级斗争服务。他依据列宁关于政治与报纸关系的论述,阐明了运用报纸开展群众运动的重要性。他指出:"报纸,具有煽动的机能,能够煽动群众去实行一种行动。所以在任何一种革命时代,报纸常是站在斗争的前线。列宁曾说:'政治的新闻,在我们,实为必要。现在欧洲所谓政治运动如不具有机关报,便无意义了。所以我们如没有政治的机关报,便不能完成我们的任务。'这话是对的。报纸,在革命工作中,具有伟大的力量,发挥伟大的效用。当然,列宁的意思,是着重在'组织群众'一点上,然而煽动群众,也是政治的报纸之必要的任务,重要的机能。"②这里,张友渔不仅重视报纸在组织群众中

---

① 《政治与报纸》(1934 年),《张友渔学术精华录》,北京师范学院出版社 1988 年版,第 332—333 页。

② 《报纸何以能煽动群众?》(1934 年),《张友渔学术精华录》,北京师范学院出版社 1988 年版,第 325 页。

的作用,而且也强调报纸在煽动群众中的重要作用。这可以说,张友渔在一定的程度上发展了列宁关于政治与报纸关系的思想。

张友渔还发表了《论新闻统制》等文章,将"新闻统制"放在阶级和阶级斗争的历史进程中予以考察,对"新闻统制"的性质、方法、程度作出研究和说明。他指出:"阶级社会的支配阶级,无论是封建势力,或布尔乔亚,又或是普罗莱塔利亚,都必然地要'统制'新闻。所不同者,只是'统制新闻'的人——政府——之性质,和其所采用的统制方法,以及实行统制的程度。譬如在布尔乔亚,德谟克拉西的政治形态之下,好像是言论自由的;实则仅是统制方法比较和平,统制程度比较低下罢了;在阶级社会里,绝没有所谓绝对的言论自由。我们可以看到任何布尔乔亚,德模克拉西国家,都在宪法上,规定着人们有言论自由的权利;然而同时规定着言论自由,须在法律范围之内。法律范围,究竟是多么大的一个圈儿? 没有人能够确切限定。现在拘束我们的《出版法》,是法律;所谓《危害民国治罪法》,也是法律。法律的范围越广大,言论自由的范围,便愈缩小,不必等到普罗莱塔利亚独裁和法西斯独裁的政治出现,'统制新闻'便已在实行着。彻底一点说,自有新闻以来,便已同时有'统制新闻'。所以阶级社会里的'统制新闻'其本身,没有讨论'应该''不应该'的余地,纵然是不应该,但它必然地产生了。"[①]关于"新闻统制"的方法与程度,张友渔通过对西方新闻"统制"的历史考察,明确地表示在中国采取"新闻统制",乃是犯了"时代错误的毛病"。他指出:"究竟在某一时期,应该采取某一方法,实行到某种程度? 这在谈到'统制新闻'时,是值得十分注意的。倘使犯了时代错误的毛病,那便不但不能收'统制新闻'的成效,反而促成支配阶级自身政权之崩溃。例如莫索里尼'统制新闻',竟达到'不许毁谤我'这样的程度! 这是因为战后意大利法西斯蒂政权的比较巩固,足以控制民众,很少有别的强大力量,能抵抗它。它一旦,法西斯蒂政权若有动摇,莫索里尼统制新闻的方法,即也会被推翻。若在本来没有达到意大利那种程度的法西斯蒂政治阶段,而强要实行莫索里尼那种严酷的'统制新闻'的方法,正如懦夫扛鼎,无疑地,是要气尽力绝以至于死的! ……中国现在是否已经像莫索里尼统治下的意大利? 莫索里尼的法西斯主义,是否适宜于中国,这是一个有待讨论的问题。但现在决没有达到那种程度,因而'统制新闻'的方法和程度,也决不应该完全步意大利之后尘。那么,应该怎样'统制新闻'呢? 我们不

---

① 张友渔:《论新闻统制》(1934年),《报人生涯三十年》,重庆出版社1982年版,第144——145页。

愿在这里,谈到具体的方法,因为站在被统制者的新闻记者的立场,不能够替统制者的政府当局来划策。"①这里,张友渔明白地表示反对中国"步意大利之后尘"而采取什么"统制新闻"。张友渔还分析了英、德两国的"统制新闻",认为中国没有采取"统制新闻"的必要。他指出:"试把英德二国'统制新闻'的先例比较,可以知道,没有严厉'统制新闻'的必要,而严厉'统制新闻',不一定是有利于的这一事情。尤其在现在的中国,外国的侦探,布满了'要津',一切军事上政治上的机密,要为外国人所洞悉无遗,实行德国式的'统制新闻',除却以欺罔国民为唯一目的外,还有什么作用? 更是大可不必。对外问题如此,对内问题亦然。统制本国新闻的结果,不过使外国新闻,增加几份销路,有什么用处呢?"②这里,张友渔有力地抨击了国民党的"统制新闻"政策。

张友渔是中国著名的马克思主义新闻学家,坚持将马克思主义理论与中国的新闻实际相结合,推进马克思主义新闻思想中国化的进程。张友渔以马克思主义的阶级斗争理论为指导,不仅在学理上阐述新闻的性质与地位,梳理报纸与政治的关系,而且依据现实政治斗争的需要,猛烈抨击国民党的"统制新闻"政策,有力地发挥了新闻舆论的战斗作用。张友渔的新闻学思想是中国新民主主义新闻学思想的重要组成部分,在中国现代学术史上有着重要的地位。

5. 邹韬奋的新闻学思想

邹韬奋③是著名的马克思主义者,站在民众的立场上立论,其新闻学思想以争取言论自由和民主政治为中心,在中国现代学术史上有着重要的地位。

邹韬奋主张报纸必须维护大多数人利益,真正担负起社会舆论机关的责任,在社会生活中才能起领导作用。他指出:只有"这样的报纸才是进步的报纸,只有进步的报纸能起领导的作用。在另一方面,只顾到少数人的利益,有意歪曲事

---

① 张友渔:《论新闻统制》(1934年),《报人生涯三十年》,重庆出版社1982年版,第145—146页。

② 张友渔:《论新闻统制》(1934年),《报人生涯三十年》,重庆出版社1982年版,第149页。

③ 邹韬奋(1895—1944),原名恩润,祖籍江西余江,出生于福建永安。1921年7月,从圣约翰大学毕业至1931年间,负责《生活》周刊和《时事新报》副刊编务。1932年7月,建立生活书店,任总经理。短短几年,使其在全国各地的分支机构扩展到了56家,先后出版了数十种进步刊物,以及包括马克思主义译著在内的1000余种图书。次年,加入中国民权保障同盟,当选为执行委员。1933年7月因受迫害流亡国外。1935年8月,由美归国,创办《大众生活》周刊,不久被封。1936年奔走于港沪之间,积极鼓动抗日,年底遭逮捕。出狱后,上海沦陷,前往武汉,被聘为国民参议员。此间,将《抗战》和《全民周刊》合并改为《全民抗战》三日刊。1941年2月,辞去国民参议员职务,出走香港,并恢复《大众生活》周刊。香港沦陷后,曾到苏北解放区参观访问。有《韬奋新闻工作文集》(新华出版社1985年版)、《韬奋全集》(上海人民出版社1995年版)等传世。

实,胡说八道,那是开倒车的报纸,开倒车的报纸虽在形式上是舆论机关,在实际上已不能发生什么领导的作用。所以舆论机关能否负起它的领导的任务,全看它是站在进步的立场,还是站在开倒车的立场。"①邹韬奋关于报纸进步性的论述,强调报纸必须是坚持进步的立场,在社会舆论中起领导作用,这是站在无产阶级的立场上来看待报纸的性质的。

"言论自由"是邹韬奋新闻思想中的根本主张,集中地体现了其争取民主政治的强烈愿望。在邹韬奋看来,言论自由有两方面的作用,一方面是反映民意,另一方面是监督政府,因而是有助于民主政治建设的。他指出:"言论自由的保障,在积极方面可以反映人民的要求,在消极方面可以发生继续监督政府督促人民代表的作用。在反民主的官僚独裁者看来,往往一听见人民胆敢监督政府的念头,那不是反对政府,便是要另建政治中心!其实人民通过舆论来监督政府(另一途径是通过民意机关来监督政府,二者是相辅相成的),乃是民主政治中最基本最重要的一个途径,也是极寻常而毫无足怪的事情。"②邹韬奋认为,言论自由是通往民主政治的途径,但只有在体现民意的"言论机关"存在时才有可能。这里,"言论机关"的问题,乃是一个至关重要的问题,同时也是民主政治是否存在的问题。故而,实现真正的言论自由,必须有真正反映民意的"言论机关",亦即只能是在民主政治的条件之下。关于言论机关与言论自由的关系,邹韬奋指出:"言论机关有反映民意的,也有反映官意的。就一般的情形说来,民意的言论机关和官意的言论机关,同在法律保障之下,同享言论自由的民主权利。在反民主和假民主的国家里,官意的言论机关所享受的言论自由的保障较民意的言论机关为大,甚至官意占着绝对的便利,民意常在摧残压迫之下挣扎着。……只有在民主政治实现之下,人民的言论自由才能得到充分的保障,民意的言论机关才能充分反映民意,和官意的言论机关充分交换意见,充分检讨,得到关于真理的结论。"③简言之,邹韬奋认为真正的反映民意的"言论机关"只有在民主政治实现的前提下才能出现,那时才有真正的言论自由。

邹韬奋倡导报纸要有真正的言论自由,认为言论自由在新闻中最基本的要求,是契合民众的需要、反映民众的意志。邹韬奋站在民众的立场上,呼吁"开

---

① 邹韬奋:《领导与反映》(1941年),重庆《新华日报》1941年1月11日。

② 《言论自由与民主政治》(1941年),穆欣编:《韬奋新闻工作文集》,新华出版社1985年版,第54—55页。

③ 《言论自由与民主政治》(1941年),穆欣编:《韬奋新闻工作文集》,新华出版社1985年版,第55—57页。

放"真确消息,抨击国民党统治下新闻不自由的现实。他指出:"所谓言论自由,就新闻业的观点看来,最简单的是真实的消息要让民众看到,正确的评论要让民众听得到。照现在的实际情形,民众很关心外交消息,而在报纸上即老是找不到这种消息;民众很关心到底当局对于时局有何办法,而在报纸上也得不到要领。诚然要民众'共赴国难'吗?那至少要让民众知道到底是怎么一回事。现在的民众却好象蒙在鼓里,透不过气!结果中国人对于本国报纸的信用简直完全丧失,反而要设法从别方面探听消息,你一句我一句乱猜一阵;在中国的外国报纸是享有特权的,说来可怜,中国人要寻点真消息,反而要看在中国的外国报纸上的消息或评论,因此中国报纸的销路往下跌,而在中国的外国报的销路却突然大增。闭塞中国人民的耳朵眼睛的负责人,徒然间接地替外国报增加权威。当局希望人民'以常识判断谣言,以镇静观察时局',其实只有'开放'真确的消息,才能使人民知道什么是'谣言';只有知道真确的策略的人,才有'镇静'的可能。'"①邹韬奋介绍了苏联的新闻事业,向往无产阶级专政下的言论自由。他指出:"在苏联的当局以及从事新闻事业者,坦然承认无产阶级专政的过渡时代,还不能有完全的言论自由。完全的言论自由,须等到没有阶级的社会实现之后才能办到。在资本主义的国家和资本帝国主义所侵略的殖民地,只有少数人享到自由言论的权利,因为强有力的言论机关都在这少数人的掌握中,或至少是这少数人威迫之下;在无产阶级专政的国家,却有多数人享到自由言论的权利,因为强有力的言论机关都在这多数人为中坚的政权统辖之下。"②邹韬奋一方面批判国民党统治下新闻统制的现实,另一方面向往苏联国家中代表"多数人"的言论自由,集中地体现了他争取新闻自由的决心。

邹韬奋的新闻学思想有着鲜明的特色:一是邹韬奋的新闻学思想坚持民众的立场上立言,将反映民意作为新闻的根本职责;二是邹韬奋的新闻学思想以追求言论自由为中心,强调民主政治对于实现言论自由的绝对性意义;三是邹韬奋的新闻学思想有着强烈的批判精神,猛烈抨击新闻不自由的社会现实。邹韬奋的新闻学思想在中国现代学术史上有着重要的地位。

6. 刘少奇的《对华北记者团的谈话》(1948 年 10 月)

刘少奇长期从事党的理论工作和宣传工作,是党的核心成员之一。1948 年

---

① 《国事紧张中的言论自由》(1935 年),穆欣编:《韬奋新闻工作文集》,新华出版社 1985 年版,第 24—25 页。

② 《言论自由的问题》(1935 年),穆欣编:《韬奋新闻工作文集》,新华出版社 1985 年版,第177 页。

九十月间,中共中央为了改进和加强新闻工作,在河北省平山县西柏坡村召集了人民日报社、新华社华北总分社的部分记者进行学习。刘少奇于 1948 年 10 月 2 日在这次学习的集会上,作了《对华北记者团的谈话》。这是中国马克思主义新闻学史上的经典文献,在中国现代学术史上有着重要的地位。

刘少奇的这篇《对华北记者团的谈话》,以马克思主义基本观点和中国共产党人政治实践的经验来看待新闻问题,较为系统了阐发了他的新闻思想。刘少奇的这次讲话,主要内容有这样几个方面:

第一,强调新闻在党的事业中的重要地位。刘少奇把办报作为党的事业的重要组成部分,强调党报对于引领人民前进的极端重要性。他指出:"报纸办得好,就能引导人民向好的方面走,引导人民前进,引导人民团结,引导人民走向真理。如果办得不好,就存在着很大的危险性,会散布落后的错误的东西,而且会导致人民分裂,导致他们互相摩擦。因此,新闻工作的影响是很大的。你们的工作做得好,就很好;做得不好,就要受历史的处罚。……新闻工作很重要,党很重视这个工作。党历来的文件、书刊都曾说明党报的重要性。……办报,办全国性的报纸,使报纸起中心一环的作用。"[1]由此,刘少奇对党的新闻事业和新闻工作者充满了期待:"我们的报纸现在有几十种,将来全国会有几百种,如果能比较真实、全面、深刻地把群众的情绪、要求、意见反映出来,那不知会起多大的作用。……党依靠你们的工作,指导群众,向群众学习。因此,你们做得好,对党对人民的帮助就大;做不好,帮助就不大;如做错,来个'客里空',故意夸大,反映得不真实,就害死人了。因此,这是个很严肃的工作,一定要认真负责地从事你们的事业,要对党对人民有很大的责任心。"[2]刘少奇站在党的事业的全局上看待新闻工作的极端重要性,以政治家的高瞻远瞩阐述新闻工作的独特地位,不仅将党的事业与人民的利益紧密联系起来,而且肯定了报纸"引导人民向好的方面走,引导人民前进,引导人民团结,引导人民走向真理"的意义,要求在党的事业中"报纸起中心一环的作用"。这既是对党的新闻工作的极端重视,同时又是揭示党报的人民性特征。

第二,具体地阐发了联系群众的办报方针。刘少奇坚持党报的党性原则,并把这种党性原则具体化为联系群众的办报方针。在刘少奇看来,"我们党必须和广大群众保持密切的联系,如果和群众联系不好,就要发生危险",故而"我们

---

① 《刘少奇选集》上卷,人民出版社 1981 年版,第 396—397 页。
② 《刘少奇选集》上卷,人民出版社 1981 年版,第 399—400 页。

到处宣传这一点，每个共产党员都要宣传这一点，在任何地方、任何时候，都要和群众密切联系，而且不断地巩固和扩大这种联系"。而报纸正是密切联系群众的重要纽带，因而也就更需要重视新闻与群众的联系问题。刘少奇指出："我们党要通过千百条线索和群众联系起来，而你们的工作、你们的事业，就是千百条线索中很重要的一条。报纸每天和群众见面，每天把党的政策告诉群众。军队是党联系群众的桥梁，人民代表会、合作社等也是党联系群众的桥梁。没有这些桥梁，党和群众的联系就断了，党和人民之间就有了鸿沟，因此必须有这些桥梁。千座桥，万条线，主要的一个就是报纸。……报纸要能够密切联系群众，那是很好的；但是，如果给群众以错误的东西，散布坏影响，散布错误的思想、错误的理论、错误的政策，把群众中消极因素、落后因素、破坏因素鼓动起来，就要犯大的错误。因此，报纸工作如果做不好，就是最厉害的脱离群众，就会发生很危险的情况。……办报是联系群众很重要的工作，你们就是做这个工作的。"①刘少奇阐发的联系群众的办报方针，体现了党的群众路线在新闻事业中的具体运用，对于中国马克思主义新闻事业的发展有着重大的理论指导意义。

第三，提出了新闻的真实性、全面性、深刻性的目标。刘少奇坚持党的实事求是原则，并把这一原则具体到新闻事业之中，要求新闻报道在真实性上下功夫。他指出："你们的报道一定要真实，不要加油加醋，不要戴有色眼镜。群众对我们，是反对就是反对，是欢迎就是欢迎，是误解就是误解，不要害怕真实地反映这些东西。唯物论者是有勇气的，绝不要添加什么，绝不要带着成见下乡。党的政策到底对不对，允许你们去考察。如果发现党的政策错了，允许你们提出，你们有这个权利。如果你们看到党的政策大体上是对的，但是还有缺点，也要提出来。这是不是不相信党的政策呢？不是的。党的政策是否正确要在群众实践中考验。你们要把党的政策执行结果如实地告诉我们，中央时刻在准备考验自己的政策。中央是这个样子，各级党委也应该是这样子。如果政策有错误，就修正它，如果它是不完全的，就把它补充得完全起来。……因之，鼓励你们去考察，依照你们的材料、看法提出问题来，如果政策正确，就说正确，如果政策错了，就说错了。你们不仅可以这样做，而且你们的任务就是如此——在群众中考察党的政策执行得怎样。你们不要怕反映黑暗的东西，当然，有的是不宜发表的。你们要从各方面去考察，用各方面的材料证明自己的判断。第一的真实，不要过

---

① 《刘少奇选集》上卷，人民出版社 1981 年版，第 398 页。

分,再就是全面、深刻。"①那么,怎样才能使新闻在真实性基础上达到全面性、深刻性呢? 对此,刘少奇提出了两个要求:一是要提到"理论的高度"。在刘少奇看来,要做到新闻的全面性,就要做到新闻的深刻性,"不深刻不会全面,提不到理论高度,是不会全面的,那只能是零碎的、现象的、无系统的"。刘少奇指出,新闻要达到"全面,就要综合,要总结,要提到政策、理论的高度。提不到理论高度,就不能认识事物的本质。理论的东西就是要'透',不是光说明现象、皮毛,而且能说明内部的联系。"②二是要有细致的分析。刘少奇强调分析这一手段在确保新闻全面性、深刻性中的地位,要求新闻工作者在综合的基础上能够对新闻作出具体的分析。他指出:"要全面,就不要笼统地讲,得分析。一个政策在执行时,要看各阶级、各阶层有什么意见,各种人有什么意见,看这个政策什么人拥护,什么人反对,什么人怀疑。如果该拥护的却反对起来,就要看是政策的问题,还是执行的问题。你们的责任,就是要从各方面把事情搞清楚之后,再下判断。考察不清楚,就没完成任务,你的通讯人家就不会相信,因为没有材料,没有分析。问题不在于人家是不是相信,而在于你是不是把事情搞得清楚。"③刘少奇强调新闻的真实性、全面性、深刻性的要求,不仅是对于新闻的"事实性"的全新解读,而且融入了马克思主义的科学方法论。

第四,对于新闻从业者提出了具体的要求。刘少奇对于新闻记者提出了诸多的要求,集中起来有思想态度、能力素养、理论素养、政治素养这样几个方面:

一是"要有正确的态度",明确"全心全意为人民服务"的宗旨。刘少奇强调,新闻工作者"是人民的通讯员,是人民的记者,要全心全意为人民服务",这就需要了解人民群众的状况及其对党的政策的反映,在稿件的写作上不仅需要将重要的地方写出来,而且在内容上具有针对性。他指出:"你们要了解人民群众中的各种动态、趋向和对党的方针政策的反映。人民包括各阶层,要加以区别。要善于分析具体情况,看各阶层人民有什么困难、要求和情绪。要采取忠实的态度,把人民的要求、困难、呼声、趋势、动态,真实地、全面地、精采地反映出来。'精',就不是拉杂,'采',就是漂亮,挂点'采',读起来爱读。……所以要拣重要的写,重要的就是'精'的。"④刘少奇还认为,新闻记者不仅要写出重点的内容,而且在内容上要有针对性,考虑到读者对象及其需求。他指出:"你们

---

① 《刘少奇选集》上卷,人民出版社 1981 年版,第 402—403 页。
② 《刘少奇选集》上卷,人民出版社 1981 年版,第 403 页。
③ 《刘少奇选集》上卷,人民出版社 1981 年版,第 403—404 页。
④ 《刘少奇选集》上卷,人民出版社 1981 年版,第 402 页。

写东西要考虑对象。这就是说每写一篇稿子,就要考虑这篇稿子大体上是写给谁看的。要区别全国与地方。你写给新华社的稿子,是面向全国的,包括蒋管区,而且还有外国人。你们就要考虑,他们需要什么,哪些东西多了,哪些又少了。如果你写一篇太行的通讯,要给各解放区看,就要估计到他们对太行需要知道些什么,怎样写才使他们更有兴趣。如果是报道经验,就要考虑太行的某一经验有无一般性。各解放区都适用的经验,哪怕只是一个村的,他们也要看的。有的经验并没有一般性,只适合太行用,那就不要详细介绍,人家不看,因为他们那里没有这个问题。"①刘少奇提出的新闻工作者所需"正确的态度",落实在"全心全意为人民服务"这个宗旨上,不仅体现在新闻工作者的政治立场上,同时也体现在新闻工作者所制作的新闻稿件的精要程度及其针对性上。

二是"必须独立地做相当艰苦的工作"。鉴于新闻工作者皆是知识分子的特点,刘少奇强调艰苦奋斗、独立工作、理论修养的重要性。他指出:"凡不愿独立地做艰苦工作的人,任何事情也做不好。你们要切记这一点。艰苦工作,首先思想上要艰苦,要做理论的、系统的工作,而且是独立地去做。人家叫你们做什么就做什么是不行的。你们要真实地反映情况,独立地去作判断,就要到处去看,去问,就要读马列的书,做许多研究工作。光靠在这里学习三个星期,下去还不能把事情做好,还有很多东西要学。比方说,有时从群众中听到一句话,这句话是真是假,到底是什么意思,下个判断并不容易。没有经验,没有理论上、方法上的修养,就没法判断。有的同志说,过去走了'干部路线',现在要走群众路线,只提倡群众当家,反对干部当家。哪里会有不要干部的群众路线?那只能变成群众要怎么办就怎么办。群众怎样当家?总要选派代表吧,不能几百万人一齐当家吧,干部还不就是他们的代表。许多同志认不清这一点,把群众当家和干部当家对立起来,是错误的。为什么看不出来?因为缺乏马克思主义理论,缺乏独立的思考,不能在分析之后加以正确的判断。"②刘少奇将"独立地做相当艰苦的工作"作为新闻工作者的一项基本要求,要求在艰苦精神养成、独立工作能力的培养等方面下功夫,这为新闻工作者指明了努力的方向。

三是"要有马列主义理论修养"。刘少奇非常重视新闻工作者理论修养的重要性,认为"要做马克思主义记者,却不大懂马克思主义,基本问题就在这里"。他指出:"要提高理论水平,要熟悉马列主义,特别要学习唯物史观、认识

---

① 《刘少奇选集》上卷,人民出版社 1981 年版,第 402 页。
② 《刘少奇选集》上卷,人民出版社 1981 年版,第 404—405 页。

论,学习阶级分析的方法。你们学习这些,不是看一遍书就行,而是要不断地学,直到能够运用,有能力看出别人用得对不对。那时,写东西就自由了。不熟悉马列主义,就不自由,你们现在还没有获得这种自由。共产党记者最可宝贵的知识,是理论知识,在这方面,你们特别缺少。所以要继续学习,不只要三个星期,要三个月、三年、三十年,努力把马列主义学好。"①刘少奇之所以强调新闻工作者学习马列主义重要性,就在于他看到了这样的情形:不少新闻工作者"缺乏马列主义理论,看问题不是马列主义观点,而是别的观点",甚至是"小资产阶级观点",其结果"写出的东西盲目性就很大"。刘少奇强调新闻记者的马克思主义理论修养问题,并且认为党报记者的马克思主义理论水平还要高一些。他说:"问题在于你当了党报的记者,不是在北平墙报上,不是在《大公报》上写文章,这一点要搞清楚。在蒋管区写东西,有百分之三十的马列主义,群众就欢迎,呱呱叫;在我们的报上如果有百分之三十的非马列主义,就得挨骂。"②刘少奇关于新闻工作者马克思主义理论修养的要求,对于全面提升党报记者的马克思主义理论水平有着重要的指导意义。

四是"要熟悉党的路线和政策"。刘少奇政治素养的极端重要性,将"熟悉党的路线和政策"作为党报记者的基本政治素养,要求他们不仅要"经常学习、研究,时刻注意党的各项政策",而且"还要懂得两条战线的斗争,善于用两条战线斗争的方法来办报"。在刘少奇看来,"熟悉党的路线和政策"是党报记者基本的政治要求,同时还要将党的路线方针政策与群众的实际状况结合起来,亦即"在群众的实践中去考察政策是不是正确,有没有缺点",从而在工作中表现出自己的"创造性"③。刘少奇认为,新闻工作者的创造性是值得鼓励的,但这种创造性也是有政治上限制性条件的,即必须坚持马克思主义的党性原则,不能背离党的路线和政策。他指出:"党不是限制而是鼓励这种创造性。但是,无政府主义、资产阶级、小资产阶级的东西,不能任其泛滥。写这些东西的人说是发展他的个性,其实是发展他那个阶级的党性。我们要的是无产阶级的党性、个性,如果你有接近群众的个性,有全面深刻反映劳动人民心理之个性,这是好的。如果你讨厌群众,有喜欢反映地主、资产阶级思想感情之个性,那是不行的。"④刘少奇关于党报记者政治素养的论述,是无产阶级党性原则在新闻事业中的具体运

① 《刘少奇选集》上卷,人民出版社 1981 年版,第 406 页。
② 《刘少奇选集》上卷,人民出版社 1981 年版,第 405—406 页。
③ 《刘少奇选集》上卷,人民出版社 1981 年版,第 406 页。
④ 《刘少奇选集》上卷,人民出版社 1981 年版,第 407 页。

用,丰富了新民主主义新闻学思想的理论宝库。

刘少奇的《对华北记者团的谈话》是马克思主义理论与中国共产党的新闻实践相结合的成果,反映了中国共产党人关于新闻事业的基本思想。该文以马克思主义理论为指导来研究中国共产党领导下的新闻实践工作,不仅阐述了新闻工作的重要性及联系群众的办报方针,而且提出了新闻的真实性、全面性、深刻性的目标,同时又对党报工作者提出了具体的要求,因而对于党的新闻事业具有理论上、实践上的指导价值。刘少奇的《对华北记者团的谈话》是中国马克思主义新闻学思想上的重要文献,在中国现代学术上有着重要的地位。

7. 毛泽东的新闻学思想

毛泽东是无产阶级革命家、中国人民的伟大领袖,其思想体系中包含着丰富的新闻学思想。他的《〈政治周报〉发刊理由》、《红军宣传工作问题》、《普遍地举办〈时事简报〉》、《〈中国工人〉发刊词》、《延安〈解放日报〉发刊词》、《在〈解放日报〉改版座谈会上的讲话》、《对晋绥日报编辑人员的谈话》等文章,集中地阐明了新民主主义的新闻学思想,在中国现代学术史上有着重要的地位。

毛泽东在民主革命时期非常重视新闻在革命事业中的作用,对于新闻的政治性质有着深刻的认识和说明。在大革命时期,毛泽东就主张革命报刊的目的是为了"革命",故而报刊就必须尊重基本的事实,积极地发挥报刊的宣传作用。《政治周报》是第一次国共合作时期中国国民党中央宣传部主办的刊物,1925年12月5日创刊于广州。身为国民党中央宣传部代理部长并兼任《政治周报》主编的毛泽东,撰写了《〈政治周报〉发刊理由》文章。在这篇文章的一开头,毛泽东就提出办《政治周报》的理由:"为什么出版《政治周报》? 为了革命。为什么要革命? 为了使中华民族得到解放,为了实现人民的统治,为了使人民得到经济的幸福。"①毛泽东在《〈政治周报〉发刊理由》中还指出:"我们反攻敌人的方法,并不多用辩论,只是忠实地报告我们革命工作的事实。敌人说:'广东共产',我们说:'请看事实'。敌人说:'广东内哄',我们说:'请看事实'。敌人说:'广州政府勾联俄国丧权辱国',我们说:'请看事实'。敌人说:'广州政府治下水深火热民不聊生',我们说:'请看事实'。"②在十年内战时期,毛泽东主张在根据地中普遍地创办报纸,发挥报纸在群众性的宣传工作中的作用,使报纸真正地为人民群众服务。他对于中央苏区创办的《时事简报》非常重视,认为"《时事简报》

---

① 《毛泽东文集》第一卷,人民出版社1993年版,第21页。
② 《毛泽东文集》第一卷,人民出版社1993年版,第22页。

是苏维埃区域中提高群众斗争情绪、打破群众保守观念的重要武器,在争取的区域对于推动群众斗争更有伟大的作用"。毛泽东强调,举办这份《时事简报》在当时政治形势下更具有迫切性。他指出:"农村里头,小市镇里头,小城市里头,都是没有报纸看的。斗争的群众,革命以前和革命以后,在消息不灵通、见闻狭隘这一点上讲,是差不得很远的。井里虾蟆井里跳的现象,依然在群众中保持着。同志们,这种现象是不好的。这种现象引导群众把斗争热情降低下去,引导群众走向保守局面上去。这是和扩大斗争、争取全国胜利的任务相冲突的。努力地扫除这种现象,是苏维埃和民众团体的责任。扫除的方法,代表大会、群众大会、巡行演说、团体参观等项固然都是好的,举办《时事简报》更是一种好的方法。"①毛泽东还具体地规定了《时事简报》的"编辑办法",并提出了这样的要求:"地方县苏文化部设一专人,每三天编一张稿。稿子上的消息是本县的、邻县的、全国的、国际的,但不是每期要有各种新闻,几期本县新闻多些,几期邻县新闻多些,要紧的是本县、邻县这两部分新闻,因为它是群众欢迎的。全省的、全国的每期条把就够,国际新闻几期之内登他条把,这些新闻不可没有,没有就不能引导群众参加大范围的斗争,因此一定要有,但决不可多了。……县苏文化部的《时事简报》编辑员把这一期稿子编好了,按照区苏的数目,每个区苏抄发一张,寄与区苏文化委员。区苏文化委员接到县苏文化部的稿子,在上面加上本区的新闻。这一部分新闻在《时事简报》里头占着第一等重要地位,因为没有这部分新闻,便缺乏《时事简报》的中心内容,因而也决不能引起群众注意,决不能达到《时事简报》所要取得的效果了。区苏文化委员把本区新闻加上去了之后,把这整篇稿子,按照全区乡苏的数目,每个乡苏抄寄一份。乡苏文化文员接到区苏的稿子,再在上面加上本乡的新闻。这一部分新闻也是要紧的,它的主要意义是引动看报的兴趣。要到这个时候,全篇稿子才算编成。"②毛泽东非常重视办报的政治立场与政治方向,强调报刊的政治性和阶级性,主张依据中国新民主主义革命的需要,积极地发挥新闻的革命性作用。

毛泽东不仅高度重视新闻的阶级性、政治性,而且还依据形势发展的特点和需要,将报刊工作与中国共产党目前的主要任务紧密联系起来,强调报刊在具体形势下所应担负的推进革命发展的"使命"。譬如,毛泽东针对全面抗战时期针对全民族抗日的迫切需要及中国共产党领导抗日的重大责任之所在,鲜明地提

---

① 《毛泽东文集》第一卷,人民出版社 1993 年版,第 260 页。
② 《毛泽东文集》第一卷,人民出版社 1993 年版,第 262—263 页。

出中国共产党的报刊必须服务于民族救亡事业,在动员民众、鼓舞士气等方面发挥舆论作用,从而集中全民族的力量来消灭日本侵略者。毛泽东在《〈八路军军政杂志〉发刊词》中指出:"发扬成绩,纠正缺点,是八路军全体将士的任务,也是《军政杂志》的任务。抗战是长期的与残酷的,发扬八路军的成绩,纠正八路军的缺点,首先对于提高八路军的抗战力量是迫切需要的;同时对于以八路军经验贡献抗战人民与抗战友军,也属需要。《八路军军政杂志》应该为此目的而努力。"①1940 年 2 月,《中国工人》月刊在延安创刊。毛泽东为《中国工人》撰写了"发刊词",指出:"《中国工人》的出版是必要的。中国工人阶级,二十年来,在自己的政党——中国共产党的领导之下展开了英勇的斗争,成了全国人民中最有觉悟的部分,成了中国革命的领导者。中国工人阶级联合农民和一切革命的人民反对帝国主义和封建主义,为建立新民主主义的中国而斗争,为驱逐日本帝国主义而斗争,这个功劳是非常之大的。但是中国革命尚未成功,还须付出很大的气力,团结自己,团结农民和其他小资产阶级,团结知识分子,团结一切革命的人民。这是极大的政治任务和组织任务。这是中国共产党的责任,这是工人阶级先进分子的责任,这是整个工人阶级的责任。工人阶级和全体人民的最后解放,只能在社会主义实现的时代,中国工人阶级必须为此最后目的而奋斗。但是必须经过反帝反封建的民主革命的阶段,才能进到社会主义的阶段。所以,团结自己和团结人民,反对帝国主义和封建主义,为建立新民主主义的新中国而奋斗,这就是中国工人阶级的当前的任务。《中国工人》的出版,就是为了这一个任务。"②1941 年 5 月,延安的《解放日报》创刊。毛泽东在为该刊撰写的"发刊词"中指出:"本报之使命为何? 团结全国人民战胜日本帝国主义一语足以尽之。这是中国共产党的总路线,也就是本报的使命。在目前的国际国内形势下,这一使命是更加严重了。"又指出:"中国共产党的使命就是本报的使命,本报同人完全相信,由于世界人民与中国人民协力斗争的结果,世界必然要变成一个世界人民的光明世界,中国必然要变成一个中国人民独立自主的中国,日本帝国主义的一切企图,我们是能够粉碎的。团结,团结,团结,这就是我们的武器,也就是我们的口号。今当本报发刊之始,愿掬至诚,以告国人。"③1942 年 3 月《解放日报》改版,毛泽东在改版座谈会上发表重要讲话,主张《解放日报》要配合延安整

① 《毛泽东文集》第二卷,人民出版社 1993 年版,第 142 页。
② 《毛泽东选集》第二卷,人民出版社 1991 年版,第 727 页。
③ 《毛泽东文集》第二卷,人民出版社 1993 年版,第 352—353 页。

风运动。他指出："利用《解放日报》,应当是各机关经常的业务之一。经过报纸把一个部门的经验传播出去,就可推动其他部门工作的改造。我们今天来整顿三风,必须要好好利用报纸。"①毛泽东根据形势发展的需要和中国共产党的现实任务,将报刊工作纳入中国共产党的政治实践之中,并紧密结合中国新民主主义革命的历史实际,这是对马克思主义新闻思想的重大发展。

　　毛泽东将"报纸"视为中国共产党人"重要的工作方法",揭示了报刊为无产阶级事业服务的政治功能,并倡导"全党办报"的新思路。在毛泽东看来,共产党人必须善于掌握武器,而报刊就是一个重要的、不可缺少的武器,它有助于共产党的政治任务的完成。鉴于这样的认识,毛泽东在抗战时期就要求全党同志都要更好地掌握报纸这个"武器",充分地发挥报纸的职能。他在《关于陕甘宁边区的文化教育问题》一文中指出："我们地委的同志,应该把报纸拿在自己手里,作为组织一切工作的一个武器,反映政治、军事、经济并且又指导政治、军事、经济的一个武器,组织群众和教育群众的一个武器。要以很大的精力来注意这个工作,使它一年比一年进步。"②又指出："这样来办报,全边区可以有千把种报纸,这叫做全党办报。一个机关也可以办报,党员非党员都可以参加,这叫做党与非党联盟。这样一来,我们的报纸可以起很大的作用。过去在这一点上注意不够,现在要各机关首长负责,把报纸当做自己很好的工作方式。我们有很多的政治、经济工作,如果办好报纸,就可以使这些工作做得更好。"③毛泽东重视报刊功能在抗日根据地的发挥,将办报提到共产党人的"工作方式"、"教育方式"的高度。他指出："过去我们学会了一种工作方式,就是开会。这个方式各处盛行,多年以来我们就没有放弃过这种工作方式。如果你们再把办报这种工作方式采用起来,那末许多道理和典型就可以经过报纸去宣传。现在我们要学会这种工作方式。现在我们边区,开会是最重要的工作方式,报纸发出去就可以省得开许多会。我们可以把许多问题拿到报纸上讨论,就等于开会、开训练班了,许多指示信可以用新闻来代替,所以报纸可以当做重要的工作方式和教育方式。"④进入解放战争时期,毛泽东于1948年与《晋绥日报》的编辑人员进行座谈并发表谈话,重点强调了报刊在传播党的政治意志及其路线方针政策中的重要地位,指出："马克思列宁主义的基本原则,就是要使群众认识自己的利益,并且

① 《毛泽东文集》第二卷,人民出版社1993年版,第409页。
② 《毛泽东文集》第三卷,人民出版社1996年版,第111页。
③ 《毛泽东文集》第三卷,人民出版社1996年版,第113页。
④ 《毛泽东文集》第三卷,人民出版社1996年版,第112页。

团结起来,为自己的利益而奋斗。报纸的作用和力量,就在它能使党的纲领路线,方针政策,工作任务和工作方法,最迅速最广泛地同群众见面。"又指出:"办好报纸,把报纸办得引人入胜,在报纸上正确地宣传党的方针政策,通过报纸加强党和群众的联系,这是党的工作中的一项不可小看的、有重大原则意义的问题。"①毛泽东要求"有关政策的问题,一般地都应当在党的报纸上或者刊物上进行宣传。我们正在进行土地制度的改革。有关土地改革的各项政策,都应当在报上发表,在电台广播,使广大群众都能知道。群众知道了真理,有了共同的目的,就会齐心来做。"②毛泽东认为,发挥报纸宣传党的路线方针政策中的作用,"善于把党的政策变为群众的行动,善于使我们的每一个运动,每一个斗争,不但领导干部懂得,而且广大的群众,都能懂得,这是一项马克思列宁主义的领导艺术"。为此,就需要紧密联系群众的切身利益来办报,依靠人民群众的力量来办报,并将群众路线有效地贯彻到办报的过程中。毛泽东指出,"我们的报纸也要靠大家来办,靠全体人民群众来办,靠全党来办,而不能只靠少数人关起门来办"③。毛泽东关于报纸政治功能的揭示,关于强调报刊服务于人民根本利益的主张,指明了中国共产党新闻事业发展的方向。这是马克思主义新闻观与中国共产党的政治实践相结合的积极探索,有力地推进了马克思主义新闻学思想的中国化进程。

毛泽东坚持以马克思主义阶级分析的观点看待新闻问题,强调党报必须旗帜鲜明地坚持无产阶级的政治立场,积极地宣传和贯彻中央的路线和政策,同时也要坚持真理、修正错误,从而体现共产党人"战斗的风格"。毛泽东强调,党报必须宣传和贯彻党的路线方针政策,不可背离党中央的路线,不可宣传不符合中央政策的一些言论,因而就必须加强对党报的政治领导。他在 1942 年为中央起草的电报中指出:"最近一时期内各地宣传曾发生若干不适合目前党的政策的事件。例如,新华社太行分社发表参政会通电主张召集国是会议,山东分社发表东北军——一师反对国民党人员的通电,苏北分社发表反对国民党的新闻,晋西北分社发表某友军致新军五周年纪念贺电(足以影响友军之地位),均是和我党目前政策不适合的。查各地中央局、中央分局对当地通讯社工作及报纸工作注意甚少,对宣传人员及宣传工作缺乏指导,尚不认识通讯社及报纸是革命政策与

---

① 《毛泽东选集》第四卷,人民出版社 1991 年版,第 1318—1319 页。
② 《毛泽东选集》第四卷,人民出版社 1991 年版,第 1318 页。
③ 《毛泽东选集》第四卷,人民出版社 1991 年版,第 1319 页。

革命工作的宣传者组织者这种伟大的作用,尚不懂得领导人员的很多工作应该通过报纸去做。西北中央局已经发表了一个关于报纸工作的决定,各地亦应仿此办理,改正过去不讨论新闻政策及社论方针的习惯,抓紧对通讯社及报纸的领导,务使通讯社及报纸的宣传完全符合于党的政策,务使我们的宣传增强党性,拿《解放日报》所发表的关于如何使报纸增强党性的许多文件去教育我们的宣传人员,克服宣传人员中闹独立性的错误倾向。"①党报必须无条件地宣传中央的路线和政策,这是毛泽东新闻思想中的基本观点,体现在毛泽东的多次谈话和文章中。毛泽东在 1948 年的《对晋绥日报编辑人员的谈话》中,指出:"应当保持你们报纸的过去的优点,要尖锐、泼辣、鲜明,要认真地办。我们必须坚持真理,而真理必须旗帜鲜明。我们共产党人从来认为隐瞒自己的观点是可耻的。我们党所办的报纸,我们党所进行的一切宣传工作,都应当是生动的,鲜明的,尖锐的,毫不吞吞吐吐。这是我们革命无产阶级应有的战斗风格。我们要教育人民认识真理,要动员人民起来为解放自己而斗争,就需要这种战斗的风格。"②毛泽东 1948 年还指出:"各地党报必须无条件地宣传中央的路线和政策,并不得在宣传中将中央和受中央委托执行中央的路线、政策和任务的机关(即各中央局、分局、军委分会和前委会)处于平列的地位。相反的,必须公开向党内外声明,各受中央委托的机关是执行中央的路线、政策和任务的。各中央局、分局、军委分会及前委会在发出自己的决议、指示、命令和训令时,亦必须注意到此点,不得将自己和中央处于平列的地位,甚或向党内军内将自己造成高出中央的影响。"③可以说,毛泽东强调党报的无产阶级政治立场,主张"党报必须无条件地宣传中央的路线和政策",成为中国共产党新闻思想的鲜明特色,这同时也是中国马克思主义新闻学中的最为重要的特色之一。

在毛泽东看来,党报是必须坚持无产阶级的党性原则的,并且也应该积极地宣传无产阶级的思想意识,但这并不是说各种报纸可以千人一面、没有各自的特色。譬如,毛泽东认为地方性报纸必须切合地方的特色,要与当地群众生活的实际结合起来,并及时地反映地方的社会情形,特别是地方群众的生活状况。他在1931 年对《时事简报》的新闻提出这样的要求:"《时事简报》的新闻,特别是本地的和近地的新闻,一定要是与群众生活紧密地关联着的。如牛瘟、禾死、米荒、

①　《毛泽东文集》第三卷,人民出版社 1993 年版,第 454—455 页。
②　《毛泽东选集》第四卷,人民出版社 1991 年版,第 1322 页。
③　《毛泽东文集》第五卷,人民出版社 1996 年版,第 127 页。

盐缺、靖卫团、赤卫队、AB 团造谣、共产党开会等等,都是与群众生活密切关联的,群众一定喜欢看。凡属不关紧急的事不登载。"①1944 年,毛泽东还特地强调如何举办地方性报纸的问题,认为地方报纸的"本地消息,至少占两版多至三版。排新闻的时候,因以本地为主,国内次之,国际又次之。对于外地与国际消息,应加以改造。对新华社的文章不能全登,有些应摘要,有些应印成小册子。不是给新华社办报,而是给晋绥边区人民办报,应根据当地人民的需要(联系群众,为群众服务),否则便是脱离群众,失掉地方性的指导意义。"②又譬如,毛泽东认为党报必须坚持无产阶级的政治立场和正确的办刊方针,但党报不可采取主观主义、宗派主义的态度,应吸收党外人员在党报上发表言论。毛泽东在1942 年指出:"《新华日报》、《解放日报》及各抗日根据地的报纸刊物,应吸收广大党外人员发表言论,使一切反法西斯反日本帝国主义的人都有机会在我党党报上说话,并尽可能吸收党外人员参加编辑委员会,使报纸刊物办得更好。党报工作者必须学会善于吸引党外人员在党报上写文章、写通讯的方式和方法。某些党报工作者的主观主义与宗派主义态度,须受到批评。"③这里,毛泽东既坚决地坚持党报的党性原则,同时又主张采取开门办报的方针,以便更好地发挥报纸在团结民众中的作用。可以说,毛泽东关于党报的党性原则的论述,在坚持了无产阶级的政治立场的基础上,指出了党报办理中如何彰显个性、体现特色的问题,这是对马克思主义新闻党性原则的创造性运用和具体发挥。

毛泽东在新民主主义时期的新闻学思想是中国共产党党内新闻思想的集大成者,集中地体现了中国共产党人在新民主主义时期的新闻主张,是马克思主义新闻理论与中国共产党的新闻工作实际相结合的产物。毛泽东的新闻思想坚持马克思主义的政治立场,密切联系并具体指导中国共产党领导下的各项新闻工作,具有鲜明的理论指导性、实践应用性的特点,为新民主主义新闻学理论体系的构建作出了重要贡献。毛泽东的新闻思想是毛泽东思想体系中的重要组成部分,不仅在中国共产党思想史上有着重要地位,而且在中国马克思主义学术史、中国现代学术史上有着极其重要的地位。

在新民主主义时期有一批著名的马克思主义新闻工作者,他们虽然在严格意义上还不能称为新闻学家,但他们的新闻实践及撰写的相关著作中,亦有比较

---

① 《毛泽东文集》第一卷,人民出版社 1993 年版,第 264 页。
② 《怎样办地方报纸》(1944 年),《毛泽东新闻工作文选》,新华出版社 1983 年版,第 120 页。
③ 《毛泽东文集》第二卷,人民出版社 1993 年版,第 397 页。

丰富的新闻学思想,为推进马克思主义新闻思想中国化及构建中国马克思主义新闻学理论体系作出了重要贡献。以下,试介绍几位:

胡愈之(1896—1986),原名学愚,字子如,笔名胡芋之、化鲁、沙平、伏生、说难等,浙江省上虞丰惠镇人。著名的马克思主义学者、翻译家、出版家。1912年,入杭州英语专科学校。1914年,考入上海商务印书馆为练习生。翌年起,任《东方杂志》编辑。1919年,在上海参加声援五四运动的斗争。五卅运动中,编辑出版《公理日报》,报道运动的起因与发展过程。四一二政变的次日,起草对国民党当局的抗议信,邀集郑振铎等7人签名在《商报》上发表。后被迫流亡法国,入巴黎大学国际法学院学习。1931年初回国途中访问莫斯科,写了《莫斯科印象记》。九一八事变后与邹韬奋共同主持《生活》周刊,主编《东方杂志》等刊物。先后筹办《世界知识》、《妇女生活》等杂志。1936年协助邹韬奋在香港创办《生活日报》。全面抗战后,任上海文化界救亡协会国际宣传委员会主任,主持出版《团结》、《上海人报》、《集纳》、《译报》等报刊,进行抗日救亡宣传。组织编译出版了E.斯诺的《西行漫记》,并首次编辑出版了《鲁迅全集》。1938年在武汉主管抗日宣传工作,武汉沦陷后到桂林出版《国民公论》半月刊,组织国际新闻社、文化供应社。1940年赴新加坡帮助陈嘉庚办《南洋商报》。抗战胜利后创办新南洋出版社,在新加坡创办《南侨日报》、《风下》周刊、《新妇女》杂志。新中国成立后,曾任《光明日报》总编辑,国家出版总署署长,全国人大常委会副委员长和全国政协常委。有《胡愈之文集》等行世。

金仲华(1907—1968),浙江桐乡人。著名新闻工作者,国际问题专家。1923年考入杭州之江大学,毕业后于1928年春进入上海商务印书馆,任《妇女杂志》编辑。1936年参与创办《世界知识》杂志。在全面抗战前后,协助邹韬奋创办《大众生活》、《生活日报》、《永生》、《抗战》、《全民抗战》等报刊,响应中国共产党号召,参加抗日救亡斗争,并加入宋庆龄等发起的"保卫中国同盟"。新中国成立后,历任中国新闻社、《中国建设》、《上海新闻》(英文版)和上海《新闻日报》社长,上海国际问题研究所所长。当选为一、二、三届全国人大代表,并任上海市副市长。曾多次出国,参加人民外交活动。著作有《青年与生活》等。

范长江(1909—1970),名希天,四川内江人。著名新闻工作者。初为《大公报》记者,1936年西安事变后到陕北,向全国报道了西安事变的真相和中国共产党的方针政策。1938年,在周恩来领导下,发起和组织中国青年新闻记者学会;同年,发起和创办国际新闻社,向国内外报道抗日战争的真实情况。1941年在香港与邹韬奋等创办《华商报》。1942年转入苏北解放区,先后任新四军苏皖鲁边区新闻学校校长,华中新华社、《新华日报》社长,中共南京代表团发言人,新华通讯社总编辑。新中国成立后,历任上海《解放日报》社长、新闻总署副署长、《人民日报》社长、国务院第二办公室副主任、国家科学技术委员会副主任、全国科协副主席等职。著作有《中国的西北角》、《塞上行》等。

邓拓(1912—1966),原名子健,笔名马南邨、向阳生等,福建闽侯人。著名新闻工作者、学者。1930年参加左翼社会科学家联盟和中国共产党。抗日战争初,到晋察冀边区,任《晋察冀日报》社长兼总编辑、新华社晋察冀总分社社长。解放后,任《人民日报》社长兼总编辑,全国新闻工作者协会主席。1958年任中共北京市委文教书记。1960年起兼任中共中央华北局书记处候补书记,并主编理论刊物《前线》。中共八大代表,第一、二、三届全国人大代表。1955年任中国科学院哲学社会科学学部委员、中国历史研究所学术委员。著作有《中国救荒史》、《论中国历史的几个问题》、《燕山夜话》等,并与吴晗、廖沫沙合写《三家村札记》杂文。

中国马克思主义新闻学体系坚持以马克思主义为指导,构建于中国的新民主主义革命时期,服务于中国共产党人变革社会的需要,带有那个时期密切联系社会生活实际、重点暴露社会问题、坚持以民众为中心的革命立场等显著特色。创建阶段的中国马克思主义新闻学坚持学理性与革命性的高度统一,努力推进马克思主义新闻思想中国化进程,代表了中国现代新闻学前进的方向,是中国现代新闻学史上的宝贵财富,成为中国现代学术体系中的重要组成部分。

第十三章　美　学

　　美学是从人对现实的审美关系出发,一般来说是以艺术作为主要对象,研究美、丑、崇高等审美范畴和人的审美意识、美感经验,以及美的创造、发展及其规律的科学。简言之,美学是以对美的本质及其意义的研究为主题的学科。美学是哲学的一个分支,在哲学视域中研究美学乃是一个传统。美学研究的主要对象是艺术,但不研究艺术中的具体表现问题,而是研究艺术中的哲学问题,因此被称为"美的艺术的哲学"。美学的基本问题有美的本质、审美意识同审美对象的关系等。就美学的历史来看,18 世纪德国哲学家鲍姆加登的 *Aesthetik* 出版,将"知"、"情"、"意"三者分属于逻辑学、伦理学、美学这三个学科来研究,认为研究"情"的学科是"*Aesthetik*"——感性学或美学①。其后,经过康德、黑格尔、车尔尼雪夫斯基等人的发展,美学具有严密的理论形态。在美学界,以马克思主义为指导阐述人类审美意识、美与艺术的本质及其历史发展,成就了马克思主义美学体系。马克思和恩格斯本人亦有丰富的美学思想,主要见于《1844 年经济学哲学手稿》、《神圣家族》、《德意志意识形态》、《经济学手稿(1857—1858)》、《剩余价值论》、《资本论》等著作中,提出劳动创造美的主张,认为人类是按照美学的规律来创造美的事物,强调艺术作为上层建筑对于经济基础的依赖关系,同时又充分肯定了审美主体的主体性及审美活动的规律性。20 世纪初,西方美学思想传到中国,王国维、蓝公武、章士钊等对于叔本华、康德、斯宾塞的美学思想予以介绍。尤其是王国维,不仅在思想上最服膺康德,在学术上介绍康德美学的基本原理及关于美的性质、美的范畴,推崇康德关于"审美超利害"说和天才论,而且也研究席勒、叔本华、尼采等人的美学思想,同时运用亦西方美学观点研究中国文学,写出《红楼梦评论》、《人间词话》、《宋元戏曲史》等学术名著。大体

---

　　① 参见龚书铎主编:《中国近代文化概论》,中华书局 1997 年版,第 175 页。

上可以说,中国现代美学体系的形成,直接的源头是近代西方美学①,主要的不是中国传统美学思想的延续,尽管中国传统美学思想十分丰富,并且在中国现代美学体系也有一定的影响。自然,在马克思主义传入中国之后,深刻地影响美学问题的研究,中国马克思主义美学体系也就在中外美学资源的汲取中建构起来,并代表着中国现代美学的发展方向。就中国现代美学演进的轨迹来看,大致可以分为三个时代,即 20 世纪的 20 年代的初创期、30 年代的发展期及 40 年代沉静期。

一、中国现代美学的初创阶段

20 世纪 20 年代,是中国现代美学的初创阶段,出现了蔡元培、朱谦之、李石岑、吕澂、陈望道、范寿康等美学研究家。在这一阶段,蔡元培的美学思想在学术界影响最大,在事实上亦影响了几代学人。也是在 20 世纪 20 年代,马克思主义美学思想中国化的进程亦得以开启。

(一) 蔡元培的美学思想

蔡元培对于现代美学最大的贡献,是他提出的"以美育代宗教"的主张。1917 年蔡元培发表《以美育代宗教说》,详细阐发了审美功能与一般世俗实利的本质区别,主张用美感教育代替宗教,以"陶养吾人之感情,使有高尚纯洁之习

---

① 现代中国美学体系的构建与发展,得益于西方美学著作的翻译。代表性的美学译著有:《近世美学》,[日]高小林次郎著,刘仁航译,商务印书馆 1920 年 2 月初版,6 月 3 版。《美学纲要》,[日]黑田鹏信著,俞寄凡译,商务印书馆 1922 年 6 月初版,1931 年 3 月 4 版。《美学原理》,[英]马歇尔(马霞尔,H.Marshall)著,泰东图书局 1922 年 9 月初版。《晚近美学思潮》,[德]摩伊曼(E. Meumann)著,吕澂译,商务印书馆 1924 年 7 月初版,1926 年 11 月再版。《艺术之本质》,[日]伊势专一郎著,范寿康编译,商务印书馆 1928 年 4 月初版,1933 年 4 月国难后 1 版,后有商务印书馆 1930 年 4 月初版。《美学原论》,[意]克罗齐(克罗斯)著,傅东华译,商务印书馆 1931 年 4 月初版,商务印书馆 1934 年 2 月初版,商务印书馆 1935 年 1 月初版。《美学原理》,[意]克罗齐著,朱光潜译,正中书局 1947 年 11 月初版。《美学原论》,[英]罗泰尔(Rother)著,金公亮译,正中书局 1936 年 7 月初版,1943 年 1 月渝 3 版,1947 年 11 月沪 1 版。《实证美学的基础》,[苏]卢那卡尔斯基著,齐民、虞人译,世界书局 1939 年 7 月初版。《生活与美学》,[俄]车尔尼雪夫斯基著,周扬译,读书出版社 1948 年 2 月大连初版,1948 年 9 月哈尔滨再版;光华书店 1948 年 2 月大连初版,1948 年 9 月哈尔滨再版;群益出版社 1949 年 6 月初版。——参见北京图书馆编:《民国时期总书目(哲学·心理学)》,书目文献出版社 1991 年版,第 211—213 页。

惯,而使人我之见,利己损人之思念,以渐消沮",从而建立一种新型的人生观。就是说,蔡元培提出的"以美育代宗教"的主张,所关涉的是世界观的培养和教育。他在《美育代宗教说》中认为,美育具有陶冶人的精神,可以沟通现实世界与理想世界,并且美育种种实利性的弊端,这是宗教所无法达到的。具体说,"宗教不能用严正的话或很具体的话去劝慰人,它只能利用音乐和其他一切的美术,使人们被引导另一方面去,到另外一个世界上去,而把具体世界忘掉。这样,一切困苦便可暂时去掉,这是宗教最大的作用。"而从比较的角度来看,美育与宗教是完全不同的:"(1)美育是自由的,而宗教是强制的;(2)美育是进步的,而宗教是保守的;(3)美育是普及的,而宗教是有界的。"①因而,只能以美育代宗教,而不能以宗教代美育。蔡元培的美育理论以"美的普遍性"为其基石,强调美的非实利性、超越性及其对于人生的意义。关于美的普遍性,蔡元培指出:"纯粹之美育,所以陶养吾人之感情,使有高尚纯洁之习惯,而使人我之见,利己损人之思念,以渐消沮者也。盖以美为普遍性,决无人我差别之见能参入其中。"又指出:

> 食物之入我口者,不能兼果他人之腹;衣服之在我身者,不能兼供他人之温;以其非普遍性也。美则不然。即如北京左近之西山,我游之,人亦游之,我无损于人,人亦无损于我也。隔千里兮共明月,我与人均不得而私之。中央公园之花石,农事试验场之水木,人人得而赏之。……美之为普遍性可知矣。且美之批评,虽间亦因人而异,然不曰是于我为美,而曰是为美,是亦以普遍性为标准之一证也。美以普遍性之故,不复有人我之关系,遂亦不能有利害之关系。马牛,人之所利用者;而戴嵩所画之牛,韩干所画之马,决无对之而作服乘之想者。狮虎,人之所畏也;而卢沟桥之石狮,神虎桥之石虎,决无对之而生搏噬之恐者。植物之花,所以成实也,而吾人赏花,决非作果实可食之想。善歌之鸟,恒非食品。灿烂之蛇,多含毒液。而以审美之观念之,其价值自若。美色,人之所好也;对希腊之裸像,决不敢作龙阳之想;对拉飞尔苦鲁滨司之裸体画,决不敢有周昉秘戏图之想。盖美之超绝实际也如是。②

蔡元培从社会演变的视野来研究美的起源问题,说明美术的变化皆有社会

---

① 《以美育代宗教》(1930年),《蔡元培美学文选》,北京大学出版社1983年版,第180页。

② 《以美育代宗教说》(1917年),《蔡元培美学文选》,北京大学出版社1983年版,第70—71页。

的成因。蔡元培之所以将美术视为美学研究的重点之一,这源于他对于美感的独特认识。他曾说:"人的美感,常因自然景物而起,如山水、如云月、如花草、如虫鸟的鸣声,不但文学家描写得很多,就是普通人,也都有赏玩的习惯。但多数美学家,总是用美术作主要的对象。"①故而,蔡元培认为研究美学必须重点地考察美术的起源问题。而在他看来,美术在最初的时代,确实与宗教相关,受到宗教的影响。他说:"初民的美术常与魔术宗教有关,即文化的民族,也还不免。如周朝尚祖先教,所以彝器特美。六朝及唐,崇尚佛教道教,所以造象画象,多是佛的名义。建筑中最崇闳的,是佛寺,道观。欧洲中古时代最美的建筑,都是礼拜堂。到文艺中兴时代,还是借宗教故事,来画当时的人物。"②对于美术的起源,蔡元培进行了历史的梳理,凸显其与社会演变的关系。他说:"初民美术的开始,差不多都含有一种实际上目的,例如图案是应用的便利;装饰与舞蹈,是两性的媒介;诗歌舞蹈与音乐,是激起奋斗精神的作用;尤如家族的徽志,平和会的歌舞,与社会结合,有重要的关系。但各种美术的关系,却不是同等;大约那时候舞蹈是最重要的。看西洋美术史,希腊的人生观,寄在造象;中古时代的宗教观念,寄在寺院建筑;文艺中兴时代的新思潮,寄在图画;现在人的文化,寄在文学;都有一种偏重的倾向。总之,美术与社会的关系,是无论何等时代,都是显著的了。"③蔡元培强调,美术与社会有着密切的关系,美术不仅依存于所处的时代,而且也是随着人类征服自然能力的提升而不断发展,因而人类的努力程度不仅对文化而且对美术也就有着特别重要的影响。他指出:"照人类学与古物学看起来,各种未开化的民族,虽然环境不同,他们那文化总是相类,所以美术也很相近。到一种程度,人类征服自然的能力,特别发展;所处的地方不同,就努力不同,因而演成各民族的特性,发生各种不同的文化,就有各种不同的美术。"④基于社会考察的视域,蔡元培还就美术与文化演变的关系作出说明,认为文化也是随着时代而变迁的,并且文化的独特性也就影响着这个时代的美术,这就使得美术成为文化的显著标识。他指出:"一时代有特别的文化,就有一时代的美术。六朝的文辞,与两汉的不同,宋人的图画与唐人的不同,就是这种缘故。欧洲也是这样,文艺中兴时代的美术与中古时代的不同,现代的又与中古时代的不同。而且一时代又常常有一种特占势力的美术,如周朝的彝器,六朝的碑版,唐以后

① 《美学的研究方法》(1921年),《蔡元培美学文选》,北京大学出版社1983年版,第130页。
② 《美学的研究方法》(1921年),《蔡元培美学文选》,北京大学出版社1983年版,第132页。
③ 《美术的起原》(1920年),《蔡元培美学文选》,北京大学出版社1983年版,第104页。
④ 《美学的研究方法》(1921年),《蔡元培美学文选》,北京大学出版社1983年版,第132页。

的文学。欧洲也是这样,希腊人是雕刻,文艺中兴时代是图画,现代是文学。"①蔡元培以进化论的观点研究美的起源,并将美的发展与社会演变联系起来,阐明了美与社会生活的关系。

蔡元培以社会视角看待美术,自然也就将美育与人生结合起来,认为美育有助于人类情感的培育,从而揭示出美育对于人生的极端重要意义。他指出:"我提倡美育,便是使人类能在音乐、雕刻、图画、文学里又找见他们遗失了的情感。我们每每在听了一支歌,看了一张画,一件雕刻,或是读了一首诗、一篇文章以后,常会有一种说不出的感觉;四周的空气会变得更温柔,眼前的对象会变得更甜蜜,似乎觉到自身在这个世界上有一种伟大的使命。这种使命不仅仅是要使人人有饭吃,有衣裳穿,有房子住,他同时还要使人人能在保持生存以外,还能去享受人生。知道了享受人生的乐趣,同时便知道了人生的可爱,人与人的感情便不期然而然地更加浓厚起来。那么,虽然不能说战争可以完全消灭,至少可以毁除不少起衅的秧苗了。"②

蔡元培对于美感有着独特的研究,这是对审美经验研究的重要贡献。早在1912年的《对于教育方针之意见》文章中,蔡元培基于康德的学术主张,就美感的性质与作用进行了分析,认为美感是联络现象世界与实体世界的桥梁。他说:"美感者,合美丽与尊严而言之,介乎现象世界与实体世界之间,而为之津梁。此为康德所创造,而嗣后哲学家未有反对之者也。在现象世界,凡人皆有爱恶惊惧喜怒悲乐之情,随离合生死祸福利害之现象而流转。至美术,则即以此等现象为资料,而能使对之者,自美感以外,一无杂念。例如采莲煮豆,饮食之事也,而一入诗歌,则别成兴趣。火山赤舌,大风破舟,可骇可怖之景也,而一入图画,则转堪展玩。是则对于现象世界,无厌弃而亦无执著也。人既脱离一切现象世界相对之感情,而为浑然之美感,则即所谓与造物为友,而已接触于实体世界之观念矣。"③蔡元培将美感定位于"快与不快之感",并将美感与科学、道德分别开来,认为美感就在于"别美丑"。他说:"美学观念者,基本于快与不快之感。与科学之属于知见,道德之发于意志者,相为对待。科学在乎探究,故论理学之判断,所以别真伪。道德在乎执行,故伦理学之判断,所以别善恶。美感在乎赏鉴,

　　① 《美学的研究方法》(1921年),《蔡元培美学文选》,北京大学出版社1983年版,第132页。
　　② 《与时代画报记者谈话》(1935年),《蔡元培美学文选》,北京大学出版社1983年版,第215页。
　　③ 《对于教育方针之意见》(1912年),《蔡元培美学文选》,北京大学出版社1983年版,第4—5页。

故美学之判断,所以别美丑。是吾人意识发展之各方面也。"①蔡元培的看法是,美感关涉具体生活,与道德、宗教、哲学等相比,不仅有其独立的领域,而且在人生中有着独特的价值,因而成为学术研究的重要方面。他说:"夫美感既为具体生活之表示,而所谓感觉论理道德宗教之属,均占有生活内容之一部,则其错综于美感之内容,亦固其所。而美学观念,初不以是而失其独立之价值也。意志论之所昭示,吾人生活,实以道德之究竟,乃为宗教思想。其进化之迹,实皆参互于科学之概念。哲学之理想,概念也,理想也,皆毗于抽象者也。而美学观念,以具体者济之,使吾人意识中,有所谓宁静之人生观。而不至疲于奔命,是谓美学观念唯一之价值。而所由与道德宗教,同为价值论中重要之问题也。"②蔡元培以人生、生活来解读美感,阐发美感的价值,是基于其"人道主义"理念的,故而他认为美感有助于彰显人道主义。应该说,蔡元培关于美感的人道主义价值的思想,自然也有康德美学思想的巨大影响。蔡元培曾这样说:"康德立美感之界说,一曰超脱,谓全无利益之关系也。二曰普遍,谓人心所同然也。三曰有则,谓无鹄的之可指,而自由其赴的之作用也。四曰必然。谓人性所固有,而无待乎外铄也。夫人类共同之鹄的,为今日所堪公认者,不外乎人道主义,即如前节所述。而人道主义之最大阻力为专己性,美感之超脱而普遍,则专己性之良药也。而美感者,不独对于妙丽之美而已,又有所谓刚大之美,感于至大,则计量之技无所施;感于至刚,则抵抗之力失其效。故鉴赏之始,几若与美感相冲突。而心神领会,渐觉其不能计量,不能抵抗之小己,益小益弱,浸遁于意识之外。而所谓我相者,乃即此至大至刚之本体,于是乎有无量之快感焉。"③这里,不难看出康德思想对于蔡元培对于审美经验论述的重要影响。

蔡元培的美学思想"主要渊源于康德,特点是强调美育(美感教育)"④,但有着构建美学体系的意图,并力图使自己的美学体系呈现中国文化的特色。1921 年蔡元培在《美学的进化》文章中,依据学问发达的进化历程,提出要对中国传统美学资源进行梳理,建设具有中国文化特色的美学任务。他指出:"我们知道,不论那种学问都是先有术后有学,先有零星片段的学理,后有条理整齐的科学。例如上古既有烹饪,便是化学的起点。后来有药方,有炼丹法,化学的事实与理论,也陆续的发布了。直到十八世纪,始成立科学。美学的萌芽,也是很

① 《美学观念》(1916 年),《蔡元培美学文选》,北京大学出版社 1983 年版,第 66 页。
② 《美学观念》(1916 年),《蔡元培美学文选》,北京大学出版社 1983 年版,第 67 页。
③ 《美学观念》(1916 年),《蔡元培美学文选》,北京大学出版社 1983 年版,第 66 页。
④ 参见龚书铎主编:《中国近代文化概论》,中华书局 1997 年版,第 177 页。

早。中国的《乐记》、《考工记》、《梓人篇》等,已经有极精的理论。后来如《文心雕龙》,各种诗话,各种评论书画古董的书,都是与美学有关。但没有人能综合各方面的理论,有统系的组织起来,所以至今还没有建设美学。"①蔡元培的美学主张,成为新文化运动精英推进美学前进的指针,对现代中国美学思想的发展有着重要的影响。

(二) 朱谦之、李石岑等的美学主张

继蔡元培之后,美学的研究大放异彩,一批学者在美学领域辛勤耕耘。宗白华发表一系列关于艺术与人生问题的论文,朱谦之提出的"宇宙美育"的主张,李石岑出版《美育之原理》②著作,范寿康③出版了《美学概论》④著作。他们强调美学相对的独立性和美育的不可替代性,认为艺术不是生活的点缀,美感也不只是为了调剂枯燥的人生,美育是借艺术的美感作用而使整个人生艺术化。由于将美育思想与人生联系起来,并与五四时期思想启蒙及其所关注的国民性改造的目标直接地相对接,美育遂成为那个时代的热门话题。

宗白华的美学主张,下面还要重点叙述。这里,先简要地说明朱谦之、李石岑的美学主张。

朱谦之在五四时期提出的"宇宙美育"思想很有特色,在美学界可谓独树一帜。朱谦之在1923年提出的"宇宙美育"主张,源于他读了李石岑所著《美育之原理》中这样的一段论述:"宇宙乃一大艺术品之贮藏所,所谓宇宙美育,实含有至大至广之精神,辟如天地之无不持载,无不覆帱。"据朱谦之在致李石岑的信(发表时题目为《宇宙美育》)中说,读了李石岑的这段论述后,自己"不觉手舞足

---

①　《美学的进化》(1921年),《蔡元培美学文选》,北京大学出版社1983年版,第122页。

②　《美育之原理》,李石岑、吕澂等著,上海商务印书馆1925年6月初版,收入《艺术与美育》、《美育的原理》、《艺术教育上的各问题》等论文。

③　范寿康(1896—1983),字允臧,浙江上虞丰惠镇人。1913年赴日本留学,毕业于东京帝国大学,获教育、哲学硕士学位。1923年回国,在上海商务编译所工作,主编《中国教育大辞书》和《学艺》杂志,曾任学艺大学教务长、中山大学教授兼秘书长、上虞春晖中学校长、安徽大学教授兼文学院院长、武汉大学教授、文学院教育哲学系主任等教职。抗日战争时期,任军事委员会政治部第三厅副厅长兼第七处处长。抗日战争胜利后,赴台湾任长官公署教育处处长,后任台湾大学文学院哲学系教授兼图书馆长。1970年退休,后任台湾开明书店董事长多年。1982年4月,回到祖国大陆。1982年12月,当选为第五届全国政协常委。著有《教育哲学大纲》、《美学概念》、《教育概念》、《伦理学》、《中国哲学史通论》、《近代六大教育思想家》、《朱子及其哲学》等著作。

④　该著(商务印书馆1927年3月上海初版,1933年4月国难后1版)分绪论、美的经验、美的形式原理、美的感情移入、美的各种分类、美的观照与艺术等6章。

蹈而叹教育的广阔的全景的时代,涌现眼前了"。由此,他认为:"本来浑然在天地造化一团虚明活泼之中,人们和宇宙是一体的。好比长空,云气流行,没有止极;好比大海,鱼龙变化,没有间隔;这时遍体玲珑,广大无边,洞然天地人物尽在'真情之流'当中,而天地人物的变化就是人们一点'情'的变化,所以宇宙即我,我即宇宙。"①自然,朱谦之讲"宇宙美育"也得益于蔡元培美学思想的启发及影响,如他说蔡元培提出的"世界观教育"以"以世界观为鹄",便是自己讲"宇宙美育"的"起点"。朱谦之积极倡导"宇宙美育"的主张,认为"宇宙美育"具有多层面的意义与作用,它不仅能够提升人们对美的认识能力,而且有助于人们进行美的创造,并且也是人们用以解决"经济上的自由"的重要途径。他说:"宇宙美育,不但提高人们的美的认识力,并且引导人们去制造器具和发明物品的。因为自然欣赏的结果,制造者的美感标准提高了。一切制品都受的评价的支配,自格外精良,格外美丽,并且都是自然的仿本。自然的种种意象都是美的,所以效法自然而成的产物也都是美术品。那抽象的艺术,如音乐、诗歌,其风韵之高,不待说了。就是造形工艺,如华屋、大厦、陶器、手工作物,一切都不是机械工业可比。这时艺术家和手工业,经济生活和宇宙生活,浑成一片,再现一种'艺术美'的世界。从此工艺的基础在于手工,而一切生活上问题,便解决了。所以欲根本要求经济上的自由,也乐得走上'宇宙美育'一途。"②朱谦之此时之积极地提倡"宇宙美育",有着独特的认识进路,这就是他把"人的生活方式"与宇宙紧密地联系起来,认为"人的生活方式"乃是"从本身最近的环圈,扩大出来",故而也就有"相人偶"的伦理生活,这就使"人的生活方式"与"宇宙美育"有着密切的关系。其原因就在于,"宇宙万有只是'美的意象',在实际上就是一切'相人偶'的美名,如父慈、子孝、兄良、弟悌,只'慈'字便代表父对子间的大调和了。'孝'字便代表子对父间的大调和了。这'相人偶'的美的生活,凡厚薄亲疏,都各有节文,各为分内的互让互助,在亲人关系里便成'家庭美育',在农村里便能'出入相友,守望相助,疾病相扶持'。若更把这美念扩到极致,就是最完美最愉快'美善相乐'的大同世界了。……宇宙美育到此才算归宿。"③自然,朱谦之这里所认识的宇宙,并不是我们通常所看到的实体性宇宙,乃是一个能够体现"意象"的宇宙,是因为"有了美的本体而后才有美的现象"。在他看来,"宇宙即因美的本体

---

① 朱谦之:《宇宙美育》,《民铎杂志》第4卷第5号,1923年7月1日。
② 朱谦之:《宇宙美育》,《民铎杂志》第4卷第5号,1923年7月1日。
③ 朱谦之:《宇宙美育》,《民铎杂志》第4卷第5号,1923年7月1日。

之所存,才有价值,本体亦因无心顿现,才算美的极致",而"宇宙之美"只是一个"意象","既为意象则与其所象的本体,不可不逼肖",因而也就体现出神的"真情"。这是"因为宇宙之美,都是以神的情和神分离,当神真情洋溢时,才取别一状态,而生宇宙万象,——这就是美,就是神别一个的自身"。由此,"宇宙这一动,便众美相续,大大小小,无一物不是美的,所以'易六位而成章'。一位即是一美,经纬错综,灿然有美的秩序"①。朱谦之特别赞同"美的人生以为美育的正鹄"主张,认为这个观点与自己的主张实在是"不谋而合",但他强调"美的人生"之所以得以成立"自有其社会耳",这又将"美的人生"与社会生活的具体情形连接起来,使美育、人生、社会这三者之间形成意义的关联,故而他说自己"讲宇宙美育,实从宇宙观为出发点,且应用到人生、伦理、政治、艺术各方面。包括德智体群诸育,广大悉备,这自和仅仅提倡'艺术教育'的大不同了。"②可见,朱谦之是在对宇宙予以"意象"的理解中而探究宇宙的"美的本体",并打通"人的生活方式"与宇宙"美的本体"的意义关联,才进而提出"宇宙美育"主张的。

李石岑是五四时期很有影响的哲学家,他对于美学研究亦有多方面的贡献,尤其是对于艺术、美育有着自己的独特看法。

譬如,关于艺术问题,李石岑认为自然之魂与创作者之魂的相通而成就艺术之美的,这就将美视为主客在精神上相通的产物。他说:"艺术重自然,此自昔已然也。惟昔之艺术家,每就自然之表形引出其中之雄大优美,而发为诗画雕刻;今之艺术家不然,必就自然之阃奥,把捉吾人一种不可思议之情绪或气分,因以表现之于艺术。盖视自然如生物,自然所赴之处,必有一种精魂与偕;自然之魂与吾人之魂相交通,以表著一种微妙之美:斯为艺术之最上乘。"③在李石岑看来,艺术家所以能有艺术成就,在根本上乃是艺术家能够基于自然而进行的创作活动,这是一种体现主体性的、具有生命力的创造性活动,同时也是因为艺术家能够深深植根于社会生活的实际,将自己贴近自然、融于生活之中,否则就不能达到艺术上的极致。他指出:"艺术之极致为创作者与鉴赏者之创造的生命之燃烧;艺术必于此时,乃可以刺激生活,而自显其功能。夫艺术与生活有至密之关系,不可以须臾离,若艺术与生活不生交涉,则如一叙情诗,省去性爱之暗示,仅尊重音韵言语之类;故艺术从创作者之侧见之,为强烈生活之必然的表现,从

①　朱谦之:《美及世界》,《民铎杂志》第4卷第1号,1923年3月1日。
②　朱谦之:《宇宙美育》,《民铎杂志》第4卷第5号,1923年7月1日。
③　《艺术论》,《李石岑论文集》第1辑,商务印书馆1924年版,第123页。

鉴赏者之侧见之,为'生活之刺激与生命之高潮'之指导者。……故凡贻害恶于生活者,均不得谓之意识,以艺术之天职,即在拯救生活,扶植生活,使生活为强化为深化故也。唯生活不可不力求自我表现,自我表现,实乃创造活动之根基。"①李石岑认为艺术本身有两个重要的特征:一是"最重个性",这是因为"实在之真相为个性的,所以把捉之而表现之者,乃艺术家最高之天职也。作品之真挚性愈深,则个性乃愈显现,而感应力乃愈广远;换言之,艺术者非直接示表现之实在于他人,乃欲由其努力以刺激他人而撤去通于实在之幕也。"②二是"自我表现",这可以说现代艺术的精神就是"自我表现之精神",这是因为一切之物只有在"必然之时与地而表现之"才是所谓的美。由此,"自我表现"乃是艺术家的天职,"现代艺术家之作品,大都自自我表现之动机出发,以形成千差万别之艺术,即不啻为千差万别之形式之生命唤起者",进一步言之,"艺术之为物,殆与生命有息息相通之关系"③。李石岑在五四时期关于艺术的相关论述,汲取了西方哲学特别是尼采哲学、柏格森的直觉主义思想,在当时的中国学术界有着较大的影响。

又譬如,关于美育问题,李石岑立足于"美的情操之陶冶"的观点来探求美育的意蕴,并在德智体美诸育的体系中提出美育独立的主张。在李石岑看来,美育的含义应该从广义上来理解,所谓美育皆"不离乎审美心之养成",亦即美育是"美的情操之陶冶",而情操有知的情操、意的情操和美的情操这三者,因而"美育实摄是三者而陶冶之"。由此,"美育之意义,未可着眼于一部而遗其全体"④。李石岑认为,在人类本然性的发展上,美育与"德智二育"相比"所与机会之多",故而美育因为有着德智体诸育所没有的优势,并因为具有独立的领域,因而应该与德育、智育具有平等的地位。他说:"德育与美育,适立于相反之地位。德育为现实的,规范的;美育为直觉的,浪漫的。德育重外的经验,美育重内的经验。德育重群体之认识,美育重个体之认识。德育具凝滞阻碍的倾向,美育具活泼渗透的倾向。又智育与美育,亦立于相反之地位。智育重客观的,美育重主观的;智育重普遍的,美育重个性的;智育重抽象的,美育重具体的;智育重思考的,美育重内观的。德智二育,虽各有其领域,而于人类本然性之发展,自远不如美育所与机会之多。至于体育,则本属美育之范围,更无所谓领域。体育原

① 《艺术论》,《李石岑论文集》第 1 辑,商务印书馆 1924 年版,第 107—108 页。
② 《艺术论》,《李石岑论文集》第 1 辑,商务印书馆 1924 年版,第 106—107 页。
③ 《艺术论》,《李石岑论文集》第 1 辑,商务印书馆 1924 年版,第 124—125 页。
④ 《美育论》,《李石岑论文集》第 1 辑,商务印书馆 1924 年版,第 162 页。

期身体之美的发达,所谓人体美之陶冶,亦即希腊教育之中心思想。人但骛于体育在增高体位,遂忘其本义,而去精神向上之途乃愈远,故德智体三育,对于人类本然性之发展,皆不能无缺憾;换言之,对于人生,皆不能予以最后之满足。此美育之提倡,所以非得已也。"①李石岑关于美育的论述,是在人生的视角立论的,强调"情操之陶冶"的基础性意义,申明了美育在德智体诸育体系中的独立性地位。

(三) 美学研究的活跃与三部同名《美学概论》问世

中国学术界由于受到五四时期科学精神的影响,不少学者主张以科学的态度来看待美学,承继现代西方美学研究的路线。譬如,《东方杂志》曾发表华林的《美学随谈》文章,不仅主张将科学方法运用到美学研究之中,而且认为美学所研究的主要是"艺术的美"而非自然的美。关于美学研究方法,该文指出:"研究美学的方法,也和科学相同,有三种的程序:(一)事实,(二)设想,(三)证明。就是用实验方法,求他的条律。现代研究美学的人,综合的多,分析的少;用心理学的多,用社会的少;根据先天的多,根据事实的少;这是应当注意的。"②华林不仅主张以科学的方法研究美学,而且极力主张以艺术美作为美学研究的对象,他说:"美学领域,是研究艺术的美,不是研究自然的美。艺术是人为而创造的,有派别,有样式,有各种性质的不同。他的表现的力量,随时随地,随个人随民族的不同,而有特殊的价值。"③华林对于美学研究对象的认识,既源于他对自然美与艺术美各自价值的看法,又源于他对于生命本身的体认,及对艺术在"美之创造"中所具有的独特性的认知。如在自然与艺术的关系上,华林就明白地表示:"自然和生命,是艺术之源泉,而非艺术本身之创造。在自然界之丑者,在艺术上表现之,未为不美;而身居自然界美丽之区,未见得有艺术之美感:故'艺术者,乃美之创造!'并非摹仿自然和生命。然人之爱自然界,亦各有个性及趣味之不同,各随其生命及境遇之变迁,原因至为复杂,不可概而定也。吾谓自然之美乃幼稚之美,在浮表而无内生命。第一次印象,尚有可观,久则厌之,不若艺术创造之美,有高尚之情绪,久则能玩其味也。因艺术之美,超出实际之生活,而不感受物质利害之痛苦,且在其创造之新生命内,容纳丰富之知识与情绪,有想象,

---

① 《美育论》,《李石岑论文集》第 1 辑,商务印书馆 1924 年版,第 161—162 页。
② 华林:《美学随谈》,《东方杂志》第 19 卷第 7 号,1922 年 4 月 10 日。
③ 华林:《美学随谈》,《东方杂志》第 19 卷第 7 号,1922 年 4 月 10 日。

有纪念,提高生命,以求精神之满足!"①

当时也有学者主张,美学研究可以沿着"心理学的美学"和"社会学的美学"两种方向发展,在承继现代西方美学研究的心理学方法的基础上,运用社会学的方法研究美学,将美学的研究与社会的研究结合起来。俞寄凡在《现代之美学》一文中,积极倡导"心理学的美学"和"社会学的美学"的研究,主张"从这两方面渐迫于复杂的美事实之全局面,以求解释"。关于"社会学的美学",他指出:"美学之客观的倾向,把美的事实,当做一种社会现象看待时,则已和心理学的美学之领域相异,而到达于'社会学的美学'……制作之问题,各个艺术之问题,是有接触社会学的美学之一面的。陶冶制作者之个性的势力方面,有社会人文之历史及环境之感化。艺术制作动机上,有把人和人之关系当做目的的社会的动机。所以支配艺术之'起原''作用''发展'之大势力,便是'社会'。社会学的美学,从这方面说,确能解释美的事实。至于社会学的美学之问题,则可以归纳于(一)艺术之起原,(二)艺术之作用,(三)艺术之发展的三个问题。这种问题便是现代美学之新局面。"关于"心理学的美学",他指出:"心理学的美学之第一问题,是美的玩赏之心理;第二是艺术制作之心理;第三是所谓艺术品之客观的存在,就是利泼斯所谓'应用心理学'之艺术论。支配这样问题之方法,在心理学的美学之内部,更有各种差别:(一)出发于美的经验之内省的'纯心理学的方法',……(二)从生理的心理学之立脚地上发生的实验美学之方法,……(三)是主张生理学的美学者,把各个人之美的经验,还原于生理学的事实。"②

上述事实说明,在现代西方美学思想的影响下,中国的美学研究在五四时期呈现出极为活跃的局面。

与此相联系,一批代表性的美学著作相继问世,如吕澂、陈望道、范寿康在20世纪20年代中期分别出版了《美学概论》。这三部同名著作各有特色,侧重点亦有所不同:吕著《美学概论》③分美学对象及方法、美的价值、美的形式原理、美的感情移入、美的种类、美的观照及艺术等章,重点是介绍西方美学流派及美学主张,并采用德国美学家栗泊士(Lipps)的美学观点,视美学为心理学的一部分,分析美感的性质及其产生的条件,说明引起美感的物象之美的意义、艺术美的规范等,主张从心理学角度研究美学;陈著《美学概论》偏向于分析美的对象

---

① 华林:《艺术文集》(1927年),胡经之编:《中国现代美学丛编》,北京大学出版社1987年版,第35页。

② 俞寄凡:《现代之美学》,《东方杂志》第21卷第2号,1924年1月25日。

③ 吕澂的《美学概论》,商务印书馆1923年12月初版,1924年10月再版。

之形式原理,将美的形式、内容、情感统一起来;范著《美学概论》①侧重从哲学角度研究美的对象与审美态度,全书分绪论、美的经验、美的形式原理、美的感情移入、美的各种分类、美的观照与艺术等6章,与吕著《美学概论》有较多相同或相似的地方。下面,对陈望道所著《美学概论》的学术成就,作具体的说明:

陈望道的《美学概论》写作于1926年,出版于1927年②。该著共7章,论述美和美学的对象,美的意识,美的材料、形式、内容、感情和美的判断。陈望道在美学研究上可谓自成一家,初步地构建了美学研究体系。

第一,在美学研究对象上,陈望道认为是有"(一)美,(二)自然,人体,艺术,(三)美感,美意识等三方面",而"在这三方面中,古来或因时代的风尚,或随学者底趣味,取作美学底主对象的方面,每每不相同"。但"从其大体说来,古代大抵偏于哲学的研究;近世盛行的,是科学的研究,尤其是心理学的研究。哲学研究底对象偏于'美',心理学的研究,则以美感美意识及艺术为对象。"③换言之,陈望道将美学研究对象概况为三个方面,是要在美学研究中开出一条新路,不只是如古代那样仅从哲学方面进行研究,也不是如近代那样仅从心理学方面进行研究,研究的对象不仅包括美,也包括美感、美意识,同时还包括"自然、人体、艺术"等方面。这就大大拓宽了美学研究的领域。

第二,在审美对象上,陈望道认为凡是能够被感觉的、能够称之为美的对象都应包括其中,这就突出了人的感觉在其中的作用。他说:"凡可以称为美的,必为所意识的许多对象中可以成为我们感觉底对象的那一部分的东西。不是山川草木,人物风景等自然,便是绘画、建筑、雕刻、音乐、文学等人为艺术。全部都以感觉为其所缘,而无什么抽象的东西。"④陈望道对于审美对象的把握,在于他认为美是感性的,体现出人的感觉器官在其中所起的作用。如他说:"美总是感性的,总是以视听等感觉为出发点,经过视听等感觉而后显现的境界。就使感觉的印象、感性的快感之类,并不是如何高等的,也不是如何繁复的东西,难以就此得着繁复的意味与深玄的情趣。但既已是美底根柢,是美底出发点,也就不宜因它是单纯卑近的缘故而遂忽视它。何况又正因为它是单纯它是卑近的缘故,特有感性的印象底长处,为我们所不可忽视的呢?"⑤故而,在陈望道的视域之中,

① 范寿康的《美学概论》,商务印书馆1927年3月初版,1933年4月国难后1版。
② 陈望道的《美学概论》,民智书局1927年8月初版。
③ 《美学概论》(1926年),《陈望道文集》第2卷,上海人民出版社1980年版,第8页。
④ 《美学概论》(1926年),《陈望道文集》第2卷,上海人民出版社1980年版,第10页。
⑤ 《美学概论》(1926年),《陈望道文集》第2卷,上海人民出版社1980年版,第35—36页。

审美对象是建立在人们对于美的感性认识的基础上。陈望道基于审美对象的这种认识,对于美学的诸多范畴有着深入的研究。

譬如,关于"崇高"这个范畴,陈望道指出:"崇高(Subline)的情趣常对于量非常大、力非常强的东西而起。我们对临看不尽的大海,无边际的晴空等广大的自然时,常常是崇高。看见左右人间的力量,克服了最大困难而发挥自己真价的一切意志与行动时,也常觉是崇高。而且还不止对于个人底努力与活动有这种的情趣;就是革命时候群众精神底勇敢激越,乃至更含恐怖的分子的如凶猛的野兽、狂暴的风雨、浩荡的波涛、连天的大火等,各种人生上极大的破坏力,也往往会使人觉得有崇高的情趣的。"①陈望道研究"崇高"这一美学范畴,注意将"崇高"与"崇高情趣"区别开来,认为不是所有崇高的事物都能引起"崇高情趣"的,这之中就在于"崇高"所给予的强度大小及人们所能接受和认知的程度,因而是一个既关系到审美对象的呈现力度又关涉到人们的审美体验的问题。他说:"凡是有崇高情趣的,其对象必有某种程度的强大。常在有那强大压迫着弱小的我,使我尊敬、赞叹、紧张、恐怖的时候成立。但若那强大太强大了,使我们恐怖到了颤抖的程度,则从生之自然的倾向,我们大抵也是要闭眼睛,扪耳朵,转身逃走的。崇高底对象,也就不会再在我们意识里了。故要崇高的情趣成立,又须那强大不曾越过可以静观的程度。起初我们得与那强大对立,与那强大同感。随后伴了静观底进行,终至把他我底对立溶入他我合一浑融的状态里。等到感有崇高的情趣之间,我们就已蝉蜕了弱小卑微的现在的我,在我自身感有一种崇高伟大的情趣。于是小我就因着崇高成了我以上的大我,而尝到了崇高美极致的情味。"②陈望道所界定的"崇高"这个范畴既关涉审美对象本身,同时又是与鉴赏者所具有的"崇高情趣"紧密联系在一起的,认为由"崇高"而到"崇高情趣"的成立,这就要求鉴赏者对于"崇高"能够"衔得住",亦即鉴赏者"能与对象俱化,能与对象共伟大",如此"才得真切领受着崇高的情趣",故而"崇高的情趣大抵以自我提举扩大感为其中心要素"③。这就揭示了认识论视域中主体与客体的相互关系,及其鉴赏者所具有的审美能力高低的问题,因而也就上升到了哲学的境界。

又譬如,关于"优美"这个范畴,陈望道从内容与形式的关系予以界定,说明

①　《美学概论》(1926 年),《陈望道文集》第 2 卷,上海人民出版社 1980 年版,第 75 页。

②　《美学概论》(1926 年),《陈望道文集》第 2 卷,上海人民出版社 1980 年版,第 75—76 页。

③　《美学概论》(1926 年),《陈望道文集》第 2 卷,上海人民出版社 1980 年版,第 77 页。

"优美"是"成立在互相调和的一个状况里"而得以呈现的,亦即"优美"体现着"调和"的特征,故而"优美"不只是在含义上与"粗野"相反的问题,同时也是一个与"崇高"有着"不类"的问题。他指出:"若以精神的方面为内容,以感觉的方面为形式,而论其关系,则凡内容与形式底关系,自不外内容或形式底一方底偏胜,或内容与形式两方底的互相平衡调和;而所谓优美的一种形相,却是成立在互相调和的一个状况里。与'粗野'固为反对,与崇高也颇不类。……而优美底成立,固然不一定如有些美论者所说,必以弱小可怜为外观底条件,却也不必以硕大无朋为外观。要在形式与内容底平衡。看去无何等的威压,无何等的狂暴,无何等的冲突,又无何等的纠纷。只是极自然地,极和柔地,却又极庄严地,仿佛明月浸入一般地有一种适情顺性的情趣。"①基于对"优美"这个范畴的界定,陈望道认为"优美"也可以如有些美论者所说"是美妙的心灵所流露的态度或运动",因而其"优美底形式,也差不多都是可以与所谓美妙的心灵调和和融合的,通常总是具有条畅、和乐、轻快、流丽等风趣"。对于"优美",陈望道以举例的形式说明其特征:"譬如是一线,那线就不会是突然起突然断;总是无论何点不略见停滞,又无论何点不略带强硬,澈头澈尾适性顺情的。再如是身体底运动,也必定是既非被迫,又非强求,又无颠簸与显著的停滞和急突的转折,只是流水行云般行乎其所不得不行的。我们观赏优美时,总只觉得它有和乐的庄严浸润着我们,而不见有甚么恐怖的强力扑面而来,——又惟其性极和乐可亲,却倒入人更深,浸润人更其到了骨髓。"②陈望道以比喻的形式,说明优美在形式上表现"条畅、和乐、轻快、流丽等风趣",揭示了优美的形式具有与"美妙的心灵调和和融合"的特点。

再譬如,关于"悲壮"这一美学范畴,陈望道以生活中的"苦痛"来解析其底蕴,认为"所谓悲壮的美境,大抵都以苦痛到了极度,最后连那人物也没落了为终局。大抵都是祸患纷起,受难者辗转苦斗至死不变的一段生命史。"那么,"悲壮"何以能成为美的境界中一种不可缺少的"形相"? 对此,陈望道基于社会生活来说明"悲壮"的成因,考察了人类生活的"苦难"情形及其在人类精神上的影响。他指出:"所谓悲壮或悲剧的(Tragic)之感,常以人类底苦难为对象。人类在这世界中,无论如何决不能事事如意。……灾祸底种子也不仅这样存在我们与围绕我们的东西间,就在我们自己底里面也尽有种种苦痛底因缘的。例如一

① 《美学概论》(1926 年),《陈望道文集》第 2 卷,上海人民出版社 1980 年版,第 78 页。
② 《美学概论》(1926 年),《陈望道文集》第 2 卷,上海人民出版社 1980 年版,第 78—79 页。

面有着想要自由地满足自己本能的要求,而一面又有着想要道德地生活的愿望。在精神和物质,灵和肉,理想和现实之间,委实有着不绝的不调和,有着不断的纠葛和冲突。只要不愿意停滞或沉沦,不愿意妥协和降伏,便有无穷无尽的忧患痛苦来袭。而受苦受难,遂为人类所不能免的经历。同时因受苦受难而成立的悲壮,也就为美的境界中所必有的一种形相。"①在陈望道看来,人类的苦难是一种悲惨境地,这只是"悲壮成立之客观的条件",而"悲壮"要成为美学意义的"悲壮之美","单备客观的条件,悲壮的情趣也还不能充分实现的",故而也就需要有着主观条件。陈望道认为,"悲壮之美"得以成立"还得在鉴赏者主观之内有一个条件",这个条件"就是同情的或同感的心念",这是因为"无同情简直就无悲壮美"②。陈望道对于"悲壮"这一美学范畴的界定,不仅说明其成立的客观条件,而且将人类的"同情"作为必备的主观条件,这是很有学术见地的。

又再譬如,关于"滑稽"这一美学范畴,陈望道对其所表现的快感予以分析,并就"滑稽"之中的"幽默"提出自己的看法。在他看来,"滑稽"在对象上具有游戏的性质,具有"笑"的特征,智力上占有较多的成分,但在意志上不如悲壮,情感性力量也不很大。他指出:"至于滑稽(Comic)底对象,则差不多都是细末的事情。所以它底快感,也差不多都是非常轻快的。简直全然只是一种的游戏的可笑味;既不是见着高尚行为或端壮情操之类时候的喜悦的心情,也不象悲壮那样的与意志有关的。其中智力的成分,含得极多;但感动人的力量却并不极大。"③陈望道认为,滑稽的重要特征在于"笑",而"笑"之所以能够产生也有客观性及主观性方面的原因。他说:"关于滑稽的笑底发生,就客观的事物一面说,大抵都是黎普思所谓意外的细末的事情。……而从主观的心情一面说,则所有的滑稽感大抵又都如康德所谓我们紧张的期望突然变为没有了而生的一种情绪,即都是一种突然弛缓的紧张。"④这里是说,由于滑稽本身大抵上"都是细末的事情",而人们在鉴赏时又因为"紧张的期望"而"突然弛缓",故而也就出现了滑稽感这种情绪。值得注意的是,陈望道还就滑稽中的"幽默"作出具体的分析,认为幽默(Humour)虽然也是一种滑稽,但"很带有情绪的分子",也就是"非常地富有人情味"。陈望道认为,"幽默"依其成立的方式来看,还可以分为"狭义幽默"和"讽刺"这两类,这就是"同情的与反感的,调和的与破裂底区别"。由

① 《美学概论》(1926 年),《陈望道文集》第 2 卷,上海人民出版社 1980 年版,第 80 页。
② 《美学概论》(1926 年),《陈望道文集》第 2 卷,上海人民出版社 1980 年版,第 80 页。
③ 《美学概论》(1926 年),《陈望道文集》第 2 卷,上海人民出版社 1980 年版,第 81 页。
④ 《美学概论》(1926 年),《陈望道文集》第 2 卷,上海人民出版社 1980 年版,第 81—82 页。

此,他赞同这样的看法:"讽刺是笑与严肃的攻击的态度底结合;幽默(即狭义的幽默)是笑与温厚的心情底结合。"①陈望道对于滑稽的界定以及对于其中的幽默的分类,使滑稽在美学意义上更突显其作为一个范畴的价值。

以上举例中,不仅可以看到陈望道对于美学的"崇高"、"优美"、"悲壮"、"滑稽"、"幽默"这几个范畴有着严格的界定与把握,而且也能体会到陈望道对于美学问题的基本看法及建立美学体系的大致思路。从学理上说,美学理论的建构是以其所具有的基本范畴为基本单元的,因而也就必须在范畴业已界定的前提下才能形成其理论性架构。就此而言,陈望道对诸多美学范畴的界定,就在于为美学体系的建立而做基础性的工作。

第三,在审美经验上,陈望道对于"美意识"进行了创造性的探索,认为"美意识"可以分为客观的与主观的两类,而依此分类也就使"美意识"具有具象性与直观性、静观性与愉悦性的特点。在陈望道的美学体系中,"美意识"是一个具有独特性内涵的概念,并成为美学研究的重要对象。那么,什么是美意识呢?陈望道指出:"我们底美意识,大抵也可以分为客观的与主观的,或称知识的与情感的两方面。从客观的或知识的一方面说,美意识可以说都是具象的而又直观的。无论对象为艺术品,为自然底自身,凡可以称为美的,总之都是具体的、直观的性质,而非抽象的、概念的东西。……至从主观的方面看来,美意识又可以说是静观的而又愉悦的。静观性也称'无关心性',为一般人口头常说的术语之一。内容即是指我们作美的观照时能够纯然为观照而观照,更无其他实际的关心的一种境界而言。……愉悦性,即普通所谓快感的一种性质。美意识底富有快感,为任何人所不能否定的。"②这里,"美意识"也就有客观上的具象性、直观性及主观上的静观性、愉悦性的特点。自然,陈望道揭示"美意识"的这几个特点,也是就总体意义上而言的,是说明"在种种的美意识中以这几种性质为最普通,为最显著的缘故",并不表示"美意识真是丝毫与爱欲意志无关",因而也就"不能茫然推类至极"③。陈望道在研究审美经验的过程中,对于审美的态度进行学理的说明,揭示了其既非意志又非理论的显著特点。他认为,审美的态度有这样的特点:"它既不象实行的态度中那样以意志为主,所以它在这点上是可以对于意志的境界而称为静观的。它又不象理论的态度中那样,建立在组织思想

①　《美学概论》(1926年),《陈望道文集》第2卷,上海人民出版社1980年版,第83页。
②　《美学概论》(1926年),《陈望道文集》第2卷,上海人民出版社1980年版,第10—12页。
③　《美学概论》(1926年),《陈望道文集》第2卷,上海人民出版社1980年版,第15页。

系统的分析与综合上。经过分析综合就要抽象化,间接化;而审美的境界则以具象化,直接化为其特性。它始终是摄无限于有限,藏普遍于特殊,也始终是具体地而又直接地,通过了官能而感受到的愉悦的境界。"①进而言之,审美经验的这种既非意志又非理论的特点,也就决定了审美中"感情底活动颇占重要的位置",由此"也可以说是最占重要的位置",这是因为尽管人类在感情之外,还有思想的活动和意志的作用,"然无论思想与意志,在审美中也都与感情相结合,显明地带有感情的性质的"②。这里,既然认为审美中感情活动占据最重要的位置,那么,这种感情的活动是怎样进行而推进审美进程呢?陈望道认为,这就是"感情移入"。他指出:"所谓感情移入,也称移感,即投入感情于对象中的意思,为美学上的一大问题。……我们日常感知他人哀乐,十中有九只以感情底观念终结,只是观念地认知对方是哀是乐便罢了,很少有过真切的体验。往往一经认为悲哀或喜悦之后,便即油滑过去,或即采取实践的手段,援助他或是附和他。唯有审美的时候,最能深切地直接地,扫尽了一切搅扰真纯的杂念,一心没入对象底观照里,将对象底生命变成了真正的体验。"③陈望道还就感情移入的方式进行研究,认为有两种感情移入的方式:"美的感情移入有两种。一为自然的感情移入,一为象征的感情移入。无论对象为自然为艺术,凡对于人类底容貌或行动而起的,都是自然的感情移入;凡对于人类以外的形体及运动,移入情趣或感情的,都是象征的感情移入。在自然的感情移入的情状中,我们投出了的情趣感情,不妨假定为那做对象的人物实际所自有;在象征的感情移入的情状中,我们投出了的情趣却决不能将它看作那做对象的生物,无生物,人造品,色音,形线等实际所自有,要不过我们将这等对象象征地以为有着此种的情趣就是了。"④陈望道对于感情移入的研究,阐明了感情移入的两种形式及其在审美中的地位,这是对审美过程及其特征研究的重要贡献。

第四,在美的形式上,陈望道提出了"多样的统一"这一具体的要求。美的形式问题在美学研究中占有重要的地位,古往今来的美学家无不关注美的形式问题。陈望道对于美的形式予以研究,认为美的形式应该具有好的"象征的外形",才能以其具体形式来体现美、表现美。而这种"象征的外形",在美学意义上也应该有着不同一般的特性,"凡是好的象征的外形必富于两种的特性:一为

---

① 《美学概论》(1926 年),《陈望道文集》第 2 卷,上海人民出版社 1980 年版,第 18 页。
② 《美学概论》(1926 年),《陈望道文集》第 2 卷,上海人民出版社 1980 年版,第 66 页。
③ 《美学概论》(1926 年),《陈望道文集》第 2 卷,上海人民出版社 1980 年版,第 67—68 页。
④ 《美学概论》(1926 年),《陈望道文集》第 2 卷,上海人民出版社 1980 年版,第 68—69 页。

刺激性,一为暗示性。因为要有暗示性或暗示力,故愈是精神的,神秘的,朦胧的,愈高妙;太明白,却无趣。而因要有刺激性刺激力的缘故,也就愈是具象的,直观的东西,愈适宜;如需要抽象的推理或繁琐的说明时,便总是次等的。"①在陈望道看来,尽管在美的形式上,虽然并不要求其一定如此如彼,但不是"只是四分五裂杂乱无章",那样的话就与"审美的心情不合"。由此,陈望道就美的形式提出了两点要求。其一,是"统一"。这"'统一'实为对象所不可不具的一个要质"。其二,是"繁多"。这是因为,美的形式"所统一的又该不止是简单的一二个要素。如止是一二个要素,则统一固易成就,却颇不免使人觉得单调。"因而,美的形式需要"繁多",而且这"繁多又为对象所不可不具的一个要质"。自然,陈望道认为美的形式所表现出的"统一"和"繁多"这两个要求,不是不相关的,更不是完全割裂的,而是"多样的统一"。他指出:"我们觉得美的对象最好一面有着鲜明的统一,同时构成它的要素又是异常的繁多。却又不是甚么统一与否定了统一的繁多相并列,而是统一即现在繁多的要素之中的。如此,则所谓有机的统一就成立。能够'统一为繁多底统一,而繁多又为统一底分化'。既没有统一之流弊的单调板滞,也没有繁多之流弊的厌烦与杂乱。所以古来所公认的形式原理,就是所谓繁多的统一(Unity in Variety),或译为多样的统一,亦称变化的统一。"②由于美的形式在最基本的意义上是"统一",当然这是"多样的统一"或"变化的统一",那么,就需要就"统一"本身作出诠释。在陈望道看来,美的形式在"统一"问题上,可有两种的方式,一是"部分与全体间的统一",二是"部分与部分间的统一"。对于前者,陈望道说:"部分与全体间可以认为统一的,第一全体间大抵是有统一的要素为各部分所公有,且在全体间占着重要的位置。此种公有的要素,就是所谓公相。全体间先要有了这公相,在各部分间连系着各部分,然后各部分才有公同的印象,而不致彼此漠不相关。……第二在部分与全体底关系间又往往提出了所谓均匀或平衡的原理来补充。要求各部分虽隶属于统一的要素,却仍不可忽视任何的部分。一部分纵在全体之内占了极小极小一点的位置,也仍能保持自身所有独特的价值。"③对于后者,陈望道说:"部分与部分间的统一……是说,美的整体中的各个部分,不当一律地并列在同一水平线上;其中当有高级的部分与低级的部分,主脑的部分与从属的部分之分。所有

---

① 《美学概论》(1926 年),《陈望道文集》第 2 卷,上海人民出版社 1980 年版,第 66 页。

② 《美学概论》(1926 年),《陈望道文集》第 2 卷,上海人民出版社 1980 年版,第 51 页。

③ 《美学概论》(1926 年),《陈望道文集》第 2 卷,上海人民出版社 1980 年版,第 51—52 页。

低级的或从属的部分都当为其中一个或数个高级的或主脑的部分所统摄,而后全体的精神方觉凝聚,繁多底统一的印象方觉显明。"①陈望道强调美的形式是"多样的统一",但更强调美的内容与美的形式的统一,并认为在美的内容与美的形式的统一之中,更应以美的内容占据主要的位置。他说:"大抵配合材料而为形式,都不是单单为了那形式而配合材料;是要配合了,来表现甚么,配合了来指示甚么的。人看它,也常常要玩味它所表现,它所指示的是甚么。……在美学上,形式固属重要,但艺术家所要表现的,到底还是内容。从表现底本意上讲,自应以这内容为主。至于假借材料,整顿形式,不过是表现意义内容的一种手段罢了。"②因此,陈望道尽管十分重视美的形式的探讨,并提出了美的形式是"多样的统一"的具体要求,但这并不是说他不重视美的内容问题。事实上,在美的形式与美的内容的关系上,陈望道更重视并强调美的内容的极端重要性。

第五,在美的欣赏问题上,陈望道不仅对美的欣赏过程提出始于感觉、终于理性的看法,而且认为美的价值的判断不仅有着具体的形式,而且也有着独特性的具体阶段。一般认为,人们对于美的欣赏是在感性的层面,并不触及知性的领域。陈望道不同意这样的看法。在他看来,美的欣赏虽然始于感觉,但最终都要上升到理性的层面,并作出具体的关于美的判断。而要作出判断,不仅提升到理性的层面,而且也就有着关于美的价值的判断形式问题。他指出:"我们鉴赏美的事物或现象时,虽然都是始于感觉,终于及到感情情趣,似乎鉴赏底历程即在情趣上面告终;其实通常都不如此,都是此后还有理知底作用的。既有理知底作用,也就会有所谓判断。判断,有实行或伦理的判断,也有理论或科学的判断。即从对于美的东西而言,如以模特尔为有害风化的,也便是伦理的判断。如说手画歪了的,也便是科学的判断。……美的判断之内,也还可以分为两种:一是理解判断,一是价值判断。所谓理解判断,即是,画是甚么画,文是甚么文等意味内容底判断。这原是寻常无论见到甚么东西都有它,也都要有它的,并不止是美的境界里独有的判断,但在美的境界中也颇必需,因为须得以它为美的判断底一部分。但这部分如其太精密繁碎了,却就变成科学的判断,出乎美的判断范围之外了;加入道德意识等等太多时也就走入伦理的判断的境域,不能算是纯粹的美的判断。美的判断,总之是以所谓价值判断,即以判断美的事物或现象自身底美的

① 《美学概论》(1926年),《陈望道文集》第2卷,上海人民出版社1980年版,第53页。
② 《美学概论》(1926年),《陈望道文集》第2卷,上海人民出版社1980年版,第56页。

价值为主的。"①在提出美的判断有着理解判断和价值判断这两种形式的基础上,陈望道又进一步探讨了美的价值判断的阶段性,认为美的价值判断有两个具体的阶段。他指出:"以判断美的价值为主的美的判断,也还可以分为两个阶段。第一个阶段是美的印象。……美的印象,大抵只要一瞥之后,对象给我们的快感底分量胜过不快感底分量的时候就成立。换句话说,在这个阶段上,总是只要给了我们一种爽快的感觉,我们感受了美的印象的,便会以它为美的。……还有一个狭义的所谓美的判断底阶段。这阶段的判断,在精明的鉴赏者间虽然也只是一刹那间便可以成立的,但颇不象美的印象那样的,力点在乎感觉上的快美,而是基于感受快美时候的情绪、精神、思想、情调所下的美与非美底比较严重的批判。所以它,总之是比美的印象进了一段,因为它总之是在美的印象之后起来的。"②陈望道在分析"美的印象"之后,发现了一个真正意义上的"美的判断"(狭义上的"美的判断"),这是"基于感受快美时候的情绪、精神、思想、情调所下的美与非美比较严重的批判"。这个"美的判断"(狭义上)不只是纯粹的感觉因素,同时更重要的是知的因素。关于狭义"美的判断"与"美的印象"的联系与区别,陈望道指出:"美的印象差不多只随当时的情调转移,而美的判断却必带有知的倾向,总是多少经过了理性底通盘底省察。所以,所谓美的印象的一种刹那间的判断,虽然也是一种的判断,其实也还难以算是真正的美的判断。它是我们对于一个物像的第一印象,它底影响随后的美的判断的力量,固然不少;它也把美从非美中拣择出来,它底作用底功效,自然也与狭义的所谓美的判断底功效并无两样。但是它太偏于感觉的、皮相的了,真的意义的美的判断,总之是要到了美的判断一个阶段方才可以成就的。美的判断,总之多少是经过了知的思虑分别的东西。而我们底理性或知力上的东西,当然并不象感情情趣那样容易动摇转变的,所以狭义的所谓美的判断底结果,也就在事实上不致象美的印象那样的容易动摇转变。"③这里,陈望道通过对狭义的"美的判断"的诠释,使美的判断过程更加具体化了,并使"美的判断"呈现出"知"的特征。问题是,美的判断落实到具体的鉴赏者,这就关涉到鉴赏者个人的"趣味"问题,甚至可以说不同鉴赏者正是以其"趣味"来作为"美的判断"的标准。由此,陈望道又对"趣味"问题进行探索,说明"趣味"本身的社会历史性,从而使"美的判断"在社会历史视

① 《美学概论》(1926 年),《陈望道文集》第 2 卷,上海人民出版社 1980 年版,第 84 页。
② 《美学概论》(1926 年),《陈望道文集》第 2 卷,上海人民出版社 1980 年版,第 85 页。
③ 《美学概论》(1926 年),《陈望道文集》第 2 卷,上海人民出版社 1980 年版,第 86 页。

域之中得以具体地解决。关于美的判断中的"趣味"问题,陈望道指出:"趣味底生长发达,并不象动物发育底径路模样地直线形,而是植物生育底方式模样地作散射状的。趣味也差不多都象那无数的枝条散射在四面八方而生活的植物一样地,无时不作着散射状的发达。所以美的判断,真义个人的趣味为标准时,那标准也并不是甚么单一的或者绝对的,只是复数的,相对的。"又指出:"在那所谓个人的趣味之中,如果详加分析,当然也很可以看出它所受的社会的情形底影响。可以看出当时的社会思潮意识底影响,可以看出当时的经济政治等的影响,也可以看出当时自然的背景底影响。或者分析底结果,竟如马克思们以经济的关涉于人底生活为最重要,就以它为第一个意识底成因,以为意识趣味是随经济组织底进步而进展,或者也未尝不可。总之趣味也并不是百年不老,千年不死的怪物。"①以上,由美的欣赏过程所关涉的知性问题、判断问题,而提出美的判断有理解判断和价值判断的两种方式,再提出美的价值判断之中有"美的印象"、"美的批判"(亦即真正的"美的判断")两个具体阶段,并进而就"趣味"在美的判断中的历史性地位作出诠释,充分说明了陈望道在"美的价值判断"问题上的研究思路及其基本理念。

陈望道以马克思主义为指导批判地承继了中外的美学传统,在美学研究对象、审美对象、审美经验、美的形式、美的欣赏等问题上,作了深入的研究和创造性的阐发,形成了一系列的有关美学问题的新观点、新主张、新思想,深化了对审美活动的认识和对美的规律的探索,并构建了全新的美学研究体系。陈望道在研究美学的过程中,坚持马克思主义与美学研究相结合的理念,不仅在范畴的界定上严谨有加,而且在思想观点上亦求实创新,将批判地继承与大胆地创新有机统一起来,从而在美学研究上有着独特的研究路线。陈望道的美学研究在 20 世纪 20 年代自成一家,为中国现代美学体系的建立作出了开创性的贡献。

(四) 李大钊等马克思主义者的美学思想

值得注意的是,以李大钊、陈独秀、瞿秋白等早期马克思主义者,运用马克思主义美学理论研究美学问题,在宣传马克思主义美学理论、梳理西方美学演进历史、探讨自然美、社会美、艺术美等领域取得重大的创获,中国马克思主义美学产生。下面,试以李大钊的美学思想为例,作简要的说明。

李大钊美学思想的发展与十月革命的影响密切相联。李大钊于 1918 年以

---

① 《美学概论》(1926 年),《陈望道文集》第 2 卷,上海人民出版社 1980 年版,第 87 页。

后开始了宣传十月革命的历程及其成果,并在思想上逐步接受马克思主义基本理论,进而在一些文章中尝试以马克思主义来分析美学问题,开启了中国马克思主义美学发展的先河,成为中国马克思主义美学的主要开创者。李大钊的美学思想具有丰富的内容,其对美学研究的贡献主要有以下几个方面:

第一,阐发劳动创造美的思想。

"劳动创造美"是马克思主义美学的一大基本观点。李大钊对劳动创造人生给予了积极的肯定,1919 年 3 月李大钊在《现代青年活动的方向》中曾指出:

> 我却有一个新见解,可是否妥当,我自己还未敢自信。我觉得人生求乐的方法,最好莫过于尊重劳动。一切乐境,都可由劳动得来,一切苦境,都可由劳动解脱。劳动的人,自然没有苦境跟着他。这个道理,可以由精神的物质的两方面说。劳动为一切物质的富源,一切物品,都是劳动的结果。我们凭的几,坐的椅,写字用的纸笔墨砚,乃至吃的米,饮的水,穿的衣,靡有一样不是从劳动中得来。这是很容易晓得的。至于精神的方面,一切苦恼,也可以拿劳动去排除他,解脱他。①

"人生求乐的方法,最好莫过于尊重劳动",在李大钊思想中是一个新的观点,至少在宣传十月革命之前还没有。李大钊曾说,他过去曾认为人生乃是苦中求乐,"以为人生的趣味就在苦中求乐,受苦是人生本分,我们青年应该练忍苦的本领"②,以后逐步认识到应该是劳动中求乐,并认为"劳动中求乐"是他的"一个新见解"。由此可见,李大钊关于劳动中求乐的思想是刚刚树立的。李大钊此时论证"劳动中求乐"的思想是从物质和精神两个方面来进行的,而不是过去单从精神方面说明的模式,这也表明李大钊的思想正处于转变之中。我们认为,李大钊提出的"劳动中求乐"的思想,从思想渊源上说固然受到托尔斯泰"无劳动则无人生"思想的影响,但从根本上说是直接导源于十月革命的影响,是十月革命变革社会的实践活动使李大钊对劳动在创造历史和创造人生中的意义有了新的理解和深刻的把握。李大钊在宣传十月革命的文章中曾指出:"今后的世界,变成劳工的世界。我们应该用此潮流为使一切人人变成工人的机会,不该用此潮流为使一切人人变成强盗的机会。……我们中国人贪惰性成,不是强盗,便是乞丐,总是希图自己不作工,抢人家的饭吃,讨人家的饭吃。到了世界成一大工厂,有工大家作,有饭大家吃的时候,如何能有我们这样贪惰的民族立足之

---

① 《现代青年活动的方向》,《李大钊全集》第 2 卷,人民出版社 2006 年版,第 318—319 页。
② 《现代青年活动的方向》,《李大钊全集》第 2 卷,人民出版社 2006 年版,第 318 页。

地呢？照此说来，我们要想在世界上当一个庶民，应该在世界上当一个工人。诸位呀！快去作工呵！"①李大钊称十月革命为庶民的胜利，把建立劳工世界作为社会变革的目标，希望中国人"以俄为师"而做一个真正的"庶民"，表现了崇尚劳动、追寻创造的理想，这正是从十月革命中所得到的启示。由此我们认为，李大钊提出的劳动中求乐的思想是十月革命影响的产物，是在接受马克思主义的过程中思想的演进结晶。

李大钊在美学上的许多观点与马克思主义不谋而合，这为李大钊推进马克思主义美学思想中国化提供了思想基础。马克思主义认为，美是社会历史发展的结果，是社会的人的创造性活动的产物。马克思说："最蹩脚的建筑师从一开始就比最灵巧的蜜蜂高明的地方，是他在蜂箱里建筑蜂房以前，已经在自己的头脑中把它建成了。劳动过程结束时得到的结果，在劳动的想象中已经观念地存在着。"②这就是说，人本身具有审美的想象力和创造美的能力，但只有经过社会实践活动，美才能现实地被展现出来；离开劳动过程，人们就难以达到审美的境界。马克思在《1844 年经济学哲学手稿》中有一段十分精辟的话：

> 当然，劳动为富人生产了奇迹般的东西，但是为工人生产了赤贫。劳动生产了宫殿，但是给工人生产了棚舍。劳动生产了美，但是使工人变成畸形。劳动用机器代替了手工劳动，但是使一部分工人回到野蛮的劳动，并使另一部分工人变成了机器。劳动生产了智慧，但是给工人生产了愚钝、痴呆。③

在这里，马克思第一次提出了"劳动创造了美"这一著名论断，同时也基于对资本主义的分析论述了美在资本主义社会中的异化问题。马克思提出的"劳动创造了美"的观点，是基于实践的观点出发的，承认在人与客观世界的关系上，人的实践活动能够改变世界，因此"劳动创造了美"其基本内涵是在社会生活中人的劳动这一社会实践活动创造了美。马克思所说的美的异化问题，主要是说在资本主义社会制度下，一方面是劳动创造了美，但另一方面是劳动的异化又使"劳动者成为畸形"、"劳动者变成机器"，而失去了美。

李大钊对"劳动创造了美"以及美的异化问题都有涉及。关于"劳动创造了美"，李大钊这样予以表达："听说北京有位美术家，每日早晨，登城眺望，到了晌

---

① 《庶民的胜利》，《李大钊全集》第 2 卷，人民出版社 2006 年版，第 256 页。

② ［德］马克思：《资本论》第 1 卷，中国社会科学出版社 1983 年版，第 166 页。

③ ［德］马克思：《1844 年经济学哲学手稿》，人民出版社 2000 年版，第 54 页。

午以后,就闭户不出了。人问他什么缘故,他说早晨看见的,不是担菜进城的劳动者,便是携书入校的小学生。就是那推粪的工人,也有一种清白的趣味,可以掩住那粪溺的污秽。因为他们的活动,都是人的活动。他们的生活,都是人的生活。他们大概都是生产者,都能靠着工作发挥人生之美。"①李大钊在这里表述的正是:劳动者的生活是"人的生活",劳动者的活动是"人的活动",是工作"发挥人生之美"。"劳动创造了美"的思想得到最为明确的说明。关于美的异化问题,李大钊也如同马克思一样是在说明"劳动创造了美"的前提下来揭示的。李大钊在提出"一切乐境,都可由劳动得来,一切苦境,都可由劳动解脱"主张之后,指出:"劳动的人,实在不知道苦是什么东西。譬如身子疲乏,若去劳动一时半刻,顿得非常的爽快。隆冬的时候,若是坐着洋车出门,把浑身冻得战栗,若是步行走个十里五里,顿觉周身温暖。免苦的好法子,就是劳动。……但是现在的社会,持尊劳主义的人很少,而且社会的组织不良,少数劳动的人,所得的结果,都被大多数不劳动的人掠夺一空。劳动的人,仍不免有苦痛,仍不免有悲惨,而且最苦痛最悲惨的人,恐怕就是这些劳动的人。"②李大钊还说,唐山煤厂的工人"终日在炭坑里作工,面目都成漆黑的色。人世间的空气阳光,他们都不能十分享受。这个炭坑,仿佛是一座地狱。这些工人,仿佛是一群饿鬼。"③可见李大钊一方面认为劳动创造了美,另一方面又认为"社会组织的不良"致使劳动者成为"最苦痛最悲惨的人"。马克思的《1844年经济学哲学手稿》1932年才在德国出版,李大钊在1919年当然不可能看到。从上面的分析中可以看出,李大钊关于劳动创造美以及美的异化问题的观点是符合马克思主义美学观的,甚至我们可以说是与马克思的观点不谋而合。这突出地反映了李大钊在美学领域中的成功探索,因而对中国马克思主义美学的开创有着十分重要的意义。

第二,宣传马克思主义的美学原理。

1919年李大钊发表了著名的论文《我的马克思主义观》,以宣传马克思主义唯物史观为基本内容,阐述了生产力与生产关系、经济基础与上层建筑的基本关系,为中国马克思主义学术的奠基提供了理论指导。在李大钊所论列的"精神构造"中,虽然没有"美学"二字,但从他解析的唯物史观原理中,以及在此之前提出的"劳动创造美"的观点中,可以推断李大钊是将美学列入上层建筑的范畴

---

① 《光明与黑暗》,《李大钊全集》第2卷,人民出版社2006年版,第311页。
② 《现代青年活动的方向》,《李大钊全集》第2卷,人民出版社2006年版,第319页。
③ 《唐山煤厂的工人生活》,《李大钊全集》第2卷,人民出版社2006年版,第315页。

之中。李大钊在《我的马克思主义观》中尽管没有提及"美学"这个范畴,但他对马克思主义基本原理的宣传、对于中国马克思主义美学的产生、对于中国学术界正确地界定美学的学科地位,应该说是有理论指导意义的。

李大钊在随后的一些文章中,对美学是上层建筑的一个重要组成部分,受制于经济基础的思想有了系统的阐发。他虽然没有使用"美学"一词,但他用"美术"一词时已包括了美学的内容。美学在五四时期作为一个独立的学科的出现,在概念运用上尚不很明晰,通常用"美术"表示包括文学、艺术及我们今天所说的美学,蔡元培就曾说过"美术本包有文学、音乐、建筑、雕刻、图画等学科"①,这反映了当时学科处于分化之中的状态。李大钊也是在这样的学术背景下来界定美学的性质的。1923 年李大钊在一次讲演中指出,"人类生活的全体,不单是政治,此外还有经济的、伦理的、宗教的、美术的种种生活";"文化是以经济作基础","有了这样的经济关系,才会产生这样的政治、宗教、伦理、美术等等的生活。假如经济一有变动,那些政治、宗教等等生活也随着变动了。"②李大钊所说的包括美学在内的美术属于上层建筑的一部分,并且是随着经济基础的变动而变动的,这是完全符合马克思主义唯物史观原义的。恩格斯在阐述唯物史观时曾说,人文社会科学总的情况是"按历史顺序和现今结果来研究人的生活条件、社会关系、法的形式和国家形式及其由哲学、宗教、艺术等等组成的观念上层建筑"③。考虑到李大钊在《我的马克思主义观》等文章中已经论述过作为观念形态的上层建筑对经济基础的作用,因而我们说李大钊在接受马克思主义后承认作为观念形态的美学对社会生活的作用。

李大钊在宣传马克思主义的过程中对美学在社会主义时期发展的问题多有论述。与对美的异化问题思考相联系,李大钊是在批判资本主义使美异化、艺术发展受到阻碍中来研究美与社会主义关系的,并进而展示社会主义的美好前景。李大钊的一个基本观点是,资本主义"阻碍学艺,使之不能发展",他指出:"固然资本主义在社会中有许多文化,如用机器生产,制造战品,似乎社会进步。然人类进步决不在此,宜在美的感受能力之增加。……。伟大艺术品,在过度劳动之下,断无创生之机会。此一般人之主张资本主义,不但在人类生活经济上受其苦

---

① 《在中国第一国立美术学校开学式之演说》(1918 年),《蔡元培美学文选》,北京大学出版社 1983 年版,第 77 页。

② 《史学概论》,《李大钊全集》第 4 卷,人民出版社 2006 年版,第 358 页。

③ 《马克思恩格斯选集》第 3 卷,人民出版社 1995 年版,第 429 页。

窘,即学艺上亦大受其压迫矣。"①李大钊认为在资本主义制度下,艺术受到阻碍是因为劳动者"在过度劳动之下,断无创生的机会。"这就是说,固然劳动创造美,但"过度劳动"又使劳动者失去了创造美的机会和能力,是因为劳动异化而使美异化。他指出:"劳动是苦抑是愉快?亦可申言之。若社会组织完善,劳动确为愉快之事,不然劳动固甚苦也。"②这说明,由于"社会组织"的缘故,所以在"现代资本主义制度下的工作,非常劳苦,同那牛马一样,得不到一点人生的乐趣"。③李大钊从资本主义制度来进行具体分析,揭示了导致美异化的社会根源,更深层地说明资本主义乃是阻碍"学艺"发展的制度原因。他指出:"在现今资本主义之下,固然有许多人,亦有尊重美术品之能力,然自大体言之,终含有金钱主义之气味。出版物如为美术作品,均可得到稍高之价值。如此亦足阻碍真正的学术。"④既然资本主义社会因为"社会组织"的缘故使劳动异化,进而又使美异化、阻碍"学艺"的发展,那么美在社会主义社会情形又如何呢?当时学术界有许多人"谓社会主义所建设之社会,是阻碍艺术,不能有所发展。"一些艺术家也有种种疑虑,认为社会主义实行后,社会必然愈趋平凡化,而在平凡化的社会里必不能有望艺术的发达。李大钊不同意这样的看法,他鲜明地指出:"社会主义亦有许多美术家、文学家赞成及研究,彼等眼光既由社会主义涵养而出,故彼等希望艺术有真正的发展。"社会主义"不但不妨碍学艺,而且使之发展";因为"在社会主义制度以下,使公众有认识鉴赏能力,消除一切观念"⑤。李大钊在对资本主义与美学、社会主义与美学的关系作了比较充分的研究基础上,提出了通过完成社会制度变革的途径以促进美学发展的任务。他指出:"在资本主义下,那种恶俗的气氛,商贾的倾向,亦何能容艺术的发展呢?又何能表现纯正的美呢?那么我们想发表艺术的美,更不能不去推翻现代的资本制度,去建设那社会主义制度的了。不过实行社会主义的时候,要注意保存艺术的个性发展的机会就是了。"⑥李大钊对美学与社会关系的揭示以及对社会主义时期美学发展前景的展望,洋溢着时代批判意识和对未来社会美学发展的坚定信念。

---

① 《社会主义与社会运动》,《李大钊全集》第4卷,人民出版社2006年版,第200页。
② 《社会主义与社会运动》,《李大钊全集》第4卷,人民出版社2006年版,第202页。
③ 《社会主义释疑:在上海大学的演讲》,《李大钊全集》第4卷,人民出版社2006年版,第355页。
④ 《社会主义与社会运动》,《李大钊全集》第4卷,人民出版社2006年版,第202页。
⑤ 《社会主义与社会运动》,《李大钊全集》第4卷,人民出版社2006年版,第202页。
⑥ 《社会主义释疑:在上海大学的演讲》,《李大钊全集》第4卷,人民出版社2006年版,第355页。

李大钊宣传马克思主义美学原理、展望社会主义美学发展的前景,是与当时的思想解放运动和社会改造思潮的演进紧密联系在一起的。李大钊从宣传科学、倡导解放思想的角度,对蔡元培"以美育代宗教"的思想予以充分的肯定。在中国现代美学史上,蔡元培的"以美育代宗教"的思想具有强烈的反封建意义。蔡元培"提倡美育,便是使人类能在音乐、雕刻、图画、文学里,又发现他们遗失了情感。"认为"美育之附丽于宗教者,常受宗教之累,失其陶养之作用,而转以刺激感情。"鉴于宗教"激刺感情"的弊端,蔡元培鲜明地提出以美育代宗教的任务,认为"专尚陶养感情之术,则莫如舍宗教而易以纯粹之美育。"①李大钊基于马克思主义的生产力思想并从科学发展的角度论证蔡元培"以美育代宗教说"的合理性。他指出,由于生产力的发展和科学的进步,"自然现象、人类社会都脱去神秘的暗云,赤裸裸的立在科学知识之上,见了光明。以美育代宗教的学说,也就发生于现代了。"②蔡元培的"以美育代宗教说",虽然与马克思主义美学思想有很大的距离,但对破除宗教迷信、反对封建主义是有积极意义的。李大钊肯定"以美育人宗教说"有科学依据,在当时的情况下对于中国马克思主义美学的建设也是有价值的。

第三,比较系统地介绍西方的美学思想。

李大钊在开创中国马克思主义美学的过程中,还尤其注重评析西方美学家的思想特别是英国的罗斯金和莫里斯的美学思想,为中国马克思主义美学的发展提供借鉴。在英国,19世纪下半叶最杰出的艺术社会家是罗斯金和莫里斯。鲍桑葵在《美学史》中就曾指出:"过去半个世纪英国最优秀的美学——它主要是罗斯金先生和莫里斯的研究成果——的优点和弱点都在于它局限于造型艺术。"③李大钊对罗斯金和莫里斯的美学思想所进行的评述,代表了20世纪20年代中国学者研究西方美学思想的最高水平。

李大钊在介绍西方美学思想时特别评价了罗斯金,并在马克思主义美学视域之中给予学理上的说明。罗斯金(Jhon Ruskin,1834—1896),是19世纪英国名重一时的文艺批评家,主张美术同劳动和社会相结合,在美学史上是把美感等同官能快感的代表者。罗斯金宣称:"我从来没有看见过一座希腊女神雕象,有一位血色鲜丽的英国姑娘的一半美。"④李大钊在《社会主义与社会运动》一文

① 《以美育代宗教说》,《蔡元培美学文选》,北京大学出版社1983年版,第70页。
② 《物质变动与道德变动》,《李大钊全集》第3卷,人民出版社2006年版,第109页。
③ [英]鲍桑葵著,张今译:《美学史》,商务印书馆(北京)1985年版,第570页。
④ 转引自朱光潜:《谈美》,安徽教育出版社1997年版,第44页。

中以大量的篇幅介绍罗斯金,指出:"John Ruskin 之美术的经济观,有三要点:
(1)劳动宜最合理者之利用;(2)劳动之结果的生产物品,宜保重之;(3)分配物品宜合理而公平者。彼之意思乃以美术练习人之性情,且认为美术品为至要,因此美术家之创作,是正当合理之劳动,以美的方法整理经济的组织。"①李大钊对罗斯金的美学著作曾作了有重点的评述,认为罗斯金的《近代之画家》(*The modern Painters*)为"其艺术家生活之初步","其著作之大意,以无忌惮之文,将以前所有之论断推翻,而阐明美之观念"。李大钊对此书中一段论美的话特别欣赏,这段话是:"美之观念,表现人心最高尚观念之一。美常在一定之程度,常使人心高尚、清洁,渐渐增加,不断的受美之感化。其原因即由于天意人意,宇宙之间无一物不是传出一种美之观念。由正当知觉之心,观察一切事物,其美的部分较丑之部分为多。在自然中无丑之物,只有美者。在自然中所含之美不有多少之相差而已。丑是助美者,使周围之财物,宇宙之事物,愈显明,显尽宇宙间之美。"②《威尼斯之石》(李大钊译为《文尼斯之石》)是罗斯金一部重要的美学著作,书中认为建筑最能代表人类的精神和审美情趣。罗斯金在《威尼斯之石》中说:"一幅绘画,或一首诗,往往不比人们对一些事物发自内心的赞赏的低吟言辞有更多内容,但建筑比较接近人类自己的创造,它来源于人类的需要,也是表现人类的性格。它多少也是整个人类的创造,而绘画和雕塑只是一个民族的创造。"③李大钊对罗斯金的《威尼斯之石》作了比较全面的评价,指出:"《文尼斯之石》(Stone of Venice,一八五一年夏第一卷出版),说明信仰、思想、习惯,种种民族之表现。即说明全民族之艺术。家庭或宫室建筑反动之现象说明出来。彼谓一国国民之历史与其说记于书中,毋宁说记载在片石上,其对于碑、石、雕刻非常注意。彼以为伟大建筑物,即说明一国民道德之如何高,劣等建筑即粗暴之民之不道德。此书即发明其艺术哲学与其社会改造结合之要领。……一八五二年Ruskin 至 Venice,一八五三年春此书全部完成。此书之要点即指责出来,近来劳动者为机器之奴隶,将人之趣味,销毁于机器之中。机器工业于道德上、精神上均有缺点,彼将此缺点,一一指出。"④此外,李大钊对罗斯金的《建筑之七灯》(*The Seven Lamps of Structure*)、《图画之真髓》(*Elements of Drawing*)、《永久之

① 《社会主义与社会运动》,《李大钊全集》第4卷,人民出版社2006年版,第200页。
② 《社会主义与社会运动》,《李大钊全集》第4卷,人民出版社2006年版,第233页。
③ 蒋孔阳主编:《十九世纪西方美学名著选》(英法美卷),复旦大学出版社1990年版,第83—84页。
④ 《社会主义与社会运动》,《李大钊全集》第4卷,人民出版社2006年版,第234页。

欢》(*A Joy for Ever*)、《时与潮》、《艺术经济学》等诸多美术著作都有评价,称罗斯金是"富有一种极富裕同情心,可说是美术之批评,社会改良家,同时尚说彼是多感情之教育家"①。在1920年的中国学术界,能够对罗斯金的美学思想作这样比较全面和中肯的评述,实不多见,足见李大钊在介绍西方美学中的先驱者地位。

李大钊还介绍了莫理斯的美感社会主义思想,在肯定其美学成就的同时亦指出这种思想的空想性。威廉·莫理斯(1834—1896)是19世纪英国作家、工艺美术家和空想社会主义者,他特别推崇中世纪艺术与手工艺,认为建筑艺术是"霸主艺术","它包括和完善着其它一切艺术,其它各种艺术都是为它服务的,或是作为它的组成部分。"表现出对中世纪的迷恋。莫理斯还认为,当时英国社会的统治者的主要罪恶在于,不仅使工作与快乐分离,而且使艺术同技艺分离,同时又使艺术脱离它的基础——社会与个人,因而极力主张通过道德和审美教育来改造现实社会。莫理斯还有一句名言,艺术是"人们工作中快乐的表现"②。李大钊对莫理斯的美学思进行了介绍:"William Morris之美术观说:美术不是特种阶级所特有之奢侈品,是为全人类所必需者,社会上并无将美术物从任何人手中夺去之权,应为大家所享受。"③李大钊对莫理斯的美学思想进行评述,认为莫理斯的美学主张在资本主义社会条件下无法实现。李大钊指出:"莫理斯最赞美的,是欧洲十四世纪的艺术品,而最鄙视的是现代的艺术品。""莫理斯所主张的社会主义,是一种美感的社会主义。他常说:工作能使精神感觉愉快,这就是'工作的喜悦'。即我们日常生活上的喜悦,也多从工作中来。……但是在资本主义社会的人,是永享不到工作的愉快的。"④李大钊还说:"William Morris以为资本主义使人生活上,渐趋于干燥无味之境,学艺亦日见退化,于是发生反抗,得到美学的社会主义运动"⑤。李大钊肯定美感社会主义对资本主义批判上的意义,但也指出美在资本主义社会是不可能实现的。因此,李大钊提出社会变革的任务,主张通过推翻资本主义制度来为美学的发展开辟道路,并认为只有在社会主义条件才能满足工人快乐的生活,使工人愉快地工作。他说:"在此种状况之

---

① 《社会主义与社会运动》,《李大钊全集》第4卷,人民出版社2006年版,第234页。
② [美]凯瑟琳·埃雷特·吉尔伯特、[德]赫尔穆特·库恩著,夏乾丰译:《美学史》,上海译文出版社1989年版,第561—558页。
③ 《社会主义与社会运动》,《李大钊全集》第4卷,人民出版社2006年版,第240页。
④ 《社会主义释疑》,《李大钊全集》第4卷,人民出版社2006年版,第355页。
⑤ 《社会主义与社会运动》,《李大钊全集》第4卷,人民出版社2006年版,第199页。

下,欲使工作者喜悦,不能不推翻资本主义。一方面欲使工人快乐,当实行社会主义。"①

中国现代美学的建设必须以马克思主义的美学思想为指导,但同时也离不开对西方美学思想中积极成果的吸收。李大钊在五四时期对西方美学思想的介绍尽管还是初步的,但对于中国学术界了解西方的美学现状,有批判地借鉴西方美学的合理成分,建设有中国特色的美学体系是有积极意义的。中国马克思主义美学的后继者陈望道、蔡仪等正是在承继中外美学资源中,推进马克思主义美学思想中国化进程,从而对中国马克思主义美学体系的发展作出重大的贡献。

第四,对美学诸领域的创造性探索。

李大钊在转变为马克思主义者以后,不仅在宣传美学理论上颇有建树,而且在美学的一些领域,诸如自然美、艺术美、社会美等领域进行探索,为创建中国马克思主义美学体系作出了巨大的努力。

李大钊非常崇尚自然美。在他看来,自然显现事物的本来面目,能给人带来一种特有的情趣。在李大钊的笔下,自然是美的,清雅而有生气,没有人为造作,却带有事物的纯真和质朴。他在《山中即景》诗中写道:"是自然的美,是美的自然;绝无人迹处,空山响流泉。"②在《山峰》诗中又写道:"一个山峰头,长着几棵松树。片片的白云,有时把它遮住。白云飞来便去,山峰依然露出。"③在李大钊诗的境界中,自然就是美的化身,它不带有目的、功利,而成为人的审美对象。李大钊在《五峰游记》中写道:"山路崎岖,水路两岸万山重叠,暗崖很多,行舟最要留神,而景致绝美。""河里小舟飘着。一片斜阳射在水面,一种金色的浅光,衬着那岸上的绿野。景色真是好看。"李大钊歌颂自然美,一方面是由于自然有其壮观的景色,另一方面是自然赋有创造的力量。李大钊在《五峰游记》中还写道:"滦水每年泛滥,河身移徙无定,居民都以为苦。其实滦河经过的地方,虽有时受害,而大体看来,却很富厚,因为他的破坏中,却带来了很多的新生活种子、原料。房屋老了,经他一番破坏,新的便可产生。土质乏了,经他一回滩淤,肥的就会出现。这条滦河,简直是这一方的旧生活破坏者,新生活创造者。"④可见,李大钊崇尚自然美,在于高扬自然的创造力,滦河在李大钊的审美境界中就是创造力的体现,新的生命力的代表。李大钊歌颂大自然,歌颂自然美,同时也强调

① 《社会主义释疑》,《李大钊全集》第4卷,人民出版社2006年版,第200页。
② 《山中即景》,《李大钊全集》第5卷,人民出版社2006年版,第252页。
③ 《山峰》,《李大钊全集》第5卷,人民出版社2006年版,第256页。
④ 《五峰游记》,《李大钊全集》第3卷,人民出版社2006年版,第8—9页。

人对自然美要有切实的把握,主张审美主体对自然的理解和认知,亦即要提升审美能力去领悟自然,如此方能真正体认自然美的境界。李大钊说:"旅途上的征人所经过的地方,有时是坦荡平原,有时是崎岖险路。老于旅途的人,走到平坦的地方,固是高高兴兴的向前走,走到崎岖的境界,愈是奇趣横生,觉得在此奇绝壮绝的境界,愈能感到一种冒险的美趣。"①老于旅途的人走到崎岖的境界,之所以能领略"奇绝壮绝的境界",之所以能够感受到"冒险的美趣",是与他的生活阅历、审美情趣密不可分的。这是说,自然之所以有壮美的趣味,是因为有了人的审美能力。马克思就说过:"忧心忡忡的贫穷的人对最美丽的景色都没有什么感觉;经营矿物的商人只看到矿物的商业价值,而看不到矿物的美和独特性;他没有矿物学的感觉。"②李大钊对自然美的感悟以及关于人的审美能力与自然美关系的解析,是符合马克思主义美学思想的。

社会美是李大钊重点探索的美学领域。在李大钊的美学视野中,快乐的人生、理想的追求构成了生命存在的依据,他崇尚悲壮而崇高的人生境界。1919年11月,李大钊在《新生活》上发表的一篇题为《牺牲》的美学杂感中写道:"人生的目的,在发展自己的生命,可是也有为发展生命牺牲生命的时候。因为平凡的发展,有时不如壮烈的牺牲足以延长生命的音响和光华。绝美的风景,多在奇险的山川。绝壮的音乐,多是悲凉的韵调。高尚的生活,常在壮烈的牺牲中。"③生命是最为宝贵的,但发展生命有时是以牺牲生命为代价的,也就是说人生的崇高境界是同创造、奋斗、牺牲相联系的,"壮烈牺牲足以延长生命的音响和光华"。李大钊以"绝美的风景"、"绝壮的音乐"来衬托"高尚的生活"的崇高境界,阐述壮烈牺牲的人生意义和社会价值。这是一个崇高的共产主义者的理想信念所表现的精神境界。1922年黄爱、庞人铨两位工人运动的领导人被湖南军阀赵恒惕杀害,李大钊写下了《〈黄庞流血记〉序》,讴歌黄、庞的牺牲精神,进一步申明崇高的牺牲精神对人生和社会的意义。李大钊写道:"我们的目的,在废除人类间的阶级,在灭绝人类间的僭擅。但能达到这个目的,流血的事,非所必要,然亦非所敢辞。要知道,牺牲永是成功的代价。"④李大钊所讲的"牺牲"是美的自由创造,是道德境界与审美境界相统一的内在要求,是人类"爱"的精神在社会历史、人生追求中的实现。李大钊说:"有一种美景物、美境域在我们眼

① 《艰难的国运与雄健的国民》,《李大钊全集》第4卷,人民出版社2006年版,第375页。
② [德]马克思:《1844年经济学哲学手稿》,人民出版社2000年版,第87页。
③ 《牺牲》,《李大钊全集》第3卷,人民出版社2006年版,第84页。
④ 《〈黄庞流血记〉序》,《李大钊全集》第4卷,人民出版社2006年版,第62页。

前,我们不可把他拿来作我们的牺牲。因为牺牲了他,决不是爱了他。我们当真爱他,应该把我们自己牺牲给他。把我们自己牺牲给他,他的美善,才真能为我们所享受,所获得。爱的法则,就是牺牲的法则。"这种与牺牲相统一的"爱"是人类追求美好的生活、美好境界的本能,因此"实行这个'爱'字,必须有牺牲的精神。爱人道,便该为人道牺牲。爱真理,便该为真理牺牲。爱自由,便该为自由牺牲。爱平等,便该为平等牺牲。爱共和,便该为共和牺牲。爱的方法便是牺牲,牺牲的精神便是爱。"①李大钊正是怀着对人类生活的挚爱和对共产主义美好理想的追求,最后牺牲了自己的生命,实现壮烈的人生境界。在李大钊美学思想中,崇高的人生与自然的壮美是统一的,社会与自然是相融的,他曾写有《自然与人生》的文章来予以阐明。李大钊说:"一切生命,都是由幼小向老大、死亡里走。中央公园里带着枯枝的老柏对着几株含蕊欲放的花,显出他那生的悲哀,孤独的悲哀,衰老的悲哀。"②此即是说,生命与自然本是同一的,都有一个自然的历史的过程。基于此,李大钊美学视野中的社会美与自然美又是不可分割地处于联系之中。就美学的观点来看,自然可分为经过人们改造加工的自然和未经直接改造的自然,前一种自然对象的美主要是以其社会内容的直接显露为特点,后一种自然对象的美也与社会有间接隐晦曲折的关系,故自然美往往与社会美难以截然划分。例如,长江、黄河因其被开发成为中华民族创造历史的见证而成为美的对象,又因其浪涛汹涌的自然感性形式而成为美的对象。李大钊从自然美与社会美的相通中来寻求中华民族的精神源泉,他在《艰难的国运与雄健的国民》中写道:"一条浩浩荡荡的长江大河,有时流到很宽阔的境界,平原无际,一泻万里。有时流到很逼狭的境界,两岸丛山叠岭,绝壁断崖,江河流于其间,曲折回环,极其险峻。民族生命的进展,其经历亦复如是。……中华民族现在所逢的史路,是一段崎岖险阻的道路。在这一段道路上,实在亦有一种奇绝壮绝的景致,使我们经过此段道路的人,感得一种壮美的趣味。但这种壮美的趣味,是非有雄健的精神的,不能够感觉到的。"③这是以自然的壮美来喻示历史的进路,说明中华民族在创造历史中遇到崎岖险阻时,所应付出牺牲、艰苦的努力才可能通达壮美的社会景观,因此唯有"雄健的精神"才能使自然的壮美化为社会的壮美,才能使社会演进的历史有如长江、黄河那样奔腾、汹涌,一泻万里,由

① 《双十字上的〈新生活〉》,《李大钊全集》第3卷,人民出版社2006年版,第63页。
② 《自然与人生》,《李大钊全集》第3卷,人民出版社2006年版,第203页。
③ 《艰难的国运与雄健的国民》,《李大钊全集》第4卷,人民出版社2006年版,第375页。

此中华民族创造历史的力量得以充分的展示。李大钊继续写道:"我们的扬子江、黄河,可以代表我们的民族精神。扬子江及黄河遇见沙漠、遇见山峡都是浩浩荡荡的往前流过去,以成其浊流滚滚,一泻万里的魄势。目前的艰难境界,那能阻抑我们民族生命的前进。我们应该拿出雄健的精神,高唱着进行的曲调,在这悲壮的歌声中,走过这崎岖险碍的道路。要知在艰难的国运中建造国家,亦是人生最有趣味的事……。"①李大钊在对人生、社会的审美中充满了乐观、悲壮的精神,自然、人生、国家、民族、社会等都是具有"冒险的美趣",并呈现出"奇绝壮绝的景致"。我们感悟到李大钊作为革命家所特有的乐观主义精神和征服艰难险阻、寻求社会与人生崇高境界的审美情趣。

李大钊对艺术美也进行了重要的探索。在古今艺术的关系问题上,李大钊有着历史演进连续性的理念、社会进步的思想并具有辩证的分析。他承认古人的艺术有超出今人的地方,在艺术上确实存在"历时愈久,而愈见其好者"的情况,因为"艺术乃是有创造天才的人所造成的"②。但李大钊不因为古人艺术有超越今人的方面而盲信古人,他认为艺术是发展的,今人一定能创造出超过古人的艺术。他说:"历史是人创造的,古时是古人创造的,今世是今人创造的。古时的艺术,固不为坏,但是我们也可以创造我们的艺术。古人的艺术,是以古人特有的天才创造的,固有我们不能及的地方,但我们凭我们的天才创造的艺术,古人也不见得能赶上。古人有古人的艺术,我们有我们的艺术。"③李大钊关于今古艺术的认识是正确的,艺术生产同物质生产发展之间存在着不平衡的关系,艺术作为社会意识形态属于上层建筑的组成部分,但艺术这种上层建筑与法律、政治的上层建筑还有所不同,与经济基础的关系较为间接,更多地反映人类思想、智慧和感情发展的普遍成果,因此会出现古人的艺术亦有今人所不及的问题。但包括艺术在内的"意识形态的形式",其变化归根到底"必须从物质生活的矛盾中,从社会生产力和生产关系之间的现存冲突中去解释"④。因而我们在新的时代亦能创造我们的艺术,"古人也不见得能赶上"。我们说,在艺术美问题上,李大钊创造性地坚持马克思主义唯物史观原理,使古今艺术之间的关系得

① 《艰难的国运与雄健的国民》,《李大钊全集》第4卷,人民出版社2006年版,第375—376页。

② 《今与古:在北京孔德学校的演讲》,《李大钊全集》第4卷,人民出版社2006年版,第11—12页。

③ 《今与古:在北京孔德学校的演讲》,《李大钊全集》第4卷,人民出版社2006年版,第14页。

④ 《马克思恩格斯选集》第2卷,人民出版社1995年版,第33页。

到科学的界说。在艺术美领域,有关文艺美学问题也是李大钊成功探索的方面。早在 1913 年《文豪》的文章中,李大钊就认为文学具有"化魔于道,化俗于雅,化厉于和,化凄切为幽闲,化狞恶为壮美"①的美学意义。转变为马克思主义者以后,李大钊在《什么是新文学》中提出文学上要有"真爱真美"的质素②,这里是强调文学既要有艺术之美又要有道德之美,亦即文学要内含审美的意义和道德教化的意义。李大钊不是为艺术而艺术论者,他强调的文学是真善美的文学,亦即融合科学性、思想性、艺术性的文学,所以他说新文学的土壤、根基是"宏深的思想、学理,坚信的主义,优美的文艺,博爱的精神"③。基于艺术是"创造天才"的人所创造的思想,李大钊尤为重视文学艺术创作中的个性作用,指出:"艺术家最希望发表的是特殊的个性的艺术美,而最忌的是平凡。"④所谓"特殊的个性的艺术美"是说艺术作品要体现独特的风格、思想和内容,而不能人云亦云,失去创作者的主体积极性和社会、人生所涵盖的丰富而又曲折的生动内容。李大钊批判那种"应考的遗传性",即把文学等仅仅作为一种工具来迎合"主考的意旨,说些不是发自本心的话。……所说的话、作的文,都是揣摩主考的一种墨卷,与他的实生活都不生关系。"⑤李大钊这一批评是富有见地的。文学艺术等根源于社会生活,社会生活是文学艺术的源头活水,因此不能够与社会实际生活"不生关系";同时,文学艺术又不是社会生活的简单模拟,而是艺术性的再创造,有创作者主体意识的积极参与,如果都"说些不是发自本心的话"则作品必然流于平凡和俗套,当然也不可能给人产生审美的情趣。李大钊对文学作品的文字也提出了要求,他比较欣赏"忏悔的文字"。在李大钊看来,"最可敬的是忏悔的人,因为他是从罪恶里逃出来的,所以他对于罪恶的本体和自己堕落的生活,都有一层深严而且透彻的认识。"所以李大钊说:"我们觉得忏悔的文学,十分深痛、严肃,有光华,有声响,实在是一种神圣的人生福音。"⑥这就是说,创作的文字,要反映作者思想感情的深刻变化和作者对社会和人生的切实理解,这是李大钊对文学作品就文字方面而言所提出的审美要求。李大钊在艺术美领域的探索

① 《文豪》,《李大钊全集》第 1 卷,人民出版社 2006 年版,第 68 页。
② 《什么是新文学》,《李大钊全集》第 3 卷,人民出版社 2006 年版,第 129 页。
③ 《什么是新文学》,《李大钊全集》第 3 卷,人民出版社 2006 年版,第 130 页。
④ 《社会主义释疑:在上海大学的演讲》,《李大钊全集》第 4 卷,人民出版社 2006 年版,第 355 页。
⑤ 《应考的遗传性》,《李大钊全集》第 3 卷,人民出版社 2006 年版,第 71 页。
⑥ 《忏悔的人》,《李大钊全集》第 3 卷,人民出版社 2006 年版,第 165 页。

是极其有深度的,具有思想、理论和艺术上的建树。

李大钊在转变为马克思主义者的过程中及之后,对美学建设的理论和实际问题的研究所作的努力,成为20世纪中国马克思主义美学蓬勃发展的良好开端,由此也确立了他在中国马克思主义美学发展史上的先驱地位①。李大钊是中国现代美学史上的重要开拓者,其美学思想体现了马克思主义与美学研究相结合的理念,在中国20世纪美学发展史上有着重要的学术地位。

20世纪20年代,还有几部重要的美学著作,需要提及一下。譬如,黄忏华②的《美学略史》(上海商务印书馆1924年7月初版),除历史概述外,还从科学、心理学、社会学和哲学等角度论及当代美学,因而是一部很有特色的美学史专著。又譬如,东方杂志社编的《美与人生》(上海商务印书馆1923年12月初版,1925年7月3版),汇聚了《述美学》(徐大纯)、《美之基础》(吕澂叔)、《栗泊士美学大要》(吕澂叔)、《柯洛斯美学上的新学说》(藤若渠译述)、《希尔台勃兰的美学》(惟志译述)、《美术之真价值及革新中国美术之根本方法》(戴岳)、《艺术独立论和艺术人生论的批判》(唐隽)、《美学所研究的问题及其方法》(大塚保治)等8篇文章。再譬如,徐庆誉的《美的哲学》(上海世界学会1928年4月初版),共有16章内容,论述美的起源与性质,美与人生的关系,文艺上的象征主义、古典主义和浪漫主义三种思潮,并对建筑、雕刻、绘画、音乐、诗歌、舞蹈加以美学说明;阐述了美术与两性、家庭、政治、宗教的关系,最后论证了佛教美术、基督教美术与20世纪的文艺。以上这些著作,对推动美学研究也发挥了较大的作用。

就20世纪20年代中国美学的视域全景来看,一方面是中国马克思主义美学得以开创,另一方面则是美学的相关领域得以开辟,虽着力于美育的倡导、西方美学思想的介绍、中国艺术特征的探索(如邓以蛰)等方面,但已经涉及了美学的对象与方法、审美经验、审美情感等问题。这是中国现代美学的初创时期。

---

① 参见吴汉全:《李大钊与中国马克思主义美学的开创》,《西南师范大学学报》2003年第2期。

② 黄忏华(1890—1977),字璨华,号凤兮,广东顺德人。早年就学于上海南洋公学,后留学于日本东京帝国大学。1914年从欧阳竟无在南京金陵刻经处研习佛学,1928年中国佛学会成立后任执行委员,抗战期间在厦门大学任教。著有《西洋哲学史》(商务印书馆1923年11月初版)、《西洋哲学史纲》(商务印书馆1934年版)、《印度哲学史纲要》(商务印书馆1936年4月初版)等。——参见北京图书馆编:《民国时期总目目》(哲学·心理学),书目文献出版社1991年版,第164—165页。黄忏华的著作现编为十卷本的《黄忏华文集》(商务印书馆2023年版),其第1卷及第2卷为哲学卷,第3卷为政治学卷,第4卷为文艺卷,第5卷及第6卷为诗文卷,第7卷为史地卷,第8卷、第9卷及第10卷为佛学卷。

二、中国现代美学的发展时期

20 世纪 30 年代是中国现代美学的发展阶段。在这一阶段,中国美学的发展有着显著的特点,一方面是比较充分地承继了五四时期美学界关注审美与人生问题的传统,注重审美与生活的内在关联,进一步凸显美学与人生的关系;另一方面是有不少美学家考究审美的情感性作用及其艺术性的功能,强化了对审美的艺术性特征的认识。由此,美学研究在深度和广度方面都较前有重大的突破,而研究方法和研究理论也趋向于多向化。

这一时期的中国美学在中外古今的学术视野中,进入构建美学体系的阶段,积极推进美学本土化的进程,并呈现三个发展的路向:一是系统引进、介绍和研究西方美学,从学理高度对西方美学加以创造性的诠释,并在西方美学思想的引领下创建现代美学体系;二是运用西方的新方法、新理论挖掘中国美学传统中的丰富资源,探寻中国美学发展的基本原理,并在西方美学思想的参照下构建具有中国文化特色的美学体系;三是在更高的层次上接受马克思主义美学理论,实现马克思主义美学理论与中国美学建设的结合,创建以马克思主义为指导的美学体系。正是在不同美学流派的交融与碰撞中,产生了一批有代表性的美学研究成果,涌现出以朱光潜、宗白华、丰子恺等为代表的美学研究大家。

(一)朱光潜的美学思想

朱光潜[①]在美学研究上提出的美感经验理论,在思想资源上源于近代以来的诸家学说,主要是以克罗齐的"直觉"说为逻辑起点,引进了布洛的"距离"说、立普斯的"移情"说、谷鲁斯的"内模仿"说,并从生理和心理方面对其加以批评、修正、改造,形成了一个哲学—美学、心理学、生理学等多学科层次交织的美感内在结构[②]。

---

① 朱光潜(1897—1986),字孟实,安徽桐城人,现当代中国著名美学家、文艺理论家、教育家、翻译家。主要著作有《文艺心理学》、《悲剧心理学》、《谈美》、《诗论》、《谈文学》、《克罗齐哲学述评》、《西方美学史》、《美学批判论文集》、《谈美书简》、《美学拾穗集》等,翻译了《歌德谈话录》、柏拉图的《文艺对话集》、G.E.莱辛的《拉奥孔》、黑格尔的《美学》、B.克罗齐的《美学》、G.B.维柯的《新科学》等。

② 王铁仙、王文英主编:《二十世纪中国社会科学·文学学卷》,上海人民出版社 2005 年版,第 109 页。

朱光潜曾研习克罗齐的美学思想,并翻译了克罗齐的《美学原理》①,深谙克罗齐美学思想的意蕴及价值。值得注意的是,朱光潜在汲取西方学术资源时,提升了心理学在美学研究中的地位,并使心理学取代了既往美学体系中的哲学地位。可以说,他的美感经验理论凸显了心理分析的作用,因而是用心理学而构建起来的学术体系。在一般学人的知识体系中,美学是从哲学分化出来的,并且在事实上也取得一定的独立性,但美学仍然属于哲学体系中的分支学科,因而美学也就必然地具有哲学的学科性质。故而,不少美学家心中先存一种哲学系统,以哲学为依据而演绎出美学的原理来。这实际上又使得美学的独立性受到冲击。而朱光潜在架构美学体系时,力求使美学摆脱哲学的控制,开辟美学独立的研究空间。他在所著的《文艺心理学》一书中,则力图"丢开一切哲学的成见,把文艺的创造和欣赏当作心理的事实去研究,从事实中归纳得一些可适用于文艺批评的原理"。该著将"文艺的创造和欣赏"作为研究对象,其基本观点"大致是心理学的",主张"'文艺心理学'是从心理学观点研究出来的'美学'"②。

朱光潜在心理学的基础之上,将美感经验作为研究的重点,认为只有解决了美感经验问题,才能算是真正地研究美学。他指出:"近代美学所侧重的问题是:'在美感经验中我们的心理活动是什么样?'至于一般人所喜欢问的'什么样的事物才能算是美'的问题还在其次。这第二个问题也并非不重要,不过要解决它,必先解决第一个问题;因为事物能引起美感经验才能算是美,我们必先知道怎样的经验是美感的,然后才能决定怎样的事物所引起的经验是美感的。"③这里,就涉及何谓美的问题,应该说是在本体论意义上的追寻。在朱光潜看来,美虽不完全在外物本身,却亦非与物无关;但如认为美本来就是物的属性,则凡是长眼睛的人们应该都可以看到,但事实又并非这样。因此,"物须先有使人觉得美的可能性,人不能完全凭心灵创造出美来"④。正是基于这样的思考,朱光潜依据克罗齐的"直觉"论立论,主张从"主客观的统一"来看待美的问题,认为美是外物与人的心灵交相作用的结果。他指出:"依我们看,美不完全在外物,也不完全在人心,它是心物婚媾后所产生的婴儿。美感起于形象的直觉。形象

---

　　① 朱光潜翻译克罗齐的《美学原理》,正中书局 1947 年 11 月初版。原书分理论与历史两部分,朱光潜的译本只翻译了其中的理论部分。本书分直觉与表现,直觉与艺术,艺术与哲学,美学中底史性主义与理智主义,文学与艺术的历史等 18 章。
　　② 《文艺心理学》(1936 年),《朱光潜美学文集》第 1 卷,上海文艺出版社 1982 年版,第 3 页。
　　③ 《文艺心理学》(1936 年),《朱光潜美学文集》第 1 卷,上海文艺出版社 1982 年版,第 9 页。
　　④ 《谈美》(1932 年),《朱光潜美学文集》第 1 卷,上海文艺出版社 1982 年版,第 485 页。

属物而却不完全属于物,因为无我及无由见出形象;直觉属我却又不完全属于我,因为无物则直觉无从活动。美之中要有人情也要有物理,二者缺一都不能见出美。"①在朱光潜的认识视野中,从美之所属来看,一方面美离不开主观但"也不完全在人心",另一方面美离不开外物但也"不完全在外物";从美之产生过程来看,由于"美感起于形象的直觉",亦即美感是"形象"与"直觉"结合下的"形象的直觉",它既是"直觉"但却是"形象"下的直觉,既表征出形象但又是在直觉总体规制下的"形象",其原因就在于"形象属物而却不完全属于物,因为无我及无由见出形象;直觉属我却又不完全属于我,因为无物则直觉无从活动"。由此,朱光潜认为,只有在主(体)客(体)相融、主(观)客(观)的统一之中,才能看出美既具有主观的价值,同时又具有客观的价值。他说:"美的问题难点就在它一方面是主观的价值,一方面也有几分是客观的事实。历来讨论这个问题的学者大半只顾到某一方面而忽略另一方面,所以寻来寻去,终于寻不出美的真面目。"②概而言之,朱光潜是在主客统一的境域中探寻的本质,认为美既然关涉主客二元,既有主观的价值又有客观的价值,因而只有在主观与客观、主体与对象的相互关系中,才能开展美的本质问题的研究,从而真正地探索出美的真面目之所在。

朱光潜在美学研究中又提出具有独特性内涵的意象境界论,突出了"意象"在沟通美与艺术关系中的关键性位置和具有的特殊作用,从而使艺术成功地植入其美学体系之中。艺术在朱光潜的美学理论体系中具有极为重要的位置,他将"美"与"艺术"视为"二而一",甚至认为"美是艺术的特点"之所在。他关于美的诸多论述,实际上也就是关于艺术的论述,因而他视域中所谓美,主要也就是艺术的美,亦即最终以艺术为旨归。换言之,在朱光潜的美学视域之中,美与艺术本身就是不可分割的,没有艺术的美与没有美的艺术皆是不可想象的。问题是,美为何主要地指向艺术的美? 这里,关键的就是所谓"意象"充当了沟通美与艺术的中介。关于"意象"何以使艺术能够通向美的道路问题,朱光潜说:"一切艺术,无论是诗是画,第一步都须在心中见到一个完整的意象,而这意象必恰能表现当时当境的情趣。情趣与意象恰相契合,就是艺术,也就是美。"③换言之,"意象"因为能够表现"当境的情趣",而当"情趣与意象恰相契合"之时则就成为艺术,这就是美。就此而言,"意象"之所以能够充当由艺术到美的中介,

① 《谈美》(1932年),《朱光潜美学文集》第1卷,上海文艺出版社1982年版,第485页。
② 《文艺心理学》(1936年),《朱光潜美学文集》第1卷,上海文艺出版社1982年版,第146页。
③ 朱光潜:《诗论》(1943年),生活·读书·新知三联书店1984年版,第151页。

是以"意象"能够表征"情趣"且与"情趣相契合"为条件的,而这里所谓意象与情趣的契合正是"境界"。

朱光潜从艺术立论来研究美学,以"意象"来通向艺术美的境界,则文学自然也是艺术,并且文学的美也就是艺术的美,这当然也就是美学所要探讨的美。他指出:"文学是以语言文字为媒介的艺术。就其为艺术而言,它与音乐图画雕刻及一切号称艺术的制作有共同性:作者对于人生世相都必有一种独到的新鲜的观感,而这种观感都必有一种独到的新鲜的表现;这观感与表现即内容与形式,必须打成一片,融合无间,成为一种有生命的和谐的整体,能使观者由玩索而生欣喜。达到这种境界,作品才算是'美'。美是文学与其他艺术所必具的特质。"①正是基于艺术中的"意象"的把握,以及对于艺术表现美的独特性的认知,朱光潜以"意象"作为构建理论的重要支柱,并将意象与情趣相联系,从而在艺术的美学化的道路中提出意象境界论。他指出:"我们的学说肯定美是艺术的特点。……情感是主观的,必客观化为意象,才可以传达出去。情趣和意象相契合混化,便是未传达以前的艺术,契合混化的恰当便是美。察觉到美寻常都伴着不沾实用的快感,但是这种快感是美的后效,并非美的本质。艺术的目的直接地在美,间接地在美所伴的快感。"②又指出:"美不仅在物,亦不仅在心,它在心与物的关系上面;但这种关系并不如康德和一般人所想象的,在物为刺激,在心为感受;它是心借物的形象来表现情趣。世间并没有天生自在、俯拾即是的美,凡是美都要经过心灵的创造。……在美感经验中,我们须见到一个意象或形象,这种'见'就是直觉或创造;所见到的意象须恰好传出一种特殊的情趣,这种'传'就是表现或象征;见出意象恰好表现情趣,就是审美或欣赏。创造是表现情趣于意向,可以说是情趣的意象化;欣赏是因意向而见情趣,可以说是意象的情趣化。美就是情趣意象化或意象情趣化时心中所觉到的'恰好'的快感。'美'是一个形容词,它所形容的对象不是生来就是名词的'心'或'物',而是由动词变成名词的'表现'或'创造'。"③可见,在朱光潜艺术的美学认知中,意象与情趣的契合就是艺术的境界,审美实际上也就是情趣的意象化或意向的情趣化,故而"美就是情趣意象化或意象情趣化时心中所觉到的'恰好'的快感"。

如上所述,朱光潜在论述意象境界论时,提出了文学的美也就是艺术的美的

① 《谈文学》(1946年),《朱光潜美学文集》第2卷,上海文艺出版社1982年版,第239页。
② 《文艺心理学》(1936年),《朱光潜美学文集》第1卷,上海文艺出版社1982年版,第155页。
③ 《文艺心理学》(1936年),《朱光潜美学文集》第1卷,上海文艺出版社1982年版,第153页。

主张,这又使他高度地关注文艺在美感教育中的特殊作用。他指出:"文艺所给的是想象世界,不受现实世界的束缚和冲突。在这想象世界中,欲望可以用'望梅止渴'的办法得到满足。文艺还把带有野蛮性的本能冲动和情感提到一个较高尚较纯洁的境界去活动,所以有升华作用(sublimation)。有了文艺,本能冲动和情感才能自由发泄,不致凝成疮疖酿为精神病……文艺确有解放情感的功用,而解放情感对于心理健康也确有极大的裨益,我们通常说一个人情感要有所寄托,才不致枯燥烦闷,文艺是大家公认为寄托情感的最好的处所。"又指出:"文艺逐渐向前伸展,我们的眼界也逐渐放大,人生世相越显得丰富华严。这种眼界的解放给我们不少的生命力量,我们觉得人生有意义,有价值,值得活下去。……美感教育给我们的就是'源头活水'。"①朱光潜从文艺与人生的关系来予以考察文艺的功能,形成了特有的文艺功能论。他认为,文艺的功能就在于"文艺表现情感思想,同时也就滋养情感思想使它生展",这是因为"凡是文艺都是根据现实世界而铸成另一超现实的意象世界,所以它一方面是现实人生的返照,一方面也是现实人生的超脱"②。故而,朱光潜认为文艺无论是就理智方面还是就感情方面,都能助益人生修养,提升人生的境界,形成崇高的理想,因而是美育中不可缺少的内容。他说:"文艺到了最高的境界,从理智方面说,对于人生世相必有深广的观照与彻底的了解,如阿波罗凭高远眺,华严世界尽成明镜里的光影,大有佛家所谓万法皆空,空而不空的景象;从情感方面说,对于人世悲欢好丑必有平等的真挚的同情,冲突化除后的谐和,不沾小我利害的超脱,高等的幽默与高度的严肃,成为相反者之同一。"又说:"一个对于文艺有修养的人决不感觉到世界的干枯或人生的苦闷。他自己有表现的能力固然很好,纵然不能,他也有一双慧眼看世界,整个世界的动态便成为他的诗,他的图画,他的戏剧,让他的性情在其中'怡养'。到了这种境界,人生便经过了艺术化,而身历其境的人,在我想,可以算得一个有'道'之士。从事于文艺的人不一定都能达到这个境界,但是它究竟不失为一个崇高的理想,值得追求,而且在努力修养之后,可以追求得到。"③可以说,正是对于对文艺的深入研究及其对于文艺在美感教育中重要性的认识,又形成了朱光潜关于文艺美学的理论。

朱光潜在美学研究中提出的艺术人生论,使其美学体系上升到人生境界的

---

① 朱光潜:《谈美感教育》,《读书通讯》第 7 期,1940 年 8 月。

② 《谈文学》(1946 年),《朱光潜美学文集》第 2 卷,上海文艺出版社 1982 年版,第 243 页。

③ 《谈文学》(1946 年),《朱光潜美学文集》第 2 卷,上海文艺出版社 1982 年版,第 244—245 页。

高度,从而使美学成为助益人生的学问。朱光潜从人性的需求来解读艺术,将美的追求与人生进路统合起来,认为美就是最高的善,从而阐发了艺术人生的主张。他指出:"就个人说,艺术是人性中一种最原始、最普遍、最自然的需要。人类在野居穴处时代便已有图画诗歌,儿童在刚离襁褓时便作带有艺术性的游戏。嗜美是一种精神上的饥渴,它和口腹的饥渴至少有同样的要求满足权。美的嗜好满足,犹如真和善的要求得到满足一样,人性中的一部分便有自由伸展的可能性。泪丧天性,无论是在真、善或美的方面,都是一种损耗,一种残废。……人比其他动物高尚,就是在饮食男女之外,还有较高尚的营求,艺术就是其中之一。'生命'其实就是'活动'。活动愈自由,生命也就愈有意义,愈有价值。实用的活动全是有所为而为,受环境需要的限制;艺术的活动全是无所为而为,是环境不需要人活动而人自己高兴去活动。在有所为而为时,人是环境需要的奴隶;在无所为而为时,人是自己心灵的主宰。我们如果研究伦理思想史,就可以知道柏拉图、亚里士多德和中世纪耶稣教大师们,就学说派别论,彼此相差很远,但是谈到'最高的善',都以为它是'无所为而为的观赏'。这样看,美不仅是一种善,而且是'最高的善'了。"①朱光潜将"美"理解为"最高的善",是就广义方面来说的。在他看来,"善"的最浅近的意义上是"用"(useful),就是说:"凡是善,不是对事物自身有实用,就是对于人生社会有实用。就广义说,美的嗜好是一种自然需要的满足,也还算是有用,也还是一种善。"但就狭义而言,"美并非实用生活所必需,与从实用观点所见到的'善'是两种不同的价值"。因而,美作为"最高的善",是从艺术观点所定的价值,而在事实上,"美"和"有用的"、"道德的"各种"善"都是有区别的②。朱光潜提出艺术人生论,是因为他看到艺术与人生之间不可分割的关系,因而也就高度重视艺术在人生中的地位。如他说:"任何艺术和人生绝缘,都不免由缺乏营养而枯死腐朽;任何美学把艺术看成和人生绝缘的,都不免像老鼠钻牛角,没有出路。"③朱光潜还从艺术的功用方面,具体说明了人生何以应该成为艺术人生的道理。他指出:"就社会说(读者在内),艺术的功用,象托尔斯泰所说的,在传染感情,打破人与人的界限。我们一般人都囿于在习惯所划定的狭小世界里,对于此外的世界都是痴聋盲哑,视而不见,听而不闻,食而不知其味。艺术家比较常人优胜,就在他们的情感比较真挚,感觉比较

---

① 《文艺心理学》(1936年),《朱光潜美学文集》第1卷,上海文艺出版社1982年版,第128—129页。

② 《文艺心理学》(1936年),《朱光潜美学文集》第1卷,上海文艺出版社1982年版,第148页。

③ 《文艺心理学》(1936年),《朱光潜美学文集》第1卷,上海文艺出版社1982年版,第168页。

敏锐,观察比较深刻,想象比较丰富。他们不但能见到比较广大的世界,而且引导我们一般人到较广大的世界里去观赏。象一位英国学者所说的,艺术家'借他们的眼睛给我们去看'(lend their eyes for us to see)。……艺术是启发人生自然秘奥的灵钥,在'山重水复疑无路'时,它指出'柳暗花明又一村'。"①自然,朱光潜所理解的艺术人生不是一般的人生,而是真、善、美的一体化的境界,人的生命在这个境界中是自由的、永恒的,因而这样的人生也是审美的、艺术的。他指出:"物有真善美三面,心有知情意三面,教育求在这三方面同时发展,于是有智育、德育、美育三节目。智育叫人研究学问,求知识,寻真理;德育叫人培养良善的品格,学做人处世的方法和道理;美育叫人创造艺术,欣赏艺术与自然,在人生世相中寻出丰富的兴趣。"②因此,朱光潜的艺术人生论,强调的是艺术的情趣在于人生,人生乃是在艺术中的人生,这是一种真、善、美的一体化的境界。

概而言之,朱光潜的美学体系是以自己提出的各种具体主张而构建的理论体系。这个体系之中,朱光潜的基本观点是,美学研究不应囿于哲学成见去演绎美学原理,而是应在文艺创造和欣赏中归纳出适用于文艺批评的原则。因而,朱光潜有这样的看法:美是主观与客观二者关系的产物;在审美经验中,"心所以接物者只是直觉,物所以呈现于心者只是形象";创造中寓有欣赏,欣赏中也寓有创造。在这个体系中,朱光潜还提出从文艺欣赏的路径中来认识美,主张从主客关系的角度来解读美的意蕴,其学术见解可谓独树一帜,因而在美学界产生重大影响。朱光潜的美学体系具有体系性的逻辑架构,是由美感经验论、意象境界论、文艺美学论、艺术人生论等部分构成的,一方面汲取了西方现代美学思想,另一方面又参照中国传统美学思想的成果,有着中西合璧的显著特色。朱光潜立意创新,在对美的本质的探索中可谓卓然成家,为现代中国的美学研究体系建立做出了积极的探索。

(二)宗白华的美学思想

宗白华③是我国现代美学的先行者和开拓者,是融贯中西艺术理论的一代

① 《文艺心理学》(1936年),《朱光潜美学文集》第1卷,上海文艺出版社1982年版,第129—130页。

② 朱光潜:《谈美感教育》,《读书通讯》第7期,1940年8月。

③ 宗白华(1897—1986),江苏常熟人,曾用名宗之櫆,字白华、伯华,现代中国哲学家、美学大师、诗人。1918年毕业于上海同济大学语言科,1920—1925年留学德国,先后在法兰克福大学和柏林大学学习哲学和美学。先后在中央大学及其后的南京大学任教,1949—1952年在北京大学任教。著有《宗白华全集》及美学论文集《美学散步》、《艺境》等。

美学大师,建构了以"艺术境界美学"为基本特征的美学体系,为现代中国美学体系的建立作出了开拓性贡献。

宗白华的美学体系更多地基于中国悠久而又深厚的文化传统,同时又以西方美学为学术参照,力图建立起既立足中国文化根基又凸显"艺术的创造"特点,并且又具有现代西方美学视域的美学研究体系。在他看来,美学研究虽然应该以整个的美的世界为对象,包含着宇宙美、人生美与艺术美,但向来的美学体系总是倾向于以艺术美为出发点,这是"因为艺术的创造是人类有意识地实现他的美的理想,我们也就从艺术中认识各时代、各民族心目中之所谓美"。宗白华认为,在艺术美占主导地位的美学研究中,中国美学在立足于自身的文化、艺术的基础上有着广阔的前景。他指出:"而中国艺术的中心——绘画——则给与中国画学以'气韵生动'、'笔墨'、'虚实'、'阴阳明暗'等问题。将来的世界美学自当不拘于一时一地的艺术表现,而综合全世界古今的艺术理想,融合贯通,求美学上最普遍的原理而不轻忽各个性的特殊风格。因为美与美术的源泉是人类最深心灵与他的环境世界接触相感知时的波动。各个美术有它特殊的宇宙观与人生情绪为最深基础。中国的艺术与美学理论也自有它伟大独立的精神意义。所以中国的画学对将来的世界美学自有它特殊重要的贡献。"[1]在美学所属学科方面,宗白华主张对近代西方美学沿着心理学的道路有所矫正,将美学还原到哲学和艺术之中。他说:"近代美学的开始,是笼罩在实验心理学的方法与观点方面,成为心理学的局部。美感过程的描述,艺术创造与艺术欣赏之心理分析,成为美学的中心事务。而艺术品本身的价值的评判,艺术意义的探讨与阐发,艺术理想的设立,艺术对于人生与文化的地位与影响,这些问题,向来是哲学家及艺术批评家所注意的。现在仍是交给哲学家及艺术批评家去发表意见。"[2]自然,宗白华并不认为美学与哲学完全同一。因为在他看来,哲学与美学有着不同的追求,"哲学求真,道德或宗教求善,介乎二者之间表达我们情绪中的深境和实现人格的谐和的是'美'"[3]。从宗白华对于中国艺术的态度、美学独立性的主张中,不难看出他立足中国文化传统的学术追求,以及建构具有独特性美学

① 宗白华:《介绍两本关于中国画学的书并论中国的绘画》(1932年),《美学与意境》,人民出版社1987年版,第98—99页。
② 宗白华:《略谈艺术的"价值结构"》(1934年),《美学与意境》,人民出版社1987年版,第123页。
③ 宗白华:《论文艺的空灵与充实》(1943年),《美学与意境》,人民出版社1987年版,第227页。

体系的信念。

宗白华对于中国传统美学资源的挖掘有着突出的贡献,重视对中国既有学术资源的解读和诠释,力图在参照西方美学中梳理和利用这份有益的文化遗产。他认为,"礼"和"乐"这两者集中地反映了中国传统美学的底蕴,并深刻地影响着中国社会的多个方面,因而也是理解中国美学的关键。他指出:

> 礼和乐是中国社会的两大柱石。"礼"构成社会生活里的秩序条理。礼好像画上的线文钩出事物的形象轮廓,使万象昭然有序。孔子曰:"绘事后素。""乐"涵润着群体内心的和谐与团结力。……人生里面的礼乐负荷着形而上的光辉,使现实的人生启示着深一层的意义和美。礼乐使生活上最实用的、最物质的,衣食住行及日用品,升华进端庄流丽的艺术领域。……中国人的个性人格,社会组织以及日用器皿,都希望能在美的形式中,作为形而上的宇宙秩序,与宇宙生命的表微。这是中国人的文化意识,也是中国艺术境界的最后根据。……礼器里的三代彝鼎,是中国古典文学与艺术的观摩对象。铜器的端庄流丽,是中国建筑风格,汉赋唐律,四六文体,以至于八股文的理想型范。它们都倾向于对称,比例,整齐,谐和之美。然而,玉质的坚贞而温润,它们的色泽的空灵幻美,却领导着中国的玄思,趋向精神人格之美的表现。它的影响,显示于中国伟大的文人画里。文人画的最高境界,是玉的境界。……社会生活的真精神在于亲爱精诚的团结,最能发扬和激励团结精神的是音乐! 音乐使我们步调整齐,意志集中,团结的行动有力而美。中国人感到宇宙全体是大生命的流行,其本身就是节奏与和谐。人类社会生活里的礼和乐,是反射着天地的节奏与和谐。一切艺术境界都根基于此。①

宗白华不仅从哲学和艺术学的视角研究美学,而且在美学研究中提出了独树一帜的艺术意境的理论。这一理论是基于艺术意境是中国文化对于世界的重要贡献,从而在学术上深挖中国文化资源,进而对艺术意境进行阐发而形成的。那么,什么是意境呢? 在宗白华看来,人与世界接触,因关系的层次不同,可有五种境界:(1)为满足生理的物质的需要,而有功利境界;(2)因人群共存互爱的关系,而有伦理境界;(3)因人群组合互制的关系,而有政治境界;(4)因穷研物理,追求智慧,而有学术境界;(5)因欲返本归真,冥合天人,而有宗教境界。在这五

---

① 宗白华:《艺术与中国社会》(1947年),《美学与意境》,人民出版社1987年版,第238—240页。

种境界中,"功利境界主于利,伦理境界主于爱,政治境界主于权,学术境界主于真,宗教境界主于神。但介乎后二者的中间,以宇宙人生的具体为对象,赏玩它的色相、秩序、节奏、和谐,借以窥见自我的最深心灵的反映;化实景而为虚境,创形象以为象征,使人类最高的心灵具体化、肉身化,这就是'艺术境界'。艺术境界主于美。"①这里,已经说明艺术意境的产生问题。宗白华认为艺术的境界有三个层次,即写实、传神和造境。他说:"一切艺术的境界,可以说不外是写实,传神,造境:从自然的扶摹,生命的传达,到意境的创造。艺术的根基在于对万物的酷爱,不但爱它们的形象,且从它们的形象中爱它们的灵魂。灵魂就是寓在线条,寓在色调,寓在体积之中。……动天地,泣鬼神,参造化之权,研象外之趣,这是中国艺术家最后的目的。所以写实、传神、造境,在中国艺术上是一线贯串的,不必分析出什么写实主义、形式主义、理想主义来。"②这就是说,"写实"、"传神"和"造境"乃是艺术由低到高的三个境界,而这三个层次的不断递进,就是艺术境界的不断提升。可见,写实是出发点,传神是进一步的发展,而造境则是艺术的最高指向,这也是艺术心灵所能达到的最高境界,其结局就是:"由能空、能舍,而后能深、能实,然后宇宙生命中一切理、一切事,无不把它的最深意义灿然呈露于前"③。那么,艺术的意境有着怎样的特点呢? 对此,宗白华有一段经典型的论述:"一切美的光是来自心灵的源泉:没有心灵的映射,是无所谓美的。……艺术家以心灵映射万象,代山川而立言,他所表现的是主观的生命情调与客观的自然景象交融互渗,成就一个鸢飞鱼跃,活泼玲珑,渊然而深的灵境;这灵境就是构成艺术之所以为艺术的'意境'。……在一个艺术表现里情和景交融互渗,因而发掘出最深的情,一层比一层更深的情,同时也透入了最深的景,一层比一层更晶莹的景;景中全是情,情具象而为景,因而涌现了一个独特的宇宙,崭新的意象,为人类增加了丰富的想象,替世界开辟了新境,正如恽南田所说'皆灵想之所独辟,总非人间所有!'这是我的所谓'意境'。"④不难看出,宗白华视域中的艺术意境有这样几个特点:一是情景交融。艺术的境界乃是主客关系

---

① 宗白华:《中国艺术意境之诞生》(1943 年),《美学与意境》,人民出版社 1987 年版,第209 页。

② 宗白华:《中国艺术的写实精神》(1943 年),《美学与意境》,人民出版社 1987 年版,第204—205 页。

③ 宗白华:《论文艺的空灵与充实》(1943 年),《美学与意境》,人民出版社 1987 年版,第232 页。

④ 宗白华:《中国艺术意境之诞生》(1943 年),《美学与意境》,人民出版社 1987 年版,第210—212 页。

的产物,既融化客观的"景",又包含着主观的"情"。正是客观的自然景象和主观的生命情调的交融渗化,"景中全是情,情具象而为景",才构成了"独特的宇宙",同时也是"崭新的意象",即艺术意境。二是虚实相生。艺术家创造的是"实",而引起我们想象的是"虚",故而艺术也就是虚实相生,并且通过虚实相生来反映客观世界,才能使艺术本身而赋有生命。艺术的境象本是幻的,所谓"灵想所独辟,总非人间所有",但它同时都启示了高一级的真实,所谓"意象在六合之表"①。因此,艺术采取的是"化实景而为虚境,创形象以为象征",从而"使人类最高的心灵具体化、肉身化",这就是"艺术境界"。三是动静相合。艺术本身在于描写实景,同时又在反映并展现其"灵境",故而艺术能够"成就一个鸢飞鱼跃,活泼玲珑,渊然而深的灵境",这灵境就是构成艺术之所以为艺术的"意境"。

宗白华基于艺术意境理论而具体地表达了"艺术人生"的态度,将"艺术人生"作为美学的追求,因而又提出要注意美感的养成问题。为什么人生需要进到"艺术人生"呢? 宗白华在20世纪的20年代就力图从艺术的起源说起,将艺术与人生紧密地结合起来。在他看来,艺术起源于社会的"同情心",这自然也就与人生联系起来,并反映了社会生活的要求,同时也折射出人类对美的追求。他指出:"艺术的起源,就是由人类社会'同情心'的向外扩张到大宇宙自然里去。……因为自然也有生命,有精神,有情绪,感觉意志,和我们的心理一样。……我们拿社会同情的眼光,运用到全宇宙里,觉得全宇宙就是一个大同情的社会组织,什么星呀,月呀,云呀,水呀,禽兽呀,草木呀,都是一个同情社会中间的眷属。这时候,不发生极高的美感么? 这个大同情的自然,不就是一个纯洁的高尚的美术世界么? 诗人、艺术家,在这个境界中,无有不发生艺术的冲动,或舞歌或绘画,或雕刻创造,皆由于对于自然,对于人生,起了极深厚的同情,深心中的冲动,想将这个宝爱的自然,宝爱的人生,由自己的能力再实现一遍。"②进入20世纪30年代,宗白华从社会生活的实际来考量艺术与人生的关系,认为艺术是在实用生活基础上的提升,呈现在伟大的时代,表现的是真正的人的自由和生命的意蕴,因而也就是人生境界的提升。他说:"每一个伟大时代,伟大的文化,都欲在实用生活之余裕,或在社会的重要典礼,以庄严的建筑、崇高的音乐、阆丽的舞蹈,表达这生命的高潮、一代精神的最深节奏。(北平天坛及祈年殿是

① 宗白华:《略谈艺术的"价值结构"》(1934年),《美学与意境》,人民出版社1987年版,第126页。
② 宗白华:《艺术生活》(1920年),《美学与意境》,人民出版社1987年版,第16—17页。

象征中国古代宇宙观最伟大的建筑)建筑形体的抽象结构、音乐的节律与和谐、舞蹈的线纹姿式,乃最能表现吾人深心的情调与律动。吾人借此返于'失去了的和谐,埋没了的节奏',重新获得生命的中心,乃得真自由、真生命。"①宗白华认为,艺术本身中有着生命的流动,而要获得艺术的人生就要有艺术的教育、并积极地发挥艺术的功能。这是因为,"艺术的作用是能以感情动人,潜移默化培养社会民众的性格品德于不知不觉之中,深刻而普遍。尤以诗和乐能直接打动人心,陶冶人的性灵人格。"②宗白华认为发挥艺术在人生中的作用,进而步入"艺术的人生",而最重要的乃是美感的养成,借以形成"艺术人格"。他对于美感的养成提出了这样的具体要求:"美感的养成在于能空,对物象造成距离,使自己不沾不滞,物象得以孤立绝缘,自成境界:舞台的帘幕,图画的框廓,雕像的石座,建筑的台阶、栏杆,诗的节奏、韵脚,从窗户看山水、黑夜笼罩下的灯火街市、明月下的幽淡小景,都是在距离化、间隔化条件下诞生的美景。……然而这还是依靠外界物质条件造成的'隔'。更重要的还是心灵内部方面的'空'。……萧条淡泊,闲和严静,是艺术人格的心襟气象。这心襟,这气象能令人'事外有远致',艺术上的神韵油然而生。"③宗白华关于美感的养成,一方面强调了外在的物质条件的作用,另一方面又特别强调了心灵内部的"空",这与中国传统文化中注重修身养性的内容有着很大的关系。

宗白华能够独树一帜地提出艺术境界的理论,源于他对于艺术本身所具有的特性、独立领域及其所具有的特殊功能的认识。早在 1920 年前后,宗白华即形成了关于艺术具有创造性品格的学术主张,而正是这一主张开启了他以后几十年对于艺术的探索道路。他在 1920 年的一篇题为《美学与艺术略谈》的文章中,通过对艺术的观察、体认与领悟,在艺术中赋予其"自然创造"的价值内蕴,并明确地说明艺术的创造性特征:"我向来的观察,以为艺术并不是模仿自然,因它自己就是一段自然的实现。艺术家创造一个艺术品的过程,就是一段自然创造的过程。并且,是一种最高级、最完整的,自然创造的过程。因为艺术是选择自然间最适宜的材料,加以理想化,精神化,使它成了人类最高级精神的自然

① 宗白华:《论中西画法的渊源与基础》(1934 年),《美学与意境》,人民出版社 1987 年版,第149 页。

② 宗白华:《艺术与中国社会》(1947 年),《美学与意境》,人民出版社 1987 年版,第 237—238 页。

③ 宗白华:《论文艺的空灵与充实》(1943 年),《美学与意境》,人民出版社 1987 年版,第228—229 页。

的表现。"①正是在这种意义上,宗白华认为在客观方面可以说艺术就是"人类的一种创造的技能,创造出一种具体的客观的感觉中的对象,这个对象能引起我们精神界的快乐,并且有悠久的价值"。但从主观方面、从艺术家方面来看,艺术就是艺术家的理想情感的具体化、客观化,亦即所谓"自己表现"(Sefexpiession)。因此,艺术的真正目的并不是在具体地实用,乃是生出纯洁的精神的快乐;艺术的起源是理性知识的构成,乃是一个民族精神或一个天才的自然冲动的创作。这就是说,艺术不仅在起源上而且在社会生活之中皆处处地表现民族性或个性,并且"艺术创造的能力,乃是根于天成,虽能受理性学识的指导与扩充,但不是专由学术所能造成或完满的"②。那么,艺术创造性品格的本质是什么?宗白华认为是主体(即艺术家)通过自身"直接去体会自然的精神"而作用于客体(社会上物质性存在),并进"以自己的精神、理想情绪、感觉意志"作用于外在的物质,从而"使物质而精神化"。他说:"艺术家要模仿自然,并不是真去刻划那自然的表面形式,乃是直接去体会自然的精神,感觉那自然凭借物质以表现万相的过程,然后以自己的精神、理想情绪、感觉意志,贯注到物质里面制作万形,使物质而精神化。……'自然'本是个大艺术家,艺术也是个'小自然'。艺术创造的过程,是物质的精神化;自然创造的过程,是精神的物质化;首尾不同,而其结局同为一极真、极美、极善的灵魂和肉体的协调,心物一致的艺术品。"③进入 20 世纪 30年代,宗白华在哲学、科学、宗教、道德等诸多学科的对比中论证艺术所具有的独特性境域,从而对于艺术问题的研究进一步深化。在宗白华看来,人类在生活中所体验的境界是不同的,艺术及其关于美的追求乃是一个独特的领域,与哲学、科学、道德、宗教等有着显见的不同。他指出:"人类在生活中所体验的境界与意义,有用逻辑的体系范围之、条理之,以表出来的,这是科学与哲学。有在人生的实践行为或人格心灵的态度里表达出来的,这是道德与宗教。但也还有那在实践生活中体味万物的形象,天机活泼,深入'生命节奏的核心',以自由谐和的形式,表达出人生最深的意趣,这就是'美'与'美术'。"④自然,在宗白华看来,

---

① 宗白华:《美学与艺术略谈》(1920 年),《美学与意境》,人民出版社 1987 年版,第 20—21 页。

② 宗白华:《美学与艺术略谈》(1920 年),《美学与意境》,人民出版社 1987 年版,第 20 页。

③ 宗白华:《看了罗丹雕刻以后》(1920 年),《美学与意境》,人民出版社 1987 年版,第 59—60 页。

④ 宗白华:《论中西画法的渊源与基础》(1934 年),《美学与意境》,人民出版社 1987 年版,第 148 页。

"艺术固然美,却不止于美",亦即艺术之中固然表征"美"、体现"美",但也不仅仅只是表现"美",同时也体现"真",并且其所体现的"真"乃是科学等学科中所无法表现的。这样,宗白华所理解和认知的艺术不仅蕴藏着"美",同时也体现着科学等所无法体现的那种"真",因而艺术也就研究"美"与"真"的独立领域。他指出:"我们在艺术的描写中,可以体验着'人生的意义'、'人心的定律'、'自然物象最后最深的结构',就同科学家发现物理的构造与力的定理一样。艺术的里面,不只是'美',且饱含着'真'。……古人说:'超以象外,得其环中。'借幻镜以表现最深的真镜,由幻以入真,这种'真',不是普通的语言文字,也不是科学公式所能表达的真,这只是艺术的'象征力'所能启示的真实。……是借助于幻相的象征力,以诉之于人类的直观心灵与情绪意境,而'美'是它的附带的'赠品'。"①宗白华在对艺术的学术考量中,在将艺术与"美"及"真"直接地连接起来的同时,又通过对"生命力"的独特性理解而将艺术与人生紧密联系起来,揭示艺术对于人生、心灵的意义,这就彰显了艺术的"人生价值"与"文化价值",并进一步凸显了艺术的价值层面及其所具有的生命力之所在。他指出:"艺术是人类文化创造生活之一部,是与学术、道德、工艺、政治,同为实现一种'人生价值'与'文化价值'。普通人说艺术之价值在'美',就同学术、道德之价值在'真'与'善'一样。然而,自然界现象也表现美,人格个性也表现美。艺术固然美,却不止于美。且有时正在所谓'丑'中表现深厚的意趣,在哀感沉痛中表现缠绵的玩艳。艺术不只是具有美的价值,且富有对人生的意义、深入心灵的影响。"②这里,宗白华是说,艺术固然体现美,但又不只是体现美,还有其人生方面的价值。关于艺术所具有的价值功能,宗白华正是根据艺术具有"人生价值"的理解,具体地从三个层面作了说明。他指出:"艺术至少是三种主要'价值'的结合体:(一)形式价值,就主观的感受言,即'美的价值'。(二)抽象的价值,就客观言,为'真的价值',就主观感受言,为'生命的价值'(生命意趣之丰富与扩大)。(三)启示的价值,启示宇宙人生之最深的意义与境界,就主观感受言,为'心灵的价值',心灵深度的感动,有异于生命的刺激。"③这里,宗白华认为艺术

① 宗白华:《略谈艺术的"价值结构"》(1934年),《美学与意境》,人民出版社1987年版,第125—126页。
② 宗白华:《略谈艺术的"价值结构"》(1934年),《美学与意境》,人民出版社1987年版,第123—124页。
③ 宗白华:《略谈艺术的"价值结构"》(1934年),《美学与意境》,人民出版社1987年版,第124页。

的价值就是"形式的价值"、"抽象的价值"、"启示的价值"这三者的结合体,这是在艺术价值论上的创造性解读,表明宗白华视域中的艺术不仅是以其价值为其内蕴的独特形态,而且也是与"人生价值"紧密联系的关键领域。正是将艺术的价值指向"人生价值"视域,宗白华提升了艺术的价值维度,并在研究范围与研究视域上以及在内涵与价值指向上,具体地拓展了艺术的功能。

宗白华基于对艺术境界的解读并从艺术领域来研究美学的独特视角,高度重视"文学艺术"在美学中的地位。在他看来,对于文学,应以"文学艺术"视之,因为文学本身就是一种艺术。这是由于所谓艺术乃是一种技术,而这种技术不只是服役于人生(如工艺),而是表现着人生,因而也就流露着情感个性和人格的。在这种意义上说,宗白华指出:"文学艺术是实现'美'的。文艺从它左邻'宗教'获得深厚热情的灌溉……文艺从它的右邻'哲学'获得深隽的人生智慧、宇宙观念,使它能执行'人生批评'和'人生启示'的任务。"又指出:"文艺不只是一面镜子,映现着世界,且是一个独立的自足的形相创造。它凭着韵律、节奏、形式的和谐、彩色的配合,成立一个自己的有情有相的小宇宙;这宇宙是圆满的、自足的,而内部一切都是必然性的,因此是美的。……文艺境界的广大,和人生同其广大;它的深邃,和人生同其深邃,这是多么丰富、充实!……然而它又需超凡入圣,独立于万象之表,凭它独创的形相,范铸一个世界,冰清玉洁,脱尽尘滓,这又是何等的空灵?"①在宗白华的研究视域中,文学是作为与绘画、雕刻并列的艺术,并不是机械式的摄影,乃是以其象征方式来提示人生情景的普遍性,因而也就具有美学的意义与价值。可以说,宗白华将文学解读为"文学艺术",并将艺术与文学在内在的艺术因素中联系起来,不仅显示出宗白华力图打通艺术与文学之间关系的重要努力,而且也表现了宗白华建立包括文学艺术在内的宏大美学体系的学术追求。

宗白华在 20 世纪 30 年代发表《论中西画法的渊源与基础》(1934 年)、《中西画法所表现的空间意识》(1936 年)等重要文章,从文化比较的视角和对立与统一的观点,来解读中西艺术的各自特征,探寻中西艺术之间差异之所在。他通过微观的对比与宏观的抽绎,认为西方艺术表现了"'人与'物','心'与'境'的对立相视",而中国艺术则追求人与自然的亲切统一;中国艺术的空间是一种人情化、节奏化、音乐化的时空合一的空间。宗白华跨越中西两大文化体系的时空语境,从中西文化比较中探索中国艺术的走向及其特征,其视角之独特、见解之

①　宗白华:《论文艺的空灵与充实》(1943 年),《美学与意境》,人民出版社 1987 年版,第227—228 页。

深刻，获得当时中国美学界的广泛赞许与学术认同。在中国现代学术史上，宗白华的美学体系有着独特的研究进路，"与朱光潜不同，宗白华更多地是从中国传统美学思想出发，而以西方美学为内在参照，由此承接了中国美学源远流长的生命精神，并以其深邃的文化哲学眼光作出了创造性的现代阐释，形成了独特的以艺境求索为核心的现代美学体系，这在中国现代美学的发展史上具有奠基性的意义。"[①]从美学的学科建设及演进历程来说，宗白华的美学思想不仅深化了人们对中国艺术本质的认识，而且以西方美学为参照、以中国本土文化为根基架构了具有中国特色和现代学术内涵的美学体系，这对于在美学建设中进一步挖掘本土文化的深层意蕴、彰显中华文化的独特优势是很有意义的。

（三）丰子恺的美学思想

丰子恺[②]高度重视审美主体与审美客体的各自作用，认为人们所能感受到的美，既要求事物本身是美的，同时也要求人们须有鉴赏美的能力，这样才能产生美感。他说："梅花原是美的。但倘没有能领略这美的心，就不能感到其美。反之，颇有领略美感的心，而所对的不是梅花而是一堆鸟粪，也就不能感到美。故美不能仅用主观或仅用客观感得。二者同时共动，美感方始成立。"[③]那么，如何来对艺术品进行鉴赏呢？丰子恺提出了独特的鉴赏路径。在他看来，所谓艺术乃是人类的"同情心"的展露，因为"人类本来是艺术的，本来是富于同情的"，故而真正的艺术家正是在"外部即使饱受压迫，而内部仍旧保藏着这点可贵的心"[④]。由此，人们鉴赏艺术品、欣赏美的时候，就需要投入自己的感情，否则就不能产生美感。他指出："感到美的时候，我们的心情如何？极简要地说来，即须舍弃理知的念头，而仅用感情来迎受。美是要用感情来感到的。博物先生用了理知之念而对梅花，卖花人用了功利之念而对梅花，故均不能感到其美。"[⑤]"感情"是丰子恺理解美的重要语词，在他看来，事物是否是美就在于是否具有

① 王铁仙、王文英主编：《二十世纪中国社会科学·文学学卷》，上海人民出版社 2005 年版，第 112 页。
② 丰子恺（1898—1975），浙江桐乡人，学名丰润、丰仁，曾用名丰仍，署名恺、TK 等，现代中国卓越的画家、音乐家和优秀的散文家。散文作品有《缘缘堂随笔》，画集有《丰子恺漫画》、《获生画集》等，文艺论著有《罗丹的生活与艺术》，还有译著《初恋》、《猎人日记》、《夏目漱石选集》、《源氏物语》等。
③ 丰子恺：《艺术趣味》（1934 年），开明书店 1948 年版，第 16 页。
④ 丰子恺：《艺术趣味》（1934 年），开明书店 1948 年版，第 50 页。
⑤ 丰子恺：《艺术趣味》（1934 年），开明书店 1948 年版，第 10 页。

"感情"，故而人们在欣赏美的事物的时候，也就需要投入感情。他说："真的美术的绘画，其本质是'美'的。美是感情的，不是知识的，是欣赏的，不是实用的。所以画家但求表现其在人生自然中所发现的美，不是教人一种知识；看画的人，也只要用感情去欣赏其美，不可用知识去探究其实用。真的绘画，除了表现与欣赏之外，没有别的实际的目的。"①这里，虽然主要是就审美问题而言，其实也就关系到艺术本身的问题。

丰子恺认为艺术并不只是技巧的工作，而完全是心灵的事业，艺术家需要以自己的心灵来加以创造，才能成就为艺术。他指出："艺术不是技巧，而是心灵的事业；不是世间的事业的一部分，而是超越于世界之表的一种最高等的人类活动。故艺术不是职业，画家不是职业，画不是商品。"②丰子恺从创造的角度来理解艺术，将艺术视为心灵作用的产物，认为艺术品融入了艺术家对自然、社会、人生的种种体认，并且是艺术家在具有"灵感"的情形下的创作，因而艺术也就不是单纯的技巧。他说："艺术创作的时候，必先从某自然中受得一种灵感，然后从事表现。全无何等灵感而动手刻画描写，其工作不成为艺术，而仅为匠人之事。倘学画的人只知多描，学诗的人只知多作，而皆闲却了用心用眼的工夫，其事业便舍本而逐末，而事倍功半了。在艺术创作上，灵感为主，而表现为从；即观察为主，而描写为从；亦即眼为主而手为从。故勤描写生，不如多观自然；勤调平仄，不如多读书籍。胸襟既广，眼力既高，手笔自然会进步而超越起来。所以古人学画，有'读万卷书，行万里路'的训话。可知艺术完全是心灵的事业，不是技巧的工夫。"③自然，丰子恺强调艺术之中的心灵与"灵感"，并不是否认物质性材料对于艺术品成形的意义，但他认为这只是使美能够具体化，并不能改变美的性质。他曾这样说："艺术品是因了材料而把美具体化的。材料不同，有的用纸，有的用言语，有的用大理石，有的用音。即成为绘画，文学，雕刻，音乐等艺术。无论哪一种艺术，都是借一种物质而表现，而诉于我们的感觉的。"④

值得重视的是，在关于美的欣赏的研究中，丰子恺将"表象艺术"与"感觉艺术"的鉴赏分别开来，认为对于"表象艺术"的理解需要"理知"，才能体认其中的意蕴，亦即人的思想、观念对于艺术的认识起着很大的作用。他说："表象艺术所异于感觉艺术的，是其需要理知的要素。例如'梅花开'是'梅花'的表象与

---

① 丰子恺:《艺术趣味》(1934 年)，开明书店 1948 年版，第 54 页。
② 丰子恺:《艺术趣味》(1934 年)，开明书店 1948 年版，第 29 页。
③ 丰子恺:《艺术趣味》(1934 年)，开明书店 1948 年版，第 32 页。
④ 丰子恺:《艺术趣味》(1934 年)，开明书店 1948 年版，第 21 页。

'开'的表象的结合。必须用理知来想一想这两个表象的关系,方才能知道文学所表现的意味。且文学中不但要表象,又需概念与观念。例如说'梅',所浮出的梅花的表象,必是从前在某处看见过的梅花。即从前的经验具象地浮出在脑际。这便是'表象'。但倘吧就梅花竹菊,而仅说一个'花'字,则脑中全然不能浮出一种具象的东西,只是一种漠然的、共通的抽象的花。这便是'概念'。又如不说梅或花,而说一抽象的'美'字,这便是'观念'。'旧时月色'的'旧时','不管清寒'的'清寒',都是观念。'善恶'、'运命'、'幸福'、'和平'……都是观念。观念决不能具象地浮出在我们的脑中,只能使我们作论理的'思考'。"①由此,丰子恺认为在艺术鉴赏之中,鉴赏者应先需要就艺术作品本身的价值进行鉴赏,而不要被艺术品所关涉的"世间的效用"所牵引,这样才会有助于对艺术品本身的欣赏。他说:"用艺术鉴赏的态度来看画,先要解除画中事物对于世间的一切关系,而认识其物的本身的姿态。换言之,即暂勿想起画中事物在世间的效用、价值等关系,而仅赏其瞬间的形状色彩。我们必须首先体验造型美的滋味,然后进于情感美,意义美的鉴赏。这样才是对于绘画艺术的真的理解。"②这里,丰子恺提出的对绘画艺术的鉴赏方式,有着纯粹艺术鉴赏的理念。总体来看,丰子恺的美学思想是一位艺术家的美学思想,力图在新的历史条件下不断彰显中国传统美学的精神。丰子恺在中国现代美学史上有着重要的地位。

这一时期,鲁迅、瞿秋白等人大力介绍马列经典作家以及普列汉诺夫、卢那察尔斯基的美学论著,使马克思主义的唯物史观成为中国先进知识分子探索艺术和审美问题的思想方法,推进了马克思主义美学中国化的历史进程,对构建中国马克思主义美学的框架体系有着重要的影响。这里需要提及的是,20 世纪 30年代初,年轻的马克思主义学者胡蛮③所著《辩证法的美学十讲》(上海长城书

---

① 丰子恺:《艺术趣味》(1934 年),开明书店 1948 年版,第 24—25 页。

② 丰子恺:《艺术趣味》(1934 年),开明书店 1948 年版,第 29 页。

③ 胡蛮(1904—1986),曾用名王钧初,河南扶沟人,1925 年毕业于河南省开封师范学校,同年考入北平国立艺专。毕业后留任助教,后担任《世界日报·美术周刊》编辑。1930 年参加"左联",任左翼美术家联盟常务书记、左翼文化同盟执行委员会委员。1935 年 8 月赴前苏联,任国际革命美术同盟执行委员会委员。1936 年 2 月由共产国际中国支部介绍加入中国共产党。1939 年 5 月回国到延安,在鲁迅艺术学院美术系任美术理论研究室主任兼美术教研组组长,同时任中央党校文艺工作室美术组组长。1942 年 5 月参加延安文艺座谈会。1947 年随陕甘宁边区文化协会转战陕北,后至华北,历任晋冀鲁豫边区文联常务理事、华北人民政府图书古物管理委员会副主任、北京市文委委员兼美术组组长等职。中华人民共和国成立后,历任北京市文联常务理事兼研究室主任、北京市人民美术工作室主任、北京市文化局副局长、中国美术家协会常务理事、中国艺术研究院顾问。著有《辩证法的美学十讲》(1932 年)、《中国美术的演变》(1934 年)等。

店 1932 年 10 月初版）一书,通过对"韵律基于哪一点"、"天才是什么"、"个性和流派是怎样产生的"、"概念的暗示与现象的显示"、"艺术之史的必然性"等问题的研究,力图用辩证法作为认识艺术的基本方法,藉以揭示艺术的本质与艺术发展的客观规律。

20 世纪 30 年代的中国美学凸显出学科独立性及"中国中心"的建设理念,超越了先前对西方美学的简单移译,美学研究的自主创新意识显著增强,美学理论的本土化进程加快;尤其是马克思主义美学思想的引入及内在消化,并在结合中国文化、融含中国革命经验中,搭建了中国马克思主义美学的发展平台,这对引领中国美学的前进方向有着巨大的意义。

三、中国现代美学的沉静阶段

20 世纪 40 年代是中国现代美学的沉静阶段,这与当时中国社会的思想、学术的状况是紧密相关的。20 世纪的 40 年代是中国历史进程中的重要一环,先前是全民同仇敌忾铸就的伟大抗日战争,而日寇投降后国内也有过一段短暂的和平;其后,则是国共两党的军事大决战。那样的血雨腥风、战火纷飞的年代,自然会有着激动人心的记忆,并会以各种形式影响于学术与文化事业。但就美学建设而言,20 世纪的 40 年代却处于较为沉静的局面。这一时期中国美学的情形是,虽然也有一些外国美学名著的移译,并且也有一些美学著作的出版,但气势恢宏、特立独行的美学论著较少,宏观的理论阐释性高论不多,美学研究处于具体的艺术问题的探究之中。当然,这一时期也有一些值得称道的美学建设的事实:周扬翻译了车尔尼雪夫斯基的《生活与美学》(1942 年),蔡仪出版了《新美学》(1947 年),这是以唯物主义研究美学的重要成果。但总体来说,20 世纪的 40 年代是中国美学的沉静阶段。

（一）蔡仪美学体系的构建

蔡仪[①]于 1946 年在上海群益出版社出版的《新美学》一书(以后又多次再

---

① 蔡仪(1906—1992),湖南攸县人,原名蔡南冠,中国美学家,文艺理论家。著有《新艺术论》、《新美学》、《中国新文学史讲话》、《唯心主义美学批判》、《论现实主义问题》等 10 多种专著,还主编高等学校教材《文学概论》和《美学原理》,主编《美学论丛》、《美学评林》等刊物。

版），是一部创新性的马克思主义美学专著。全书分美学方法论、美论、美感论、美的种类等 6 章，以方法论入手论述美的诸领域，对于美、美感及美的本质、艺术的本质等问题详加论述。该著坚持马克思主义的指导地位，并遵循马克思主义的方法论，"以美论为逻辑起点，从美、美感到艺术，形成一种层次分明、逻辑性强的唯物主义认识论的美学理论模式"①，在中国现代美学史上有着重要的学术地位。

蔡仪的《新美学》一书依据马克思主义唯物主义观点，以"存在——反映存在的意识——意识的产品"关系的分析为基础，在美、美感、艺术三者关系的厘定中，建构其美学研究的学术体系。

何谓美？蔡仪指出："美在于客观的现实事物，现实事物的美是美感的根源，也是艺术美的根源，因此正确的美学的途径是由现实事物去考察美，去把握美的本质。"②又指出："美的根源是在于客观现实，……客观现实的美便是美学的固有的领域，那是毫无问题的。"③这就是说，美就在于客观的现实事物，故而美学必须以"客观现实的美"作为最为重要的研究对象，进而探索美的本质及其规律，这是因为社会存在就是美的根源，亦即美存在于客观事物之本身中，而不是外在的、附加的东西。这是从社会存在的角度来界定美的，从而把美规定为客观事物本身，这就坚持"美在客观事物"的唯物主义的观点，将美学体系建立在唯物主义本体论的基础上，并使美与美感得以严格地区分开来。

何谓美感？蔡仪以马克思主义反映论来看待美感，认为主观对于美的反映就是美感，因而美学作为一门学问，也就不能仅仅研究"客观现实的美"，而置美感于美学研究之外。换言之，必须将美感纳入美学的范围之内，并且高度重视美感问题研究。他指出："若只限于客观现实的美，而不顾及现实的美和主观意识的相互关系，那么美学几乎是不可能的。……一切学问都是根据着人们的认识，而美学既是一种学问，也就要根据着人们对于客观的美的认识，根据着一般所说的美感，这也是不成问题的。"④这就是说，美感作为反映美这种存在的意识，属于认识论研究的对象，自然也应纳入到美学研究的重要范围之内。这种研究进路不仅使美学研究奠定在客观的现实事物基础上，而且将美学研究进一步从本

---

① 王铁仙、王文英主编：《二十世纪中国社会科学文学学卷》，上海人民出版社 2005 年版，第112 页。

② 蔡仪：《新美学》，群益出版社 1947 年版，第17 页。

③ 蔡仪：《新美学》，群益出版社 1947 年版，第19 页。

④ 蔡仪：《新美学》，群益出版社 1947 年版，第20 页。

体论领域进至认识论领域,从而也就扩大了美学研究的范围,并使"美感论"成为其架构美学体系的重要组成部分。

那么,又何谓艺术? 蔡仪认为,艺术在本质上是美的创造,其本身是基于美的客观存在,并且是在对美的认识中而从事美的创造活动,亦即"艺术的美又根据于现实的美"而创造出来的,因而艺术的美在类别上属于关于美的"意识的产品",故而艺术也就必须纳入美学研究的范围之中。他指出,"艺术的美虽不同于现实的美,而艺术的美又根据于现实的美;……艺术的美是人们的美的创造,这美的创造则是根据人们的美的认识。"这就是说,尽管"艺术的美并不等于客观现实的美,而当作文化资材来说,艺术却不能不说是一种客观事物,艺术的美也就不能不说是一种客观的美。美学既是关于美的全领域的学问,便应当处理艺术的问题。"①这里,蔡仪在论定"艺术美"时,尤为强调艺术美虽然"不等于客观现实的美",但仍然具有的"客观事实"的性质,从而也就在客观实在性中将艺术美纳入到美学的研究范围之中,并使艺术美成为其美学研究体系中的重要组成部分。

从蔡仪关于美、美感、艺术的认知与解读来看,蔡仪是在马克思主义唯物主义指导之下,在存在与反映的辩证关系之中探索美的存在形态及其特点,并进而在揭示美学的研究范围的基础上,来架构自己的美学研究体系的。这之中,始终如一地贯彻马克思主义唯物主义认识论。诚如研究者所指出的:"就美学的领域而言,蔡仪认为,美学的领域包括美的存在、美的认识和美的创造,即美、美感和艺术。在三者的关系上,蔡仪也贯彻了唯物主义认识论'物质存在——反映存在的意识——意识的产品'这一认识论路线,把'现实的美'置于基础性的地位,把美感作为'美的认识',艺术作为'美的创造',这样就形成了'现实美论——美感论——艺术论'的独特的理论框架。"②概而言之,蔡仪的美学体系是在马克思主义认识指导下对美的存在、美的认识、美的创造这三者统合起来,从而形成以马克思主义唯物主义为指导的以美的本质论、美感论和艺术论为组成部分的框架体系,因而也就很好地构建了具有马克思主义鲜明特色的美学话语体系和美学研究的逻辑谱系。

值得注意的是,与对美学研究范围的探索相联系,蔡仪还以哲学的视域来确

---

① 蔡仪:《新美学》,群益出版社1947年版,第23页。

② 王铁仙、王文英主编:《二十世纪中国社会科学·文学学卷》,上海人民出版社2005年版,第113页。

立美学的学科性质及学科地位,认为美学从属于哲学门类,是哲学的一个分支学科,在整个的学术研究体系中具有独立的学科地位。他指出:"美学是关于美的存在和美的认识的发展的法则之学,在认识美的存在之上,并求改造美的存在,而创造艺术。因此美学其实就是一种哲学,就是美的哲学,是哲学的一部分、一分支。"①蔡仪上述论断,不仅将美的存在、美的认识及美的创造这三者作为统一体而设定为美学研究的对象,而且尤为强调美学的"法则之学"的地位。所谓"法则之学",其根本的要义就是在研究和阐明各种现象(研究对象)的基础上,必须进至探求规律的地步,从而使学问具有科学的品格,这是任何学问成为科学的基本要件。这可见,蔡仪尽管是研究作为哲学分支学科的美学,但有着强烈的科学意识和学科意识。正是有着高度的学科建设意识,蔡仪在论"美学的性格"中又进一步探索美学的学科特点,并将美学的特点与美学在学科体系中的地位联系起来考量。他指出:"美学的性格,其第一特点,我们在这里虽未特别说明,但是很显然的,它是以美的领域为对象,而和一般自然科学或社会科学不同的。第二个特点,即它是以美的全领域为对象,也和艺术学和心理学是不同的。第三个特点,即它是关于美的存在和美的认识的关系及其发展的法则之学,故其本质是哲学的,是以哲学为基础的,但仅是哲学的一部分,或者说是哲学的一分支,是次于哲学的。"②蔡仪坚持马克思主义理论对美学研究的指导地位,通过对美、美感、艺术三者关系的分析,提出了美学研究的领域就在美的存在、美的认识和美的创造这三个方面,揭示了美学的学科特点,并确立美学是哲学分支学科的地位,这是马克思主义唯物主义原理与美学研究的学术实践的有机结合,同时也是建构中国马克思主义美学研究理论的重大努力。

蔡仪在《新美学》中提出"美是典型"的学术主张,这成为他的美学研究体系中的一个显著标识。蔡仪指出:"美的东西就是典型的东西,就是个别之中显现着一般的东西;美的本质就是事物的典型性,就是个别之中显现着种类的一般。"③又指出:"美的事物不仅是个别的东西和种类的东西的统一,而是个别的东西显现着种类的东西。所谓显现不用说是显著地表现,这句话是站在我们鉴赏者的立场来说的,而站在客观事物本身来说,便是个别的东西之中完全地丰富地具备着种类的属性条件。它的个别的属性条件,是以种类的属性条件为基础

① 蔡仪:《新美学》,群益出版社 1947 年版,第 35 页。
② 蔡仪:《新美学》,群益出版社 1947 年版,第 36 页。
③ 蔡仪:《新美学》,群益出版社 1947 年版,第 68 页。

的,是决定于种类的属性条件的,于是个别的属性条件和种类的属性条件一致而毫无矛盾。而就这事物的属性条件全体来说,也就是纯粹而不杂驳的。这时候个别的属性条件是为种类条件而有的,是从属于种类的属性条件的;这时候种类的属性条件才不是空洞的抽象的,是渗透于个别的属性条件而表现的;这时候个别事物才丰富地完全地而且纯粹地具备着种类普遍性于个别性之中。……总之美的事物就是典型的事物,就是种类的普遍性,必然性的显现者。在典型的事物中更显著地表现着客观现实的本质、真理,因此我们说美是客观事物的本质,真理的一种形态,对原理原则那样抽象的东西来说,它是具体的。"①"美是典型"说无疑是建立在唯物主义基础上,强调的是美通过一般而体现为个别,亦即"个别的东西显现着种类的东西",并没有否定美的客观存在的基础。事实正是,美存在于社会生活之中,亦即社会生活是美的源泉,但美之所以能体现出来而为人们所认识,乃是通过"典型"(个别)而呈现出来,这里有着个体认识的创造性作用,否则就不能表现为"典型"。但"典型"呈现出来,并不因此就消解了"种类的东西",因为"个别的属性条件,是以种类的属性条件为基础的,是决定于种类的属性条件的"。这里,确实有着重视普遍性、整体性,而对个体性、创造性等方面重视不够的问题,但蔡仪是就美的本体论与美的认识论关系以及普遍性与特殊性关系,而提出"美是典型"论断的。对此,似不应过多苛求。蔡仪也许预计到人们会误解他的主张,故而他对"美是典型"说有一个总体性的说明:"美的本质就是事物的典型性,就是这个别事物中所显现的种类的普遍性。但是种类的普遍性显现于个别事物之中,必得通过这个别事物的特殊性,而不能在个别事物之中显现着单纯的种类的普遍性。只是显现着单纯的普遍性,事实上便不能是客观存在的个别事物,而是一个空洞的抽象的架子,或者如现在一般人所说的类型。这样类型的东西,只能是经过我们意识的抽象作用而得的一个抽象概念,如几何学上的无长短宽窄厚薄的点一样。也就是说,在客观事物之中单纯的种类的普遍性本身也是没有的。"②从蔡仪自身的思想体系来说,"美是典型"论源于他主张的反映论的认识模式,这也反映了他对于美感问题的认识。在蔡仪看来,美感的产生源于人们对于事物的认识,而认识事物大致也是经过感觉、表象、概念这三个层次。这里,概念是认识事物的高级阶段,能够反映事物的种类属性。蔡仪指出:"概念的概括表象所反映的事物的性质并不是绝对舍去事物的形象;

① 蔡仪:《新美学》,群益出版社 1947 年版,第 79—80 页。
② 蔡仪:《新美学》,群益出版社 1947 年版,第 75—76 页。

其概括所反映的事物的种类性也不是绝对舍去其个别性;只是概念是以反映事物的种类为基础而具现个别性,以所反映的事物的性质为基础而具现形象。换言之,表象的反映事物的外在的形象,其中即包含内在的性质;所反映的性质之中即包含普遍性;但概念的反映外在的形象是以内在的性质为基础的,反映个别性是以普遍性为基础的,故概念的反映事物的性质是显明的,其反映事物的种类性是完全的,丰富的。这样的概念的认识,须经过意识的分析、综合、抽象、具象的作用,而不是如表象一样是单纯的感性的认识,即参加了相当的智性的能动性的认识。"①这段论述,集中反映了蔡仪关于美感的理论,因而也有助于认识蔡仪"典型是美"这个美学观点的逻辑成因。

蔡仪在《新美学》中创建了"美感两重性"的理论。这个理论是从"美的客观事物"的两重性,延伸到"美感两重性",并进而展开到美感的两种具体形式。蔡仪指出:"一个美的客观事物,对我们是两重性的,它的当作美的事物,能引起我们的美感,除此之外,它尚是实际的客观事物,对于我们尚有其他意义。于是美的事物,一方面是美感的对象,另一方面又是其他精神反应的对象。美的事物是有这两重性的,因此美感不能是单纯的美感,也是两重性的。它是美感,但一定伴随着其他的精神的反应,伴随着其他的情感活动。于是美感和其他的精神的反应,其他的情感的活动是不可分的。虽然美感的当作精神活动是有它的独自性的,但和其他精神的反应是同起同在的。因此当然其他的精神的反应便影响美感,渗透着美感。"②所谓"美的客观事物"的两重性,一方面是说客观事物是"美感的对象",另一方面是说客观事物"又是其他精神反应的对象";由此,也就有了"美感两重性",亦即美感本身"它是美感,但一定伴随着其他的精神的反应,伴随着其他的情感活动",因而这样的"美感和其他的精神反应,其他的情感的活动是不可分的",这就凸显出美感本身的意蕴及其与"其他的精神反应"之间的内在联系性。蔡仪从"美的客观事物"的两重性来论述美感的两重性,又进而阐发美感的"雄伟"和"秀婉"两种具体形式。他指出:"由于这种关系,美感的形式才有不同,而雄伟和秀婉,则是美感形式的两种类。……这就是说,秀婉的美感,是美的对象既引起我们的美感的愉快,又引起我们感性的快感或其他精神的愉快,于是全体说来,都是愉快的,一致的,调和的。而雄伟的美感,是美的对象一方面引起我们的美感的愉快,另一方面又引起我们感性的不快或其他精神

---

① 蔡仪:《新美学》,群益出版社1947年版,第134—135页。
② 蔡仪:《新美学》,群益出版社1947年版,第230页。

的不快,于是全体说来,虽然是美感的愉快强烈,超过了那种不快,但在接受这刺激的时候,是拒抗的,混乱的,矛盾的。"①蔡仪正是基于美感的两重性研究,将美感中的"雄伟"和"秀婉"这两种形式,具体化为"悲剧的美感"及"笑剧的美感"这两种形式,从而在美感问题的研究上开拓其视域、建构其体系。关于"悲剧的美感",蔡仪指出:"悲剧的美感,就一方面说,是由美的对象的刺激强大,而引起逆受的精神反应;而就另一方面说,这种逆受的精神反应,不仅是朦胧的心情紧张兴奋,而是鲜明的悲哀。因此它是雄伟以上的。我们若用简单的文字来表示,可以说是悲壮的。……悲剧的美感固然主要的是随着悲哀,但不一定只伴随着单纯的悲哀。原来悲哀的心情也往往伴随着恐怖、凄怆或崇敬的感情。在雄伟的美感中可以伴随朦胧的悲哀、恐怖、凄怆、崇敬的感情,而在悲剧的美感中,也往往于悲哀之外,尚伴随着恐怖,凄怆或崇敬的感情。因此悲剧的美感,又因其所伴随着的这种感情的不同,而有恐怖的悲剧的美感,崇敬的悲剧的美感或凄怆的悲剧的美感等。总之,悲剧的美感是情绪更复杂的美感。"②关于"笑剧的美感",蔡仪指出:"笑剧的美感是由秀婉扩充起来的,是秀婉以下的美感。秀婉是由于美的对象的刺激柔和,引起伴随着朦胧的顺受的精神反应的美感;而笑剧的美感,则是由于对象的刺激更柔弱,引起过度的顺受的精神反应,这在现实的对象时则不会发生美感的,但因为对象是艺术,美增高了,现实性削弱了,故尚能引起相当的美感。……换言之,对象的刺激既是柔弱,我们的意识感受它时,不但不紧张兴奋,而且有相当的余裕,能对它批判;同时刺激非常柔弱的对象,则是低于可爱乃至可怜的范畴,而是可轻可鄙的事物,如俗语所谓'螳臂当车'之类的情形,便致引起过度的顺受的反应,而生嘲笑、戏弄之感。"③这里,蔡仪从"雄伟"、"秀婉"解析之中,依据其中的逻辑谱系而延伸到"悲剧"与"笑剧"之中,从而使美感的类别整体地呈现出来,并进一步论证了其美感两重性的主张。因此,在蔡仪的学术视域之中,美感的种类因伴随的条件的不同,而有两组不同的美感,"第一是雄伟的美感和秀婉的美感,第二是悲剧的美感和笑剧的美感"④。蔡仪由美感两重性阐发"悲剧的美感"与"笑剧的美感",这就使得他关于美感的研究不仅奠定在"美的客观事物"的基础上,而且亦通过美感两重性的理论建构与学理阐发,而得以有效地落实在悲剧与喜剧这两种形式之中。

① 蔡仪:《新美学》,群益出版社 1947 年版,第 231—233 页。
② 蔡仪:《新美学》,群益出版社 1947 年版,第 241 页。
③ 蔡仪:《新美学》,群益出版社 1947 年版,第 242—243 页。
④ 蔡仪:《新美学》,群益出版社 1947 年版,第 226 页。

蔡仪在《新美学》中对于自然美、社会美、艺术美有着严格的界定,并在相互联系中揭示各自的特性之所在。譬如,关于自然美问题,蔡仪认为自然美之中虽然有单象美,也有综合美,但是自然事物的基本存在形态是个体,所以自然美主要是个体美。而自然美主要的决定条件,是自然事物的种属的属性条件。也就是自然事物的个体中显现着种属的属性条件,这个体的自然事物是美的。基于这样的认识,蔡仪提出了自然美的两个基本特性。他指出:"在这样的限制之下,我们所说的自然美,虽然随着自然事物的种属关系而有种种的不同,却只是程度的不同,不是种类的不同;只是量的不同,不是质的不同。在这样的限制之下,我们所述的自然美主要是个体美,也就是自然事物的实体美。所谓个体美,是指它直接由种属的属性条件决定的;所谓实体美,是指它主要是可感觉的事物本身的美。这种实体美所给予的美感,大致是和快感密接而一致的,也就是伴随快感的,这是自然美的特性之一。"而从溯源的角度来看,"所谓美原是事物的本质真理的具体的显现,自然美也就是自然事物的本质真理的具体的显现。换言之,就是上面所述的个别的自然事物之中显现着种属的一般性。这种自然事物的种属一般性,就是自然的必然。所谓自然美是显现着种属的一般性,也就是显现着自然的必然,它不是人力所得干预,也不是为着美的目的而创造的,这是自然美的特性之二。"①又譬如,关于社会美问题,蔡仪从社会关系的特点立论,将美学理论与社会生活的实际有机地结合起来,认为社会美主要是综合美。在他看来,社会美原是社会关系中的事物的美,主要是综合美,虽然这种综合美也依存于综合体中的个体美,但是这种社会的个体和自然的个体不同,它在任何场合都是不能脱离社会关系的,也就是无论如何不是单纯的个体,而是社会关系的一个联结点。基于社会美主要是综合美的学术认知,蔡仪揭示了社会美的两大特性,他指出:"综合美所表现的是事物的相互关系,是事物的规律,而社会美所表现的则是社会事物的相互关系,社会事物的规律。因此社会美主要的不是事物的实体美,而是事物的规律美。就社会的体现者的人来说,不是肉体美,而是性格美,或者说是人格美;如果说实体美大致是伴随着感性的快感,则人格美大致是不伴随着感性的快感,这是社会美的特性之一。……社会美表现社会上人与人的关系的必然性的;但是因为人的意识作用非常之强,可以把握着社会关系的必然性,利用它,促进它,使它成为合目的的,这时的必然即是自由,或者说是自然和自由的协调、一致,于是一切的社会美都是有相当的必然性,也有相当的自

①　蔡仪:《新美学》,群益出版社 1947 年版,第 203—204 页。

由性。也就是说,社会美不仅显现着必然,而且显现着人的意志自由。这是社会美的特性之二。"①概而言之,蔡仪所论定的社会美乃是体现"社会事物"的相互关系、表现社会上人与人的关系、合乎美的规律的社会事物,因而也是表征社会事物本质、体现社会运行规律、体现人类的必然与自由相统一的美。再譬如,关于艺术美问题,蔡仪基于艺术是美的创造及艺术是"现实典型化"的观点,阐发了艺术美的两大特性。他指出:"艺术美固须有客观现实的根源,而主要在于作者主观的加工。任何现实的事物只是艺术的素材,而艺术美是它们的典型化,也就是现实的改造,现实的理想化。就这一点说来,艺术美不同于自然美和社会美,自然美和社会美是现实美,而艺术美是理想美。这是艺术美的特性之一。……因为艺术的将现实典型化,虽是一种对于现实的改造,却不是真正的现实事物的改造。这种改造是直接由于意识的要求,不是由于外在的要求。就这一点看来,艺术的创造,诚然如过去有些艺术理论家所说,是一个意识自由的世界。我们知道自然美是自然的必然。社会美虽渗透着个人的意志自由,但是主要的是社会的历史必然;也就是说,从美的产生条件来看,一切现实美的产生都是客观的必然,不是根据美的认识而创造的,为着美的目的而产生的。惟有艺术美便相反,是根据美的认识而创造的,为着美的目的而产生的,也就是艺术美是人们意志自由的创作。这是艺术美的特性之二。"②蔡仪在马克思主义指导之下,对于自然美、社会美、艺术美等范畴进行了卓有成效的探索,揭示了这些范畴的基本内涵及其基本特性,并使自然美、社会美、艺术美这三者在相互的联系中统合起来,从而使美的形态与范畴的研究进到崭新的境界,为以马克思主义为指导的美学研究体系的建立奠定了学术基础。

蔡仪在《新美学》一书中就审美经验问题作出探索,依据唯物主义的反映论对于美感的产生、演进及其所具有的特征等问题进行了相关的研究。美感何以发生?蔡仪认为有两个重要的条件:一是客观事物本身;二是人们的认识能力,特别是人们的思维能力。在蔡仪看来,"美感态度"与"美感的对象"是两个不同的概念,尽管美感态度对于美感的对象有制约性的作用,但从根本上说是美感的对象决定着美感态度。蔡仪说:"我们否认美感态度和实用态度与科学态度有绝对的分别,只承认美感的心理状态和日常生活的心理状态有所不同,美感态度和日常生活的态度有所不同,及美感对象和其他的认识对象有所不同。美感的

① 蔡仪:《新美学》,群益出版社 1947 年版,第 212 页。
② 蔡仪:《新美学》,群益出版社 1947 年版,第 223—224 页。

心理状态或美感态度虽制约着美感的对象,但广泛地说,美感的对象根柢上决定美感的心理状态或美感态度的。"①那么,美感到底是如何产生了呢? 蔡仪的看法是:"美感的发生,是由于事物的美或其摹写和美的观念适合一致。而这所谓美的观念,又不是观念论的美学家或理论家一样认为是根源于最高理念或绝对精神;相反的,它是根源于客观事物。换句话说,它是客观事物的摹写,也就是对于现实的认识。"②这里,蔡仪在美学研究中旗帜鲜明地坚持马克思主义的认识论,强调客观事物本身对于人们的美感的决定性作用,将美感设定在马克思主义认识论的原则之中。对于人们的认识能力是如何制约着美感的问题,蔡仪认为人的思维能力在其中起着关键性的作用。他指出:"美不是感性所能认识的,必须通过智性才能认识。换句话说,美感不仅是由于感性能力,而也是由于思维作用。正因为要通过思维作用,也就是康德所谓悟性范畴,于是所把握的内容,不仅是对象的形式,同时也是伴随着这形式的事物的本质、关联、意义。"③基于这样的看法,蔡仪从概念形成过程来具体地阐发美的认识的基础及其过程,凸显美的认识的进路及演变轨迹。他指出:"概念的产生过程,一方面是分析的抽象的;另一方面又是综合的具象的,概念的这种两重性,一句话说来就是概念的抽象性和具象性。它的抽象性,是指它的以表象的一般的属性条件为基础而构成,并有脱离表象的倾向;就这点看,它是一般里包括个别,普遍里包括特殊,是科学的认识,理性的认识的基础。所谓概念的具象性,是指它的既以表象为根据,且不绝对排除表象的个别的属性条件,有时又有和表象紧密接合的倾向。就这点看,它是个别里显现一般,特殊里显现普遍。这种概念的具象性,就是艺术的认识,美的认识的基础。"④从蔡仪对于概念的分析来看,他认为概念的认识往往不自觉的,于是人们以概念的具象性为基础所获得的美的观念,也往往是不自觉的;又因为美的观念往往是不自觉的,于是人们也就难以知道美的观念与一般认识的关系。但是,就认识的过程来分析,概念的具象性是美的认识的基础,而概念的具象性的进一步发展又使认识的内容成为"个别里显现一般的典型的形象",这就是"对于该事物的美的观念"。因此,"所谓美的观念,和其他的概念一样是客观事物的种类性的反映,它没有其他的什么最后根源,也不是特殊的意识

---

① 蔡仪:《新美学》,群益出版社1947年版,第107页。
② 蔡仪:《新美学》,群益出版社1947年版,第129页。
③ 蔡仪:《新美学》,群益出版社1947年版,第99页。
④ 蔡仪:《新美学》,群益出版社1947年版,第143页。

能力的所产"①。蔡仪在提出美感具有客观性的同时,对于美感的特性也有重要的探索。在他看来,美感具有这样的几个显著特点:

一是具有观念性。蔡仪从美感与人们认识的关系,来解释美感的观念性。他指出:"精神的基础活动是认识,美感既是精神活动,那么显然是在认识的基础上发生的,也就是说美感显然是在美的观念的基础之上发生的。"②又指出:"美的观念虽有客观的基础,但意识又受各人不同的自然条件及社会条件的制约,而致所把握的对象,所获得的认识各有不同之处。因此意识虽能正确地反映客观事物,也常歪曲地反映客观事物;也就是说,它可以反映客观事物的本质真理,却不一定所反映的都是客观事物的本质真理,或者不一定完全地纯粹地反映客观事物的本质真理。这是认识的主观性,同时也是真理在认识过程中的相对性的一个主要原因;这是美的观念的主观性,同时也是美感的相对性的一个主要原因。"③蔡仪的看法是,美感是在认识的基础上发生的,亦即就美观的形成过程和人的认识状况而言,美感本身具有观念性、主观性的一面。

二是具有不自觉性。蔡仪承认人们的认识具有主动性的一面,但他也看到美感在形成过程中也有着不自觉性的一面。他指出:"美感是根据着美的观念,但是美的观念,尤其是在日常生活中获得美的观念,往往是不自觉的,也就不是自我充足的。因为它不是自我充足而完全的,所以它常是在渴求着自我充足而完全。……这种美的观念的渴求自我充足而完全的欲望,一旦得以满足,便发生美感,美的情绪的激动,发生精神的愉快、陶醉。……美感就是美的观念的自我充足欲求的满足时的愉快。"④蔡仪从美的观念的"不自觉性",看到了美感在形成过程中具有"不是自我充足而完全的"特点,进而说明美感具有不自觉性的特点。

三是具有断续性。蔡仪认为美感的形成是一个过程,这个过程在于追求"欲望的满足"以达到"美感的愉快",因而有着"断续性"的特点。他指出:"美感的愉快原是由于欲望的满足,而一切欲望的满足都是有断续性的,也就不是一次便永远厌足的,美感也是如此。在第一次鉴赏时,美的观念得以自我充足而完全,就是说这美的观念得以成为具体而鲜明的形象。但在不鉴赏,因为日常生活中对于其他事物的认识,又渐渐把这具体而鲜明的形象弄得空洞而模糊了。这

① 蔡仪:《新美学》,群益出版社 1947 年版,第 145 页。
② 蔡仪:《新美学》,群益出版社 1947 年版,第 157 页。
③ 蔡仪:《新美学》,群益出版社 1947 年版,第 153 页。
④ 蔡仪:《新美学》,群益出版社 1947 年版,第 160—161 页。

空洞而模糊的美的观念,依然要求自我充足而完全,于是在第二次鉴赏时,它的这种要求得以满足,便又发生美感的愉快,所以有谓真正伟大的作品,能'百读不厌'便是这个道理。"①这里,蔡仪从"欲望的满足"来考察美感的"断续性"特点,说明美感乃是一个既有中断又有持续的过程,这就使得关于美感过程的研究进一步具体化、细致化。

四是具有求知性。蔡仪以"欲望"来解读美感问题,他进而又通过对"欲望"在本质上就是"求知欲"的分析,揭示美感的求知性特点。他指出:"美的观念的自我充足的欲望,从其根柢上说,就是一种求知欲,或者说和求知欲本质上是一致的。我们知道美就是具体形态的本质真理,因此美是较之抽象的原理原则,是更真切的事物的本质真理。美的观念当其尚不是自我充足而完全时,尚不是具体形象的,于是意识尚不以此为满足,而渴望其自我充足而完全,也就是渴望把握更真切的事物的本质真理,所以它其实就是一种求知欲,只是和一般所谓原理原则的知识之欲望,是更高级的。在一般求知欲的满足时,如一种科学原理的发见或理解,我们多少感觉愉快;美是更真切的具体的事物的本质真理,于是美感的愉快也较之一般求知欲满足时的愉快是更真切的。"②蔡仪关于美感具有求知性的阐述,揭示了美的观念在转化为美感中,人们的认识具有探索性、求真性的特点,深化了美感本质问题的认识。

蔡仪在《新美学》中认为,美感与快感有着密切的关系,但美感与快感不同,并且在快感的层次之上。在他看来,美感与快感显然是不同的两个阶段,这种不同"不仅是量的不同,而是质的不同。也就是美感不是感觉的快适,而是如有些人所说的灵魂的陶醉"。然而,这不是说美感与快感没有关系。其实,"美感既是以快感为阶梯,当然有时要求和快感一致,事实上也往往和快感一致"。"不过和快感一致并不是美感的决定条件。美感可能是美的事物合于感性,而尤其要适合于智性。"就是说,"快感若是感官部分的快适,美感则是精神全盘的快适。所以说美感高于快感。"③蔡仪将美感与快感区别开来,一方面强调美感以快感为基础,另一方面又强调美感在根本上乃是"精神全盘的快适",而不是快感所表现的那种"感官部分的快适"。这就说明美感与快感不是处于同一个层次,而是美感高于快感的道理。

---

① 蔡仪:《新美学》,群益出版社 1947 年版,第 168—169 页。
② 蔡仪:《新美学》,群益出版社 1947 年版,第 168 页。
③ 蔡仪:《新美学》,群益出版社 1947 年版,第 164—165 页。

　　蔡仪在《新美学》中对于美感的种类进行了具体研究,并提出了自己的分类办法。在他看来,美感是有不同种类的,但既然都是美感,不管其种类如何,在本质上皆是一致的。就是说,"美感的种类之别,既不是由于它之所以为美感的本质有所不同,也不是由于它之所以发生的根据之美的种类的不同。"那么,美感之所以成为不同的种类,缘于何种原因呢? 蔡仪的回答是,这是"由于美的对象和美的观念结合时的形式的不同"。对此,蔡仪有这样的解释:"在美的对象和美的观念结合时,发生美感,同时还发生感性的,智性的及感情的种种伴随的条件;反过来说,由这些伴随条件而致有种种不同的美感。这样说来,所谓美感的种类,不是由于美感的本质的不同,而是由于美感的形式的不同,于是所谓美感的种类,严格地说,只是美感形式的种类。"①这里,蔡仪认为所谓美感种类问题,其实只是"美感形式的种类"问题,而非美感本质的种类,因为美感在本质上皆是一致的。正是基于美感种类的研究,蔡仪认为由于美感形成条件的不同,亦即"美的对象和美的观念结合时的形式的不同",因而也就有两组不同的美感,一是雄伟的美感和秀婉的美感,二是悲剧的美感和笑剧的美感。

　　蔡仪在美学的其他问题上也有积极的探索,为推进中国马克思主义美学理论体系的建设作出了重要的贡献。

　　譬如,关于美的创造问题,蔡仪认为美的创造不仅源于艺术家日常的生活,而且所形成的美感也表现为不自觉性的特征。他指出:"若是真正的艺术家,他所谓忠实地表现内心的东西,也就是忠实地表现他在日常生活经验中所获得的对于事物的美的观念,或者说是'意象'、'意境'之类,这种'意象'原来就是概括客观事物的种类性为基础而构成的。只是在它的构成过程中,虽经意识的比较、分析、综合等作用,却往往是不自觉的。"②蔡仪关于美感源于社会生活、美的创造基于生活经验的主张,实际上是强调美的客观性依据,并由此又延伸到关于艺术高低问题的探索,于是也就提出了艺术接受的"多数人"命题,这可以说是关于美的创造问题研究的深化。他指出:"所谓高级艺术和低级艺术之分,是有确实的客观根据;切不能因为多数人不能发生美感,不能接受,便以为是高级的,是雅的;或者因为多数人能接受,能发生美感,便以为是低级的,是俗的。这是不正确的。……倒是相反的,一般地说来,真正高级的艺术,它的典型性也强,它的美也高,就是它的内容的普遍性也大。所谓它的内容的普遍性大,就是它的内

---

　　① 蔡仪:《新美学》,群益出版社 1947 年版,第 225 页。
　　② 蔡仪:《新美学》,群益出版社 1947 年版,第 151 页。

容,在原则上说,是和大多数人的生活相关的,也就是大多数人所须关心的,所须接触的,所须认识的,因此大多数人对于这种现实事物,在平时便可能获得有美的观念。表现这种现实事物的本质真理的艺术,就艺术本身来说,无疑的它是高级的;就鉴赏者来说,也无疑地大多数人都能接受,都能发生美感。"①蔡仪提出的关于美的创造源于社会生活的主张及美是关涉"大多数人"的命题,是历史唯物主义原理在美学中的创造性运用。

又譬如,在美的欣赏问题上,蔡仪从哲学的角度将本体论与认识论统合起来进行阐发,认为美的本质与美的鉴赏并不完全是一回事,鉴赏者对美的欣赏自然是与美的事物本身相关的,但也是与欣赏者本身的鉴赏水平及其与社会生活的联系程度有着意义性的关联。一般地说,艺术的美高于自然的美,艺术的美感也应强于自然的美感;高级艺术的美高于低级艺术的美,高级艺术的美感也应当强于低级艺术的美感。对于这样的看法,蔡仪认为是有条件的,因而也就不能绝对化。他指出:"在对于艺术的知识浅薄,对于艺术的内容不了解时,则自然的美感也可强于艺术的美感;而高级艺术的内容对某鉴赏者是和他的生活不相干的,反之低级艺术的内容则是和他的生活很密切的,于是在这一鉴赏者,他平时既没有和高级艺术的内容相似的美的观念,所以虽接受这种高级艺术的印象,也只是一个平凡的新表象,并不能发生强烈的美感;反之和低级艺术的内容相关的美的观念,若是他日常生活经验中已获得的,这种观念在不断的渴求自我充足而完成,于是在接受这种低级艺术所予的印象,不仅是一个新表象,而且是一个和美的观念适合一致的表象,于是而发生美感。在这里我们可以知道为什么有所谓'阳春白雪,曲高和寡'的一个原因……这样由外物的美而使美的观念得以自我充足,引起强烈的美感,这便是从来所谓美的鉴赏的愉快。"②蔡仪从美的鉴赏中审美客体与审美主体的交互关系中,阐发了美的欣赏中所面对的主客关系,突出了审美主体的鉴赏水平和生活经验在其中的地位,这是对美学认识论的重要探索。

蔡仪是新中国前成立中国马克思主义美学研究的学术大家,其所著《新美学》一书全面地阐发了马克思主义美学的基本观点,在马克思主义与美学研究的结合上取得创造性的成就,其美学方法论、美的本质论、美感论以及现实主义艺术论,自立新说并自成体系,其美学体系以典型论为核心而具有独特风貌。蔡

① 蔡仪:《新美学》,群益出版社 1947 年版,第 163 页。
② 蔡仪:《新美学》,群益出版社 1947 年版,第 162—163 页。

仪是现代中国马克思主义美学的主要代表,在 20 世纪 40 年代的中国美学界独树一帜,为形成以马克思主义为指导的全新的美学体系作出了突出的贡献,在中国现代学术史上有着重要的地位。

(二) 美学研究的沉静期

20 世纪 40 年代除蔡仪的《新美学》最有影响外,傅统先①编著的《美学纲要》(上海中华书局 1948 年 5 月初版)及马采②的《论美》(广州美学研究会 1948 年 5 月初版),也是比较重要的美学著作。傅氏的《美学纲要》,分经验之完整性、美感经验之本质、美与自然、美与心理活动、美感之特性、创作与欣赏、艺术的种类、艺术与生活等 8 章,论述美、美感与艺术的本质问题。马氏的《论美》论述什么是美、物象的美的变化的统一、美与艺术、美与美感等问题,书末并附录《论艺术的理念的进展》③。但总体来说,在 20 世纪 40 年代,除了有蔡仪的美学研究在学术界有重要影响,尚未出现美学研究多元化的态势。这说明,中国整个的美学研究处于相对的沉静期。

中国现代美学在中外古今文化的冲突与交融中不断前行,一开始就呈现蓬勃发展的势头,虽然在行进之中有曲折,存在着不尽如人意的地方,但仍然有许多值得称道的成果,并且为此后中国美学的发展奠定了一定的基础、提供了可资利用的本土化资源。当然,现代美学作为一门学科的建设,如何在哲学与艺术之间得到一种调适的路径、不断地加强美学理论的开拓创新,如何正确地面对日益紧张的中外文化对立并充分地吸取可资借鉴的资源,美学各派之间应该建立怎样一种互动共赢机制,应该说仍有许多值得总结的经验教训。

---

① 傅统先(1910—1985),云南澄江人,回族。1932 年毕业于上海圣约翰大学,1950 年获美国哥伦比亚大学教育哲学博士学位。中国现代哲学家、教育学家、心理学家、翻译家,主要从事教育哲学、教育心理学、逻辑学等教学及研究,并致力于哲学、心理学的翻译介绍工作。著译有《教育哲学》、《中国回教史》、《格式塔心理学原理》等。

② 马采(1904—1999),别号采真子,字君白,广东海丰人。现代著名美学家、哲学家和翻译家,学术领域涉及哲学、美学和艺术学等。早年留学日本,回国后在中山大学任教,1939 年晋升为教授。1952 年全国院系调整,调到北京大学任教,1960 年中山大学复办哲学系,又返回中山大学工作,直至 1986 年退休。著作有《马采文集》、《马采译文集》等。

③ 参见北京图书馆编:《民国时期总书目(哲学·心理学)》,书目文献出版社 1991 年版,第 213 页。

第十四章　宗教学

宗教学是以宗教现象为研究对象的社会科学,主要研究宗教的起源、演化、性质、规律、作用等方面的内容。19 世纪下半叶,西方学者首先建立了宗教学这门学科。学术界一般以麦克斯·缪勒 1873 年发表《宗教学导论》,率先使用"宗教学"一词为其开端。就现代中国学术界而言,五四运动以后,随着西方学术相继涌入中国及马克思主义在中国的广泛传播,不少哲学家、政治家、思想家和宗教学者,对宗教现象进行了较为深入的研究,使宗教问题的研究呈现出繁荣的局面,并出现了代表性学术专著。于是,宗教学在现代中国也就开始成为一门学问,并进而成为中国现代学术体系中的重要部分。

一、现代宗教学研究的历程

宗教问题的研究得益于民国建立所确立的政治秩序和新文化运动的猛烈推动。民国建立后,为了有效地运行共和体制,围绕宪法与思想自由问题的讨论,人们注意到宗教信仰问题。此时,先进分子对宗教大多采取抨击的态度。这种政治生态和思想言说话语环境,是"五四"以来现代宗教学发展的背景。

中国现代宗教学的产生与社会思想文化的变迁有着内在的关联。因此,在分析现代宗教学发生的背景时,还要具体地说明新文化运动所产生的重大影响。新文化运动是宣传民主科学的思想启蒙运动,新文化运动的精英陈独秀、李大钊、蔡元培等人的文章,倡导信仰自由,对于宗教也在批判之列。陈独秀指出,"宗教美文,皆想象时代之产物",中国当以"科学与人权并重,否则"士不知科学,故袭阴阳家符瑞五行之说,惑世诬民;地气风水之谈,乞灵枯骨。"[1]李大钊指

---

① 陈独秀:《敬告青年》,《青年杂志》第 1 卷第 1 号,1915 年 9 月 15 日。

出:"宗教传说乃神秘的迷信的。故吾人与其信孔子,信释迦,信耶稣,不如信真理。"①蔡元培的《以美育代宗教说》(1917年),在当时思想界有广泛的影响。该文对于宗教的产生作出了科学的回答:"宗教之原始,不外因吾人精神作用而构成。吾人精神上之作用,普遍分为三种:一曰知识,二曰意志,三曰感情。最早之宗教,常兼此三作用而有之。盖以吾人当未开化时代,脑力简单,视吾人一身与世界万物,均为一种不可思议之事。生自何来? 死将何往? 创造之者何人? 管理之者何术? 凡此种种,皆当时之人所提出之问题,以求解答者也。于是有宗教家勉强解答之。如基督教推本于上帝,印度旧教则归之于梵天,我国神话则归之于盘古。其他各种现象,亦皆以神道为惟一之理由。此知识作用之附丽于宗教者也。"②新文化运动对宗教的猛烈批判,直接影响着此后宗教学研究的方向。

现代中国的学术界,兴起了不少宗教学研究的组织,创办了相关的杂志,这也有力地推动了宗教学的学术研究。

"五四"以来至1949年间,关于宗教问题的研究,大体上分为两个阶段。20世纪20年代为第一阶段,20世纪30年代和40年代为第二阶段。

(一) 对宗教的政治批判阶段(20世纪20年代)

承继新文化运动的民主科学精神,20世纪20年代的中国思想界和学术界对宗教予以政治的批判,其间虽也有从学理上来研究宗教的,但以政治上的批判为主流。代表性的著作有:恽代英的《我的宗教观》(1921年),屠存实的《宗教问题演讲》(1921年),王星拱的《宗教问题演讲》(1921年),陈独秀的《基督教与基督教会》(1923年),李干忱的《破除迷信全书》(1926年),太虚的《佛教源流及其维新运动》(1928年)。这些论著尽管在观点上有所不同,甚至存在着主张对立的情形,但几乎对于宗教的起源与消亡,宗教的本质与社会作用,宗教与科学、哲学、道德、艺术、教育的关系,都有初步的探讨与分析,而有些问题的研究亦达到了一定的学术高度。

在20世纪20年代这一阶段,中国的不同的宗教观之间的斗争,尤其是唯物主义与唯心主义在思想上的交锋,乃是当时社会上特别是思想界的一个显著的特点。其中,以20年代前期开始的非宗教运动、天主教的"中国化运动"、基督教的社会改良运动,以及围绕着所谓"基督抹杀论"展开的思想论战,具有相当

---

① 《真理(二)》(1917年2月),《李大钊全集》第1卷,人民出版社2006年版,第245页。
② 蔡元培:《以美育代宗教说》,《新青年》第3卷第6号,1917年8月。

大的代表性,其社会影响也很大。

　　1922 年出现的"非宗教运动"在中国思想学术界影响很大,知识界参加者很多,造成了很大的声势。1922 年 4 月 4 日,世界第 11 次基督教学生同盟会在北京清华学校开会。到会代表五百余人,代表四十余国的学生。在此之前,北京的反对宗教人士于 1922 年 3 月 12 日在《晨报》上即发表《非宗教大同盟宣言》,指出:"我们自誓要为人类社会扫除宗教的毒害。我们深恶痛绝宗教之流毒于人类社会,十倍百倍于洪水猛兽。有宗教可无人类,有人类应无宗教。宗教与人类,不能两立。……人类本是进化的,宗教偏说'人与万物,天造地设'。人类本是自由平等的,宗教偏要说:束缚思想,摧残个性,崇拜偶像,主乎一尊。人类本是酷好和平的,宗教偏要伐异党同,引起战争,反以博爱为假面具骗人。人类本是好生乐善的,宗教偏要诱之以天堂,惧之以地狱,利用非人的权威道德。宗教本是没有的,他们偏要无中生有,人造迷信。宗教本是假设的,他们偏要装假成真,害人到底。……中国在世界比较起来,是一片净土,算无宗教之国。无奈近数十年来,基督教等一天一天的向中国注射传染。最近数月,气焰更张,……过细一想,能不伤心。凡有血气者,能不急起直追,拥护真理。"[1]在基督教学生同盟在清华开会的同日(即 1922 年 4 月 4 日),北京《晨报》发表了《非宗教者宣言》,此宣言为李大钊起草,签名的有王星拱、吴虞、李石曾、李大钊、阮永钊、金家风、陈爱梅、张佐汉、邓中夏、钟继璜、萧子升等。该"宣言"指出:"我们对于背反科学原理的迷信的宗教,不论它是中国的、外国的,一律反对。对于影响所及较为普遍的宗教,尤其反对。信仰一种宗教,固然是他们的思想自由,不信仰一切宗教,亦是我们的思想自由。他们信仰一种宗教的人,可以有组织同盟,作他们的宣传运动的自由,我们不信仰一切宗教的人,亦有组织同盟,作我们的宣传运动的自由。我们反对宗教的运动,不是想靠一种强有力者的势力压迫或摧残信仰一种宗教的人们,乃是想立在自由的真理上阐明宗教束缚心灵的弊害,欲人们都能依自由的判断,脱出他的束缚与蒙蔽。……我们反对宗教,正是为此,不但不是破坏自由,而且实在是拥护自由。"[2]北京大学还于 4 月 9 日在北大三院召开非宗教同盟第一次大会,中外人士与会 1000 余人,萧子升主持,蔡元培校长因足疾不能到会,由萧子升代读发言稿。继而,由张耀翔、李石曾、李大钊、吴又

---

　　① 《北京非宗教大同盟宣言及通电》(1922 年),《国内近十年之宗教思潮》,京华印书局 1927 年版,第 193—194 页。

　　② 《非宗教者宣言》,《晨报》1922 年 4 月 4 日。

陵演说。李大钊在演说中指出:"我们坚信宗教是妨碍人类进步的东西,把所有的问题都想依赖宗教去解决,那是一种不承认科学文明的态度。换言之,这是不懂得进化论为何物。……最近在北京召开了世界基督教学生大会,从各国来了很多人,使这个会变成了宣传的会议,这就更多地散布了宗教的毒害。因此,我们为了反对这种活动而便首先组织起来。更确切地说,在现代社会中,基督教是最发达的,有最多的信徒,最大的势力,因此应首先反对这个最有势力因而流毒最广的基督教,随着必要也要反对佛教,或发动反对儒教和道教的运动。……宗教是向人们宣传廉价的妥协性的东西,它妨碍彻底探求真理的精神,是人类进步的巨大的障碍,因而我们必须竭力加以反对。"①反宗教人士的运动,造成了很大的社会影响。

由北京学生界、知识界发起的反宗教运动在全国迅速发展起来,陈独秀等著名人士纷纷参加,对宗教的危害作了深刻的揭露和批判。陈独秀明确表示,对于学生界的非基督教运动"十分赞同",其理由是:"(一)因为基督教教义的缺点,如原始罪恶说与上帝全善全能说不相应。(二)因为使徒之虚伪,当危急时彼得尚三次不认基督,可见复活前无一真信徒。(三)因为诞生奇迹及复活均过于非科学。(四)因为教会尤其是天主教会仍然因袭中世纪的恶风以残忍态度仇视压迫异己。(五)因为教师说教以利害胁人者多,以理性教人者少,绝对迫人信,绝对不许人疑。(六)因为新旧教在中国都有强大的组织,都挟有国际资本帝国侵掠主义的后援,为中国之大隐患。(七)因为教会尤其天主教会,仍然在农村袒护吃教的恶徒欺压良懦。(八)因为青年会有结讬权贵富豪猎人敛钱种种卑劣行为。(九)因为教会设种种计划想垄断中国教育权。(十)因为教会学校对于非教会学生强迫读经祈祷及种种不平等的待遇。"②陈独秀还发表《基督教与基督教会》文章,指出:"各国的基督教教会都祈祷上帝保佑他们本国的胜利;各基督教的民族都同样的压迫远东弱小民族。教会不但不帮助弱小民族来抗议,而且作政府殖民政策底导引。……综观基督教教会底历史,过去的横暴和现在的堕落,都足以令人悲愤而且战慄,实在没有什么庄严神圣之可言。"③傅铜发表《科学的非宗教运动与宗教的非宗教运动》,指出:"自经济一方面说起来,我们中国的宗教都是消费的。大概一个中国人够得上中人之产的,都为了宗教消费

---

①　《宗教妨碍进步:在北京大学召开的非宗教同盟第一次大会上的演讲》,《李大钊全集》第4卷,人民出版社2006年版,第68—69页。

②　《陈独秀著作选》第2卷,上海人民出版社1993年版,第369页。

③　《陈独秀著作选》第2卷,上海人民出版社1993年版,第331—332页。

许多财产。这还不是最大的不经济;最大的不经济,是这些宗教都足以减少人们生产的兴趣,消磨生产的时间和精神。中国所以穷到现在这般地步的,宗教也是一个大原因。"①余家菊也发表文章,对梁启超提出的"信仰即宗教"的主张提出严肃的批评,认为这是就宗教而下的"臆想"的定义,"不知信仰当分为神道的和人道的二种";而"神道的信仰即所谓宗教者,乃为吾人所必排"。文章指出:"试看拜火教、婆罗门教、伊斯兰教、犹太教乃至基督教,哪一个不信神?哪一个不是用神道来劝人为善去恶的?哪一个不是相信人要神救的?所以天堂地狱之说、全智全能之义、祈祷拜跪之仪,乃是各宗教所通用的。……'神道设教'四字虽极平庸,极通俗,而其足以说明宗教之性质,要无疑义,于此已可见一斑了。"文章还指出:"宗教思想是几经结构而成,为维护其不合理的、偶尔为感情计而创的种种学说。比之宗教感情,为有意的,为凝定的,故吾人对之,不可轻轻放过。……至若基督教呢,则已有一组凝定的神秘思想,而且竭力传播。吾人认定此种思想不合其理,故必加以攻击。"②反宗教人士对宗教的批判,尽管还有不到之处,但对于破除宗教迷信、树立无神论的观点确实起了很好的作用,也促进了学术界对宗教问题的研究。

1924 年至 1925 年间,全国又兴起了规模巨大的反宗教运动。1924 年 8 月,《民国日报》发表《非基督教同盟宣言》及"简章",号召全社会起来反对基督教。宣言指出:"我们所以要反对基督教,在一般意义上,也和反对其它宗教一样。最初期文化遗留下来的各种宗教,都号召一个虚伪的和平观念。他们不但没有指出不和平的症结所在,而且其自身的迷信妒忌纠纷,正以形成社会不和平现象之一。各种宗教,又都号召一个虚伪的幸福观念,他们所希望的幸福,都在未来世界、天宫、西方、天国等,轻视现世界之肉体的物质的奋斗,而且以为奋斗亦无济于事。因为现世界一切生灭荣枯,都由神为天定,无关于人力之短长。以此暴君不必与抗,富豪不必与争,率全世界劳苦平民,信神安命。但知心萦天国,不妨身陷水火,这是何等世界,这是何等罪恶!各种宗教都有这些同样的罪恶,而基督教特组织强大,其为害亦特深广,所以我们应当特别反对基督教。"③一些进步人士也纷纷发表文章,揭露基督教的危害。譬如,李春蕃④发表《传教与帝国主义》文章,指出"宗教总是离不了政治","传教是帝国主义侵掠的手段","传教

① 傅铜:《科学的非宗教运动与宗教的非宗教运动》,《哲学》第 6 期,1922 年 6 月。
② 余家菊:《基督教与感情生活》,《少年中国》第 3 卷第 11 号,1922 年 9 月。
③ 《非基督教同盟宣言》,《民国日报》("觉悟"副刊),1924 年 8 月 19 日。
④ 李春蕃,即柯柏年(1904—1985)。

士在政治上是成为极重要的"；在宗教中，"基督教是帝国主义的先锋，是外国帝国主义侵掠中国的手段"①。

值得注意的是，在 1924 年的这次反对基督教的运动中，亦有人公开地为基督教辩护。南京金陵神学志理事处组织了一批人写了不少文章，最后将这些文章汇编成册，以《评基督抹杀论》为书名印行，集中地批判《基督抹杀论》一书的观点，其目的在维护基督教的地位。《基督抹杀论》为日本学者幸德秋水所著，认为历史上根本没有耶稣基督这个人，因而也就必须把基督"一笔抹杀"。幸德秋水这部著作引起中国反基督教人士的高度重视，北京大学刘文典教授遂以"狸吊疋"的笔名②将该著译成中文，由北京大学出版部于 1925 年初出版。刘文典的中译本的适时推出，扩大了反基督教运动的声势，为反基督教运动的发展提供了重要证据。正是在这种情况下，南京金陵神学志理事处组织编写了这部《评基督抹杀论》著作，在反击"基督抹杀论"中为基督教辩护。譬如，沈嗣庄③在为《评基督抹杀论》一书所作的"序论"中，对于幸德秋水的"基督抹杀论"中否认耶稣存在的言论采取了回应的态度，该序其中有这样的评论："据我看，这不但不足以作证据，而且可以作历史的耶稣正面的佐证。如果耶稣是捏造的，则造作及仿效者势必雕虫篆刻，精意求同，唯其是历史的人格，所以论者观念不同，记法亦异，这不是科学，是常识以内的事。"④彭长琳在文章中说："自从非基督教同盟对于基督教下了第二次的总攻击令以后，那欧西十八九世纪的武器，都被他们窃了过来，用以反对基督和他的教会。中国教会因为事前没有筹备，所以一时听得他们嘶杀之声，不由得起了一种骇怪。其实他们的武器早已有人为之抵御，谓余不信，请一研究日本幸德秋水所称为遗著的《基督抹杀论》中所攻击基督教之点。"⑤张仕章在发表的文章中，提出了"攻破"幸德秋水"基督抹杀论"的几条

---

① 李春蕃：《传教与帝国主义》，《民国日报》（"觉悟"副刊），1924 年 8 月。

② "狸吊疋"这个笔名一直无人知晓，故而自《基督抹杀论》一书出版以来，很少有人知道该著的中译者。近有学者，从《钱玄同日记》（北京大学出版社，2014 年）中得知，"狸吊疋"实乃刘文典的笔名。据钱玄同 1925 年 1 月 3 日的日记记载，"幸德秋水之《基督抹杀论》，已由叔雅译出，今日购得一本"。此"叔雅"，即刘文典的字，故《基督抹杀论》为刘文典所译无疑。

③ 沈嗣庄（1895—1973），原籍吴兴（今浙江湖州），居住乌镇。天资聪颖，由司徒雷登保举公费去美国西北大学深造，在校期间曾任学生会主席，学成归国后先在东吴大学任教，后被省立四川大学农学院、私立华西协和大学等聘为教授。抗日战争胜利后，被黄炎培聘为私立中华工商专科学校校长。

④ 沈嗣庄：《评基督抹杀论》，南京金陵神学志理事处 1925 年版，"序论"第 11—12 页。

⑤ 彭长琳：《基督抹杀论书后》，《评基督抹杀论》，南京金陵神学志理事处 1925 年版，第 40 页。

方略。在他看来,幸德秋水提出的"基督抹杀论"的主要根据有三,一是"圣书是不可信的",二是"圣书以外是没有证迹的",三是"基督教的起源又无须基督的",故而其"结论就把基督'一笔抹杀'了",但"我们看到幸氏所引用的证据,有出处不明的,也有'牵强附会'的很多",于是幸德秋水的主张也就会"自相矛盾,臆想妄断了"。由此,为了"攻破幸氏种种的妄想和谬说","我们最重要的工作,就是要证明世界上真有耶稣这个人,而且他也确是历史上最大的人物。那么,我们现在所应讨论的问题,当然是在于(一)新约里面的记载是不是表现耶稣真实的人格;(二)圣经以外的文书有没有指出耶稣存在的确证;(三)基督教的起源要不要耶稣本人的发动。"①张孝候在文章中极力宣扬耶稣的"价值"所在,认为耶稣具有"如此的人格"、"如此的人生",不仅能给我们每个人的"动力",而且能够"影响到我们的人生","我们若然不能否定此种人格的感力,我们怎能否认'历史的基督'之价值呢"? 由此,他提出这样的疑问:"这个历史的耶稣既有这样大的影响,能生这样的结果,在他身上有这样爱的表示,也是我们信仰慈祥父亲的上帝在他身上实现,我们世人的罪恶,可以借他而赦免,将来的永生,可以借他而证实,假使我们否认他是历史的人物,这许多希望岂不都丧失了么?"②以上所引,皆为《评基督抹杀论》一书中基督教拥护者的言论。可见,基督教人士在当时的社会上及思想界,也是有很大的力量的。

但是,全国性的反基督教运动并不因一些宗教人士的反对而停息下来,反而因国民革命的推动而日益发展,并对国民革命起着思想上、文化上的配合作用。国民党著名的左派人士徐谦1927年在武昌的反基督教大会上的演讲,颇能表现国民革命在反对基督教运动中的积极态度。徐谦在1927年的演讲中说:

在国民革命运动中,是否有宣传反基督教运动的必要? 这个问题,我以为须详细剖解。反基督教的基本观念,就是反帝国主义。认基督教为帝国主义的工具,不是一种批评,乃是一种事实,这是不容否认。……不过近八十余年,基督教能在中国宣传,实是靠帝国主义者为护符的。基督教的作用,不在宗教,而在文化侵略,假使外国传教士要否认这句话,就可以向他们宣传基督教,既有救人目的和牺牲主义,为什么要用不平等条约作保障? 传教士自动地入到反教的地方,牺牲了性命,反要中国割地赔款,这不是为帝

① 张仕章:《我对于狸译"基督抹杀论"的批评》,《评基督抹杀论》,南京金陵神学志理事处1925年版,第11—12页。
② 张孝候:《读幸德秋水氏基督抹杀论书后》,《评基督抹杀论》,南京金陵神学志理事处1925年版,第109页。

国主义之工具的明证吗？再查外国传教士,在中国那个地方不为他本国政府做政治工作呢？这事是有外国传教士公然承认的凭证。可见反基督教运动,依据事实,认基督教为帝国主义者的工具,似乎没有分别基督教的新旧派别和他本身之目的,及基督教与基督教会种种不同之必要。[①]

总的来看,在 20 世纪的 20 年代,宗教反对者与宗教信仰者通过思想上的交锋,唯物主义宗教观和无神论思想迅速崛起,在思想界形成压倒性的话语权势,而唯心主义宗教观则阵营动摇,溃不成军,退居社会的边缘地位。在论战中,中国马克思主义宗教学开始建立起来,陈独秀、李大钊、瞿秋白等是重要代表。

（二）　对宗教的学术研究阶段（20 世纪 30 年代和 40 年代）

20 世纪 30 年代和 40 年代的这二十年间,学界虽然对宗教的批评仍然继续着,但学术研究占据重要地位,并产生了一批代表性的关于宗教研究的著作。在对宗教进行批评的著作中,以张振之的《革命与宗教》最具有代表性。

张振之所著《革命与宗教》一书涉及内容较多,如有关于中国民间宗教的状况及民众的宗教意识等方面,但该著的主要之点是对于基督教的批判。如该著指出:"基督教在中国的罪恶,可数者:一、为帝国主义者武力经济侵略作保护色;二、收刮教民,使教民'追尸''献田',将所有财产渐渐为教堂所有;三、牧师神甫在内地干涉政治,中国官吏侧目,莫敢奈何;四、利用教民压迫不入教之民众。这些事实,昭昭在人耳目,用不着多说。所以打倒基督教这个口号,实在是天经地义。"[②]又如,该著提出一个重要的观点,即基督教所信奉的耶稣其实是"一个私生子",从源头上彻底否认基督教存在的依据。该著说:"耶稣并不是神,不是上帝的儿子,拆穿西洋镜,老老实实说:耶稣是一个私生子! ……有许多无赖的教士,把耶稣拼命的抬,直抬到天堂里,好像神圣不可侵犯,乃至信仰拜服到五体投地,其实所信仰拜服者一个'私生子'而已! 我们说耶稣是私生子,并不是故意污蔑他,说不定还是抬举他,把他当作'人',请宣传福音的教士不要误会呵!"[③]该著对于基督教的博爱说予以集中的批判,指出:"耶稣的博爱论是以'上帝'为出发点的,换言之,他所说的爱,是'天国'里赐下来的爱,不是'人国'

---

① 徐谦:《武昌反基督教大会的演讲》(1927 年),张钦士编:《国内近十年来之宗教思潮》,京华印书局 1927 年版,第 401—402 页。

② 张振之:《革命与宗教》,民智书局 1930 年版,第 11 页。

③ 张振之:《革命与宗教》,民智书局 1930 年版,第 35—36 页。

里发生出来的爱;他认为天国的上帝有创造万物使人得永生的一切权力,人们对于上帝的这种权力,绝对的承认,绝对的信仰,绝对的服从。你若能诚心诚意信赖上帝,上帝便能福汝! 这种'博爱'的结果,是把'上帝'的权力扩到无穷大,把人的能力缩小,甚至剥夺得干干净净,于是使人变成一个无能的弱者。人的一生别无意义,只在做'信赖上帝求乞上帝'的祈祷祝福歌颂的呓语而已!"①该著揭露基督教文化侵略的行径,阐明了基督教与帝国主义侵略中国的关系,指出:"文化侵略是帝国主义重要工具,而基督教这样东西却就是文化侵略的主角,所以基督教和帝国主义就成了自然的连合。这帝国主义和基督教的关系并不是凭空捏造出来的,并不是跟着人家叫而'人云亦云'的,这种关系是有不可磨灭的'近东近代史'做证人,可以一件一件拿来对证。……自然有很多信仰基督教的人存心很好的,却不晓得基督教这样东西好比上品的麻药,令人不知不觉中受他的催眠! 所以,要是想一刀划断帝国主义和基督教的关系,只有把基督教中国化起来;换言之,只有在中国再创造一个基督教的派别,不受欧美的忠实教士的欺骗! ……但是,中国果否需要这个基督教的派别,倒还成为一个问题。试问在这个科学昌明的时代,人人对于人生的本身价值有相当的认识,谁愿丢了科学,看轻了自己,去巴结一个虚无缥缈的上帝,再闹迷信的把戏!"②张振之的《革命与宗教》一书中的观点,在反宗教人士中是具有代表性的。

这一时期,宗教学研究的学术性著作颇多,具有代表性的有:王恩洋的《佛学概论》(1929 年),王治心的《中国宗教思想史大纲》(1933 年),刘剑横的《唯物的宗教观》(1932 年),许地山的《扶箕迷信的研究》(1946 年),曾宝荪的《实验宗教学教程》(1948 年)等。对于这些具有代表性的宗教学著作,本书将择取几部作具体的说明,这里不一一介绍。

以上的论著,大致有三个较为鲜明的特色:一是形成以马克思主义为指导的宗教学著作与非马克思主义指导的宗教学著作的两大阵营,尽管以马克思主义为指导的宗教学著作在数量上还不多,但很显然的是,其学术研究水平已经达到了较高的层次;二是注重代表性宗教如佛教、伊斯兰教、基督教、道教以及一些民间宗教在中国的分布与演变的研究,而不是一般地就世界性范围来泛论宗教问题,以中国为中心的研究意识比较突出;三是比较注重关于宗教理论的研究和对宗教的学术性评判,而主要的不是阐发宗教的教义,更不是宣传宗教中的思想与

---

① 张振之:《革命与宗教》,民智书局 1930 年版,第 39 页。
② 张振之:《革命与宗教》,民智书局 1930 年版,第 89—90 页。

意识。这之中,许多著作学理辨析的性质比较显著,一些著作对那些不正确的宗教观也能给予严肃的批评,在当时亦有着思想引领的政治目标。

二、现代宗教学讨论的主题

中国现代的宗教学形成于当时思想论战与学术探讨之中,并且是围绕以下几个问题的研究而逐步建构体系的。这些问题是:

(一) 关于宗教的起源与消亡问题

宗教神学一直将宗教神化并以所谓"学"的面目出现,认为宗教产生于神的启示,因而断言宗教具有永恒性。唯物论者和无神论者批判了这种无稽之谈,认为宗教一方面产生于人们对自身的无知与愚昧,另一方面产生于对自然力的恐惧,从而制造出宗教以寻求精神上的慰藉和心灵上的安慰。在现代中国反宗教的阵营中,马克思主义者认为,随着科学的兴盛和人们知识的日进,人们认识了自身及自然现象,因而宗教也将随之灭亡。譬如,中国马克思主义者李大钊在《物质变动与道德变动》(1919 年 12 月)中明确指出,在上古时代由于生产力低下,人类的生产技术还没有能征服自然,于是"那时的人类只是崇拜自然力,太阳、天、电光、火、山川、草木、动物等,人类都看作最重要的物件,故崇拜之为神灵",但随着生产力的进步,"宗教渐渐离开自然界和物质,神遂全为离于现实界的不可思议的灵体",由此"自然现象、人类社会都脱去神秘的暗云,赤裸裸的立在科学知识之上,见了光明"[①]。又譬如,恽代英发表《我的宗教观》,对宗教的起源问题进行探讨,认为宗教在起源方面可以说有六个原因,一是"起于恐怖",二是"起于希望",三是"起于误认",四是"起于误解",五是"起于美感",六是"起于想象",这六种原因"有起于本能的情感,有起于智识的暧昧"[②]。再譬如,陈独秀认为,对于宗教的起源及其演变问题,需要以"历史的观念"来看待,应该看到宗教具有"很长的历史,很多的变迁"。一开始,"古代人民大概是崇拜自然教的,一种是崇拜太阳的,一种是崇拜火的,一种是崇拜动物的,其余的还有许多,不过这三种崇拜是最重要的宗教";"后来人类进步了些,知道自然教都不可

---

① 《物质变动与道德变动》,《李大钊全集》第 3 卷,人民出版社 2006 年版,第 108—109 页。
② 《我的宗教观》(1921 年),《恽代英文集》上卷,人民出版社 1984 年版,第 267—268 页。

信的,没有什么可崇拜的,想要有一种很大的力量超过人的灵性的东西,来支配人类的灵魂,于是那抽象的神就被他们想出了。基督教就因此发生了,上帝就因此也造出来了。虽则仍是一种迷信,但比较古代自然教已进化得多了。"再后来,基督教在资本主义社会中"资本化"。现在既然反对资本主义,那么,作为"资本化"的基督教,自然也是应该加以反对的。因此,"照历史进化观念来研究这个宗教问题,便可以说宗教在现时的世界,已没有成立的必要了。"①

这里要说明的是,刘剑横 1932 年出版的《唯物的宗教观》一书,代表了这一时期马克思主义者研究宗教问题的最高水平。该著依据人类历史发展的不同阶段,对于宗教的起源及其演变过程作了唯物史观的说明,阐述了宗教与人类社会演进的具体历史阶段具有相适应的特征。在刘剑横看来,原始宗教是社会生产力不发达的结果,并随着生产关系的变迁而变迁,经历了对自然的崇拜、对祖先的崇拜、对人神的崇拜等阶段,继而由信仰转变为神权政治,成立了支配社会的组织,在国家的政治生活、意识形态中起着特殊的作用。该书指出:

> 宗教之随人类生产关系发展而变迁,其适应于社会发展的各个阶段:……在野蛮人里,宗教的原始起于其对于自然现象的不了解,便有所谓自然的拜物教,这当然是因为生产力幼稚,不能克服自然,反是自然在人的面前表现其极大的权威之结果。原始野蛮社会是共产的集团生活,人人平等,最初的母系制度母亲成为家族之主,而许多重要的生产工具都是女子发明的,因此那时人人皆得享有一个灵魂,人神的崇拜是以女神为主。氏族宗法社会成立了,男女的争斗也表现于神的中间,男子代替了女子为家族之长,男神也代替了女神的崇拜。父权家长以妻、女、子属于其奴隶,而灵魂的享有成为家族之长所专利,灵魂观念开始衰落。这时是以血统来维持其团体生存,崇拜祖先是这时的宗教特征,族神制度因以确立。并且因为分业的发达,和氏族社会的末期兄弟间的遗产分配的斗争,于是在神的方面也一面有分配统治权的斗争,并且各神的职务也开始各有专司。封建社会发生了广大的奴隶与农奴群众,掠夺的强盗战争普遍的发展,于是勇敢的英雄是人间的豪杰,死后也成为天上的神道;奴隶农奴在生前是罪人,死后仍要受地下的审问,于是在极乐的天堂之外发明了安置罪犯的地狱。由氏族社会到

---

① 《宗教问题》(1922 年 4 月),《陈独秀著作选》第 2 卷,上海人民出版社 1993 年版,第 342—348 页。

封建社会,宗教主要的特征不是自然神教,而是人格化的人神崇拜之多神教。到了奴隶农奴国家的出现,由封建领主的兼并造成了国家的组织,一神教遂出现于历史的舞台。随着社会组织的进步,宗教不只是一种信仰,也建立了支配社会的组织,教会的发达开始。这时并因为人间关系的复杂化,社会层的对立更严重起来,就发生了社会秩序的不了解,政治附属于神权,神权政治便发生了。不但如此,一神教的宗教特征表现在这个时期,于是随殖民地的掠夺,一神教对外是成为要求统一的爱国主义的宗教,发生了宗教战争。对内一神独尊的结果,在被压迫者反统治阶级的运动里,反映在宗教上的是反国家宗教的秘密神教的活跃。然而这时特权的贵族阶级逐渐衰颓,城市的工商业催生了有产阶级——新的财产贵族——灵魂观念又复活了。到了资本主义由生长而成熟,一方面需要世界的市场和世界的劳动者为资本主义生产,另一方面需要政治的平等自由,于是世界宗教之基督教、破除了人种民族的限制之博爱的基督教,以平等为号召的基督教便产生了;在工商业上的自由竞争,个人主义的财产关系上,那阶级组织的和神权政治的专制的教会势力开始衰微,政教由此分离。商品的拜物教性,资本主义生产的混乱性,一方面在商品的实物背后存在了抽象价值而使宗教上的抽象的非人的理想上帝观出现了,另一方面由资本主义生产之不可解的哑谜,加强了资产阶级对社会秩序之不了解,遂维持了宗教的寿命。这一时期的特征,不但是世界宗教的存在,并且有产阶级的哲学带上宗教的色彩,同时宗教观念也哲学化了。[1]

以上不难看出,刘剑横的《唯物的宗教观》一书对宗教在原始社会、奴隶社会、封建社会和资本主义社会的演变历程进行了历史的梳理,说明了宗教“随人类生产关系发展而变迁”的特点,阐述了宗教与社会生活相适应而不断地处于变动之中的观点,从而使人们看出宗教是人类各个历史阶段中一个显见的社会现象。同时,该书由对宗教起源的阐述,又考察了人们的宗教观念的演变,认为人们的宗教观念也有着一个历史演进的序列。

（二）关于宗教与哲学、科学的关系问题

当时,一些人出于强调宗教合理性,极力夸大宗教在社会生活中的地位,认为宗教无所不包、无处不在,甚至认为宗教即哲学,即科学,即道德,即情感。对

---

[1]　刘剑横:《唯物的宗教观》,亚东图书馆 1932 年版,第 8—11 页。

此,一些进步知识分子指出,宗教以信仰为基础,哲学以理性为基础,科学以事实为基础,因而不可将宗教与哲学、科学等混为一谈。屠孝实①在谈到宗教与科学的关系时,指出:"把哲学和宗教看成一件事,我不大敢赞同。何以呢？因为哲学是理智的产物,宗教是信仰的产物。理智和信仰,固然同是人类的心理作用,然而他们活动的程式,都是各有特别的地方,难以勉强混同。"②屠氏研治哲学,是当时研究形式逻辑的著名学者③,其关于哲学与宗教关系的解说在学术界有重要的影响。

但在1922年开展的非宗教运动中,仍然有人力图调和宗教与哲学的关系,认为两者可以共存。譬如,以后以美学、宗教研究闻名的学者徐庆誉④,在1922年发表的《非宗教同盟与教会革命》文章中,就将哲学限制在"知识"领域,而将宗教划定在"情感"和"意志"范围中,颇能代表当时主张"宗教与哲学并存"论的基本观点,此文说:

> 本来哲学与神学,有根本冲突的地方,因神学所用的知识是以"启示"为基础;哲学是以"理性"为基础;因为神学的成分,少不了"异迹"和"预言",神学于是就变成权威的了。近代哲学家的宇宙观和人生观,根本的否认含有权威的神学,同时又否认与神学相关联的宗教;以为哲学与宗教都不外一种"信仰",宗教的信仰,可用哲学的信仰去代替,殊不知哲学与宗教,

① 屠孝实(1898—1932),字正叔,江苏常州人。曾任北京法政大学校长、教授。1912年转读武阳公学高等实业科,1913年赴日本工科大学留学,后转入日本早稻田大学攻读文学专业。1918年回国,历任北京大学、民国大学、朝阳大学、女子师范大学等校哲学、文学教授。1926年被教育部委任北京法政大学校长。后南归上海,主持中国科学社社务。后任中国公学教授,安徽大学教授,武汉大学哲学系教授,北平大学法学院教授。著有《名学纲要》、《哲学概要》、《伦理学》、《宗教哲学》、《信仰论》、《新理想主义人生观》等。此外,屠孝实对蒙古史也有一定的研究,为其父史学家屠寄续撰《蒙兀儿史记》,同时著有《蒙古史》一书。

② 屠孝实:《宗教问题演讲之三》,《少年中国》第2卷第8号,1921年2月。

③ 郭湛波认为,严复对逻辑学研究有开拓之功,其翻译的《穆勒名学》、《名学浅说》,使"形式论理学始盛行于中国",但"至屠孝实先生《名学纲要》出,始由翻译到著述",屠孝实乃是"中国研究论理学最有成绩的人"。——参见郭湛波:《近五十年中国思想史》,山东人民出版社1997年版,第183—184页。

④ 徐庆誉(1898—1997),湖南浏阳柏加镇人。1923年由基督教会资助,赴英国牛津大学攻读哲学。1933年后,曾任国民党中央考试院编译局主任、国民党军事委员会秘书及中央内政委员、蒋介石侍从秘书等职。抗战爆发后回家乡任湖南省第一行政区督查专员兼保安司令、浏阳县县长。1947年弃政从教,担任长沙民国大学教授。1950年任香港大学教授,退休后在美国纽约居住。著有《美的哲学》(1928年)、《现代政治思想》、《徐庆誉论文集》(太平洋书店1933年版)、《文化论》(西南日报社1942年版)、《中国民族与世界文化》、《孙子兵法与现代战争》等专著,译有《路德选集》(与汤清合译)、《基督教要义》(与谢秉德合译)、《宗教文化》(合译)等。

各有各的"领域",各有各的特点,哲学唯一的职分是以统一的方法说明万有,是继续向"知识"一方面努力;宗教唯一的职分,是以"直觉"渗透人生的"意义"和"价值",是继续向"情感"和"意志"两方面努力。要使人们的"知识"达到最高度,固不能不重视哲学,要使人们的"情感"和"意志"达到最高度,又不能不重视宗教。如要知识、情感、意志三者平均发达,那末,哲学与宗教,都有同等的价值,不可各执偏见,彼此非难。①

徐庆誉不仅主张宗教与哲学并存,而且还主张美育不能代替宗教,对蔡元培的"美育代宗教"主张提出责难。他指出:"美育不能代替宗教,犹如乐不能代刑政。况且宗教的成分,不但含有美育,除悦耳的诗歌和壮丽的建筑以外,还有千古不磨的教义。即将来美育发达,也只能代替宗教的'情感作用',至如宗教的'意志作用',却不是美育所能包括的。"②同时,徐庆誉还主张科学与宗教相容,不认为科学与宗教的对立。他说:"科学与宗教,并无冲突。现在一部分人,觉得宗教与科学,绝不能相容,……这当然令人冷笑。传教士既然以神话为真理,而科学家又以科学为万能,各执一偏,自难融洽。如果科学家知道科学不足以解释宇宙的全体,就应该容纳以精神界为对象的宗教;如果宗教家,不迷信神话与遗传,就应该容纳以自然界为对象的科学。两方面都把眼光扩大,庶几才知道科学是满足'物质欲望'的,宗教是提高'精神生活'的,两者要交相为用,不可偏废。总之,宗教与科学,并无冲突。现在一般人总以为宗教的重要成分,就是迷信;殊不知迷信是由腐败的教会养成的,并不是宗教的本来面目,学者须辨清楚。"③徐庆誉在当时反对宗教的声浪中,尽管极力地为宗教辩护,但应该说,他仍然属于新知识界阵营,因为他主张信教自由和不信教自由,且有着将宗教与哲学、科学等加以调和的意味,故而与社会上那些一味地恪守宗教信仰的守旧者,又是有很大不同的。

中国马克思主义者认为,科学与宗教这两者是不同的,有着严格的边界,这就是:科学以知识为基础,而宗教以信仰为基础,因而必须分清两者的界限。刘剑横指出:"宗教是最古最根本的世界观,差不多其它的世界观都是从那里出来

---

① 徐庆誉:《非宗教同盟与教会革命》(1922 年),张钦士编:《国内近十年来之宗教思潮》,京华印书局 1927 年版,第 215 页。

② 徐庆誉:《非宗教同盟与教会革命》(1922 年),张钦士编:《国内近十年来之宗教思潮》,京华印书局 1927 年版,第 218 页。

③ 徐庆誉:《非宗教同盟与教会革命》(1922 年),张钦士编:《国内近十年来之宗教思潮》,京华印书局 1927 年版,第 214 页。

的。但是宗教虽不完全是由自由的空想出来的产物,也有经验的基础,但他与科学不同,宗教以信仰为基础,科学则以知识为基础,所以宗教毕竟是空想和虚构的,不管他是由错误的经验来的,或是由抽象的想像来的,但结果在客观上总一样成为空想和虚构的。"①

自然,关于宗教与科学的关系,即使到 20 世纪 30 年代也不能说得到全部的解决。王治心在 20 世纪 30 年代撰写了《中国宗教思想史大纲》,还力图调和宗教与科学的关系,认为"宗教这东西,是带有想像的感情的性质,又夹杂些理智的成分"②。这可说明,关于宗教具有所谓"理智"的观点,在当时的学术界还有相当的影响。

(三) 关于宗教的本质和社会作用问题

"五四"时代可以说是一个"非宗教"的时代,承继了新文化运动民主、科学的精神。可是,梁漱溟奉行文化保守主义,认为宗教对人生有用,有着感情寄托的作用。梁漱溟说:"除非你不要感情发达,或许走不到这里来,但人类自己一天一天定要往感觉敏锐情感充达那边走,是拦不住的。那么,这种感想也拦不住地会要临到大家头上来。我又告诉你,你莫以为人类所遇到的问题经人类一天一天去解决,便一天从容似一天,所谓问题的解决除掉引入一更难的问题外,没有他义,最后便引到这类无解决的问题为止。……我们遇到这种不可抗的问题没有别的,只有出世。即是宗教到这时节成了不可抗的必要了。"③就当时的进步人士来说,大多认为宗教在现在的社会已经没有什么积极作用,相反已成为社会进步的障碍。周太玄说:"(1)宗教本身常是硬性的,故不变化;不能变化,故常与真理和良知相背;(2)宗教是民族情感上一时的结晶,并非理性的产物,所以宗教对于人生只有一刹那感情上的满足,与理性与实际的生活无涉,故常堕于虚渺;(3)附属于宗教的各种作用及现象,如道德为善之警告等类,每每为一种机械式的盲动;(4)宗教上的事物和现象,在哲学中全系研究性质。"又说:"宗教上的道德伦理观念,极言之可谓'催眠术的道德观'。他不仅仅是诱起人一时道德上的私心,他并且麻木了他神经中枢,直接地支配他的一切行为。他使本人为了道德失却了人格,失却了自由的意志,这便是他们道德的代价,所以我们对于

① 刘剑横:《唯物的宗教观》,亚东图书馆 1932 年版,(序言)第 1 页。
② 王治心:《中国宗教思想史大纲》,中华书局 1933 年版,第 3 页。
③ 梁漱溟:《宗教问题演讲之四》,《少年中国》第 2 卷第 8 号,1921 年 2 月。

宗教要想用他道德上的作用来证明他是有与人群进化相推变的可能性,那是一个错误。"①此外,还有一些进步人士采取更为激进的态度,极力主张打倒宗教。屠孝实就有这样的言论:

> 总而言之,在现代自然科学家和历史家的眼光里看起来,宗教这个东西,是人类思想幼稚时代的产物。他所以能维持生命到今日的,只是靠着人类的惰性。目下在学术昌明的时代,无论什么问题,都应当拿一个批评研究的态度,去求个切实的回答;万不该用宗教的见解,一味地模模糊糊,就把许多问题随便看过去。做20世纪的人,若还恋着宗教,不肯放手,可说是时代错误的谬想。以上的见解,在我国学术界,差不多已竟成了公认的话;要是有人替宗教辩护一两句,大家不是骂他荒谬,就要认他做疯子。②

早期马克思主义者认为,宗教在阶级社会里具有维护阶级统治的性质,"宗教的本质就是不平等关系的表现"③。李大钊于1922年4月在北京大学召开的非宗教同盟第一次大会上发表演讲,强调宗教只是给人们一些廉价的幻想,宗教在本质上与现代科学文明是背道而驰的。他指出:"我们坚信宗教是妨碍人类进步的东西,把所有的问题都想依赖宗教去解决,那时一种不承认科学文明的态度。换言之,这是不懂得进化论为何物。我们只是依赖廉价的宗教幻想是无法生活下去的。为什么把宗教称之为廉价的幻想呢?这是因为宗教不能探求真理,无论什么问题最后都说成是依靠所谓神的力量或佛的力量去解决的原故。因此,我们反对宗教的目的,并不是像一些人所想像的那样单单是反对基督教,而是反对阻碍人类进步的所有的宗教。"④

当时,也有学者结合中国社会的实际,指出宗教是导致中国落后的重要原因:"自经济一方面说起来:我们中国的宗教都是消费的。大概一个中国人够得上中人之产的,都为了宗教消费许多财产。这还不是最大的不经济;最大的不经济,是这些宗教都足以减少人们生产的兴趣,消磨生产的时间和精神。中国所以穷到现在这般地步的,宗教也是一个大原因。"⑤一些学者试图分析中国文化中的"崇拜多神"的原因,并将其与传统的专制政治联系起来而予以批判,力图从

---

① 周太玄:《宗教与中国之将来》,《少年中国》第3卷第1号,1921年8月。
② 屠孝实:《宗教问题演讲之三》,《少年中国》第2卷第8号,1921年2月。
③ 《宗教与自由平等博爱》,《李大钊全集》第4卷,人民出版社2006年版,第82页。
④ 《宗教妨碍进步:在北京大学召开的非宗教同盟第一次大会上的演讲》,《李大钊全集》第4卷,人民出版社2006年版,第68页。
⑤ 傅铜:《科学的非宗教运动与宗教的非宗教运动》,《哲学》第6期,1922年6月。

中国文化上找原因。李干忱指出："我国敬拜多神的原因,一是由于未看清神的真面目,二是由于罪恶中所发生的阶级观念。从第一原因中,遂生出对于神的谬妄估计;以为神是赫赫震怒,或是不仁不义;以万物为刍狗,或是也同人的癖性,人的见识;因此就用对待人的礼节,去对待神。从第二原因则生出大神小神无数阶级的神来,以为神也是如同人世有贵为天子的,也有贱为平民的;即如对于天地的敬拜罢,自古就标出天子祭天地,诸侯祭社稷的阶级;惟而至于农工商以及三百六十行,无不尽有其应敬拜的专神,分门别户,不得僭越。"①

在"五四"以后,进步人士对于西方国家利用宗教来侵略和干涉中国的行为,表示极大的愤慨。因而,他们从民族存亡的高度,对于宗教的危害予以深刻地揭露。

自然,在对宗教社会作用的评判中,取折中态度的亦大有人在。这些人出于为宗教辩护的目的,力图调和宗教与现代文明的冲突,认为宗教与科学是可以相容、并存的,因而既反对盲目地崇信宗教,又反对不分青红皂白地攻击宗教;他们甚至预言,即使是在科学发达的未来社会,宗教作为一种精神的和行为的调节形式,依然会存在下去。譬如,梁启超在1922年发表《评非宗教同盟》文章,认为"宗教这样东西,完全是情感的。情感这样东西,含有秘密性,想要用理性来解剖他,是不可能的";又说"宗教的作用,却完全是积极的,不是消极的"。在此文中,梁启超对当时社会上的"非宗教"言论,最后给出了自己"赞否"的"结论":"我对于那些靠基督肉当面包、靠基督血当红酒的人,对于那些靠释迦牟尼化缘的人,对于那些吃孔教会饭的人,对于那些膜拜吕祖、济颠的人,都深恶痛绝。从这方面看来,也可以说我是个非宗教者。虽然,我本来不承认那些鬼头鬼脑的行动是宗教行动,我只认他们是宗教的蟊贼。我在我所下的宗教定义之下,认宗教是神圣,认宗教为人类社会有益且必要的物事;所以我自己彻头彻尾承认自己是个'非非宗教者'。"②

三、代表性的宗教学研究专著

在现代中国,既有以马克思主义写出的宗教学著作,如刘剑横的《唯物的宗

---

① 李干忱:《破除迷信全书》,美以美会全国书报部1926年版,第510页。
② 《评非宗教同盟》(1922年),《梁启超选集》,上海人民出版社1984年版,第789页。

教观》(上海亚东图书馆 1932 年版),是以马克思主义写成的杰出的著作;同时也有非马克思主义写成的宗教学著作,而且非马克思主义的宗教学著作还占有很大的势力。总体来看,具有代表性的宗教学著作有以下几类:

(一)总论性宗教学著作

现代中国时段中总论性的宗教学著作有:刘剑横的《唯物的宗教观》(上海亚东图书馆 1932 年版),李干忱的《破除迷信全书》(美以美会全国书报部 1926 年版),张振之的《革命与宗教》(民智书局 1930 年版),王治心的《中国宗教思想史大纲》(上海中华书局 1933 年版),曾宝荪的《实验宗教学教程》(青年协会书局 1948 年版)等。总论性的宗教学著作,力图在整体上将宗教作为研究对象,从学理上揭示宗教的实质及其演进的规律,尽管各种著作的主张和体系不同,但大体上皆力图将宗教学建设成为一门独立的学科。这种学术上的努力,是应该予以肯定的。以下试列举一些具有代表性的著作,加以简要的介绍:

1. 刘剑横的《唯物的宗教观》(1932 年)

在现代中国的学术界,以马克思主义观点写成的各种宗教学著作中,最具有代表性的是刘剑横的《唯物的宗教观》(1932 年)一书。刘剑横,生卒年不详,是现代中国运用唯物史观分析学术问题的重要学者,著有《史的唯物论之伦理哲学》(亚东图书馆 1923 年版)、《达尔文主义》(上海北新书局 1929 年版)、《人口问题新论》(上海泰东书局 1930 年初版)、《唯物的宗教观》(亚东图书馆 1932 年版)、《自然科学与社会科学的关系》(上海亚东图书馆 1932 年版)、《历史学ABC》(上海 ABC 丛书社 1932 年版①)等著作。

刘剑横在 20 世纪 20 年代早期运用唯物史观探索伦理思想演变的《史的唯物论之伦理哲学》著作,于 1923 年由岩洞图书馆出版,是中国早期马克思主义者的伦理学著作。该著分为四个部分,对于道德的起源、进化及其各种伦理思想,作了较为简洁的叙述和评价,宣传了马克思主义的伦理观。第一部分是研究"道德的根源",主要回答了这样三个问题:其一是"道德有神的根源存在吗",其二是"道德本能之动物的根源",其三是"道德本能之社会的根源"。第二部分是研究"道德之进化",在阐释"道德规律"的前提下,剖析了"道德演进之各时代的特征",然后就是对于"几个具体的道德问题之分析"。第三部分的内容是"伦理

---

① 该书为史学入门读物,内容包括:史学渊源、史学范围及其分类、历史研究法、谈史料、史的法则及其在史学上的重要。

思想之述评",在中外古今的视野下,运用唯物史观原理对于"欧洲古代伦理与基督教的伦理思想"、"文艺复兴以后的伦理思想"、"康德的伦理哲学"、"进化论的伦理思想"、"中国的伦理思想"等一一予以述评,阐发了自己对于伦理思想文化的看法。第四部分以"社会主义与伦理"为题,在回答了伦理思想是"返于康德还是归依马克思"、"社会主义有道德的必要吗"、"阶级斗争是道德的行为吗"这三个问题之后,阐述了"国际主义"在伦理发展史上的意义。该著虽然篇幅不大,但视野开阔,问题意识强烈,研究目标鲜明,是运用马克思主义唯物史观阐述理论问题的通俗性著作,对推进马克思主义伦理学的中国化作出了贡献。

1932 年上海亚东图书馆出版了刘剑横的《唯物的宗教观》一书。该书对宗教问题作过唯物史观的较为系统的研究,是 20 世纪 30 年代运用唯物史观研究宗教问题的代表性著作,在中国马克思主义学术史上占有重要的地位。

值得注意的是,《唯物的宗教观》一书不仅注意剖析宗教在原始社会中产生的过程,揭示宗教理想的基本内容,而且从抽象的层面概括"野蛮人的宗教理想"的特点。该书认为,从野蛮人发明灵魂的经过、崇拜自然的经过,以及从他们对于灵魂的认识和对自然神的认识来看,"大体上我们可以知道野蛮人的宗教理想,主要的是对自然现象的不了解,其宗教观念不是纯粹从一种抽象的理想中抽出来的,而是由许多错认的经验得出来的结论"。由此,该书概括出"野蛮人的宗教理想"有三个主要的特点。第一个特点是:"宗教理想与一切实际生活的密接,野蛮人离开了他所经验的实际生活(就)没有宗教的理想,一切宗教理想都是用来解答他的生活上所发生的一切问题的"。第二个特点是:"野蛮人对于他所崇拜的神的要求,都是在于解除其现实生活的障碍,在最初简直不发生死后的报酬的观念,纵令他对于所崇拜者有所要求,这种希望是要兑现的,是要求其来解决实际生活问题。"第三个特点是:"野蛮人的一切智识都包含在他的宗教理想之内。野蛮人虽没有明确的科学知识,也没有明确的世界观念,但在他的许多宗教信仰里,却混杂着许多哲学的、科学的以至道德的知识在里头。"[1]该书从原始人的宗教理想与社会生活联系的角度出发,揭示原始人宗教理想的特点,这是很有见地的。

《唯物的宗教观》不仅对宗教起源进行唯物史观的解读,而且对于宗教产生的原因也进行了科学的分析。该书认为,在野蛮时代,由于生命和自然界的诸问题扰攘人类的精神,人们就试图来解决这些问题,但当时的科学尚未发达到能够

---

[1] 刘剑横:《唯物的宗教观》,亚东图书馆 1932 年版,第 95—100 页。

有解决这些问题的答案,因而就被宗教所支配。该书指出:"原始的野蛮人从他能够把一切事实用回想连系成为一种结合的观念时起,首先就碰着他自身的生命和环处他的周围之诸种自然现象,奇妙的表演之不可解。他以其所想像的来解释这些现象。只能认为那些现象里所表现的动的原因是种伟大的权力,纵然不能立刻承认这种力为一种具体的神,至少也会承认他有一种与他自身相等甚或超过他的力量存在,这种力在野蛮人看来是如同活着的人一样,有意识行动的人格化的东西。所以野蛮人所承认的人格化的力,虽然不必一开始就是具体的神的观念,然而其所想象的实践与形式是一种神,野蛮人对于他的权威的信仰便是宗教的起源。"①该书又指出:"宗教的起源,乃由于原始野蛮人的极幼稚的产生,没有克服一切自然权威的能力,倒(到)处处为自然现象之权威所克制,因之野蛮人自他能开始回想形成观念以来,即对于这现象不了解而发生恐怖,遂形成一种崇拜自然权威的宗教观念。野蛮人最初所不能了解的,就是他自己的睡眠与梦的生理的自然现象,因而发明灵魂的信仰;更由其日常生活中所受于自然界的阻碍与损害,遂至于崇拜自然的权力,构成了原始宗教的信仰。并且他是从野蛮人的错误经验而发生的,在野蛮人的认识上是真实诚朴的,不是完全抽象幻想的东西,因为在野蛮人的脑子里还不能构成纯抽象的意识,他只能以许多不自知其错误的经验来构成他的观念。"②这就是说,宗教是野蛮人在对于自身的生命、对于自然现象无法求解之中,通过自己的想象来解释而形成的观念——"人格化的力",并进而成为他们的一种"权威的信仰"。由此,该书认为宗教之产生主要有两个基本原因:

　　野蛮人不但认为灵魂是永存的,并且认为他有很大的权威,其权威与能力是超过活人的,所以人的疾病是由于仇人的死者之灵魂的作祟,他们以为凡人的偶然之死与灾害都是仇人的灵魂之所致。对于他的祖先及朋友的灵魂,他常常请求其为他作一切凡他所愿意做的事情和愿意得到的东西,因为他认为灵魂能指挥宇宙间的一切原素,能叫天下雨吹风,能命令日出日落,因此野蛮人对于死者灵魂就发生了一种恐怖和崇拜,这是宗教观念之起源之第一原因。③

　　野蛮人不但对于人的睡眠和梦不了解,由这些现象而发明灵魂,崇拜灵

---

① 刘剑横:《唯物的宗教观》,亚东图书馆 1932 年版,第 16—17 页。
② 刘剑横:《唯物的宗教观》,亚东图书馆 1932 年版,第 28—29 页。
③ 刘剑横:《唯物的宗教观》,亚东图书馆 1932 年版,第 19 页。

魂,构成原始的宗教观念,而且他对于自然状态也一样不了解。因为在野蛮人的生产力是很幼稚的,他之支配自然的能力非常之小,自然支配野蛮人的力量倒非常之大,一切自然现象在野蛮人的脑子里都表现为极大的权威的。……野蛮人对于凡所不能了解的自然现象,对于一草一木,都以比拟人的方法来观察自然界,就是说对于自然界的一切东西也认为他有一个灵魂存在于其实体之内,所以他们认为一切动物死了也与人一样,其灵魂仍存在,也能报仇加祸于人。……野蛮人由于对于自然现象的不了解,与为自然现象之权威所恐怖,遂发生对于自然界的崇拜观念,亦即宗教之起源的第二原因。①

《唯物的宗教观》一书对于推动宗教产生的"灵魂观念"予以唯物史观的分析,依据人类社会的物质生活条件的变动,说明"灵魂观念"的历史演变及其特征。譬如,该书认为,"灵魂观念"在原始社会得以产生,但这时的"灵魂观念"仍然处于人类思想的初级阶段,并带有那个时代生产力不发达、思想观念的不完善的特征,但无疑的是宗教得以产生的根源。该书指出:"在野蛮人中的灵魂观念是很盛的,这完全由于原始共产主义的生活条件,从财产权利的人人平等反映在宗教思想上的灵魂非任何人所专有的权利的结果。因此在野蛮人中的灵魂观念的特点是平等的宗教思想,而一切天堂说、轮回说、拜物教,甚至土葬、火葬、杀牲、供献祭品的诸种祭仪,虽然在野蛮人中自有其不同的意义或形式,但都是由他们发明的,除掉地狱的观念在原始的野蛮人中没有发明以外,宗教的根源都存在于野蛮人的社会之中了。"②又譬如,该书认为,作为宗教起源根据的"灵魂观念"在奴隶社会得到极大的发展,成为这个社会"经济的变化"的突出反映,同时这时的"灵魂观念"亦处于极端的变化之中,"灵魂失掉了他的普遍性和大众化的性质",并开始走向衰落的道路,因而此时的"灵魂观念"也有其更为显著的特征。对此,该书有一段精彩的论述:"宗法社会的一切由经济的变化所形成之全般社会生活,都反映在宗教的灵魂观念上,其灵魂观念的特征是灵魂只有宗法的家长个人得享有,大多数的人因为没有财产权利就没有灵魂,灵魂失掉了他的普遍性和大众化的性质,实际上是灵魂衰落的象征。宗法社会的灵魂不再为活人所恐怖,反是宗法家族的保护者,于是灵魂的住处由天堂、仙岛、山顶等远离活人的地方回到了坟墓里,并且迁移到家庭里来了。宗法社会开始了阶级斗争与支

---

① 刘剑横:《唯物的宗教观》,亚东图书馆 1932 年版,第 19—20 页。
② 刘剑横:《唯物的宗教观》,亚东图书馆 1932 年版,第 38—39 页。

配的权力,灵魂之中也有了幸运的支配者与不幸运的罪犯之受拷问和监禁。"①
再譬如,该书认为"灵魂观念"在封建社会处于衰落的阶段,此时的"灵魂观念"
成为现实社会中的政治统治及其表现的阶级对立的反映,并赋予了封建社会的
等级化特征。对此,该书有这样的评析:"在封建社会的灵魂观念,可以说是愈
落到一个衰颓的状态之中,因为那宗法家族逐渐为大小兼并的形式而崩溃,形成
了封建的地主,封君贵族。这些大地主的封君贵族,当然比那些宗法家长的势力
更大,而其下统治了更多的奴隶、农奴之无权者,人类这一少数权威者之大地主、
封君、贵族,由其权威与地位的关系,他之死后的灵魂就不仅是一个家族的神,由
其生前即为其管辖领域内的经济系统之地方的主脑,尚有死后变成地方神的资
格;他在生前就不只是家族的统治者,其地位已增高到成为人类的统治者,他所
统治的人员不只是家族的成员,有非其家族成员之广大的奴隶、农奴、工匠、外来
人等等。在封建的地主、封君、贵族自身有无数的等级,他的死后灵魂之间也分
化为无数的等级,这就形成了多神教的大小神。在他们的统治下之广大的群众
没有人权,这些人都是没有灵魂的。而且阶级的压迫更加严厉,剥削更加厉害,
广大的群众之痛苦日深,就是原始的有产阶级也不能逃脱这种压迫,所以当时那
有产者之一时没有出路的悲哀呼声之厌世哲学已经发生了。一般人为生前痛苦
所恐怖,也不愿意具有一个灵魂在死后去继续那种痛苦,灵魂观念就几于消灭
了。"②不难看出,《唯物的宗教观》一书关于"灵魂观念"历史演变的叙述,不仅
体现了"灵魂观念"演变的历史阶段性,而且在社会生产力的视角之下将"灵魂
观念"与社会生活的实际紧密联系起来,揭示了"灵魂观念"在"宗法社会"之后
与阶级的政治统治的内在关联。

　　《唯物的宗教观》对于自然崇拜的起源问题在马克思主义唯物史观的指导
之下进行正确的解说,努力探求自然崇拜与宗教形成的关系。该书作者认为,
"崇拜自然是野蛮人的宗教思想,这是普遍于各民族的。日神、月神、风神、雷
神、火神固然普遍于所有的原始民族,即对于一草一木,一个动物、一块铁一块石
头在野蛮人都认为有神"。但是,野蛮人对于自然的崇拜也有着不同的形式。
作者指出,"野蛮人之崇拜自然,他对于自然的威力加以反抗和乞求都是有的",
"中国人之击鼓骇退吃日月的天狗,就是一种反抗的形式,而到处抬人,抬神,抬
狗乞雨,朝拜石头和树等,便是一种祈祷的形式"。由此,该书有这样的看法:

---

　　①　刘剑横:《唯物的宗教观》,亚东图书馆1932年版,第47页。
　　②　刘剑横:《唯物的宗教观》,亚东图书馆1932年版,第48页。

"这许幼稚的行为,在宗教上或称一种法术,法术是野蛮人的最初宗教仪式,不过在野蛮人虽有这种法术,因为他还未发展成一定的宗教仪式,同时也没有整个的宗教理论系统,因之在野蛮人的自然宗教,或尚不能算是一种正式的宗教之完全形成,然而自然神教之为一种宗教思想,是野蛮人的原始宗教则可以无疑。"该书又进一步指出,野蛮人之所以发生"这种自然的神教","这是有其经济背景的";由于"野蛮人对于他的社会秩序倒是容易了解,所以他的宗教里即不会渗透着人间的社会关系之神秘的意识于其间,他的宗教是整个对自然界的不了解而发生的"①。需要指出的是,作者在该书中认为"自然崇拜"在野蛮人那里形成"自然的神教"只是一种"泛物教"的形态,这在宗法社会里是不能原封不动地继续下去的,而是经由与祖先崇拜的结合所形成的"图腾教"形式予以演变。该书对此有这样的精辟论述:

> 在宗法社会里,图腾教是很盛行。图腾教是每一氏族或种族附会一种植物或动物之类作为那一氏族或种族崇拜的神,认为这一植物或动物是以代表他们的祖先,他们的种是从那里来的,并且即以那种被崇拜的植物或动物作氏族或种族以至个人的名字。这种宗教观念,一方面是沿袭野蛮人的灵魂可以寄生在任何物体上生存的理想来的,他们以为他们的先祖的灵魂已经寄托在其所崇拜的植物或动物上了,另一方面也是由野蛮人崇拜自然物的观念而来的,以为所有自然物都有灵魂,都有神,所以遂把某种植物和兽类当做种族或氏族的神崇拜。但许多人把图腾教与野蛮人的纯粹崇拜自然神教混合在一起,是不十分妥当的。固然图腾教也是拜物教之一,但是在宗法社会的图腾教,究与野蛮人崇拜自然有大同小异的差别。因为在图腾教之崇拜某种植物或动物为其氏族或种族的神,已不是野蛮人之简单的认自然物为神的观念。他带有因这种植物或动物为其先祖的化身,为其种族或氏族之所从出的观念。……其次图腾教崇拜一种植物或动物为其种族或氏族的神,虽然另外仍然要崇拜自然物,但其被认为种族或氏族神的植物或动物只是某一种动植物,与原始野蛮人的泛拜物教不同。……图腾教可以说是由泛拜自然的自然神教,转变到崇拜人神的先祖的宗教之关键,是宗法社会初期之原始宗教。②

《唯物的宗教观》一书在考察宗教起源问题时,依据马克思主义唯物史观研

① 刘剑横:《唯物的宗教观》,亚东图书馆 1932 年版,第 62—64 页。
② 刘剑横:《唯物的宗教观》,亚东图书馆 1932 年版,第 71—72 页。

究社会的路数重点地对"宗法社会"进行分析,力图说明"宗法社会"在宗教发展史上的特殊地位以及宗教在宗法社会之中所具有的特点。该书以发展的观点来看待"宗法社会",认为宗法社会是处于不断的变迁之中,并由此引起宗教观点的演变。在制度方面,宗法社会在最初是大家族制度,后来才逐渐分化为较少的家族,而这种分化反映在崇拜祖先的宗教上,便成为族神制与家庭神。这里,族神制所代表的是大家族制的意义,而家庭神则代表了分化了的小家庭的意义。作者在考察宗法社会的基础上,得出结论:"族神制与家庭神在宗法社会的后期是并行的,同时也一样是崇拜先祖,崇拜先祖遂成为宗法社会的宗教特点。"①自然,该书并不满足于这一大的结论,而是结合宗法社会的演变历程,将宗教作为宗法社会之中的独特现象,予以历史的梳理和具体的分析。譬如,该书对于宗教在宗法社会的演变有这样的具体分析:"在宗法社会的开始,首先表现出来就是神的崇拜之转变,这一转变我们所看到的显明事实便是:第一、人神的崇拜,第二、男神的崇拜代替了女神的崇拜,第三、图腾教的盛行,第四、族神和家庭的家长神的出现;在封建社会的开始我们更看见,第一、地方保护神的产生,第二、多神教的确立,第三、教会的发达;社会的发展进到纯封建社会的崩溃,半封建的统一国家成立,我们又可以看见:第一、一神教的出现,第二、国家宗教的确立同时秘密神教的并行活动,第三、爱国主义的宗教与宗教战争的流行等等。"②自然,该书对于宗法社会中的宗教所进行的分析,也特别注重那时人们的"宗教理想"的变化,并将这种"宗教理想"的变化与社会变迁中阶级斗争发生的事实紧密联系起来。关于宗法社会的"宗教理想"与"阶级的支配关系"的内在关联,该书有这样的分析:"从宗法社会开始,因劳动的实行者与命令者开始分化,而阶级的支配关系也开始存在了,在这里对于宗教理想发生许多新的反映,……支配关系一经存在,人间便有了正义与非正义的行为和观念,……正义与非正义的观念发生了,于是人与人之间就发生罪恶行为,罪恶的行为在生前要受处罚,死后对于罪恶之实施者也要加以裁判,……同时正义的标准在阶级社会里是依各人的阶级地位不同而各异其观点的,支配者以反抗他的人的行为为非正义,自己的行为为正义的,……这种反映阶级社会之人间关系的死后报酬,是从宗法社会开始贯通于所有的阶级社会的宗教理想。这种宗教理想一发生,而在要求现实生活的表现报酬之质朴的宗教理想之旁,就有了新的宗教理想存在,甚至发展到后来,

---

①　刘剑横:《唯物的宗教观》,亚东图书馆 1932 年版,第 75 页。
②　刘剑横:《唯物的宗教观》,亚东图书馆 1932 年版,第 65—66 页。

后者竟然完全代替了前者,基督教就是后者的代表。……又因为阶级社会与宗法社会的开始而俱来,在宗教的理想上还有另一种的转变,那就是原始野蛮人,参杂着人间关系之矛盾的宗教理想,转变为反映人间关系之矛盾的宗教理想。"①又譬如,该书将宗法社会与野蛮人时代予以比较,说明宗教在宗法社会的发展中所带有的具体特色:"因为在农业未发达之前,人们的生产力各个人不但不能有过剩的生产可供人剥削,劳动命令者与劳动实行者是一致的,就是说不能发生支配的阶级社会之雏形,而宗法社会则是支配的阶级社会之开始,此其一。又生产力薄弱,个人的生产没有许多剩余,私有财产无论是个人的或家族的形式都不能发生,原始共产社会是不会破坏的,宗法社会是原始共产社会的破坏的产物,宗法社会已开始了私有财产制度之根源,此其二。宗法社会主要的是建基在土地的分割与私有上,虽然最初还是家族的分割,为各家族所私有,然而如果农业不发达,土地不成为主要生产工具是不能确立宗法社会的制度的,此其三。凡此一切都表明宗法社会的开始,是代表了原始人类之生产力的进步远于新的阶级,劳动技术因有新的发明而进步,所以凡是这些发明者都被人类加以崇拜,而人神的崇拜之孕育在原始自然神教之中,与宗法社会之孕育在原始共产社会中同时表露来。"②这也就是说,由野蛮人时代过渡到宗法社会,在根本上乃是由于社会生产力的发展,这又促进了宗教观念的变化,

《唯物的宗教观》一书对于封建社会中宗教的特点及其宗教理想的变化,也予以历史唯物主义的分析。在作者看来,崇拜祖先是宗法社会的宗教特点,但由于封建社会之中发生了经济生活和阶级关系的变动,宗教在封建社会里也就有着新的变化,并显现出不同于宗法社会的特点。该书指出:"每一地方要有地方神,人世有大小不等的地主,天上也有大神、小神、半神等来适应封建制度,而分业的增加又要有多数的神来分掌各业,封建的地主又各自形成实际独立的经济系统不相统一,则神仙间也是要分治合作不相统一的。这些人世的多头寡绪的现实生活,反映在宗教上当然也是同样的情形,所以封建社会的神是没法统一起来的,多神教便成了封建社会的宗教特点。"③在作者看来,封建社会的宗教不仅具有"多神教"的特点,而且那时人们的宗教理想因为商品生产关系的发展而发生了新的变化,产生了宗教理想上"新的萌芽"。对此,该书这样指出:"在半封

① 刘剑横:《唯物的宗教观》,亚东图书馆 1932 年版,第 102—107 页。
② 刘剑横:《唯物的宗教观》,亚东图书馆 1932 年版,第 68—69 页。
③ 刘剑横:《唯物的宗教观》,亚东图书馆 1932 年版,第 78 页。

建社会里,已经有商品生产的萌芽,生产品的实体物背后已存在有所谓理想的商品与实在的生产品对立,那抽象的人格之崇拜也开始了,而心灵主义,宗教哲学化的观念也在萌芽了。虽然这种形式的完成是有产阶级的最后长成和胜利所完成的,然而这一趋势在封建阶级还未倒坍之前就存在了,就是抽象人格的崇拜,哲学化的宗教理想在那时已成为宗教理想的新的萌芽。"①这里,该书关于宗教理想在封建社会里变化的说明,是以商品生产关系的发生为前提的,很好地体现了唯物史观原理在分析社会思想问题上的基本思路。

《唯物的宗教观》一书研究宗教与资产阶级之间的关系,认为宗教与资产阶级逐渐上升为统治阶级的历程是密切联系在一起的,宗教也在不断适应资产阶级利益需求而有所变革,具有服务于资产阶级利益的性质。关于宗教是怎样在资产阶级革命过程中变化的,该书这样指出:"当十二世纪至十六世纪时,这时是原始资本积累时期,有产阶级在都市上开始了近代的民主主义的革命斗争,个人主义的新宗教也在此时发生了,宗教改革运动极盛一时。这种新教的改革,实际上不过在宗教理想上更浓厚的渗透一些有产阶级的个人主义之理性哲学;在思想上予有产阶级以信教自由的让步,以求适合其自由主义及个人主义的精神;在事实上使政治分离,打破神权政治的权威;在教会的组织上要求废封建之阶级组织的典型和专制主义等等。果然,到有产阶级的革命胜利了,有产阶级将要从政治上取得了支配地位时,宗教势力逐渐衰落,政教也分离了,宗教离开了主要的支配地位,而后来变化为新的支配者之工具,僧侣变成了支配阶级的附庸,变成帮助有产阶级者剥削的别动队和走卒。"②这里,该书不仅将宗教的变动与社会演变结合起来,而且揭示了宗教随社会生产关系的变动而不断变化的特点,肯定了宗教在资产阶级处于上升时期所起的积极作用,同时也指出了宗教为资产阶级统治服务的政治本质,预示了宗教走向衰落的历史命运。

关于资本主义社会的宗教思想是如何成为统治阶级的思想,《唯物的宗教观》一书从资本主义社会的宗教理想与资产阶级意识形态的关系入手,认为"资本主义社会的宗教思想,他的神的崇拜不是抽象的实体的崇拜而是抽象的理想的崇拜,就是说抽象中更加抽象的崇拜",具体来说就是:"有产阶级的宗教理想,不但对于神的观念愈益超越人类超越自然,神不再如野蛮人和半开化人的神是自然界和人类的化身,倒是上帝创造一切,人类和宇宙都是从他那里来的。并

---

① 刘剑横:《唯物的宗教观》,亚东图书馆 1932 年版,第 108 页。

② 刘剑横:《唯物的宗教观》,亚东图书馆 1932 年版,第 92—93 页。

且由其离现实愈远的宗教理想,对于人的报酬观念也大大改变。野蛮人从神那里所要求的报酬是现世的,基督教叫人们在死后到天堂里去取神给他的报酬。"①正是因为在资本主义社会之中,宗教的理想成为资产阶级的意识形态,因而宗教也就成为资产阶级政治统治的思想支持者,而资产阶级也就是宗教的维护者。该书指出:"总之,有产阶级的宗教不但反映着有产者社会的全般社会形态之诸种关系,并且宗教是民众的鸦片,有产者由反对宗教而倒转来维持宗教是有使其命运延续的社会生活基础和政治支配作用的,有产阶级是宗教的最后维持者。"②这里,点明资产阶级利用宗教进行政治统治的目的,并说明宗教在资本主义社会之中之所以被维持,也是因为有着"社会生活基础"和"政治支配作用",故而资产阶级也就历史地成为"宗教的最后维持者"。这实际上亦预示着,宗教亦将随着资产阶级命运的结束而灭亡。

《唯物的宗教观》一书认为,在未来的社会,随着无产阶级成为统治阶级,随着教育和科学的发达,宗教将会走向消亡的境地。其理由,一是到了无产阶级取得统治地位时,因为无产阶级具有"非宗教的本质",这就使宗教失去存在的条件。对此,该书从无产阶级自身的特性予以这样的分析:"无产阶级自己在生产技能上有征服自然的伟大权力,是科学的适用者,当然没有对自然的崇拜;无产阶级没有财产,没有被财产的幸运与不幸所迷惑,没有统治权的坠落的忧惧,所以他也没有社会秩序的不可知的问题,因此无产阶级有非宗教的本质,由他所创造的社会一切生活要素都是显明的秩序,宗教就归于消灭了。"③二是那时人与自然的关系发生变动,特别是科学和教育的普及,也就使得宗教最终走向灭亡的境地。对此,该书这样指出:"在人与自然的关系上,这是用不着说的。在科学愈加发达的未来社会,在教育的普遍平等发达的未来社会,在劳动的集体化和劳动技术的均齐进步的未来社会,那现存于农民中的无知识的对自然幻想的观念也最后消灭了。人与自然的关系,也没有神秘的作用存在于其间,宗教的一切根源都完全绝根。"尽管在现代社会,教育成为有钱人的专利品,广大的劳苦群众还不能有智识上的发达,宗教的权威还在没有受到科学洗礼的落后群众中存在,"但到未来的社会,不但一切自然科学和社会科学都有更科学的高度发达,而且在经济平等的条件下,教育也平等化了,一切科学知识将在这一条件下使人类均

---

① 刘剑横:《唯物的宗教观》,亚东图书馆 1932 年版,第 110—111 页。
② 刘剑横:《唯物的宗教观》,亚东图书馆 1932 年版,第 170 页。
③ 刘剑横:《唯物的宗教观》,亚东图书馆 1932 年版,第 12 页。

齐的享受,大部分人特别愚昧落后的现象是逐渐减少至于消灭,宗教又以存在的空隙都塞满了,宗教也被消灭了。"①《唯物的宗教观》从无产阶级的"非宗教的本质"及未来社会的科学与教育进步等方面来论证宗教的消亡问题,贯穿了唯物史观关于宗教最终走向灭亡的论断,这是很有见地的。

总的来看,刘剑横的《唯物的宗教观》一书以唯物史观来剖析宗教问题,对宗教的起源与发展、宗教的本质和社会作用等都作了正确的回答,是中国 20 世纪 30 年代以唯物史观原理专门研究宗教问题的学术专著,代表了当时中国马克思主义者分析宗教问题的水平。刘剑横所著的这本《唯物的宗教观》专著,在中国现代学术史上有着重要的学术地位。

2. 王治心及其《中国宗教思想史大纲》(1933 年)

王治心②所著《中国宗教思想史大纲》一书,在现代中国的宗教学研究中有独特的学术地位,是中国宗教思想史的开路之作。《中国宗教思想史大纲》这部著作,最初为王治心 1928 年秋起,在福建协和大学讲授"中国宗教思想史"课程的讲稿,后几经修改于 1931 年成稿,1933 年由中华书局在上海出版。该著有四个方面的特点:

一是比较系统地梳理了中国历史上宗教的发展状况,展示了中国历史上宗教发展的历程。《中国宗教思想史大纲》共六章,除首章为绪论外,其他五章皆依历史演进的顺序,论述三代、秦汉、魏晋南北朝、唐宋元明清、近代等五个阶段的宗教思想发展的进程,对于每一时代中宗教演变作了清晰的交代,并注重在时代的演变中看待宗教思想的变化。譬如,王治心对于夏商周三代宗教思想的分析,就是联系这个时代的具体情形加以说明的,一方面揭示各时代之间的差异所导致宗教思想的差异,另一方面又说明宗教与当时政治生活的密切关系。该著指出:"夏与周皆远鬼神而近人,惟殷人则先鬼而后礼。什么叫先鬼而后礼呢?

---

① 刘剑横:《唯物的宗教观》,亚东图书馆 1932 年版,第 174 页。

② 王治心(1881—1968),名树声,浙江吴兴(今湖州)人。曾任东吴第三中学、华英学校、上海神文女学、惠中女学等学校的国文教员。1913 年至 1918 年间任基督刊物《光华报》编辑。1921 年任南京金陵神学院国文和中国哲学教授,编辑《神学志》。1926 年至 1928 年间任中华基督教文社主任编辑。1928 年起出任福建协和大学文学院院长、国文系主任。1934 年后任沪江大学国文系主任。1948 年从沪江大学退休后回金陵神学院教授国文和教会史,主编《金陵神学志》。1957 年从金陵神学院退休后一直在北京居住。著有《孔子哲学》、《孟子研究》、《中国历史上的帝观》、《道家哲学》、《墨子哲学》、《中国学术源流》、《基督徒之佛学研究》、《中国基督教史纲》、《庄子研究及浅释》、《中国宗教思想史大纲》、《孙文主义与耶稣主义》、《三民主义研究大纲》、《中国学术概论》、《中国文化史类编》、《耶稣基督》(与朱维之合编)、《评基督抹杀论》(与范子美合编)等。

郑玄解释这句话,说是'内宗庙外朝廷'。什么叫内宗庙?重在鬼治;什么叫外朝廷?重在人治。夏与周都是内朝廷而外宗庙的,惟殷人则内宗庙而外朝廷,可见殷人的政治是依据鬼神做标准的。我们看盘庚迁都,他布告中的理由,并不说地理的形势与民生的关系,倒是说到天的意旨。"①就周代而言,西周的宗教思想是"承袭的",而"东周是革新的",这种革新与时代关系甚大:"到了东周,时局发生变乱,人民不得安定,感受战争及水旱的痛苦,对于天道,便发生了怀疑。"②又譬如,王治心认为宗教思想在时代的演进中有着前后转承的关系,春秋战国时期的宗教观念就发生了两个方向的变化:"从春秋战国一般学者的言论发表以后,在宗教思想上就分出了两条路向来:一条是怀疑的路向,一条是迷信的路向。走怀疑路向的,大概是所谓智识阶级,他们把前人所肯定的信仰,轻轻地把它推翻,并且从怀疑的道路走入到反对的地步。……但是大多数的平民,不但走那一条古代信仰的路,迷信天神人鬼,更是加上后来许多道教佛教的迷信东西,格外地变本加厉了!"③而到秦汉时期,宗教的观念在春秋战国时期的基础上,两条路向又有所发展:"秦汉的宗教思想,已由单纯的天祖崇拜,渐入于复杂的迷信时代。在古代天祖崇拜之中,虽不免有许多迷信的成分,但经过了春秋战国的一般学者的自由讨论,已从迷信的遗传中产生出许多理智的解释。不幸从秦始皇统一六国以后,那些聪明的帝王,为要保住他那地位和基业的缘故,便排斥那些不利于自己的学说,变本加厉地走到进一层的迷信之中去。"④因此,秦汉时期的宗教观念对后世影响很大,"秦汉时代的宗教生活,实是迷信的根源,而且这种迷信,影响到后来,更是非常有力。从阴阳五行混合而生的谶纬学说,产生出无数的星相卜筮,占验宿命……等等迷信;从佛道天堂地狱的未来思想,产生出经谶符箓,修仙学佛,支配了数千年来全国民众的生活。"⑤正是有着历史研究的见地,《中国宗教思想史大纲》能够将各个时代宗教与当时社会变迁比较好地结合起来,体现出从社会研究宗教的特点。

二是对于中国历史上宗教思想与当时社会上哲学、伦理、文学、社会生活的关系作了较为翔实的分析。《中国宗教思想史大纲》是在时代演进中来分析宗教思想的,书中不仅对于所论述的原始宗教如原始宗教、道教、谶纬、景教、伊斯

① 王治心:《中国宗教思想史大纲》,中华书局 1933 年版,第 35 页。
② 王治心:《中国宗教思想史大纲》,中华书局 1933 年版,第 46 页。
③ 王治心:《中国宗教思想史大纲》,中华书局 1933 年版,第 28—29 页。
④ 王治心:《中国宗教思想史大纲》,中华书局 1933 年版,第 68 页。
⑤ 王治心:《中国宗教思想史大纲》,中华书局 1933 年版,第 70 页。

兰教、也里可温、天主教、基督、拜上帝会、秘密社会中的宗教思想作学术上的分析，叙述其背景、产生、发展与影响，而且从相互联系与交互关系的角度阐述这些宗教与当时社会的哲学、伦理、文学、社会生活的关系，因而在研究方法上有独到之处。譬如，书中对于宗教与社会生活的关系有着较好的解读，指出："世界各民族因空间的关系，乃至有大同的生活；又因为生活不同的缘故，精神上的需要乃亦不能无别，所以一民族便有一民族的宗教了。而且一民族的宗教，正是其民族精神的表现：……宗法制度极发达的中华民族，便会产生出天祖崇拜的二神宗教。以此类推，即可知一民族的宗教思想，是与一民族的生活有不可分离的关系。换句话说，宗教思想乃是产生于一种生活的要求而来。"①又譬如，该著对于宗教与哲学的关系也有自己的解说，认为两者在后来固然有较为明确的界限，但两者之间的联系仍然是存在的。他指出："任何人都能把哲学与宗教，分别出一条界线来。就是说：'宗教是感情的，哲学是理智的。'但是我们假定研究到原始的时代，而它们俩不独是没有什么界线可分，简直是出于一个来源，而有母子的关系。后来哲学虽然是从宗教的母亲怀里宣告了自主，究竟还是有互相连贯的血统关系。在宗教思想中有属于哲学的问题，在哲学中也有宗教思想的质素。"②正是作者对于宗教思想与社会生活、哲学等方面的关系有自己的看法，因而该著所描述的宗教思想也就带有社会变化的显著色彩，从而显现出宗教与其所处的时代有着密切的关联。

三是对于佛教传入中国的历史有较为详细的考察，并重点地分析了佛教与道教思想广泛流传的原因。研究中国宗教思想史，不可绕过在中国社会中影响很大的佛教。王治心研究中国宗教思想史，也尤其重视佛教在中国社会生活中的影响，对其演变的脉络作了较为细致的说明，清晰地表征佛教思想演进的进程。关于佛教的传入和发展，该著指出："佛教输入中国，相传在汉明帝时，其最初输入的，大概是小乘教义；所以那些天堂地狱，轮回投胎等说素，与固有的阴阳谶纬，合成为疑神疑鬼的迷信。于是经典科教、寺观庙宇，渐渐地普遍起来，影响到民众的生活，非常之大。厥后又经过南北朝的推演，渐成为中国唯一的宗教。加以西来的僧众，译经著述，推行于上级社会；又有民间特造的宝卷佛曲，推行于下级社会；于是因果报应的思想，盘据在全国人心，历二千年而未拔。"③又指出：

---

① 王治心：《中国宗教思想史大纲》，中华书局 1933 年版，第 3 页。
② 王治心：《中国宗教思想史大纲》，中华书局 1933 年版，第 2 页。
③ 王治心：《中国宗教思想史大纲》，中华书局 1933 年版，第 69 页。

"东晋以后,中国分裂,遂称为南北朝;南朝宋齐梁陈,北朝则后魏之后,复分东西魏及北齐北周,是汉以来最纷乱的时代。篡弑逆乱,视为常事,南朝二十四君中,被弑者十一,被废者三;北朝二十六君中,被弑者十五,被废者一。又有十六国之纷扰,始于宋元嘉十六年,历百三十年之久,有五凉三赵三秦四燕与夏成汉等国,纷乱情形,可见一斑。不独学术文化大受影响,即宗教风习亦因而变迁。南朝承西晋风气,鄙弃儒术,主张放任清谈之风,犹未尽息;以退隐为务,以旷达为高,流连佛道,不问世务,养成柔靡之民风,无力复偏安之局。北朝来自蒙古,民风强悍,不脱游牧之习;对于南方风气,甚表不满。虽亦崇信佛教,却拒斥老庄的浮诞,反而尊重儒术,广兴大学。……惟佛教信仰,南北皆极兴盛,在宗教生活方面,受佛教影响,尤为中国历史上不可讳言的事。"①自然,王治心对于中国社会中形成佛道并行、宗教思想极大地影响社会生活的原因,也进行了学理上的分析:

> 从东汉以后,在思想方面,有很显然的改变。这种改变的最大表现,就是由极端的尊儒,变成为崇拜老佛,造成佛道二教对峙的形势。推厥原因,大旨不外乎三端。

> (一)为汉代经学的反动。自汉武帝罢黜百家,尊崇六经以后,综汉一代,前后凡三百五十年间,一般学者,莫不以专研经学为务。或发挥其义理,或考核其训诂;末流所及,及至破碎支离,出奴入主。……

> (二)为时局离乱的结果。汉末自黄巾叛乱,三国争衡,干戈相寻,性命有如朝露;群雄既自相割据,骨肉且尽成刀俎,加以权奸起伏,倾轧凌夷,先王的礼法不足以防闲,儒家经世主义,已无复支持能力。……

> (三)为老佛学说的影响。自王弼注老易,开六朝玄学之先,于是一般学者,咸以研精老易为一时风气,以为儒学浅薄,不若老庄,老庄浮诞,不若佛理,于是舍儒学老,舍老学佛,这便成了当时学术思想上的普遍趋势。老佛学说因而大兴,竟夺孔子的地位。

> 这三点不可谓非当时学术思想转变的重要原因,但把它归纳起来,也可以说半由于喜新厌故,半由于时局纷扰。②

四是从历史变迁与思想演变的互动关系中提出了一些具有创见的学术主张,为此后的中国宗教思想史研究打下了坚实的基础。王治心在书中提出了诸

---

① 王治心:《中国宗教思想史大纲》,中华书局1933年版,第92—93页。
② 王治心:《中国宗教思想史大纲》,中华书局1933年版,第90—91页。

多的主张,颇有学术的见地,试举几例说明:

譬如,《中国宗教思想史大纲》概述了中国宗教思想演进的大势,认为中国既有其固有的宗教发展时期,又有外来宗教输入阶段,从而构成了中国宗教思想变动的图景。王治心指出,中国固有的宗教思想发展经过了三个时期,一是"神与人异的时期",二是"神人相似的时期",三是"人拟神的时期",其情形如下:

> 在第一个时期是幼稚的宗教思想,可说是纯是迷信时期,所表现的如日月风雨、雷电山川、动物植物……等崇拜,均非人类的神,神的行为也与人绝不相似。我们在古籍上及世界初民宗教思想上,得到很多的证据,此处不一列举了。

> 第二时期便进步一点,所崇拜诸神,居然有人的性质了;固然以前崇拜之神之属于自然界、动物界、植物界的,仍然大都保存着,但是对于这些神们,却已重新估定加上人的成分,如诸神的等级、职权和行为,逐渐明显而趋于固定,与前所崇拜的神,形似而实非,名同而义别;因为诸神经过选择及粉饰的手续,便已人格化了。

> 到了第三时期,思想愈有新的变化,往日把高高在上的神与芸芸在下的人,视为只有关系而不容易位以处的,现在竟以人升而为神,加以崇拜起来,所谓以祖先配天,以圣神英神为神——甚至大的巨恶,亦分得神国一席,这样思想的进步,比较初期,何啻天渊之别。①

王治心对于以上三个时期的划分作了说明,认为"时期的划分,也不是说此起彼灭,界限判然,仅是就方便说明的假定而已";而中国固有宗教思想的变动、发展亦有其重要的原因,既是说"在这几个宗教思想蜕化的历程中,它的内容、外型及构成此项思想的原素,当然是社会背景及经济结构种种复杂的反应"。应该说,王治心的这种见解,在当时的学术界还是颇有见地的。

继而,王治心认为在固有的宗教思想之外,在中国历史上还有外来宗教的传入,这对中国封建社会后期的历史演进亦有很大的关系,并对中国宗教思想发展产生了很大的影响。他指出:"由汉魏以来至今千有余年,许多外来宗教传入中土,由此中国宗教思想大受其影响,其中第一要算是佛教了。佛教的影响不仅限于宗教思想方面,且摇动到学术方面与国人生活上去,我们若治中国宗教思想史,它是第一个重要机键。至耶稣教盛行于近代,虽然有太平天国之役的关系,

---

① 王治心:《中国宗教思想史大纲》,中华书局 1933 年版,第 2 页。

可是它与国人宗教思想的波震,还远不及佛教,这是值得思考的。"①这里,王治心将外来宗教传入作为中国宗教思想发展的重要因素,并提示人们要重视佛教思想及其影响的研究,实际上指明了中国宗教思想史研究的一个很重要的方向。

又譬如,《中国宗教思想史大纲》对于先秦思想中宗教观念的分析可谓细致入微,对于老庄、儒家、荀子及墨子的宗教观皆有评价,其中的不少主张颇为后来研究者所重视。书中对于老庄一派的宗教观有着比较中肯的分析和说明,认为:"把古代有意志的天,根本上加以否定的,要算道家的老庄一派了。他们以'自然'为宇宙的本体,'自然'是机械的"②。"总而言之:老庄所提出的道的属性,是十分抽象的,不是一个超然的有意志的上帝,乃是普遍在万物中的生命元素,不但充满在有生物中,也是充满在无生物中。老子说:'窈兮冥兮,其中有精,其精甚真,其中有信,……以阅众甫,……'庄子说:'道无不在,在蝼蚁,在稊稗,在瓦甓,在屎溺。'可见他们是一种凡神思想,而倾向于机械论的,予春秋以前的超神信仰以大打击。"③书中认为,儒家以孔孟为代表,而孔孟的态度与老庄不同,"老庄是从精神中以不能见不能知的道为宇宙实际,是实在论者;孔孟是从能见能知的自然现象上推究宇宙本体,是现象论者"。具体说,"孔子看天不过是一种流动不息的理,《易经》所谓'天行','阴阳不测之谓神'就是这个道理。所以他的态度,是敬鬼神而远之。"而"孟子也提起天及上帝的名,说:'虽有恶人,斋戒沐浴,则可以事上帝。'他以为上帝是注重人的内性,不重人的外貌,外貌虽然丑恶,但是他的天赋内性,不为上帝所拒绝,正与子思'郊社之礼,所以事上帝也'一样口吻。不过他们所体认的上帝,也不是客观的,仍旧是主观的,以为人心就是上帝。"④该书高度评价了荀子的唯物主义宗教观,指出:"至于荀子,竟直接爽快地否定天的意志,而变为很明显的唯物论者了。他以为天是一种机械,与老庄思想差不多,……一切自然界的所生的变化,并不有什么神在中间作主,乃是天地间的自然现象,……听于神是一种愚昧的举动,就有亡国灭身之祸。"⑤该书也分析了墨子肯定天有意志的宗教观,认为墨子的宗教观在下层民间社会影响很大,指出:"最明显地肯定天有意志的,厥惟墨子。他所体认的天与宗教家所崇拜的上帝,毫不两样。他认定天是造物的主宰,在《天志篇》里说:'四时调,

① 王治心:《中国宗教思想史大纲》,中华书局1933年版,第2—3页。
② 王治心:《中国宗教思想史大纲》,中华书局1933年版,第46页。
③ 王治心:《中国宗教思想史大纲》,中华书局1933年版,第48页。
④ 王治心:《中国宗教思想史大纲》,中华书局1933年版,第50页。
⑤ 王治心:《中国宗教思想史大纲》,中华书局1933年版,第52页。

阴阳雨露也时,五谷熟,六畜逐,疾病戾疫凶饥不至',都是天之厚民。天的管理天地万物,正像轮匠执其规矩,确是一种超神论的认识。……不过他于信天之外,又信鬼,是二神教或多神教而非一神教。他的宗教思想,大半根源于古代的天神崇拜,影响到中国社会的下层社会,非常之大。"①《中国宗教思想史大纲》对先秦诸子宗教思想的分析和评价,应该说是比较实事求是的,对以后的宗教学研究有着重要的影响。

再譬如,《中国宗教思想史大纲》提出了"制度宗教"的概念,并基于宗教的演变历史而探讨这种"制度宗教"形成的原因,认为汉代特别是东汉以后,逐步进入"制度宗教"时期。该著指出:"汉以前,虽有拜天祭祖的遗传,却是个人的自由崇拜,并不是一种有组织的固定宗教。国家所设立的祭祀礼节,也都含着政治的意味,更算不得一种制度的宗教。东汉以后,一方面有佛教的输入,一方面有道教的产生,于是乎崇高的庙宇,巍峨的寺观,林立在大陆神州。黄冠缁流,舍家修道,专其身于宗教宣传,不独社会多一种分利生食的人,更导一般人民思想于迷茫幻想,这便可以说是制度宗教形成的原因。"②"制度宗教"概念的提出,对于分析东汉以后中国宗教的发展是有学术意义的。

又再譬如,《中国宗教思想史大纲》认为中华民族具有宗教思想,但这种宗教思想有着独特性,非其他宗教性的民族所可比拟。他指出:"中华民族在宗教思想上的特点:(一)中华民族在宗教思想上没有入主出奴的成见,信仰有绝对的自由,所以没有宗教上信仰的争端,外来的任何宗教,莫不宏量的容纳。(二)中华民族不很注重宗教上的限制,纯凭各个人的自由信仰;所以一个人可以同时信仰几种不同的宗教,没有教权集中的流弊。(三)中华民族政教分离得很早,古代政治虽不免有神权的色彩,但政由天启的思想,在周代已经打破了。(四)中华民族的宗教信仰,不受崇拜仪式所拘束,祭祀的规定,虽不免有徒重形式的流弊,但是儒家设礼,多含着政治和伦理的作用,与祈祷礼拜等宗教仪式不同。(五)中华民族对天的信仰虽有若干不同的见解,但是大多数人的心理莫不承认天为至高无上的精神主宰,为一切伦理道德的根源。"③这里,对中华民族宗教思想在特点上的概括,虽还有一些不足,但大体上是符合实际的,为此后学界的研究提供了认识基础。

---

①　王治心:《中国宗教思想史大纲》,中华书局 1933 年版,第 53 页。
②　王治心:《中国宗教思想史大纲》,中华书局 1933 年版,第 70 页。
③　王治心:《中国宗教思想史大纲》,中华书局 1933 年版,第 8—9 页。

《中国宗教思想史大纲》一书最大程度地汲取了学术界关于宗教思想的研究成果，因而也是一部集大成的著作。譬如，该著借鉴文化研究的成果，提出中国宗教的研究要与中国文化研究结合起来，主张从中国文化演变中说明中国宗教发生问题。他指出："汉族为中华民族文化的倡导者，谁也不能否认的。但是汉族究竟来自何方？却是研究民族文化必须解决的一个问题。宗教是文化的一部分，所以应当先研究到汉族的来源。对于这个问题，讨论的人很多，有人承认是从帕米尔高原来的。所谓帕米尔高原，在新疆之西，就是喜马拉雅山、昆仑山、阿尔泰山诸大山脉发源之处，为中央亚细亚屋巅。……但现在却有人发生怀疑，对于汉族西来论，加以根本的否认。不过从宗教思想上考察起来，印度的婆罗门，犹太的摩西教，有许多相同的地方，尤其可怪的，世界一切伟大的宗教，大多发源于中央亚细亚。厥后同源异流，传布于东方的，遂分为不同的两大支流。讲到中国，汉族既繁殖于黄河流域，受了气候及地势的影响，成为独树一帜的中华宗教。"①又譬如，王治心在研究宗教的图腾崇拜时，吸收了江绍原的研究成果。在他看来，世界宗教的起源，总逃不了图腾的崇拜，有着由"庶物的崇拜，而渐进于群神与天神的崇拜，演成为有组织的宗教"，"中国也自然不能例外"。但就图腾问题而言，"有宗教的图腾与个人的图腾的分别"，而"所谓宗教的图腾者，即某一种族的人类，认其祖宗是出于某一种图腾，或即是某一种图腾的化身"，于是出现了"其图腾为蛇为熊，或为牛为龟，则其族人必崇拜蛇、熊、牛、龟等物，而奉之为神"的现象。就个人的图腾而言，"讲到个人的图腾，我们一读江绍原所著的《须发爪》，不独看见中华民族的许多迷信，更是可以懂得这种宗教思想，近于古代的图腾崇拜。"②总的来看，该著不仅汲取了学术界关于宗教研究的成果，而且汲取了中国历史研究、中国哲学史研究、中国思想史研究及民族学、民俗学的成果，因而该著不仅视域比较宽阔，而且在史料占有、具体分析上亦达到了相当的高度，体现了那个时代所达到的学术研究水平。

3. 曾宝荪的《实验宗教学教程》(1948 年)

曾宝荪③所著《实验宗教学教程》一书，在总论性的宗教学著作中虽属晚出，但对于建立宗教学体系亦有较大的学术贡献。

---

① 王治心：《中国宗教思想史大纲》，中华书局 1933 年版，第 5 页。

② 王治心：《中国宗教思想史大纲》，中华书局 1933 年版，第 9—10 页。

③ 曾宝荪(1893—1978)，字浩如，号子芳，湖南省湘乡县荷塘乡人，生于北京，曾于 1912 年至 1916 年间留学英国。归国后，从事教育工作。其祖父为曾纪鸿，曾祖父为曾国藩。1949 年去香港，后去台湾。著有《实验宗教学教程》等。

曾宝荪在《实验宗教学教程》中认为,宗教起源于野蛮人提升群体的团结力的需要,对于维护野蛮人的群体组织有着极大的作用,而一旦宗教产生之后,野蛮人又以团体的力量来维护宗教,从而也就使宗教与团体不可分离。该著指出:"野蛮民族的最大团结力,是他们的宗教礼节。未开化的土人虽然文化极低,然而他们每年必有他们的大节期。在这时候,每族团结起来,敬拜自己的神,用自己特殊的仪式,甚至族派的区别,就在这种事实上。……野蛮人非但靠宗教来维护团体,也用团体来维系宗教。他们的社会仪节都含有宗教性质。假如一个人弃了这些仪节,便是大逆不道,若是反叛了本来的宗教,则全族的人都将群起而攻之,甚至有性命之忧。"[1]但该著认为,宗教虽来自野蛮人生活的需要,但也有一个由"家族神道"向"民族宗教"演变的历程,而神道仍然是宗教之中起着维系作用的精神力量,并且这里的神道对于其他民族来说具有排他性,因而也就成为一个民族的宗教区别于其他民族的标识。如该著云:"家族神道扩大起来,便成了民族的宗教。试看旧约里最初的耶和华,乃是帮助以色列人的神道(出 3 章 15 节至 22 节),对埃及人似乎毫无爱心,对于亚玛利人,也要把他们完全消灭(出 17 章 14 节)。以色列人只能事奉耶和华,不能敬别族的神道,耶和华变成了他们民族的领袖。"[2]应该说,该著对于宗教起源问题的解说有一定的创新之处。

《实验宗教学教程》确认宗教对于人生的影响,认为宗教之所以是人们生活中的要素,其原因就在于宗教已经成为文化的组成部分,并体现在人们生活得以进行的风俗、习惯之中。在曾宝荪看来,宗教学说所蕴含的意义超过了一般的哲学理论,因而能够对人生产生巨大的影响。如该著说:"至于佛教唯识的说法,更为博大精深,超过我国周秦汉宋诸哲学之上,不独我们都是道的化身,而万有也都由我一心所造。所以说,万象唯心,万法唯识,天人合德,尤其当然了。"[3]关于宗教与人生的关系,该著不仅从人与人的关系、而且也从人与自然的关系予以说明,强调宗教具有调和诸种关系的能力。如该著这样指出:"宗教不是纯粹纸上空谈的哲学,乃是影响人与人发生关系的能力,也是使人生与大自然能调和的一种要素。因为宗教影响人与人发生的关系,所以宗教定能管理一切社会的风俗、习惯、礼教和信仰,使他们渐渐成为一种特殊文化,专属于那一个民族的。我

---

① 曾宝荪:《实验宗教学教程》,青年协会书局 1948 年版,第 98 页。
② 曾宝荪:《实验宗教学教程》,青年协会书局 1948 年版,第 98 页。
③ 曾宝荪:《实验宗教学教程》,青年协会书局 1948 年版,第 78 页。

们可以因一个人的风俗、习惯、礼教和信仰,而定他所归属的民族或社会。同时,一个人的人格,若没有这些文化上的共同生活,也就不能真正发展。个人的个性固然是上天所赐,然若没有社会和他与社会的关系,个性也就没有意义了。"①这里,作者宣传宗教万能论,将宗教说成是"能管理一切社会的风俗、习惯、礼教和信仰",这是不对的;但从文化视角说明人与人之间的社会关系,确认人的生存依赖于一定的文化传统,认为宗教已经成为文化的部分、民族的显著表征,自然就使人的活动和社会关系与宗教发生了联系。这应该说还是有一定的道理的。接着,该著还从宗教与风俗、习惯的关系,说明"原始人民"如何与宗教发生联系:"社会的风俗和习惯是同原人同时起的,远在有社会之前。宗教的礼节和信仰也是这样,远在神学或宗教文字之前。在这些原始人民,宗教和社会风俗是分不开的。他们服从内心的需要,与观察外面的物质,深信冥冥中有神道可善可恶。因为要这些神道来降福与他们,最自然的方法就是把神道算为他们的本族,然后用种种祭的仪式来保全这样神人相通的关系,代代不息。"②由此,作者对于宗教在现实生活中的作用与影响,有这样的估计:"宗教直到今日,还是一种社会生活,一个人有了宗教观念,就感觉到要有同情的团契。在那个团契里,可以得到别人以往的经验,满足自己的宗教渴望。虽然有极少数的人可以不用团体而得宗教,但大多数的人不是可以离群的。他们不能想象教育而不要学堂,要结婚而不要家庭,或者要国家而不要政府,所以也不能想象宗教而不要组织。"③总的来看,该著从文化中的风俗、习惯等方面,来解说宗教对人生的关系,尽管在一些观点上存在明显的错误,但从学理上说也是有值得肯定的地方。

《实验宗教学教程》对于基督教问题作了重点研究与阐发,显现出作者对于基督教的眷念之情。比如该著认为,基督教在理想上追求"止至善"主义,有着人神相通的进路,说:"从亚伯拉罕保罗二人,可知新旧约中宗教领袖,从忠于'止至善'主义,而发现了上帝。'止至善'便是不到尽美尽善不止,照所得的光明向前迈进,不甘以次美次善自足。这主义也可以说是尽力追求、日渐提高的理想极则的意思。……从旧约中很容易看出来天人交感观念受了物质上的限制。一定的仪节、物质上的献祭和符号之类,使得某种地方成了圣地。祈祷必到那里,方能有效,人神才有交通。"④又如,该著宣扬"诚实为真正宗教经验的要

---

① 曾宝荪:《实验宗教学教程》,青年协会书局1948年版,第100页。
② 曾宝荪:《实验宗教学教程》,青年协会书局1948年版,第100页。
③ 曾宝荪:《实验宗教学教程》,青年协会书局1948年版,第105页。
④ 曾宝荪:《实验宗教学教程》,青年协会书局1948年版,第80—81页。

素",认为平常人虽然满口"上帝耶稣",但只是口头说说而已,其"内心并无诚意",那只是"照例敷衍的宗教",而在人生大关头时"就必露出马脚来","在最需依赖他的当口,他不中用了"。对于这个观点,该著以新教作此注释,指出:"一个人的宗教经验,要以无可疑的事实为起点,若前提已有疑义,结论更不可靠。各人宿慧不同,别人以为可信的,你或者以为可疑,便当毅然抛去,另找一个你能衷心相信、毫无疑惑的基础,慢慢的将以后的宗教生活,建筑在上面。新教的权威,就在求真的态度。路德改教之始,站在歧路上:一方是众人承认他应走的路,也是他的教育训练预备他走的路;另一方面是良心认为真理所在的路。他决定追寻真理,喊着说:'我现在站在此地,我不能不如此,所以求上帝帮助我。'路德的成功,得力在真诚二字。(客观的真叫真,主观的真叫诚)美总统亚伯拉罕林肯因为教会都有一定的信条和仪式,其中有非他良心上所能认可的,所以他不隶属任何教会。他的宗教高出一般牧师,他信心的坚强突过侪辈,因为他不信的地方真不信,而信的地方却真信。"[①]再如,该著认为启悟为圣经所具有的质素,尽管圣经中有觉得不可解之处,但因为"近代考据之学,给圣经一种新读法和新价值",故而能够"使我们容易了解古人的言行";而对于"从前有些不可解的地方,靠信心来补救",因而也就"并无不可解之处"。更重要的是,因为"我们读经时不忘记历史的背景,所以容易设身处地些",并能发现圣经中的启示及慧觉。对于这个看法,该著提出了这样的说明:"启示及慧觉为宗教生活之要素——人生往往有神秘的经验,无意间有大智慧自然而然的到我脑经里来,自己都不知道怎样的。看见钟摆似的运动的人很多,而伽利略看见之后,忽有一个伟大的科学思想在他的脑中演出。看见苹果落地的人也很多,却只有牛顿脑中演出重学的公理。宗教家中这类的事更多,与其说是自动的顿悟,不如说是被动的蒙启示。"[②]又再如,该著认为基督教有着"团契精神",能够将教徒团结起来,并解决教徒生活中的问题。该著指出:"基督教团契精神的起点,当然也是家庭,然后由家庭发展到教会,由教会应当推及一切的社会团体和事业。圣经上面屡次用'你在我里面,我在你里面'这样的话和'你是葡萄,我是枝子'的比喻,都是耶稣要门徒团结合一的意思。所以团契精神,是基督教中最重要的因素。"[③]对于基督教有这样的"团契精神"及组织功能,该著还从基督教的历史进程来解

① 曾宝荪:《实验宗教学教程》,青年协会书局1948年版,第85—86页。
② 曾宝荪:《实验宗教学教程》,青年协会书局1948年版,第87—88页。
③ 曾宝荪:《实验宗教学教程》,青年协会书局1948年版,第106页。

说:"基督教经过罗马认为国教以后,渐渐推广到欧洲各处,使罗马文化所到的国家都有一种精神的团结。罗马被日耳曼倾覆以后,教会的重要更加不可忽视。当时若没有基督教来保全文化,欧洲的那一点文明的种子也就没有了。那时,人民在军阀铁蹄下,有教会来宣传和平与恬静,使他们逃避战争之苦。人民在阶级压迫之下,有教会来领导祈祷与信仰,使他们有上进之机。人民在黑暗之中,有教会来设立大学与寺院,使他们得上光明之路。现在只要看欧洲的礼拜堂寺院学校医院,多起于中古,就晓得当时教会对于人民生活的关切。中古人民既多不识字的。教会的礼拜也就趋重仪式。那些伟大的建筑、动人的音乐、华丽的衣服、精美的雕刻,都是使人民在美的上面去追求上帝。同时教会也深深使人注意他们的罪和上帝的震怒,要他们悔改。"①可见,《实验宗教学教程》在传布基督教的教义,宣传基督教文化的力量与作用,介绍基督教的历史等方面,乃是极为重要的着力点。

曾宝荪的《实验宗教学教程》是一部建构宗教学体系的学术著作,在建立宗教学体系上亦有较大的贡献。尽管书中对于宗教这一社会现象的分析有其思想立场的原因,一些结论也并不一定正确甚至有十分明显的错误,但在解读宗教这种社会现象,传布宗教学的有关知识方面,应该说还是有重要作用的。由于该著晚出,书中对宗教的解释也吸收了学术界的研究成果,因而就学术水平来说也达到了那个时代的高度。

(二)基督教研究著作

基督教研究在现代中国之所以能够取得很大的成绩,在很大程度上得益于有一个专门从事基督教研究的学者群,而这个学者群成员主要源于基督教教会之中。诚如有的研究者指出:"在基督教的教会中,以吴雷川、徐宝谦、范子美、诚静怡、赵紫宸、王治心、徐谦、张亦镜、诚稚怡、谢扶雅等为代表的基督教学者,却已经形成了该领域的学术群体,他们对基督教神学的中国化起了推促作用。来自宗教界内部的这一股学术力量,在进行理论思索和文化反省的过程中,创造出不少具有重要学术价值的研究论著。"②学术研究群体是开展较大规模学术研究活动的重要条件,同时也是反映一个时代的学术研究水平的重要标识。

在现代中国,基督教研究的代表性著作主要有:贾立言的《基督教史纲》(上海

---

① 曾宝荪:《实验宗教学教程》,青年协会书局1948年版,第103页。
② 王雷泉、刘仲宇主编:《二十世纪中国社会科学·宗教卷》,上海人民出版社2005年版,第19—20页。

广学会 1928 年版),罗运炎的《罗运炎论道文选》(上海广学会 1931 年版),袁安定的《基督教概论》(商务印书馆 1936 年版),徐宗泽的《中国天主教传教史概论》(上海土山湾印书馆 1938 年版),吴耀宗的《没有人看见过上帝》(青年协会书局 1946 年版),方豪的《中国天主教史论丛》(商务印书馆 1947 年版),赵紫宸的《基督教进解》(青年协会书局 1947 年版),王治心的《中国基督教史纲》(青年协会书局 1948 年版),朱维之的《基督教与文学》(青年协会书局 1948 年版),徐宗泽的《明清间耶稣会士译著提要》(中华书局 1949 年版)。下面,试选取几部著作略作介绍。

1. 贾立言的《基督教史纲》(1928 年)

贾立言的《基督教史纲》最早是上海广学会 1928 年的版本,以后有多种版本。贾立言,意大利人,牧师,山东益都守善中学首任校长。贾立言所著《基督教史纲》是在当时全国兴起反对基督教声浪中为基督教辩护的一本著作,该书有几个方面比较突出:

一是认为文艺复兴没有能倾覆基督教,只是使基督教改变了方向。贾立言的《基督教史纲》有一个很重要的观点,即文艺复兴在根本上并不与基督教《圣经》相反对,反对的只是当时教会轻视现实世界的观点,而文艺复兴发生之后却使得基督教会重视现实世界,亦即文艺复兴对于基督教的发展有着促进的作用。比如该著说:"'文艺复兴'最好可以称为'人生价值的重合',因为当时人民,重行珍视世俗的一切事情,这是用高尚的眼光,去观察到的纯洁的意义,而并无卑污的成分。他们重视世界,以为这是无边无限的,一个光荣的所在,而以一人的能力,将这些光荣的可能性,在他身上证实起来。这样的精神,并不和圣经上所记述的基督教相反对,也不和我们今日高尚人理解的基督教相抵触。但是,他只是很严格地,锐利地,反对中世纪教会的宗教见地。当时教会的宗教观念,以为世界是轻微的,生命是不幸的,张眼看啊,没有一点的光和热,生命是无穷无尽的空虚,世界只是苦难磨练的一个牢囚,人类的灵魂只能在监牢的铁栏之间,些微的望到一线的青天,这是如何的可悲啊!而欢乐在悲苦的心中,也永没有他们的座位,他们又惧怕欢乐,以为这是魔鬼所设置的陷阱。所以,他们厌弃了世界,轻视了人生,而刻苦自己的身体,不求现世的安乐。这两种绝对不同的宗教观,正是掀起了当时人生哲学的大波澜,而将'人生价值重估'后的'文艺复兴'思潮,清除了、洗净了、中世纪时代轻视人生的思想。"[1]又如该著说:"'文艺复兴'没有倾覆教会,他只将教会改变了一个方向,而使他向新的途径去发展。所以一个

---

[1]　贾立言:《基督教史纲》,上海广学会 1930 年版,第 227 页。

新宗教,任何新兴的思想和科学,都不能加害于他,反而与他有益。因为外界的新发明,和宗教思想的进步,正能合同地使世界趋于至美至善的地步。当新运动起初时,教皇自己首先赞成和欢迎。他十分喜悦新的艺术和学术,也十分地盼望新世界的来到。"①这里,不仅宣扬宗教的永恒性,而且还把宗教打扮成拥护新思想和新科学的形象,作者拥护基督教的立场是很鲜明的。

二是对于宗教和科学采取了调和的态度,力图说明宗教与科学可以并存。在当时基督教受到社会责难之时,该著极力采取调和的立场,为基督教争得生存的空间,故而提出宗教与科学不是冲突的主张。比如该著说:"从十九世纪的后半期直至今日,整个的科学界,确是有许多极大的发明。自从铁路、飞机以及各种电气事业发达以后,人生生活的全部完全改变了。这虽是轰动一时,然而在宗教的见地上观察,原也无足轻重。但是科学的发明,与宗教最有关系的一点,乃在思想习惯的改变。因为科学非但改变了人类物质的生活,同时,也转移了人类灵心的思想。因此,发生了纷乱的辩论。这就是平常所谓'宗教与科学的冲突'了。其实,严格地说,在真宗教和真科学之间是并无冲突的。所以,这只能说是'教会中人和科学家的冲突'。这论战的发生,因为教会中人和科学家各走极端,彼此都不能了解宗教和科学的范围。也有人说,争辩的起端,大多是教会首先向科学家责难,所以教会中人,实于其咎,这也未必尽然。"②这里,作者一方面将"宗教与科学的冲突"转换成"教会中人与科学家的冲突",力图说明不是宗教与科学的冲突;另一方面又认为那种关于冲突责任在"教会中人"的看法,是"未必尽然"。不难看出,该著极力为宗教辩护,虽然在科学与宗教发生冲突问题上,也说了科学和宗教都"各走极端"的话,但主要的还是把发生冲突的责任归咎于科学家。

三是对于基督教给予中国的影响作了过高的不切实际的评价。就当时中国社会的思想言说环境而言,舆论界大多对基督教采取抨击的态度,公然地为基督教辩护的一方处于应战地位,尤其是在关于基督教与中国关系问题上,消极评价占上风。贾立言这部《基督教史纲》从教育方面说明基督教与中国的关系,并作了肯定性的评价。该书说:"改良教育的趋势,中国向例是藐视外邦,妄自尊大,轻视西洋的学问,而以中国固有陈旧的学识为自足。略具眼光的人知道这决不能持久,而必有一次革命运动到来,突破一切旧思想的藩篱,而创造新生命的途径。的确,自从多数教士进入内地,设立教会学校和大学,给人民以极深的影响。

---

① 贾立言:《基督教史纲》,上海广学会 1930 年版,第 229 页。
② 贾立言:《基督教史纲》,上海广学会 1930 年版,第 327 页。

这时,西方教育方法的优美,已为人民所熟知,朝廷也知旧学不能适用于新的人生,必须根本的改革。但是,因为旧制度的遗毒极深,直至今日,还不能说教育制度已有彻底的改革。"①这里,该著叙述的也并非都不是事实,不过在当时的情况下,说明教士对中国教育变革的贡献,显然是不合时宜的。尤其是,将中国教育得不到改进说成是因为中国本身的思想及"旧制度的遗毒极深",而基督教进入中国的作用是使人民知道"西方教育方法的优美",这就集中地表现了作者美化教会的立场。

自然,贾立言的《基督教史纲》写于当时中国反基督教的形势下,故而书中要求基督教徒要适应中国革命的浪潮,主动地为国家作贡献。比如书中说:"或者有人要问:中国革命的思潮,是否为基督教会所传布,'是'与'否'我们都可回答。因为教会的职务,并不要推翻或是建立地上的国家;他是专致于灵界的事业。……但是,基督教是一种感化人类行为的力量,假如他没有那种力量,他就算不了什么。所以,基督徒对他的国家有应负的责任。基督教站在教会的观点上,自是不当与闻政治;而站在基督徒的观点上,他是国家的公民,当为他自己的国家、社会、家庭,贡献他应尽的义务。"②这里,亦可见作者在宗教立场和国家立场上有着调和的态度。

总的来看,贾立言的《基督教史纲》是从维护基督教的观点出发来研究基督教的,这有当时特定的历史条件,不可过于苛求。可以说,该著大体上代表了当时宗教派人士尤其是基督教人士的观点,反映了在社会上反基督教声浪中,教中人士维护信仰、彰显教义的一种声音。从学术史角度看,贾立言的这部《基督教史纲》固然有着较大的不足,尤其是作者站在基督教的立场上,但总体上说还是一部研究基督教史的学术著作,因而在中国现代学术上还是应该值得重视的。

2. 赵紫宸及其《基督教进解》(1947年)

赵紫宸③是中国20世纪最具影响力的神学家之一,也是"中国系统神学"的

---

① 贾立言:《基督教史纲》,上海广学会1930年版,第434页。

② 贾立言:《基督教史纲》,上海广学会1930年版,第445页。

③ 赵紫宸(1888—1979),浙江省德清县新市镇人。中国基督教神学家,学者。早年毕业于上海东吴大学,留校任教中学的英文、算术、圣经等科目。1914年秋,进入美国田纳西州梵德贝尔特大学(Vanderbilt University)攻读神学,同时研究社会学和哲学,1917年毕业,获社会学硕士和神学士学位。回国后担任东吴大学教授,1922年升任教务长,并兼任文学院院长。1926年加入燕京大学,两年后出任燕大的宗教学院院长,直至1952年大学结束为止,共26年之久。北平解放后,带领宗教学院师生到教会宣讲共产党的宗教政策。1949年9月作为中国基督教界五位代表之一,出席中国人民政治协商会议第一届全体会议。在新中国成立初期的教会革新运动中,积极参加基督教"三自"(自治、自养、自传)爱国运动的发起工作。1954年当选为中国基督教三自爱国运动委员会常务委员。新中国成立后,历任北京燕京协和神学院、南京金陵协和神学院教授。主要著作有《基督教哲学》、《基督教进解》、《耶稣传》、《圣保罗传》、《神学四讲》等。

最早倡导者,在西方基督教界享有较高声誉,被誉为"向东方心灵诠释基督教信仰的首席学者"。其所著《基督教进解》是一部阐发基督教教义的理论性著作,该著的主要内容有以下几个方面:

第一,该著以社会生活的观点来对基督教作出自己的解说,认为基督教是一种伦理生活,与中国传统文化的态度有着很大的不同。赵紫宸将基督教与中国的儒家文化进行比较,不仅说明基督教所阐发的观点与中国文化是相反的,而且说明基督教本身乃是一种生活。他指出:"基督教是凭上帝在耶稣的生活里所显示的爱与爱的永生而实行的生活。基督教,换一句话说是上帝与人同居同行的伦理生活。这是概括的,暂定的界说;其实基督教不容易有定义,只是生活罢了。中国人想人之上是天,尤其是自然之天、理性之天,须由人去参赞,去阐发的。孔子说:'人能弘道,非道弘人',主动在人,不在道,不在天;道之与天,都由人自动,而在人身上发生影响的。基督教反乎这种看法,以为上帝是人格的,自知自动自足自存,为天地群生的大主宰,能弘人,而后人乃能行道而弘道。上帝是主,是父,是根本,自动地运行在人生之内,而超越乎人生之上。所以上天下地,一切有生无生,都应当听信上帝,服从上帝的旨意,服从他的命令。……基督教以为上帝是爱,是宇宙的创造主,人类的天父;我们初听好像一位外来的玉皇大天尊,而其实是无始无终无限量,无形象,无声无臭(嗅)的神明的人格神。"①以上这段论述,赵紫宸将基督教解读为"伦理生活",说明在人与天的关系问题上,基督教所崇奉的上帝是主、是父、是根本,因而与中国文化所重视人的力量有着根本的不同。基督教是否就是生活的观点自然还可商榷,但赵紫宸所进行的比较和分析,确实在一定程度上揭示了基督教与中国传统文化之间的差异性,应该说是值得重视的。

第二,该著从"上帝造人"的基督教观点出发,宣传基督教"超乎一切法律之上"的观点,并极力论证现实社会的合理性。赵紫宸在《基督教进解》中积极地传布基督教的观点,对于社会上提出的"人造上帝"的观点予以回应,认为上帝是人所不能造作出来的,相反人是上帝造出的。他说:"上帝造人,人不能造上帝。圣经上说,上帝按照自己的形象造人。现代的聪明人说中国人造作中国的鬼神,外国人造作外国人的灵怪,各照自己的形象造出上帝来。这些人竟不曾想到人为什么能造上帝,必须要上帝;人所造的能不能施行人所想不到的道德命令。对于最高的主宰,只有上帝自己的启示,只有人向上的发见,不能造作。一

---

① 赵紫宸:《基督教进解》,青年协会书局 1947 年版,第 61 页。

切真理是原有的,是人逐渐发现的,不是人随意造出来的。上帝更是如此。"①正是从"上帝造人"的观点出发,赵紫宸将基督教置于现实社会生活之上,认为基督教有超过法律的地位。他说:"基督教伦理是上帝的命令为本的。耶稣基督遵行父旨,传与新约,对门徒说:'你们要彼此相爱,像我爱你们一样,这就是我的命令。'基督教超乎一切法律之上,而不违反任何合理的法律,因其法律本来上帝的旨意,本乎爱。……犯一律即不是爱,爱是全律,所以犯一条即是犯众条。讲伦理是讲道德律,不论国家政治上的所谓法律。在于耶稣,道德律只是一条,就是人应当彼此相爱。人在关系之中,必须有伦理之常。基督教的看法是人须与上帝有正常的关系,也与人群有正常的关系;所以总起来,先知与法律的大纲就是:'你要尽心尽力尽性尽意,爱主你的上帝,又要爱邻居如同自己'。"②根据以上赵紫宸的论述,大致可以断定:赵紫宸是以基督教的观点来写作这部《基督教进解》的。

第三,该著以"泛伦理主义"的态度解读基督教伦理,对于基督教伦理作了多层面的解说,这种解说既有道德本源上的追溯,又有伦理范围上的扩充及伦理精神的分析,从而提出以下诸多观点。

(1)上帝是道德之本、伦理之源。该著对于中国近代以来的伦理、西方近代以来的伦理以及伦理学,皆提出批判性的意见,认为只有基督教的伦理才是人类伦理的基础。比如该著说,中国固有的伦理本来有宇宙性,有天经地义的维系,但在新思潮涌动之后,随从只知自然、不理本原的科学,其结果就是"将中国伦理的宇宙基础完全摧毁,使国本摇动"。又如该著说,近代西方所谓的伦理学,或以自然为本,或以人文为本,或以实利为本,或以幸福为本,这些伦理学说"无不破碎支离,将深入真原的伦常关系,一变而落入买卖人之手,以坠而变了随时可以更换的契约"。再如,该著对于伦理学给予严厉的批判,认为"伦理学不是自然科学,不能像自然科学一样观察分类,而在所研究的事象之中,发现有根有基的道德律与道德意义"。因此,"伦理学可以作自然科学的工作,不能得人生需要的价值的根基;只可当作一种研究,不可当作立身立德的南针"。由此,该著极力颂扬基督教的伦理,指出:"上帝因此是道德之本,伦理之源。基督教伦理道德因此是有巩固不摇的根基的。……本来,人类不能在流变中,自己的分裂中,找寻自己的意义;因为人的意义是在超世界里,是在人的上头。人可以解释

① 赵紫宸:《基督教进解》,青年协会书局1947年版,第62页。
② 赵紫宸:《基督教进解》,青年协会书局1947年版,第159页。

物,因为人在物之上,不能解释自己与人群,因为人须上头一层的实在来为他作解释;因此,上帝自己,上帝之爱,高出人上,才是人类伦理的基础。"①

（2）基督教的伦理"包蕴人伦神伦"。赵紫宸对于基督教伦理作了最广泛的解读,认为基督教伦理是一种具有广泛内涵的伦理学,既包含人伦关系,又包括神伦关系,因而无处不在,它源于上帝的命令。他说:"基督教的伦理是简单的,只是上帝的命令。但是这种简单的命令,演成伦理学,还包蕴人伦神伦,人与人的关系,人与上帝的关系。上帝是父,人类是兄弟。从广大方面说,基督教无国界,无种族界,凡是遵行上帝旨意的,都是弟兄姊妹。论性情志向,则同国之人或者气味不相投,异族的人,反而志同而道合;一家之人,或者嗜尚不齐一,异姓的人,反而有融洽的感情。人之所需,万人供之,自不宜有人与人之间交与的阻碍。论本质则天下之人,虽有形貌上的不同,风俗习惯上的殊别,历史背景的差异,在要求,在愿望,喜惧、爱恶,理智,情性等等上,莫不相同。一人以为苦的,万人以为苦;一人以为乐的,万人皆以为乐;一人以为真的,如有根基,万人皆可以以为真;一人以为恶的,如杀戮淫乱之类,万人皆必以为恶。理论可殊,行为常同。同情广大的,人可以包育万人。况乎世界缩小,人群多接,伦理的范围自应扩到世界人类的关系。上帝为父、人类都是兄弟的伦理,自是人类必须的思想,必须需要的伦理。"②赵紫宸所解读的基督教伦理,实际上有两个序列,一是上帝与人的关系序列,二是在此前提下的人与人关系的序列;而在整个的基督教伦理序列之中,上帝是最高的主宰,人类则在服从上帝的情形下的人伦关系,共同执行上帝的旨意。

（3）基督教的伦理主张自由平等博爱。赵紫宸对于基督教伦理的精神内涵作了宽泛意义的解读,凸显其平等、自由、博爱的意义内涵,并在"目的"与"工具"的关系中提出人伦关系的准则。他说:"基督教的伦理既以上帝为父,人人为弟兄,自然主张平等自由博爱,亦自然以人中间最小最卑的人为贵重与高级者等。在天分上,人有智愚贤不肖之别,在社会上人又有高卑贫富等等之差殊;但在上帝面前,人之为人,都极贵重。人可以互为目的与工具,不能以一人视他人为工具,一级视他级为工具,一家一国视他家他国为工具。人不是工具,根本的目的,不过为要达到目的之故,可以自贡,而人自贡为工具的时候,正是所以与他人共同前进,以求达到共同的目的,个人的自己的目的,已包蕴在公共目的之内。

① 赵紫宸:《基督教进解》,青年协会书局1947年版,第160页。
② 赵紫宸:《基督教进解》,青年协会书局1947年版,第160—161页。

所以人作为目的之时,可以作工具,作工具之时,依旧是目的;人决不当单作工具,不但如此,且人间最弱小、最卑贱的人当更加保护爱抚他们;人可以减少他们的出生,不可以于出生之后,随意欺侮他们。耶稣作罪人的朋友,在他面前,税吏妓女,都受人格神圣不可侵犯的尊敬,人群以为不可救药的人,都可以应悔改信受而进入天国之门。人人有希望,人人有机会,绝无千古恨,百年身的大憾。"①以上这段文字说明,赵紫宸除了对于基督教的平等自由博爱观点的宣传外,还对于基督教的精神作了自己的解释,突出地表现为,是在"人不是工具"的观念中,引申出人在作目的之时"可以作工具"的结论,其用意在于提出人人应有所"自贡"的伦理要求。这可以视为对基督教伦理在人伦关系上的一种新解读。

　　(4)基督教的伦理也是家庭伦理。赵紫宸以权利与义务关系的解读为突破口,基于非功利主义的理念来诠释家庭中以致社会中的人与人之间的关系,强调个人"立德"的非功利化,从而将基督教伦理扩展到家庭之中。他说:"基督教的伦理是家庭的,上帝之家的伦理。在家庭中,有苦同当,有福同享,强壮的服事软弱的,父母服事子女,只是愿意,并不计酬报。……多任点劳,不以为恨,少任点劳,不以为吝。无所谓权利义务,更无所谓一分权利,一分义务,十分权利,十分义务的交易。道德是超乎交易的。……在家庭中,一人苦,人人都苦;一人有庆,人人都有庆;重担的互相担当的,幸福是共同分受的。反面说,人若在道德上作计算的,自己作一分工,必要得一分报酬,简直就是买卖,就叫功利主义。……道德决不是功利,功利决不是道德的本质。人若建立品格,以为如此可以修名誉,成功业,那么他在立德之时,既不以品格为至高的目标,而以功利为至高的目标;以功利为目标,所建立的是功利,不是道德,是身外之物,不是自身的品格。……当然,立德之人,可以取功利;但立德不即是为了功利,更有大于功利;立德不当以功利为转移,若以功利为转移,那么无功可得无利可取之时,又何必立德呢?基督教的伦理,所以不是算计的,不是功利主义,也就是为了这个缘故。"②赵紫宸实际上是以基督教的教义来解说家庭中的人伦关系,以"不计算功利"来理解权利与义务的关系及道德的内涵,将基督教伦理要求延伸到家庭之中,凸显了非功利主义的立场。

　　(5)基督教的伦理反对报怨报恨。赵紫宸正是以道德的"不计算功利"的观点来解读人伦关系,因而也就提出了社会成员间关系的一个重要准则,这就是

---

　　①　赵紫宸:《基督教进解》,青年协会书局1947年版,第162页。
　　②　赵紫宸:《基督教进解》,青年协会书局1947年版,第163—164页。

"爱仇敌"而不报怨报恨。他对此的解释是:"基督教既是不计较之伦理,自当要教人爱仇敌,注重饶恕过恶,而反对报怨报恨。人若报怨报恨,世上的事,安从得到根本的解放? 岂不是怨愈积愈深,恨愈积愈大,生生相仇,世世相杀了么? 报怨报恨,是要得其平,然而血海横流,骸骨成莽,报人者自己有无穷的损失,果能得其平么? 彻底的排难解纷,只有悔改与饶恕二事。……基督教是上帝的心,是排难解纷、拯救世人的宗教,日日乎召人忏悔,日日恳告人饶恕人。忏悔饶恕,俱非易事,人若不心向上帝,承受恩力,自己是无法施行的。……但基督教决不是任人作奴隶的宗教。唯爱和平,是自由人的事,不是奴隶的事,奴隶不能作主张。"①这里,赵紫宸将"爱仇敌"的要求具体化为不抱怨报恨,又将不抱怨报恨的依据追溯到基督教的"忏悔饶恕"准则,同时又说明这种"不报怨报恨"并非做奴隶。这是赵紫宸对基督教伦理准则的一种新的解读。

第四,该著认为基督教对中国文化将有"甚大的贡献",并从多个方面对这一观点予以辩护性的说明。在赵紫宸看来,中国文化存在"抛弃人格神"的缺陷,因而需要基督教来拯救。他说:"中国古代原信人格的天,因为人单从物观的、理知的推测,去窥视天,才觉得这个范畴之内,不能容纳人格神,就把人格神抛弃了。但在中国正统的儒家思想里,仍旧保留着宇宙是一个道德秩序的信念,直到最近的留学生手里方始放弃了这一点,叫人人跳在一团黑漆里了。基督教却能补充中国文化无纲领的缺陷;基督来要成全,要恢复那真实的,保存那有价值的,创造那簇新的生命。"②为此,赵紫宸提出"基督教对于中国文化有甚大的贡献"的观点,其主要理由是:"基督拯救人,必要拯救中国人,舍基督人无救法,中国人无法救。"③赵紫宸为了坚持这个观点,对于社会上提出的种种质疑予以辩驳。譬如,社会上有人批评基督教,说基督教注重人的罪恶,与中国的优游从容、不自怨自艾、自责自苦的态度大相径庭,因而基督教将来难以进到中国社会之中。对此,赵紫宸的回答是:"中国人的生活观与希腊的生活观相似,与希伯来人的救罪赎罪的态度不一致。可是话虽有据,通则未见得;因为中国须要改变态度,往深刻里去;浅陋浮漂,即是中国的病根。"④又譬如,有人批评说,基督教太自苦,不合乎中国的需求,因为中国已经是太苦了。对此,赵紫宸的回应是:"这种议论,却是极混极不彻底的。孟子以自苦为极,摩顶放踵,突不得黔,是狭

① 赵紫宸:《基督教进解》,青年协会书局1947年版,第164页。
② 赵紫宸:《基督教进解》,青年协会书局1947年版,第62页。
③ 赵紫宸:《基督教进解》,青年协会书局1947年版,第69页。
④ 赵紫宸:《基督教进解》,青年协会书局1947年版,第69页。

窄的苦恼,基督教主张牺牲,背十字架,是宽宏的;信教的要超出华贵,摆脱逸乐,但同时亦大有松弛的发泄,精神身体上的大自由。全世界是人所有的,人又是上帝的后嗣。家庭的清洁融和,夫妇的忠贞挚爱,音乐诗歌的调节,仪式礼文的疏达,挥使财帛而不受财帛制伏的自由,与耶稣同享的山海云天,与夫田野的百合花,一切的快乐,都是基督徒权利中的富有。基督徒与罪恶斗,要在罪恶之外,得海阔天空的世界,并不以自苦为极,为痛苦而痛苦。基督徒的苦痛与世界的苦痛绝然是两件事:基督徒所受的,乃是快乐的苦痛,因救人救世而受的,乃是超脱束缚而然的,是因责任而来,不是世俗中乌烟瘴气,沾染尘污,哀猿透却坠,死鹿力所穷的泥途中的苦恼。"①再譬如,有人批评基督教说,佛教有丛林、有藏经,对中国文化有伟大的贡献,而基督教在中国文化中"只是一部白话的圣经","几个不学无术的牧师,怎么能使中国人恭敬而信受呢"?对此,赵紫宸说:"这种议论,谓之目论,不值得我们认真地去答复;因为基督教已经在人间发挥了无尽藏的文章美术,在世界文化上占重要的位置,既为人类保存了学术,使经黑暗而愈明,而且是时常增益人们努力向学、努力创造的能力。只要我们能移译,能创造,将来自有宏大的显示;不过时代不同,崇高壮丽的建筑,恐要为社会服务的工作所代替了。"②又再譬如,有人提出这样的看法:中国人不能信人格神,不能奉耶稣为神明,不能以永生为实在,不能按部就班地做礼拜而结合教会的团体,所以基督教在中国终将徒劳无功。对于这种主张,赵紫宸的回答是:"这种看法,固然无见解、有依据,但是摧峰填壑,本是基督教的事业,作不可能的事业本是基督教的责任。一个王族的后裔,一个木匠的儿子,要把世界翻转过来,本来是一个无畏的信仰。宗教就是这种事业与信仰。"③在对以上质疑回答之后,赵紫宸的最终结论是:"总之,基督教在大体上与中国的伦理艺术站在一条线上,可以给中国的伦理加上一个伦理的根基,就是人神之伦;给中国传神写意的艺术加上更精深的内力;又给中国所需要、历史所寻求的宗教,现实出一个超世入俗的真世界。"④为了使基督教能对中国文化产生影响,赵紫宸还提出了"吸取中国文化的精华"、培植人才、提高教会的知识程度等具体措施。他指出:"譬如在中国文化方面,基督教学者应当由外面的指点,辅助而吸取中国文化的精华,再由比较研究而发挥耶稣基督成全文化的增修,由此而调协基督教与中国文化,辅助中国创

① 赵紫宸:《基督教进解》,青年协会书局1947年版,第70页。
② 赵紫宸:《基督教进解》,青年协会书局1947年版,第70页。
③ 赵紫宸:《基督教进解》,青年协会书局1947年版,第71页。
④ 赵紫宸:《基督教进解》,青年协会书局1947年版,第71页。

造一个文化上的新纪元。……教会的史乘告诉我们,基督教是历来崇尚学术的,科学哲学都曾受过他的洗礼,在它的羽翼之下长生的。所惜抗议诸宗传入中国以来,领导的西宣教师急于救人,忘记了拯救大世界渴求知识的灵魂。从今以后,我们知道了,我们明白了!无论如何,要刻苦经营,造就人才,使第一等的人物信受基督,而猛烈向前作学术上的贡献。无论如何要提高教会的知识程度,使信众超脱世界,进入世界,而由生活学术的逐渐调协,而得快乐丰盈的生命。上帝的宇宙,叹息苦劳,直到如今,等待着上帝众子的指引。"①由以上赵紫宸关于基督教对中国文化影响的论述来看,赵紫宸又不仅仅在于从教义的角度研究基督教,而且是把"基督教与中国文化"作为一个研究的重点。

赵紫宸的《基督教进解》一书自然是有很大的缺陷,作者是站在基督教的立场上立论的,具有布道和回应社会上反宗教言论的目的,但学理性的研究应该说还是占有较大分量的。因此,该著也是一部研究水平较高的学术专著。该著的特点有三:一是对基督教的教义作出自己的解读,反映作者对于基督教确有较为深入的研究与理解;二是文字比较通俗,叙述也富有生活化色彩,具有通俗可读的特色;三是对于基督教与中国关系的叙述是一个重要的内容,反映作者对于基督教在中国发展的关注。在现代中国宗教学研究史上,赵紫宸的《基督教进解》自然有着学术地位的。

3. 王治心的《中国基督教史纲》(1940 年)

王治心所著《中国基督教史纲》最早出版于 1940 年,此后有多种版本。该著不是一般地传输基督教教义的著作,而是力图立足中国本土文化来梳理基督教本土化的进程,阐明基督教在中国发展中带有规律性问题的专著,因而是一部具有较高内涵的学术著作。

王治心的《中国基督教史纲》以中外文化比较的视角来研究中国的基督教,力图在文化分析之中说明中国基督教发生的原因。他认为"基督教虽不是文化搏斗中的主力",但基督教本身带有文化的因素,因而也就能在中国生根。他说:"民治主义本是基督教的产物,基督教带来了这颗种子,下种在中国的文化田里,使中国固有的阶级制度与传统思想,发生了莫大的影响,是无可否认的事实。至于科学虽不是基督教的东西,而基督教却负了介绍的责任。在自明至清的教士们中,看他们如何努力译著的工作,可见一斑。所以基督教虽不是文化搏

---

① 赵紫宸:《基督教进解》,青年协会书局 1947 年版,第 157 页。

斗中的主力,却毋庸否认是把面酵放在面粉中的妇人。"①自然,王治心认为中国传统文化的包容性也是基督教进入中国的重要条件。他说:"中华民族在宗教上向来没有固执的成见,信仰有绝对的自由。不独在固有的宗教上很少争端,即对于外来的宗教,亦莫不宏量地容纳。这一点,在我们将述说宗教背景之前,应先郑重地提出。"②同时,王治心还认为,除了中国文化本身的包容性外,中国对于天的观念以及对于未来的理想,也与基督教有着相同或相近的方面,这也是基督教能够在中国生根的重要因素。他指出:"基督教的一神崇拜,与中国固有的对天观念,本没有多少冲突。在中国的对天观念中,虽不免有多神崇拜的倾向,然而认群天之中,有一个至高至尊的昊天上帝,执掌着统治全世界的大权,与基督教所信仰的上帝,是一个创造宇宙管辖万有的主宰,初无若何分别。"③又指出:"基督教是要建立起地上的天国,没有国家的界限,没有人种的区分,是一个绝对平等的世界主义。这是基督教的特点,也是中国人所服膺的教训,我们看孔子的大同思想,所谓'不独亲其亲,不独子其子','四海之内皆兄弟也',与墨子的'视人国若其国,视人家若其家'等等主张,何莫而非'天下一家中国一人'的世界主义,这正与基督教若合符节。"④王治心从基督教本身的因素、中国文化的特点来说明基督教得以进入中国的原因,应该说还是十分有见地的。

王治心对于基督教进入中国之后与中国文化之间的冲突,也有较好的说明。在他看来,基督教传入中国是有一定的文化土壤的,这就是基督教在文化上与中国文化有相通之处,但这并不说明基督教进入中国之后与中国文化就完全没有一点矛盾和冲突。那么,这种冲突属于何种性质的冲突,冲突的原因又何在呢?对此,王治心作了较好的阐释:

然而基督教输入中国的历史上,为什么有若干冲突的现象呢?这在我的观察,觉得这种冲突,大都发生于表面上的习惯,决不是根本上的不相容。第一,中国有祖宗崇拜的习惯,在宗法社会家族制度的原则上,祭祖实是维系"以家族为单位"的良法,且为一般人所视为极重要的问题。从基督教看来,实与"除上帝外不得崇拜别神"的信条不合,所以基督教乃排斥祭祖为迷信,而中国人却以反对祭祖为忘本,由此而发生了误会。第二,中国自信文化之高,视中国以外的民族其文化水平甚低,所以有"用夏变夷,未闻变

①　王治心:《中国基督教史纲》,青年协会书局1948年版,第1页。
②　王治心:《中国基督教史纲》,青年协会书局1948年版,第7页。
③　王治心:《中国基督教史纲》,青年协会书局1948年版,第17页。
④　王治心:《中国基督教史纲》,青年协会书局1948年版,第21页。

于夷"的自尊。这不但对基督教有此态度,即前此反对佛教的理由,亦大都出发于"戎狄是膺"的这一点。尤其是近百年来,在国际上所受到的侵略,往往与教案有多少关系,所以一般人便怀疑到基督教乃是帝国主义的先锋,引起了许多误会。第三,中国人民浸润于儒、佛教义,历时已久,一以纲常礼教为伦理的中心,一以三世因果为社会的信仰,而基督教所主张的自由平等,予儒教以打击,所主张的现世生活,予佛教以难堪,其抨击偶像反对迷信诸端,皆足以动摇两教的地位,因此遂有不可免的龃龉。第四,中国乡村生活中,每以迎神赛会为唯一的娱乐与团结,且亦认此为公民对社会的责任,而信奉基督教的人,反对参加此种举动,便被认为破坏团体生活的不良分子,乃至群起而加以攻击。第五,中国伦理以孝顺父母为中心,养生丧死,实子女的唯一任务,基督教携来的西方小家庭制度,每发生儿子与父母分居的事,父母死后又不举行追荐祭祀等仪式,以为大有背于孝道,至斥之为名教罪人。第六,中国人对于宗教信仰,向抱宏量态度,一个人往往可以信仰几种不同的宗教,既信儒,又信佛道,本无足怪的,而佛教又能迎合固有的儒教,而变更其性质。基督教为保持其独特的本质,不肯有丝毫迁就,对中国固有的宗教习惯予以排斥,乃至被视为固有宗教的破坏者。第七,基督教自身,亦有予人以怀疑之点。①

王治心以上所作的七点分析,既承认基督教与中国文化发生冲突的事实,又强调中国文化与基督教所发生的冲突并非根本上的冲突,这是力图调和基督教文化与中国文化之间的关系,同时又在分析中始终贯穿着中西文化的差异性,可谓细致入微,体现作者在文化比较中的努力。这个分析,一方面说明了中国文化具有很大的自主性及其维护功能,另一方面也说明基督教进入中国后缺少应有的变通,因而发生冲突也就是具有必然性的。

王治心对于基督教在中国作用与影响的分析,大体上能够持比较客观的态度,即使讲到基督教的积极作用时,也大多能以比较公允的语言表达,而并不把这种积极作用绝对化。譬如,王治心讲到基督教与太平天国的关系时,认为太平天国的革命思想与基督教有"相当的关系",并有这样一段说明:"我们研究这种革命精神的来源,却不能否认与基督教有相当的关系:洪秀全既从基督教得到了他的革命精神,发动这十三年伟大的力量,虽然他那种利用基督教的手段不能叫我们赞同,而他与基督教的关系,却无可否认的。孙总理也是如此,他从小就受

---

① 王治心:《中国基督教史纲》,青年协会书局1948年版,第21—22页。

着基督教思想的熏陶,获得了基督教革命的精神,做成他一生牺牲奋斗的原动力量。不信！我们可以看一看他的生平。"①关于基督教在中国社会中的影响,王治心认为基督教在中国活动了一千三百多年,而"在中国社会上发生影响,却为三百五十年来的事",这样的认定就比较实事求是,而不是夸张的态度。关于基督教在中国影响的层面及其存在的缺陷,王治心也作了比较客观的分析。他指出:"西教士的历尽艰苦,为道牺牲,奠定了基督教在中国的基础,丰功伟绩实有足多者。其对于中国所有的贡献,固非片言所能尽述,而比较显著的几点,则莫如:(一)介绍西洋科学,(二)改良社会风俗,(三)推行慈善事业,(四)提倡教育;小之影响于个人生活的改造,大之影响于国家制度的变革。其在道德方面的主张,如提倡男女平等,纠正重男轻女的积习;主张一夫一妻制度,扫除纳妾蓄婢的恶俗,尤其是积极奋斗的精神,使安常习故的生活发生变动;牺牲博爱的主义,使自私利己的心理受着刺激;独一真神的崇奉,使多神偶像的迷信有所打击。诸如此类,不独在信奉基督教的 350 万信徒咸能遵守,即一般社会人士亦多受其影响。是则基督教的有助于我国近数十年的革新运动,实为不容否认的事实。……然而基督教亦自有其毋庸讳饰的缺点,即其传布的背景,不幸与不平等条约发生关系,这虽在当时情势有不得不尔的苦衷,非一般抱牺牲主义的教士们的素愿,究竟是基督教在中国的历史上不易洗涤去的污点。"②不难看出,王治心对于基督教在中国的影响的评价,虽然还有不足的地方,但总体来看表现出历史主义的态度,既肯定其积极的一面,又指出其缺点所在,这对于一位新教者来说,确实是难能可贵的。

王治心的《中国基督教史纲》无论是就史实的梳理还是就史事的评价来看,都是一部较为出色的学术著作,尤其是作者在研究中能够以历史主义的态度看待基督教在中国发展的历史,显示作者比较客观的态度,因而此著在中国现代学术史上有着重要的学术地位。对于王治心的《中国基督教史纲》这部著作,有学者评价道:"1940 年福建协和大学教授王治心出版《中国基督教史纲》,虽是一部中国基督教宗教的通史,但由于他的新教背景,于新教作墨尤多。其中关于'太平天国与基督教'的章节,表现了作者对于基督教与中国社会之关系有较深入的了解。同时像'道光以后东正教各宗派活动'等章节,表明作者掌握了较为全面的教会内部资料。作者从教会内外综合考虑,写作中国基督教史,兼顾中西方

① 王治心:《中国基督教史纲》,青年协会书局 1948 年版,第 217 页。
② 王治心:《中国基督教史纲》,青年协会书局 1948 年版,第 359 页。

的社会与文化,跳出了一般布道史的局限,该书有较高的学术造诣。至今还是一部可资参考的著作。"①这一评价应该说是非常到位的,也是比较实事求是的。

4. 朱维之的《基督教与文学》(1941 年)

朱维之②是中国希伯来基督教文学与文化研究的开拓者之一,这方面的代表作是 1941 年出版的《基督教与文学》一书。该著就基督教在文学、艺术、建筑、雕刻等方面的积极影响作了高度的评价,指出:"基督教是最美、最艺术的宗教,旧教对于造型艺术,如建筑、雕刻、图画等特别发达,新教对于文学、音乐有特别的贡献,和近代世界艺术关系非常深切。历史上有许多基督教的图画、雕刻、建筑、文学、音乐……都是诚于中而形于外的宗教情绪表现,是真正的艺术,不是一般商业化的、虚饰的作品可比。故此,托尔斯泰在《艺术论》里,竭力说基督教的艺术才是真正艺术,基督教文学才是真正伟大的文学。"③这里,作者不仅站在基督教的立场上,而且对于基督教文化作出了过高的评价。

朱维之鉴于对基督教文学的认知,认为基督教徒有着从事基督教文学研究的使命,而从事基督教文学的研究也需要体现基督教的真正意义,做一个真实的基督教徒,否则就不能真正地理解基督教文学的美,这就将学术研究与思想信仰联系在一起。他说:"耶稣自己便是天才的化身,诗的化身。我们若不愿进文艺之门,或闭拒文艺于心门之外,便不配为基督教徒。读《圣经》而不肯体会其文学之美,唱圣歌而心不在焉,作祷告而无诚心,听说教而昏昏欲睡,这难道是有生命的基督教徒吗? 不,真基督教徒必如'真葡萄树'的枝子,不但要分润本干的汁液,并要结出珍珠般温润的果子来。不要象耶稣所诅咒的那棵无果的无花果树,转眼便枯涸。'行为'固然是果子之一,但那不是唯一的果子,文艺在表现行为之外,还有其他更宝贵的、永久的、丰盛的生命。"④朱维之高度评价《圣经》在世界文学中的地位,认为"《圣经》之所以在世界文学中占有特殊的地位者,是因

① 王雷泉、刘仲宇主编:《二十世纪中国社会科学·宗教卷》,上海人民出版社 2005 年版,第 246 页。

② 朱维之(1905—1999),浙江苍南人。中共党员,民盟成员。1930 年赴日本中央大学和早稻田大学学习、进修,回国后在福建协和大学、上海沪江大学任教,曾任沪江大学中文系教授、系主任,同时出任《福建文化》主编。1952 年调任南开大学教授,先后担任南开大学中文系外国文学教研室主任、中文系主任等职,并当选为天津外国文学学会会长、天津比较文学研究会会长、中国比较文学学会顾问、中国外国文学学会顾问。著作有《李卓吾论》、《李卓吾年谱》、《中国文艺思潮史略》、《基督教与文学》、《文艺宗教论集》等。

③ 朱维之:《基督教与文学》,青年协会书局 1948 年版,第 1 页。

④ 朱维之:《基督教与文学》,青年协会书局 1948 年版,第 2 页。

为它有特殊的素质”，而圣经的最大特点就是“博大精深”。对此，朱维之从基督教的教义及其社会影响作出这样的解释：“因为《圣经》含有广泛的人生经验、真理和复杂多样的情绪，所以能够震动古今东西各民族人的心弦，给人以崇高的美感，给人以无限的慰安，并且救赎了无数人的灵魂，从地狱般的黑暗中，超度到光明的天国里。”①在笔者看来，《圣经》自有其文学上的价值，但作者的这个评价显然是溢美的成分居多。

朱维之希望学界能够加强对基督教文学的研究，汲取其中的相关原素来建设中国的新文学。他说：“中国固然已有悠久的文化历史，有特殊的、丰富的文学遗产；但那是旧时代的贡献，祖宗的努力。现在我们成了新世界的一环时，亟需新的精神、新的品格、新的作风，来作新的文学贡献。新文学中单有异教的现实面是不够的，我们更需要基督教的精神原素。现在基督教对我国文学青年作精神上的挑战，对我们民族品格挑战，要在我们的文学里注进新的血液。”②作者在该著中还认为，从原始时代以来，艺术和宗教一向不可分离；研究文学艺术，不能不涉及宗教，研究宗教也必须到文学艺术里去探求；宗教本身便是艺术，基督教是最美、最艺术的宗教，而《圣经》则是最优美、灿烂的文学杰作。中国文化的发展需要汲取外来文化，但是否一定要“基督教的精神原素”，这是值得商榷的。作者对于基督教文化的作用，显然有夸大之嫌，这是需要指出的。

《基督教与文学》比较全面地论述了《圣经》的文学特质及其对欧美文学的深远影响，阐明基督教在西方文化史上的地位，并就基督教文学研究与中国文学建设的关系提出了自己的看法，出版后引起学术界、宗教界广泛关注，多次再版。有学者评价道：“中国研究基督教与文学的关系的扛鼎之作是民国期间朱维之的《基督教与文学》（上海青年协会书局，1941）。作者游学海外，比较全面地体会了宗教与文学之密切关系，并没有把中国的文学与国外的文学割裂来看。在三十年代的环境中，他能够从基督宗教出发，以审美为尺度来指点文学，在后来的‘教条主义’环境中看来，是非常难得的一种角度。”③在笔者看来，中国文化及中国文学有自己独特的历史发展进程，亦有其文化根脉及文化精神之所在，汲取世界文化的先进成果亦是必然的，但不必要过高估计基督教文化的价值。此可见，《基督教与文化》一书有着历史的局限，尤其是作者在书中的基督教的立

① 朱维之：《基督教与文学》，青年协会书局 1948 年版，第 50 页。
② 朱维之：《基督教与文学》，青年协会书局 1948 年版，第 6 页。
③ 王雷泉、刘仲宇主编：《二十世纪中国社会科学·宗教卷》，上海人民出版社 2005 年版，第 274 页。

场更是不可取的。尽管如此,朱维之的《基督教与文学》仍是一部比较重要的学术著作,在中国现代学术史上占有一席之地。

(三)佛教研究著作

佛学在中国作为一门专门的学问,源于晚清。自晚清以来,佛学逐渐成为学术体系中的重要内容。梁启超在《清代学术概论》中说:"晚清思想界有一伏流,曰佛学",而"所谓新学家者,殆无一不与佛学有关系"①。

在现在中国,佛学研究出现了兴盛的局面,有一批高水平的佛学研究专著面世,这是与中国近代以来兴起的佛教振兴运动相联系的。早在 1866 年,杨文会②创设金陵刻经处,并在刻经处开办"祇洹精舍",培养佛学研究专门人才,是为近代中国佛教振兴的先声。杨文会曾两度游历欧洲,了解西方发展情形,其佛学研究影响很大,遂有"近代佛教复兴之父"和"中国的维摩诘"之称。后来对现代佛学影响很大的太虚和欧阳渐,皆曾就学于杨文会门下。杨文会的重要的贡献除了创办金陵刻经处外,就是从日本引回早已失落不全的三论、华严、唯识、天台等中国佛教撰述,并在国内刻印流传,对中国佛教的振兴和佛学的发展起了重要的作用。对于杨文会振兴佛学的贡献及佛学对于晚清学者的影响,梁启超有这样的评价:"石埭杨文会少曾佐曾国藩幕府,复随曾纪泽使英,夙栖心内典,学问博而道行高,晚年息影金陵,专以刻经弘法为事,至宣统三年武汉革命之前一日圆寂。文会深通'法相''华严'两宗,而以'净土'教学者,学者渐敬信之。谭嗣同从之游一年,本其所得以著《仁学》,尤常鞭策其友梁启超。启超不能深造,顾亦好焉,其所著论,往往推挹佛教。康有为本好言宗教,往往以己意进退佛说。章炳麟亦好'法相宗',有著述。……而凡有真信仰者,率皈依文会。"③

继杨文会之后,欧阳渐(1871—1943)宗奉唯识法相治学,内外学兼通,并于1922 年创办支那内学院,继承杨文会的"刻经以讲学"的宗旨,制定了精刻大藏经的计划,虽因各种原因未能竟其功,但"支那内学院校勘并刻印的佛典数量仍然是惊人的,并从三藏中精选部分篇章,成《藏要》用于教学。……支那内学院

---

① 《清代学术概论》,《梁启超史学论著四种》,岳麓书社 1998 年版,第 93 页。
② 杨文会(1837—1911),字仁山,号深柳堂主人,自号仁山居士,安徽石埭(今石台)人。中国近代著名佛学家。设立金陵刻经处,募款重刻方册藏经,对中国和日本、印度等地佛教文化的交流作出贡献。著有《大宗地玄文本论略注》四卷,《佛教初学课本》并《注》各一卷,《十宗略说》一卷等。
③ 《清代学术概论》,《梁启超史学论著四种》,岳麓书社 1998 年版,第 93 页。

所刻印的佛典,几乎全部经过梵、藏、巴利等多种语文的比照校勘,欧阳渐、吕澂也为许多大、小部经论撰写了大量研究性文字,示其版本,撮其纲要和义理。"①当时,北平的韩清净任北平"三时学会"会长,亦通晓佛典,尤其对唯识宗亦有精湛之研究,在唯识研究方面与欧阳渐齐名,时有"南欧北韩"之称,对佛学研究有着很大的贡献。欧阳渐的弟子吕徵擅长因明学,以光大新佛学为己任,在欧阳渐去世后继任内学院院长于江津。这里还要提及太虚(1890—1947),此人在金陵刻经处亦师事杨文会,有《中国佛学》、《法相唯识学概论》、《建设人间净土论》等著作行世,在将佛学推向社会方面有"首倡力行之功"。概而言之,"杨、欧、太的努力,使新佛学创造了实绩,也大大增加了佛学的现代成分"②。

"五四"以后,国内的佛学院等研究机构有较大发展,并产生了专门研究佛学的学术群体。在"五四"前,佛学研究机构比较有名的有:笠云创办于长沙的湖南僧学堂(1903年),杨仁山在南京金陵刻经处原址创办的祇洹精舍(1907年),月霞和谛闲在上海、杭州、常熟等地创办的华严大学(1914年)等;"五四"后,新增的佛学研究机构有:欧阳渐在南京创办的支那内学院(1922年),太虚在武昌设立的武昌佛学院(1922年),大勇在北京创办的藏文学院(1924年),常惺在厦门南普寺主办的闽南佛学院(1925年)、震华在上海玉佛寺创办的上海佛学院(1942年)等。与此相联系,20世纪上半叶亦产生了一个从事佛学研究的学术群体,"其中就有杨仁山、梁启超、欧阳竟无、太虚、圆瑛、月霞、谛闲、大勇、常惺、震华、陈寅恪、陈垣、胡适、汤用彤、丁福保、韩清净、范古农、熊十力、吕澂、王恩洋、唐大圆等名家"③。

"五四"以后,随着大量佛典的印行,专门研究佛学的杂志亦应运而生,其数量之多可谓前所未有。据有的学者统计:"1948年间,大陆发行的佛教刊物多达170余种,而发表学术论文且有较大影响力的,则有《海潮音》、《内学》、《佛教月报》、《现代僧伽》、《觉社季刊》、《佛学丛报》、《现代佛教》、《佛学半月刊》、《佛教评论》、《微妙音》、《觉群周报》、《中国佛学》等数十种。"④这些杂志专门刊发

① 王雷泉、刘仲宇主编:《二十世纪中国社会科学·宗教卷》,上海人民出版社2005年版,第87页。

② 刘梦溪:《中国现代学术要略》(修订本),生活·读书·新知三联书店2018年版,第144页。

③ 王雷泉、刘仲宇主编:《二十世纪中国社会科学·宗教卷》,上海人民出版社2005年版,第21页。

④ 王雷泉、刘仲宇主编:《二十世纪中国社会科学·宗教卷》,上海人民出版社2005年版,第87页。

佛学研究的文章,有关佛学问题的论战也大多是以这些杂志为阵地的,从而推进了现代佛学文化的发展。

"五四"以后,无论是佛经的印行、佛学研究机构的创办、专门性佛学研究刊物的面世,还是佛学研究队伍的形成,都说明佛学研究处于兴盛之中,佛学文化处于复兴阶段。正是在佛学研究的兴盛之中,出现了一些具有较高水平的研究佛学的学术专著。主要的著作有:唐大圆的《识海一舟》(泰东图书局 1927 年版),王恩洋的《佛学概论》(支那内学院 1929 年版),吕澂的《西藏佛学原论》(商务印书馆 1933 年版),李园净的《佛法导论》(国光印书局 1933 年版),妙舟法师的《蒙藏佛教史》(上海佛教书局 1935 年版),蒋维乔的《佛学纲要》(哈尔滨佛经流通处 1941 年版),黄士复的《佛教概论》(商务印书馆 1945 年版),陈海量的《知己知彼》(大法轮书局 1946 年版)。下面,试选取一些代表性佛学著作,作简要的介绍:

1. 梁启超的《佛学研究十八篇》(1920—1922 年)

梁启超是近现代中国的著名学者,可谓百科全书式的人物。他对佛学有很深入的研究,佛学也成为他的重要学术领域。他很早就关注佛学研究,至 20 世纪 20 年代形成了代表性的佛学研究著作,这就是有名的《佛学研究十八篇》。该著由 18 篇文章构成,并附有 10 篇附录。这 18 篇文章是:《中国佛法兴衰沿革说略》、《佛教之初输入》、《印度佛教概观》、《佛陀时代即原始佛教教理纲要》、《佛教与西域》、《又佛教与西域》、《中国印度之交通》、《佛教教理在中国之发展》、《翻译文学与佛教》、《佛教与翻译》、《读异部宗轮论述记》、《说四阿含》、《说"六足"、"发智"》、《说大毗婆沙》、《读修行道地经》、《那先比丘经书》、《佛家经录在中国目录学之位置》、《见于高僧传中之支那著述》等。这些文章写作于 1920 年至 1922 年间。中华书局于 1932 年编辑出版《饮冰室合集》时,收入梁启超研究佛学的不少文章。1936 年,中华书局又将梁氏研究佛学的文章从"专集"中抽出,编为单行本刊行,这便是《佛学研究十八篇》。此为中华书局版的梁启超佛学专集①。梁启超对于佛学研究的贡献,大体上是以下几个方面:

第一,梁启超通过对四部《阿含经》的研究,提出以后大乘性、相诸宗的思想

---

① 值得注意的是,梁启超除这部《佛学研究十八篇》之外,还有《〈大乘起信论〉考证》(上海商务印书馆 1924 年 6 月版)著作。这部《〈大乘起信论〉考证》中的"序",《饮冰室合集》专集之六十八作为《见于高僧传中之支那著述》的"附录一"收入,但《饮冰室合集》未收该著的内容。可参见夏晓虹辑:《〈饮冰室合集〉集外文》下册,北京大学出版社 2005 年版,第 1367—1403 页。

业已蕴含在《阿含经》之中的主张,这就提升了《阿含经》在佛教早期发展史上的地位,并为佛经研究提出了新的思路。梁启超对于中国自隋唐之后"学佛者以谈小乘为耻"而将"阿含束阁"千年的现象表示可惜,认为"真欲治佛学者,宜有事于阿含"。按照梁启超的解说,"阿含"亦作"阿笈摩",其译文为"法归","万法所归趣"的意思;或称为"无比法",乃"法之最上者"意思①。佛家的《阿含》有四部经,即《增一阿含经》(50 卷)、《中阿含经》(60 卷)、《长阿含经》(22 卷)、《杂阿含经》(50 卷)。梁启超非常重视佛教经典沿革的研究,并提出了"四个观念":"一、凡佛经皆非佛在世时所有,无论何乘何部之经,皆佛灭后佛徒所追述,其最初出者在佛灭后数月间,其最晚出者在佛灭五百年以后。二、佛经之追述,有由团体公开结集者,有由个人私著者,前者成立之历史可以确考,后者无从确考。三、佛经有用单行本形式者,有用丛书形式者,现存之十数部大经,皆丛书也。而此丛书,性质复分为二,有在一时代编纂完成者,有历若干年增补附益而始完成者。四、凡佛经最初皆无写本,惟恃暗颂。写本殆起于佛灭数百年后,随教所被,各以其国土之语写焉。质言之,则凡佛经皆翻译文学也。"②在《说四阿含》中,梁启超的研究结论是:"第一,阿含为最初成立之经典,以公开的形式结集,最为可信。以此之故,虽不敢谓佛说尽于阿含,然阿含必为佛说极重之一部分无疑。第二,佛经之大部分,皆为文学的作品(补叙点染),阿含虽亦不免,然视他经为少,比较的近于朴实说理。以此之故,虽不敢谓阿含一字一句悉为佛语,然所含佛语分量之多且纯,非他经所及。第三,阿含实为一种言行录的体裁,其性质略同《论语》。欲体验释尊之现实的人格,舍此末由。第四,佛教之根本原理——如四圣谛、十二因缘、五蕴皆空、业感轮回、四念处、八正道等——皆在阿含中详细说明。若对于此等不能明确观念,则读一切大乘经论,无从索解。第五,阿含不惟与大乘经不冲突,且大乘教义,含孕不少,不容诃为偏小,率尔吐弃。第六,阿含叙述当时社会事情最多,读之可以知释尊所处环境及其应机宣化之苦心,吾辈异国异时代之人,如何始能受用佛学,可以得一种自觉。"③梁启超提出《阿含经》在佛经中的重要性,并认为《阿含经》是研治佛学的重要环节,这就有力地提升了《阿含经》在佛教经典中的地位,并在很大程度上影响了此后佛经研究的方向。

---

① 梁启超:《说四阿含》,《饮冰室合集·专集之六十二》,中华书局 1989 年版,第 1 页。
② 梁启超:《说四阿含》,《饮冰室合集·专集之六十二》,中华书局 1989 年版,第 2 页。
③ 梁启超:《说四阿含》,《饮冰室合集·专集之六十二》,中华书局 1989 年版,第 13—14 页。

第二，梁启超对于《经录》、《四十二章经》等的研究，其考证、辨伪的工作尤为学界称道，这是对佛经研究的重要贡献。譬如，梁启超在《佛家经录在中国目录学之位置》中，通过对《经录》的深入研究，梳理和考证了自汉代至元代的 48 家《经录》作者，并对《经录》的收集范围、存佚情况等详为说明，为佛教史研究提供了文献研究的基础。梁启超研究《经录》的源流，认为佛经的目录起于汉代道安的《综理众经目录》，该著"是将当时所有佛经之全部加以整理，有组织有主张的一部创作"，其突出的贡献："一曰纯以年代为次，令读者得知兹学发展之迹及诸家派别。二曰失译者别自为篇。三曰摘译者别自为篇，皆以书之性质为分别，使眉目犁然。四曰严真伪之辨，精神最为忠实。五曰注解之书，别自为部，不与本经混，主从分明（注：佛经者自安公始）"①。这就突出道安所著《综理众经目录》在佛经目录中的开创者地位。又譬如，梁启超对佛教的《四十二章经》、《牟子理惑论》的辨伪，可谓细致入微、严谨有加，且自成系统、自圆其说而成一家之言，推动了佛教经典文献的考辨工作。梁启超以历史文献学的手段研究佛教经典，将辨伪学、校勘学、目录学、训诂学等中国传统的历史研究法运用其中，考证源流，辨析真伪，梳理线索，明示其衍化轨迹，释读其思想意蕴，在佛经整理上可谓独辟蹊径，堪称佛教文献学研究之大家。

第三，梁启超撰写《中国佛法兴衰沿革说略》、《佛教教理在中国之发展》等著作，联系中国的社会环境，对于佛教在中国发展的历史作了积极的探索，对于开创中国佛教史这个学科有着重要的贡献。在梁启超看来，佛教在东汉时期传入中国，有两方面的原因：一是当时思想文化上的活跃状况，能够容纳佛教这种外来的思想；二是东汉时期处于社会动荡的状况，民众有接受佛教而企求精神解脱的需要。他说："季汉之乱，民疾已甚，喘息未定，继以五胡。百年之中，九宇鼎沸，有史以来，人类惨遇，未有过于彼时者也。一般小民，汲汲顾影，且不保夕，呼天呼父母，一无足怙恃。闻有佛如来能救苦难，谁不愿托以自庇。其稔恶之帝王将相，处此翻云覆雨之局，亦未尝不自怵祸害。佛徒悚以果报，自易动听，故信从亦渐众。帝王既信，则对于同信者必加保护。在乱世而得保护，安得不趋之若鹜。此一般愚民奉之之原因也。其在'有识阶级'之士大夫，闻'万行无常诸法无我'之教，还证以己身所处之环境，感受深刻，而愈觉亲切有味。其大根器者，则发悲悯心，誓弘法以图拯拔；其小根器者，则有托而逃焉，欲觅他界之慰安，以

① 梁启超：《佛家经录在中国目录学之位置》，《饮冰室合集·专集之六十七》，中华书局 1989 年版，第 8 页。

偿此世之苦痛。夫佛教本非厌世教也,然信仰佛教者,十九皆以厌世为动机,此实无庸为讳。故世愈乱而逃入之者愈众,此士大夫奉佛之原因也。"①梁启超认为,佛教虽在东汉时期即已输入,但只是在两晋时期才形成佛教在中国的鼎盛局面,这自然是源于道安等一批高僧的努力。换言之,佛教在中国的发展,有着高僧的弘法活动与理论创造所起的作用。道安(314—385)是东晋著名的僧人,12岁出家,曾师事佛图澄(232—348),后入襄阳传法15年,每年宣讲《放光般若经》。道安后来到长安,住五重寺宣法,主持翻译出部分《阿含经》,并首次编纂汉译佛教经录《综理众经目录》。道安一生对般若学研究最力,著有《光赞折中解》、《放光般若析疑准》等研究性著作,兼弘小乘禅学,创立了般若学"六家七宗"之一"本无宗",门下有慧远、僧叡等数千人;制定了"僧尼规范",对僧团讲经说法、食住及平日宗教仪式,皆作出具体规定;主张通过禅定,使心与宇宙本原"本无"合一而臻佛境,并主张沙门以"释"为姓,为后世僧徒所遵循。梁启超对于道安在佛教史上的地位给予了高度的评价,说:"使我佛教而失一道安,能否蔚为大国,吾盖不敢言! ……佛教之有安,殆如历朝创业期,得一名相然后开国规模具也。破除俗姓,以释为氏,发挥四海兄弟之真精神者,安也;制定僧尼轨范,垂为定式,通行全国者,安也;旧译诸经,散漫莫纪,安衷集抉择,创编经录,自是佛教界始有目录之学。……原始佛教及哲理的佛教之输入,安其先登也;佛澄之法统,由安普传;罗什之东来,由安动议;若南方佛教中心之慧远,为安门龙象,又众所共知矣。……安遭值此乱世,常率其徒千百,辗转迁地就食,其一生事业,与众共之,而半成于流离颠沛中,非绝大之人格感化力,何以致此。安于宗教上情操至强固,中国人之弥勒信仰,似自彼创始。然不以此减其学术上批评研究的态度。两者骈进,故能为佛教树健全基础也。"②隋唐时期是中国佛学的建设期,梁启超对于玄奘的建树褒奖有加,认为玄奘使唐代佛学理论在构架上达到了高峰,是成就隋唐时期佛学研究事业的最大贡献者,推动了唐代佛学各流派的形成和发展。他说:"唐玄奘三藏孤游天竺,十有七年,归而译书千三百卷,为我学界第一恩人,而其所最服膺者为戒贤显识之论,于是大阐之,立'法相宗',亦称'唯识宗'。其弟子窥基最能传其学,基住持慈恩寺,故此宗或称'慈恩宗'焉。自'十地宗'成立以后,华严研究日盛,唐法藏(贤首国师)与实义难陀重译华严,乃

---

①　梁启超:《中国佛法兴衰沿革说略》,《饮冰室合集·专集之五十一》,中华书局1989年版,第4页。

②　梁启超:《佛教教理在中国之发展》,《饮冰室合集·专集之五十八》,中华书局1989年版,第3—4页。

大阐扬之,立'华严宗',亦可谓中国自创之宗也。此后宗密(圭峰)、澄观(清凉)盛弘其业。自慧远提倡念佛,至唐善导大成之,是为'净土宗'。自道安提倡戒律,至唐道安大成之,是为'律宗'。自唐善无畏金刚智传授密咒真言,是为'密宗'。此诸宗皆盛于唐,而其传最广而其流最长者,则'禅宗'也。相宗佛灭度后以衣钵授大迦叶,心心相传,历二十八代而至达摩。达摩以梁时至中国,更不译经说教,唯物色传法之人,六传而至唐慧能(六祖大鉴禅师)乃大弘之,直指一心,不立语言文字,号为'禅宗',亦称'心宗'。其徒南岳让青原思传之,后为衍为'云门'、'法眼'、'临济'、'沩仰'、'曹洞'之五宗。数百年间,遍天下焉。此宗虽称来自印度,然自六祖以前,既一无传布,则虽谓中国自创之宗焉可耳。禅宗与'天台'、'华严'、'法相'皆极盛于唐。彼三者称'教下三家',禅宗则称'教外别传'。此为唐代之重要事业。"①梁启超将东汉、两晋作为佛教传入、兴盛时期,将唐代视为中国佛学的建设期,这样的学术主张为后世中国佛教史研究者所继承。

第四,梁启超把西方宗教心理学运用到佛学研究中,具体地研究了小乘俱舍论的"七十五法"和大乘瑜伽行派的"百法",甚至把五蕴、十二因缘、十二处、十八界、八识都看成是佛陀对人类心理现象的分析和研究,开辟了佛教的心理学研究道路。譬如,"五蕴"即是指色蕴、受蕴、想蕴、行蕴、识蕴,而对于"五蕴"中"蕴"的含义,梁启超有这样的解释:"蕴是积聚的意思,将时间的相续不断之种种差别现象,分出类来,每类作为一聚,这便是蕴。例如世尊告某比丘说,所有一切物质(色)。现在的,过去的,未来的,内的,外的,粗的,细的,胜的,劣的,远的,近的,总括起来,成为一个'色蕴'。……蕴训积聚,故凡有积聚义者皆得名蕴。此所谓蕴者,专就意识活动过程上之类聚而言,凡分为五。"由此,梁启超运用现代心理学解说"五蕴",认为"我所"就是"所认识的对象",包括(一)色蕴:物质物态=感觉之客观化;(二)受蕴:感觉;(三)想蕴:知觉、联想、印象;(四)行蕴:执意、思维。而"我"即"能认识之主体",则是(五)识蕴:了别、集起②。又譬如,关于"八识"问题,源于对"识蕴"即"我"解读。小乘讲六识,大乘讲八识。前六识具体是指眼识、耳识、鼻识、舌识、身识、意识。这前五识是对"我所"中的"有对色"的分别摄相,其作用是"了别";而第六识即意识,则是心理活动的统一

---

① 梁启超:《中国佛法兴衰沿革说略》,《饮冰室合集·专集之五十一》,中华书局1989年版,第12—13页。

② 梁启超:《说无我》,《饮冰室合集·专集之五十四》,中华书局1989年版,第28—29页。

态,对前五识的"有对色"的"总摄受性",即合五官之感觉而形成总的认识,故而第六识被称为"意"。后来,大乘佛教在此基础上提出了第七识即"末那识"和第八识即"阿赖那识"。对此,梁启超引《显扬圣教论》(卷一):"阿陀那识甚深细,一切种子如瀑流,我于凡愚不开演,恐彼分别执为我。"并给予了这样的解释:"阿陀那识即阿赖耶识,亦名第八识,他是次第相续心的集合体,能将刹那生灭心所积经验执持保藏,因为执藏且相续故,常人把他构成自我的观念,其实他与前六识相依相缘,并不能单独存在,所以佛家将他和诸识通为一聚,名为识蕴。"①据此,梁启超的看法是:"色受想行识,本是心理活动过程,由粗入细的五种记号。常人不察,往往误认他全部或一部是我。……就佛法看来,他们指为观察对象之'第一我'(阿赖耶识)与他们认作能观察的主体之'第二我'(末那识)不过时间上差别之同质的精神作用。一经彻底研究,则知一切自我活动,皆'唯识所变'而已。"②以上引证,可知佛教的"五蕴"、"八识"等,经梁启超解释后,皆成为佛教进行心理分析的重要范畴。这是梁启超运用现代心理学等学科改造佛教而使佛教带有科学色彩的重要努力。大体来说,梁启超研究佛学问题,就是要利用现代科学来改造佛教并使之成为一门学问,这诚如他自己所说:"欲使佛教普及于今代,非将其科学的精神力图发展不可。质言之,则当从认识论及心理学上发挥而已。"③

第五,梁启超所著《翻译文学与佛典》等文章,开启了中国佛教文学研究的先河,为佛教文学此后成为一个专门学术领域奠定了基础。在梁启超看来,佛经的翻译促进了中国文化的发展,而对文学的影响尤为显著。他说:"凡一民族之文化,其容纳性愈富者,其增展力愈强,此定理也。我民族对于外来文化之容纳性,惟佛学输入时代最能发挥。故不惟思想界生莫大之变化,即文学界亦然。"④梁启超说,佛经的翻译对中国文学发展的影响至大,主要表现在三个方面:一是"国语实质之扩大",二是"语法及文体之变化",三是"文学的情趣之发展"。比如关于佛经翻译扩大国语语汇的作用,梁启超说:"如前所述,道安、彦琮之论译例,乃至明则撰翻经仪式,玄奘立'五种不翻',赞宁举'新意六例',其所讨论,则

---

①　梁启超:《附录二:佛教心理学浅测》,《饮冰室合集·专集之六十八》,中华书局1989年版,第54页。

②　梁启超:《附录二:佛教心理学浅测》,《饮冰室合集·专集之六十八》,中华书局1989年版,第55页。

③　梁启超:《说大毗婆沙》,《饮冰室合集·专集之六十四》,中华书局1989年版,第15页。

④　梁启超:《翻译文学与佛典》,《饮冰室合集·专集之五十九》,中华书局1989年版,第27页。

关于正名者十而八九,或缀华语而别赋新义,如'真如'、'无明'、'法界'、'众生'、'因缘'、'果报'等,或存梵音而变为熟语,如'涅槃'、'般若'、'瑜伽'、'禅那'、'刹那'、'由旬'等,其见于一切经音义,翻译名义集者既各以千计。近日本人所编《佛教大辞典》,所收乃至三万五千余语。此诸语者非他,实汉晋迄唐八百年间诸师所创造,加入吾国语系中而变为新成分者也。夫语也者所以表观念也,增加三万五千语,即增加三万五千个观念也。由此观之,则自译业勃兴后,我国语实质之扩大,其程度为何如者。"①梁启超还具体地考察了佛经对于我国小说、诗歌的影响,认为佛经在隋唐以后对中国的小说、诗歌的创作有着革新的作用。他说:"此等赋予文学性的经典,复经译家宗匠以极优美之国语为之移写,社会上人人嗜读,即不信解教理者,亦靡不心醉于其词缋。故想象力不期而增进,诠写法不期而革新,其影响力乃直接表见于一般文艺。我国自《搜神记》以下一派之小说,不能谓与大庄严经论一类之书无因缘。而近代一二巨制《水浒》、《红楼》之流,其结体运笔,受华严、涅槃之影响者实甚多。即宋元明以降,杂剧、传奇、弹词等长篇歌曲,亦间接汲佛本行赞等书之流焉。"②梁启超对于中国佛教文学的研究是一位重要的开创者。

梁启超的《佛学研究十八篇》运用近代的科学方法研究佛学,重视对相关文献的梳理和研究,并加以创造性的诠释,为此后的佛学研究打下了基础。与当时的高僧、居士的佛学著作相比,梁启超的佛学著作因没有宗教的信仰而更具有客观性的成分,而且又是运用近代的科学方法进行研究的,因而也就更具有较大的学术价值。尽管梁启超未能如愿地写成一部佛教史,但他在佛学研究领域的探索及其所奉行的方法,为后来研究者开辟了道路。而梁启超在佛学研究及佛教史研究中提出的诸多观点,也为现当代佛学研究者所广泛吸收,尽管他关于佛学的有些观点在学界曾引起很大的争议,但在事实上也推动了研究工作的深化。有学者这样评价:"他(梁启超)撰有《佛学研究十八篇》,对佛学思想作了自己的发挥,在中国近代佛教文化史上起了重要的影响和作用"③。梁启超是著名的史学家,他在中国佛学研究史上也是一位重要的开创者,在中国佛教研究史上有着突出的地位。

---

① 梁启超:《翻译文学与佛典》,《饮冰室合集·专集之五十九》,中华书局 1989 年版,第 27 页。
② 梁启超:《翻译文学与佛典》,《饮冰室合集·专集之五十九》,中华书局 1989 年版,第 30 页。
③ 高振农:《佛教文化与近代中国》,上海科学出版社 1992 年版,第 106 页。

2. 欧阳渐的《佛法非宗教非科学》（1922 年）

在中国现代佛学研究史上，欧阳渐①作为杨文会的弟子，亦是一位精通佛经的大师级人物。欧阳渐早年研修宋明理学，兼通内外学，对儒学经典颇有研究，后问学于杨文会而一心向佛，并以弘扬佛学为己任，成为杨文会事业的传人，对现代佛学的建立与发展有开拓性的贡献。

欧阳渐所著《唯识抉择谈》一书，以批判的态度对待佛教中的各宗如天台、华严、禅、净土等传统宗派，认为它们所存在的问题就是遮蔽了佛法真义，而对治之法就是要加强对法相唯识学的研究。欧阳渐对于传统佛教的批判是多方面的，几乎所有的传统宗派皆在批评之列。譬如，他认为天台、华严的创立者未入圣位，且以少得为足，存在门户之见，致使佛法不能大倡于天下；又譬如，他认为禅宗废弃经典研究，致使佛法真义隐而不彰，并将佛教的衰颓归于禅风的流行；再譬如，他认为净土宗之流弊在于倡导易行道，而令行者视钻研佛法为一大难途②。可以说，对传统佛教的批判是欧阳渐在佛学研究上的一大显著特色。自然，欧阳渐对于佛教传统宗派所进行的批判不是目的，而是为了创建新的适应社会发展的佛学体系，故而他在对传统佛教批判的同时，也努力彰显佛教的真义和佛经的思想意蕴。譬如，他主持的支那内学院，就大量搜集汉、藏、巴利三大语系的佛教文献，不仅进行佛教典籍的相关研究，而且积极地接纳佛学研究的最新成果，力图在探求佛教真义及创建崭新的佛学研究体系上取得突破。

欧阳渐于 1922 年春在南京高师哲学研究会上作了《佛法非宗教非科学》的演讲，其所提出的"佛教既非宗教亦非哲学"的观点，在当时的学术界可谓独树一帜。

为什么佛教不是宗教呢？欧阳渐认为，世界上的一切宗教皆须具备四个条件，而"佛法都与之相反"，所以"佛法非宗教"。这四个条件是：(1) "凡宗教皆崇仰一神或多数神及其开创彼教之教主"。这里的"神"（一神或多神）和"教

---

① 欧阳渐（1871—1943），居士，字竟无，江西宜黄人。早年研习儒学，后受桂伯华（1861—1915）的影响而信佛。34 岁到南京从杨文会学佛学。后游日本数月，回国后任两广优级师范教师，因病辞职。1910 年又至南京从杨文会研习佛学。翌年杨文会去世，承其遗志，经营金陵刻经处，并附设佛学研究部。擅长法相学，分唯识、法相为二宗，阐明"约观心门建立唯识义，约教相门建立法相义"的宗义纲要。1922 年创立支那内学院，讲《唯识抉择谈》。抗日战争爆发后，率院众携经版至四川江津，建立支那内学院蜀院。一生刻佛经达二千卷。曾设想编印《精刻大藏经》，筹编完备不久即逝世。他提出"佛教既非宗教亦非哲学"的观点，认为佛教是包罗人生各门原理的独特体系。同时，亦倡导居士住持佛法之义。著作有《竟无内外学》二十六种，三十余卷。

② 王雷泉、刘仲宇主编：《二十世纪中国社会科学·宗教卷》，上海人民出版社 2005 年版，第 87 页。

主"是"神圣不可侵犯"的,具有"无上权威"并能"主宰赏罚一切人物",人们只能"依赖他"、信服他。可是,"佛法则否","昔者佛入涅槃时,以四依教弟子",此"所谓四依者,一者依法不依人,二者依义不依语,三者依了义经不依不了义经,四者依智不依识"。(2)"凡一种宗教必有其所守之圣经"。这个"圣经"对于信徒来说,"但当信从不许议论,一以自古其教义,一以把持人之信心"。而就佛教而言,"佛法则又异此",前述"依义不依语,依了义经不依不了义经,即是其证"。何谓"义"?"实有其事曰义,但有言说曰语,无义之语是为虚语,故不依之"。至于"了"这个概念,"了有二解,一明了为了,二了尽为了,不了义经者权语略语,了义经者实语尽语,不必凡是佛说皆可执为究竟语,是故盲从者非是,善简择而从其胜者,佛所赞叹也。其容人思想之自由如此。"(3)"凡一宗教家,必有其必守之信条与必守之戒约"。这个"信条"或"戒约"对于宗教来说乃是"立教之根本","此而若犯,其教乃不成"。但对佛教而言,佛法与这里的"信条"或"戒约"有所不同,因为"佛法者有其究竟唯一之目的,而他皆从之方便"。(4)"凡宗教家类必有其宗教式之信仰"。这里的"宗教式之信仰"乃是"纯粹感情的服从,而不容一毫理性之批评者"。而佛教之"佛法异此"。在佛教看来,"无上圣智要由自证得来,是故依自力而不纯仗他力,依人说话三世佛冤,盲从迷信是乃不可度者,瑜伽师地论四力发心,自力因力难退,他力方便力易退是也"[①]。通过这四个方面的比对,欧阳渐认为佛法不是宗教,因而也就不能与宗教并为一类,更不可以宗教为迷信而视之。

为什么"佛法非哲学"呢?欧阳渐认为,"哲学之内容大约有三,而佛法一一与之相反,故佛法非哲学"。由此,欧阳渐具体地分析哲学内容在三个方面与佛法的不同:第一,"哲学家唯一之要求在求真理,所谓真理者,执定必有一个甚么东西为一切事物之究竟本质,及一切事物之所从来者是也。……佛法但是破执,一无所执便是佛也,故佛之说法,不说真理而说真如。"就是说,哲学在"执定",亦即在于求事物之本质,而佛法在"破执",亦即在于"一无所执";哲学在于求真理,而佛法在于求真如。这里,涉及佛法的"真如"概念。那么,何谓"真如"?"真如"与"真理"究竟有如何之不同?佛法又为何求取"真如"?对于有关"真如"的问题,欧阳渐有这样的解释和说明:"真如者,如其法之量不增不减,不作拟议揣摩之谓。法如是,说亦如是,体则如其体,用则如其用,决不以一真理范围

① 欧阳竟无:《佛法非宗教非哲学》,转引自吴枫、杜文君主编:《中国现代思想宝库》,吉林人民出版社 1991 年版,第 1813 页。

一切事物,亦不以众多事物奔赴于一真理,所谓在凡不减在圣不增,当体即是但须证得,凡物皆然瞬息不离者也。夫当体即是何待外求,如彼所计之真理本来无有,但属虚妄,则又何可求耶,有则不必求,无则不可求,故云不求真理者。"第二,"哲学之所探讨即知识问题,所谓知识之起源,知识之效力,知识本质,认识论中种种主张皆不出计度分别。佛法不然。前四依中说依智不依识。"欧阳渐这里是说,哲学的任务在于探讨知识问题,而佛法在于"依智不依识",即佛法不是探讨知识问题,而是崇尚和追求智慧的。需要说明的是,"智"本是儒家伦理的基本概念之一,所谓"智"就是指智慧、聪明,与"识"(知识)并不是同一的范畴;佛家则把"智"作为通向"真如"的具体途径和重要的凭借,故而有"依智不依识"的说法。第三,"哲学家之所探讨为对宇宙之说明,在昔则有唯心唯物二元论,后复有原子电子论,在今科学进步相对论出,始知宇宙非实物,不但识者玄学家之唯心论一元论无存在之理由,即物质实在论亦复难成立。"欧阳渐认为,佛法所探求的不是宇宙而是"唯识",这与哲学以探讨宇宙之究竟为使命完全不同。他说:"唯识家但说唯识不言宇宙,心即识也,色亦识也,譬如于眼能见于色是为眼识,此色非离眼识实有,以离识不起故,相分不离自证,亦犹见分不离自证,是故色非实有但有眼识。……故曰三界唯心万法唯识,故宇宙离识非是实有。"[①]欧阳渐以佛法的体系看待哲学与佛法的不同,力图将佛法与哲学区别开来,其目的在于建立一个脱离哲学解说的佛学体系。

欧阳渐在论说佛法非宗教、佛法非哲学的同时,进一步提出了"佛法为今日所必需"的命题。他说:

云何谓佛法为今日所必需耶?答:此问题先需声明几句话。便是一切有情,但有觉、迷两途,出迷还觉,舍佛法别无二道。是故,欲出迷途必由佛法。佛法者非今日始需,非现在始需,又非中国人始需,又非特人类始需。佛告须菩提,诸菩萨摩诃萨应如是降伏其心,所有一切众生之类,若卵生、若胎生、若湿生、若化生、若有色、若无色、若有想、若无想、若非有想、非无想,我皆令入无余涅槃而灭度之。遍极大千沙界,穷极过现未来,一切一切,无量无边,皆佛法之所当覆,皆菩萨之所当度者。而于时间则分现在,于空间则分中国,于众生则分人类,而曰人类当学佛法,中国人必需佛法,现在当宏佛法,若是舍弃菩萨大愿,是为谤佛法,非宏佛法也。然而谓佛法为今日所

① 欧阳竟无:《佛法非宗教非哲学》,转引自吴枫、杜文君主编:《中国现代思想宝库》,吉林人民出版社 1991 年版,第 1813 页。

必需者,谓夫时危势急于今为极,迫不及待不可稍缓之谓耳。①

欧阳渐在佛典研究上的成果,主要是为新刊刻的经论所写的序。代表性的序文有《〈瑜伽师地论〉序》、《〈大般若波罗蜜多经〉序》、《〈藏要〉第一辑序》、《〈藏要〉第二辑序》、《〈维摩诘所说经〉序》、《〈经论断章读〉序》等。现今学者对于欧阳渐所写的序文有这样的评价:"其中最见功力的,是《〈瑜伽师地论〉序》、《〈大般若波罗蜜多经〉序》。《〈瑜伽师地论〉序》以五分、十要、十支、十系等四义,将《瑜伽师地论》中所蕴奥义明白拈出,可谓大论的纲要。倘非深入唯识义海,绝难撰述如此上乘之作。《〈大般若波罗蜜多经〉序》以五周叙事、十事抉择、诸经所系、诸家所明等四门,用长达三万余言的篇幅,阐明浩浩六百卷《大般若经》的意蕴,为后人学般若学提供一绝佳的门径。"②

欧阳渐对于佛学的研究寄予了深厚的宗教情怀,他的佛学理论在于进一步促进佛教的本土化,推进中国佛教文化的复兴。他在《佛法非宗教非科学》中对传统宗派的批判,以及提出"佛法非宗教非哲学"的主张,自然是为了建立具有本土文化特色的佛学研究体系,但也有着时代的因缘。在20世纪上半叶,"汉地佛教虽说早已就脱胎换骨地完成了中国化的过程,然而作为社会实体,它在二十世纪中也屡屡遭逢来自教外的强大压力。……迫使汉传佛教、道教等传统宗教对外界挑战作出回应,这从反面推动了中国宗教进行改革;同时,也直接刺激了教内大德或中坚知识分子奋起捍卫自己信仰"③。可以说,欧阳渐的佛学理论有着时势之某种必然,与佛学在现代中国面临的挑战及需要现代转型的状况是相联系的。

3. 吕澂的《西藏佛学原论》(1933年)

吕澂④为欧阳渐的弟子,继任内江学院院长于江津,是现代中国著名的佛学

① 欧阳竟无:《佛法非宗教非哲学》,转引自吴枫、杜文君主编:《中国现代思想宝库》,吉林人民出版社1991年版,第1813页。

② 王雷泉、刘仲宇主编:《二十世纪中国社会科学·宗教卷》,上海人民出版社2005年版,第139页。

③ 王雷泉、刘仲宇主编:《二十世纪中国社会科学·宗教卷》,上海人民出版社2005年版,第21页。

④ 吕澂(1896—1989),原名吕渭,字秋逸、秋一、鹫子,江苏丹阳人。现代中国佛教研究的著名学者。早年曾先后就读于常州高等实业学校农科、南京民国大学经济系等校。曾留学日本,专攻美术。1914年,至南京金陵刻经处佛学研究部,随欧阳渐研究佛学,后又协助欧阳渐在南京筹办支那内学院。1922年该院成立后,先后出任教务长及院长。1949年后,担任《佛教百科全书》(英文)副主编。并任中国人民政治协商会议第二、三、四、五、六届委员,历任中国科学院哲学社会科学部(后改称中国社会科学院)委员、中国佛教协会常务理事等职。著作有《佛典泛论》、《佛教研究法》、《中国佛学源流略讲》、《西藏佛学原论》、《印度佛学源流略讲》、《因明纲要》等。

研究家。吕澂通梵文等多种文字,主要研究印度和中国佛学及佛教因明学,尤为擅长因明学,且佛学造诣甚深。在吕澂众多的佛学研究著作中,《西藏佛学原论》有重要的特色,也是研究本土化佛教的积极尝试。

吕澂在《西藏佛学原论》中认为,研究藏传佛学是研究佛学的一个重要方面,但对于业已形成的一些观点,仍然需要详加"审辩"。他说:"今世治佛学者颇有重视西藏佛学之趋势,其甚者以为唯西藏乃有纯正完美之学堪依修正,其次以为藏传各说富有精粹挹取不穷,又其次亦以为藏译典籍文义精严足称准范。此数者之是非盖未可以遽断,然西藏佛学自有其流布因缘与独造之点,吾人于信奉资取其说之先,亦不容不详为审辩也。"[①]在该著中,吕澂对于西藏佛教的起源有重要的探讨,认为业已流行的几种说法不能成立。他说:"据西藏人之传说,以为远在东晋之末即有佛教经典输入,但是说不甚可信。藏土开化较迟,初即流行一种拜物神教名曰苯教者,禁咒役神以为祸福,思想闭塞,未尝知所谓佛法也。"[②]又说:"或者以为西藏密乘即始传于莲华生,此说难信。盖藏土密乘流布犹在此后,则以印土学者法称、净友、觉寂、觉密等相断往来,广译密典,兼传其学,以其真言仪轨多近于神道之作法,故其传布较易为力,后来所谓旧派密乘学,实自此伊始也。"[③]吕澂的《西藏佛学原论》在取材上亦很广泛,并善于就有关藏传佛教问题进行学术上的辨析,对佛学研究作出了贡献。

吕澂治学的显著特点,是能够娴熟地运用英、日、梵、藏、巴利等语系的文献材料,治学领域极为广泛,不仅涵盖印度(包括南传)、中国内地与中国西藏的三系佛学,而且对梵藏佛典的校勘及版本目录等文献学亦极为精审。吕澂由于深谙西洋文献学方法,且思路畅达、学理清纯,再加上自觉地承继欧阳渐重视义理的佛学研究态度,故而能建构体系、自成一家之言。特别值得一提的是,吕澂开启因明学的研究风气,对二十世纪下半叶的中国佛学界,亦有很深的影响。

4. 王恩洋的《佛学概论》(1929 年)

王恩洋[④]是现代中国著名的佛学研究家,不仅忠于唯识、精通法相唯识,而

① 吕澂:《西藏佛学原论》,商务印书馆 1933 年版,第 1 页。
② 吕澂:《西藏佛学原论》,商务印书馆 1933 年版,第 21 页。
③ 吕澂:《西藏佛学原论》,商务印书馆 1933 年版,第 23 页。
④ 王恩洋(1897—1964),字化中,四川南充人。1919 年在北京大学学习印度哲学,后在南京支那内学院师从欧阳竟无研究法相唯识,1925 年在该院任教。1942 年创办东方文教研究院。1957 年出任中国佛学院教授。重要著作有《摄大乘论疏》、《二十唯识论疏》、《阿毗达磨杂集论疏》、《唯识通论》、《八识规矩颂释》、《大乘佛说辨》、《佛教概论》、《佛学通论》、《佛法真义》、《解脱道论》、《心经通释》、《大菩提论》、《佛教解行论》、《佛说无垢称经释》、《世间论》、《人生学》、《儒学大义》、《论语疏义》、《孟子新疏》、《老子学案》、《新理学评论》、《大足石刻》、《王国维先生之美学思想》等。

且通晓儒家经典,对于儒学亦有精湛的研究并有极为丰富的学术成果,其唯识学之造诣在佛学界于欧阳大师之下为第一人。

王恩洋所著《佛学概论》是一部专门阐发佛学的学术著作,主张在佛教经典阐释基础构建学术研究的体系。该著对于何谓佛学问题予以具体的研究,主张在佛教经典中来研究佛学,不仅在思想上信仰佛教,在学理上阐明佛教的教义之所在,而且在行动上践行佛教之宗旨。该著指出:"佛所说法,故名佛法。佛之说法,非无因也。悲众生苦故,不得已而说,教化示诲,令离颠倒。故所说法,皆是教也。佛所施教,名曰佛教。教之所被,而明生焉,三藏十二部经蕴义无边;是智慧之源,是知识之本;故如斯教,亦称曰明。异于外道邪智,及世俗技巧,简彼外明,故曰内明。闻如是法,受如是教,习如是明,未知者令知,未行者令行,资粮加行,而见,而修,乃至究竟,若是者曰学。依佛法学,依佛教学,依内明学,非世间学,非外道学,故曰佛学,或称内学。佛法,佛教,内明,佛学,义理均齐,范围平等。故教有三藏,学即有三学。……是故三藏之教,为三学立也。而欲修三学,必于三藏中求,是三学依三藏生也。三藏三学,摄佛法尽,摄内明尽,故此四者体义齐等。"①这里,王恩洋认为三藏十二部经不仅"蕴义无边",而且是"智慧之源"、"知识之本",故而有"三藏之教"也就有关于三藏的学问,亦即佛学。由此,研习佛学的方法,必须"于三藏中求"其真义,因为所谓"三学依三藏生也"。对于研习者的要求,则是"依佛法学,依佛教学,依内明学,非世间学,非外道学,故曰佛学"。可见,该著所谓佛学,也不仅仅在于研习佛教经典,还在于亲身实践,并要求在思想上信仰佛教理论,达到知行一致,故而有"闻如是法,受如是教,习如是明,未知者令知,未行者令行,资粮加行,而见,而修,乃至究竟,若是者曰学"的说法。

王恩洋在《佛学概论》中,尤其重视阐述佛学的宗旨所在。在他看来,为学之道首先须有明确的宗旨,宗旨不明也就难以达到治学之目标,研究佛学也是需要确定其宗旨的。他指出:"时学之真象既明,而吾人治佛学之宗旨益当详慎。切不可蹈西洋论学之弊,徒骛形而不问内容,尚思辨而不事实践。若以是而治佛学,是之谓谤佛毁学。若夫取佛法之言论比拟西方之思想,牵强附会而自矜淹博,貌愈似而神弥离,诬古趋时,是佛学中之罪人也。"②这里,作者反对一味沿袭西学方法,反对治学上只注重外形而不注重内容的研究,并要求佛学研究在确立

---

① 王恩洋:《佛学概论》,支那内学院 1929 年版,第 5—6 页。
② 王恩洋:《佛学概论》,支那内学院 1929 年版,第 8 页。

宗旨的前提下更要与实践联系起来。由此,王恩洋认为研究佛学的宗旨在于"学佛",在于"行证修得",因而他说的佛学不是"口耳之学",也不是依据语言文字的"思辨议论"。他说:"佛学也者,所以学为佛也。非徒语言文字思辨议论而已矣。口耳之学,非为佛学。必也,效佛之所行证修得,而行,而证,而修,而得,斯为至焉。行证修得,固先有赖夫文字思辨。然非文字思辨,遂竟所学。必因言以起行,而证其果,乃为学之实功。故佛法有三学,曰增上戒学,增上心学,增上慧学,皆非徒解其文字而已矣。学菩萨戒者,非先发菩提心,则戒学无因。非实防护律仪,思择正法,摄益有情,则戒学无行。非净三轮而到彼岸,则戒学无果。不如是而言戒学,是口耳之学,非增上戒学。戒学如是,心学慧学可知。"①王恩洋将学佛视为研习佛学的宗旨,认为学佛的三个境界(即增上戒学、增上心学、增上慧学),皆非"文字思辨"所能完成的学问,因而所谓佛学乃是"实功"之学,研究者需要的是"行证修得"。这就将佛学的"实功"定位在"行证修得"层面,因而佛学也就是一门实践性的学问。

　　王恩洋在《佛学概论》中就"信仰"与"理智"的关系作出学理的分析,认为佛学要成为学问就不能仅限于信仰一途,关键还在于能够求得对相关问题的解决,这就需要将"信仰"与"理智"统一起来,而这又与佛学的"动因"是相联系的。一般的宗教家皆将信仰抬高到至高的地位,而对理智问题予以忽视,故而也有人不以佛学为学问。王恩洋不同意这种看法,而是力图提升佛学体系中理智的成分,借以将佛学建设为一门经得起考验的学问。他指出:"宗教家言,人或不谓之为学,以其重信仰不尚理智也。虽然,信仰理智本不单行,既无全无理智之信仰,亦无全无信仰之理智;故宗教家亦有其理论,而科学哲学家亦有其信仰。若但以思辨而为学,则宗教或有逊于科学哲学。若谓学非徒事思辨于空论外尚需有实行者,则宗教之修养力行等,或较科学哲学为更有当于学之意义也。虽然,东西宗教若耶回婆罗门等其说理多未是,其修行未全遵正轨,其谬妄迷惑,亦既多经诸科学哲学驳难矣,此即不述。要之亦无当于此究竟问题之解决。"②这段论述,从王恩洋所用"实行"、"修养力行"、"究竟问题之解决"来看,他的目的在于使宗教学向这方面努力,亦即提升这门学科的实践性内涵,从而使宗教学"更有相当于学之意义"。那么,如何可以并且能够使宗教学向"究竟问题之解决"的方向行进呢? 王恩洋从佛教之佛法所具有的解决生死问题的目标予以说

---

①　王恩洋:《佛学概论》,支那内学院 1929 年版,第 6—7 页。

②　王恩洋:《佛学概论》,支那内学院 1929 年版,第 16 页。

明:"有情之大苦莫有过于生死,佛法即以解决生死问题为宗旨。宇宙之秘奥莫过于真实,佛法既以实证真实为究竟,是故佛法之所探究而解决者,为达夫此最后之问题者也。而佛法者,实又已实证已解决此问题者也。故其为学也为真实,为究竟。古佛今佛辗转传来,而皆行之有效,学之有得,力不虚费功不唐捐。"①既然佛法有解决问题的宗旨,那现在的问题是,人们又何以能够得知佛法解决问题的这种能力呢?对此,王恩洋又进一步从佛教的教义方面给予解释:"云何得知佛法者为已解决有情最后究竟之问题者欤?曰:菩提涅槃佛已得故。菩提者,正觉义,圆满正知诸法性相,断除一切无知愚惑,诸法真实究竟证觉,故名菩提。涅槃者,圆寂义,圆满功德,寂诸烦恼。功德圆故一切自在,烦恼寂故毕竟解脱,是名涅槃。诸佛既得如是菩提涅槃,故彼于此世间一切苦厄为已度究竟也。即彼所说教法为彼实证得来,故可依之学之以解决吾人之苦厄焉。"②值得注意的是,王恩洋此著还论述了佛学的"动因",并以此作为佛学能够成为学问的又一证据。他说:"曰:生老病死乃至一切无常五取蕴苦是世间之实相。即此实相逼迫一切有情从生至死不稍暂息。佛悲此苦故,为度此苦故,出家学道成正等觉。并悲夫一切有情同受此苦故,并悲有情从生至死长受此苦而不知其为苦,或且谬执以为乐故,为欲拔彼之苦同成正觉故,说法施教长时无倦。诸大弟子诸大菩萨亦以斯义故护持正法,广宣流布令不断绝。佛学之动因在是,其宗旨亦在于是。"③以上,王恩洋通过对佛法宗旨、佛教教义的疏证,以及对于佛学"动因"的解说,认为佛学有解决生死问题的能力因而也就必须致力于"问题之解决",从而坚信佛学能够成为一门具有学理内涵又注重问题解决的学问。

王恩洋的《佛学概论》还就研究者如何研治佛学提出了具体的要求。该著根据佛学的宗旨,对于研究者提出了两点具体要求:一是研治佛学需要"扫除世间欲念"。该著指出:"吾人既知佛法之所趋乃超世间者,故吾人而学佛不可不先扫除一切世间欲念。非特不可以求富贵名利之心而治佛学,亦且不可以狭义之爱国主义、虏浅之社会主义等而治佛学,良以佛学者乃超乎富贵名利者,乃超乎国家种族者,乃超乎物质享受者;苟以此等心志而学佛学,非特与所求不相应,亦且损污我佛法,不可不戒也。二者,吾人既知佛学之方法不用世俗知见,且在破除世俗知见,故吾人治佛学切不可自恃聪明,自作伎俩,以私智测度佛法,诚以

---

① 王恩洋:《佛学概论》,支那内学院 1929 年版,第 19 页。
② 王恩洋:《佛学概论》,支那内学院 1929 年版,第 19 页。
③ 王恩洋:《佛学概论》,支那内学院 1929 年版,第 30 页。

吾人之聪明思想皆世俗知见本不可用也。即是同时更不可以世间学问如科学哲学宗教等之见解附会佛法,以此等编计较之凡情为更深执也。恶紫乱朱,不可不详慎焉。吾人学佛学唯当将一切聪明放下,一切学问放下,自视如一字不识者,成见既空乃读经论,庶几至理易入,不落支离也。"①这里,王恩洋有着绝对化的倾向和空想性的色彩。在笔者看来,要求研究者"扫除一切世间欲念",则根本不可能,也不现实,因为研究者都是生活在一定的社会关系之中,无论如何也难以绝对地不受现实社会的影响;而所谓研究佛学"不可以世间学问如科学哲学宗教等之见解附会佛法",这也是不可能的,在事实上也难以做到,因为研究者在研究任何问题时都有其知识基础的作用,离开了既有的知识基础则根本不能进入研究的道路。绝对化、超乎现实的治学办法,抛弃所谓"狭义"的"爱国主义"、"社会主义"的理念,没有政治立场和科学理论指导,也是难以在包括佛学研究在内的学术研究中取得建树的。二是研治佛学需要对佛法"袭而行之"。该著指出:"乃若佛法既已成立之后,则后之学佛者唯有袭而行之。所以者何?问题既不因时而变,则解决之方亦不因时而变故。以是佛学者前无古人后无来者,问题不变,宗旨不变,方法亦不变,其超乎时代之精神有如此。因是他种学说每因时变迁说理无定,而佛法恒常坚固永无所更焉,此其特色实为一切学说所无有者也。即以是义,印度人缺乏历史观念,尤以佛法为无历史观念,而佛学史之不发达之故可以知焉。盖历史者时代之产物,佛学既超乎时代,故不与历史之本性相应也。"②这里,王恩洋提出的方法也有很大的问题,以静止的观点来看待问题,所谓"佛学既超乎时代"的论断,所谓"问题既不因时而变"这个前提,本身就存在问题,则其所谓"方法亦不变"也就难以立论。不难看出,《佛学概论》一书在很大程度上是以佛教的主张看待研究工作,要求研究者以空寂的态度、恪守佛法的信念研治佛学,这在事实上也是行不通的。

王恩洋在《佛学概论》中除了探讨佛学之学理外,还用了相当的篇幅传布佛教的教义。譬如,书中对于佛教的教义有这样的说明:"教所明义略有二种,一者缘生,二者法性。缘生者诸法生起所有因果,法性者生起诸法所有实相。一切法义不出此二,一切有情迷谬点多亦总不出此二。由迷缘生理故,或执自然,或执主宰,或执断灭,或执无因,或执无报;……以是因缘或不修行,或邪修行,凡夫外道永沈生死。由迷法性理故,或执为常,或执为我,或执生死,或执涅槃,或执

① 王恩洋:《佛学概论》,支那内学院 1929 年版,第 22 页。
② 王恩洋:《佛学概论》,支那内学院 1929 年版,第 34 页。

为有，或执为空；堕于二边，中道义隐，真实既昧，证得何期，菩提涅槃于焉永弃。"有情所迷既不出此二，故佛说教亦总以此二义为归。"①又譬如，书中基于"教理行果"理念，对于佛教的"乘"也有这样的解读："所云乘者，运载名乘，载诸有情从生死流中，运至涅槃彼岸故，以斯功能说名乘也。此乘法体复为何等？曰教理行果皆是乘体。教名乘者，依三藏十二部经一切圣言悟实理故；理名乘者，依诸安立非安立四谛真如等理修正行故；行名乘者，依戒定慧菩提分法止观六度等正行趋实果故；果名乘者，由菩提涅槃果德究竟到彼岸故；故此四者，皆是乘体。乘有几种？曰依诸教说总有三乘，随出世间种姓不同有三类故。言出世间种姓不同者，谓有声闻种姓，有独觉种姓，有菩萨种姓。随彼三类种姓不同，闻教悟理修行证果等亦各差异，故依彼三而立三乘，谓声闻乘、独觉乘、菩萨乘是。虽出世间有不定姓，然随发心修行证果不出彼三，故仍随此三乘摄也。此之三乘或复合为二乘，为大乘小乘。声闻独觉教理不殊行果亦无特异，自立自了不运载也。乘义狭小，总名小乘也。言大乘者，自他并济同到彼岸证果究竟，故名大乘。"②以上的介绍性文字，涉及方面较多，当为佛学的一般常识性知识，故不一一介绍。

王恩洋所著《佛学概论》是一部较有影响的普及性学术著作。总体来看，该著尽管亦有宣传佛教教义的性质，但主要还在于阐发佛学之所以为"学"的问题，并通过"信仰"与"理智"的关系说明佛学成为学问的理由，故而书中更多的是从学术研究的角度重点地阐发作者的主张。作者在该著中认为，应该在佛教经典中研究佛学，需要在研究中阐发佛学的宗旨，并进而提出了佛学研究的具体要求。王恩洋的《佛学概论》在佛学研究史上有着重要的地位，对后来的佛学研究亦有较大的影响。

5. 蒋维乔的《佛学纲要》(1941 年)

蒋维乔③的学术领域十分广泛，是一位勤奋而又博学的学者，在不少研究领

① 王恩洋：《佛学概论》，支那内学院 1929 年版，第 41 页。
② 王恩洋：《佛学概论》，支那内学院 1929 年版，第 43 页。
③ 蒋维乔(1873—1958)，字竹庄，别号因是子，江苏常州武进县人。辛亥革命后，曾任教育部秘书长、参事。后辞职返沪，仍入商务印书馆，主持编辑中学及师范学校教材。1922 年出任江苏省教育厅长，曾皈依佛教，法名显觉。1925 年出任东南大学校长。1929 年受聘为光华大学哲学系教授、中文系主任、教务长、文学院院长。1946 年兼任上海《人文月刊》社社长。1947 年从西藏的贡噶上师(金刚宁玛派)学习大手印法。1949 年后，任上海文史研究馆副馆长。著作有《中国近三百年哲学史》、《吕氏春秋汇要》，以及与他人合著的《中国哲学史纲要》、《宋明理学纲要》等。在佛学方面的著作，则有《中国佛教史》、《佛学概论》、《佛教浅测》、《佛学纲要》、《大乘广五蕴论注》等，其中以《中国佛教史》、《佛学纲要》等著作在社会上流传较广。

域皆取得重要的学术成果。在哲学研究方面,蒋维乔通过对中国哲学的考察与思考,先后撰写了《中国哲学史纲要》、《杨墨哲学》、《宋明理学纲要》等数部著作,提出了以哲学思想为经、以哲学家为纬的新的中国哲学史编撰体例和将中国哲学分为自然主义、人为主义、享乐主义、神秘主义、苦行主义、理性主义的新的哲学分派思想,对墨子、杨朱哲学进行了深刻的剖析和辨证,对宋明理学进行了比较全面的梳理。虽然其研究成果在当时影响力不够,但他关于中国哲学史的编写体例和分派思想具有独特的眼光,为中国哲学史研究作出了重要贡献。

在佛学方面,蒋维乔的《中国佛教史》是中国现代第一部佛教史著作,该书不仅对日人所著的《支那佛教史》进行了全面的梳理,而且新增了许多内容,使中国佛教史在体系上更加完整。对于这部书,有学者指出:“蒋维乔的《中国佛教史》(商务印书馆,1929 年版)为中国近代最早出版的一部系统的中国佛教通史。该书虽因系改写自日本学者境野哲之《支那佛教史》(史一如曾于 1923 年将其译为《中华佛教史》,曾被选为武昌佛学院之教材)而备受批评,但毕竟是中国最早用近代方式所撰之佛教史,特别是自撰近世佛教部分,缕析各宗代表人物、流行情况和特点,对近代佛教史之研究有草创之功。”①而蒋维乔的《佛学纲要》则是中国近现代第一部佛教知识白话本著作,对于阐发佛学的学术思想有着较大的贡献。可以说,《佛学纲要》是当时国内比较早地全面介绍佛学理论的著作,这对佛学知识的普及起了重要的推动作用。

蒋维乔的《佛学纲要》是一部重要的佛学研究著作。该著认为,佛教与其他宗教有很大的不同,这就是佛教建立在理智基础上,而非其他宗教的迷信之可比拟。他在《佛学纲要》中说:“世界无论那种宗教,各宗各有依据的哲理;然多少总带些迷信的色彩;惟有佛教的基础,是完全建筑在理智上的;所以包含的哲理,很高很深,非但任何宗教所不能及;就拿东西洋的各种哲学来比较,也没有那一种哲学能够赶得上的;我们略去佛家的宗教形式,单拿它的学理来讲,也就觉得包罗万有,趣味宏深,这是略微涉猎的人所公认的;用这等方式,当作一种学问去研究,就可以叫做佛学。”②由此,蒋维乔认为研习佛学首先必须领会佛教的哲理及其所内含的精神,不能仅仅从知识方面去学习和受用,这就要求研究者在精神方面去努力,主动地“学佛”。他以“说食不饱”为比喻,有这样的言论:“佛经上

① 　王雷泉、刘仲宇主编:《二十世纪中国社会科学·宗教卷》,上海人民出版社 2005 年版,第 96 页。

② 　蒋维乔:《佛学纲要》,哈尔滨佛经流通处 1941 年版,第 2 页。

常常提到一句话:叫做'说食不饱'(如人说食终不饱,语见《楞严经》卷一)。这话是什么意思?是说我们饥饿时,总要想吃;吃时,总要想饱,那是人人相同的。倘然有一种好说空话的人们,对着饥饿的人,说得天花乱坠;罗列许多山珍海味,单有空名,并没有食物,结果枉教饥饿的人,听是听得有味,腹中仍不得一饱,这就叫'说食不饱'。就是譬喻佛经里面的道理,穷高极深,我们单从知识方面,去求广博的学理,不从精神方面,去求实在的受用,那么和'说食不饱'毫无两样。所以我们起初研究佛学,结果还是学佛要紧。"①那么,如何来学佛呢?蒋维乔提出的办法是研究者要领会佛教的教义,知道人生多苦的原因,明白世间的因果关系。他说:"释迦在菩提树底下,静坐思维的结果,彻底明白人生多苦的原因,完全是人们自己造业,自己得果,和上帝并没有相干。我们这个躯壳,就是过去世自己造作的苦因,今世结成的苦果;根本上既然是个苦果,无怪乎生、老、病、死的苦痛,没有法子避免了。然而人们不晓得这个道理,今世又造下许多苦果,未来世又要结成苦果。所以生生死死,都是因果的连属关系,听其自然,是永没有了期的。释迦所成的道,就是解脱生死的法门,这法门就是断除生死的连锁,达到不生不灭的涅槃境界。"②可见,蒋维乔强调研习佛学需要从学佛始,将领会佛教的教义作为治学的门径,以佛教的思想来理解现实世界的苦难。

蒋维乔的《佛学纲要》提出研究佛学的"主眼"及其方法问题。在他看来,研习佛学就要抓住主要的方面和根本性问题,即所谓"主眼"。他说:"研究佛学的主眼,就在教理;教理明白,然后依理修行,脱却生死的迷境,进入涅槃的悟境,方是佛教的最后目的。……但教理极其广博,几千卷的藏经,无一不是讲教理的;并且各宗有各宗的教理,我们要研究如何下手呢?这可不必虑,自有执简驭繁的方法。前文曾说过根本佛教是四谛;无论各宗教理,讲得如何精深广大,均从四谛推演出来。"③这里,提出研习佛学的"主眼"就在于"教理",而研究"教理"有着"执简驭繁"的方法,这就是研究佛教的四谛。所谓"四谛"(即苦谛、集谛、灭谛及道谛)是佛教的基本教义。谛指真理,此指解释人生苦难及其克服途径的四种真理。所谓"苦谛",此苦指缺陷、坏灭、受逼迫苦恼等义,是对社会以及自然环境所作的价值判断;所谓"集谛",其中的"集"有集聚之意,指生死苦果的原因在于心理上的"惑"(烦恼)以及由此造成的善恶行为。所谓"灭谛",是指断

---

① 蒋维乔:《佛学纲要》,哈尔滨佛经流通处 1941 年版,第 6 页。

② 蒋维乔:《佛学纲要》,哈尔滨佛经流通处 1941 年版,第 31 页。

③ 蒋维乔:《佛学纲要》,哈尔滨佛经流通处 1941 年版,第 117 页。

灭世俗诸苦而得以产生的一切原因,达到了脱生死的"涅槃"境界。所谓"道谛",是指为达到涅槃的一切理论说教和研修方法。可见,蒋维乔所认可的研究佛学要义之所在,就是把握佛教的四谛这个"主眼"。依佛教四谛来看,其中亦有其修行的方法,但这还不是研究佛学的方法。为此,蒋维乔提出研习佛学须有一种叫作"移转妄心妄境"的方法,并认为这方法就是学佛的作用所在。他指出:"原来我们这个身体,是无明妄心所造成,是虚幻的,这身体所凭依的环境,大地山河,也是妄心所造成的幻境。何以见得呢?如果不是幻境,是真境界,应该不生不灭,常住不变,方算得是真;现在我们的身,从婴孩到少年,到壮年,到老年,到死,是没有一刻不变化的;心中前念去,后念来,也没有一秒时不变化的;大慢山河,骤看好像是永久,实则也在那里刻刻变迁;不过人们不能觉察,必要到火山喷火,地壳震裂,陵谷变迁之后方才知道罢了。这等内而真心,外而世界,一切的幻境,既然都是妄心所造成,可见妄心是有生有灭的;而妄心所依而起的本体,那是真心,真心却是不生不灭、常住不动的实境。学佛有什么作用?就是返妄归真;既然一切幻境,都是妄心所造;那么学佛下手方法,应该先来移动这个妄心,叫它慢慢地转到真心;所以各宗的方法虽然不同,而扫除妄念,归于正念,是共同一贯。念佛方法,就是收摄众念,归于一念,念到一心不乱,真心发露。我们现在所住的恶浊世界,就立刻会变成极乐世界,一切唯心所造,绝对不是虚言。"[①]蒋维乔认为"移转妄心妄境"的方法,与念佛的方法在目的上是"同一"的,就是"慢慢移转妄心妄境",这同时也就是"归到真心真境的法门"。不难看出,蒋维乔虽然并不认为研究佛学的方法完全就是修行的方法,但又是从佛教的教义中阐发学佛方法与研究佛学方法的内在一致性,力图将研习佛学的方法同如何学佛的方法统一起来。

蒋维乔认为小乘佛教有诸多问题,他本人对大乘佛教崇尚有加,因而对大乘采取了积极颂扬的态度。这反映在《佛学纲要》中,有较大篇幅对大乘在中国的发展进行比较细致的考察。在蒋维乔看来,大乘佛教是在印度社会中后起的,具有"破邪显正"的意义,有助于探求"无限的绝对真境"。他说:"龙树的大乘教义,就在破邪显正两方面:他最为尽力的是破邪;因为当时印度所行的婆罗门教,各持一种哲理,甲立论,乙反驳,是非纷纷,莫能一定。龙树则以为真理不是我们有限的知识所能确认,倘若拿有限的相对知识,去讨论无限的绝对真境,无论说得怎样精妙,总是妄想;故大乘的唯一手段,要在先除去自己的妄想,妄想果然除

---

①　蒋维乔:《佛学纲要》,哈尔滨佛经流通处 1941 年版,第 159—160 页。

掉,真理自然显现。……所以破邪,也就是显正。"①那么,何谓大乘佛教的"破邪显正"呢? 对此,蒋维乔作了三方面的解说:"第一,客观世界的现象,全属虚妄的幻影,了无实在;我们只要看宇宙万象,无一不是生生灭灭,变幻无常的,就可以证明这个道理。第二,和客观世界相对的,就是主观的心象。这心象也是前念去,后念来,念念生灭不已,全属妄想;世人偏要用自己的妄想,去分别客观的现象,孰为彼,孰为此,这不过是虚妄中更添虚妄,和梦中说梦,没有什么两样。第三,既知主观的心象,客观的现象,都是空的,了无实在,惟有自己除去妄念妄想,方能够超出有限的分别,认识无限的真理,达到和宇宙实体冥然符合的境界。所以龙树的显正方面,是先明客观的空,次明主观的空,归到一切皆空;这空境正是离开妄念的境界,不是完全没有,正如云散见无限的天空相仿佛。"②这里,蒋维乔指出了大乘佛教在"主观的心象"和"客观的现象"上所持有的"空"的主张,提出通过"除去妄念妄想"办法来"认识无限真理"的方法。应该说,蒋维乔关于大乘佛教教义的诠释大体上符合其原意的。

自然,蒋维乔研究佛学还是以中国为本位的,故而他就佛教进入中国的历程进行梳理,认为"佛教流传到中国,的确在前汉初年,那是无可疑的"③,并进而说明小乘佛教不适合中国文化与政治生态,而大乘佛教在中国却是具有极大的优势与发展空间。他指出:"印度小乘,从上座、大众两部分裂后,就分为空、有两部;上座属有部,大众属空部。传到中国来,也是这样,俱舍宗是有部,成实宗是空部,然这两宗不久就衰,可知小乘教义,和中国社会,不十分相宜。至于大乘八宗:净土、禅宗成立最早,净土属有宗,禅属空宗,这两宗成立既早,历代相传,没有间断,到如今势力还是普遍全国;这是值得我们注意的。三论是空宗,法相是有宗,是印度固有的教义,整个儿传入中国的,这两宗在前后虽有极大的发展,然早已盛极而衰。天台、华严两宗,天台属空宗,华严属有宗,这两宗完全是中国人自己创立的,教理的精博,方法的完密,足见组织力的伟大。然现在华严极衰,天台比较稍振,终不能和净禅二宗,并驾齐驱。至于密教,也属有宗,成立最迟,终遭禁止,现在虽有重兴的机运,还没有十分流行。"④蒋维乔梳理大乘各宗在中国演变的态势,有着历史变迁的眼光,如他说"大凡宗教或哲学,有盛必有衰,佛教

---

① 蒋维乔:《佛学纲要》,哈尔滨佛经流通处1941年版,第65页。
② 蒋维乔:《佛学纲要》,哈尔滨佛经流通处1941年版,第66页。
③ 蒋维乔:《佛学纲要》,哈尔滨佛经流通处1941年版,第76页。
④ 蒋维乔:《佛学纲要》,哈尔滨佛经流通处1941年版,第100页。

也不能逃出这个公例"①。这就较好地贯彻了进化论的观点。

在中国现代佛学研究史上,蒋维乔的《佛学纲要》是一部比较简明的佛学研究专著,较为系统地介绍了佛学的基本知识及佛教的基本主张,并就如何研究佛学这门学科提出了自己的看法。与王恩洋的《佛学概论》相比,蒋维乔的《佛学纲要》尽管晚出,但该著汲取佛学界既有的学术成果,在叙述重点和研究方法上亦有其特色,因而在当时的中国佛学界有着较为重要的影响。

6. 释妙舟的《蒙藏佛教史》(1935 年)

释妙舟所著《蒙藏佛教史》是一部关于中国佛教史的专题性研究著作。该著对于佛教在蒙藏地区的发展进行历史的研究,对于蒙藏地区佛教演变有自己独特的看法,成一家之言。总体来看,该著有这样几个突出的方面:

第一,该著注重历史事实的考索,善于提出具有创新性的见解。譬如,关于西藏地区佛教的起源问题,该著不同意通常的说法,指出:"当周赧王二年戊申之时,中印度有乌迪亚纳王者,崇奉佛教,因犯罪充入藏地,东走雪山雅尔替塘,号雅尔隆氏,始建佛寺于卡伊兰山麓,是为西藏佛教输入之滥觞。"②又譬如,关于藏地佛教在成吉思汗西进西藏时的情形,该著注重并梳理基本的事实。该著指出:"西藏自朗达尔玛之后,国内分崩,无统一之王,彼此内争,其时萨迦派之后裔,累世为西藏国师。及元太祖成吉思汗崛起蒙古,西进西藏,其王古鲁克多尔济请降。时随征军官返蒙之际,盛称萨迦派喇嘛在藏之势力。太祖因致书于萨迦派。察克罗乍斡阿难达噶尔贝喇嘛遥申皈依,特聘之至蒙。喇嘛到甘肃兰州,大传其法,竟未前往,即行入寂。兰州之人盖造一塔,以盛舍利,至今尚在。……中统元年,世祖继位,钦定西藏喇嘛之教为国教,尊拔思巴上师为国师,统天下释教,授玉印,藩封西藏领土。"③作者提出的见解虽不能都符合历史实际,但这种敢于提出创新性主张的精神,还是值得肯定的。

第二,该著不仅注意社会情形的探寻,而且对蒙藏地区原始宗教亦有较好的研究。譬如,关于藏地原始宗教的情况,该著有这样的记载:"唯藏之在古代,惟有黑教,不知起于何时,相传以秀拉白为教主,藏名萨那克,俗称苯教,教旨以镇压禳祓炫神,近于幻术,非佛教正宗也。迄红教等 37 世聂直簪布佛自印度东来王藏地,与黑教若冰炭之不相容,干戈相寻,迄无宁岁。致第 40 世第结时,几将

---

① 蒋维乔:《佛学纲要》,哈尔滨佛经流通处 1941 年版,第 71 页。
② 妙舟法师:《蒙藏佛教史》第 1 册,上海佛教书局 1935 年版,第 1 页。
③ 妙舟法师:《蒙藏佛教史》第 2 册,上海佛教书局 1935 年版,第 1—2 页。

黑教全行驱灭,余者惟 39 族之噶鲁等处而已。当时或谓佛祖除恶务尽,答曰,千百年后,将有用彼处,黑教因得以幸存。"①又譬如,关于藏地密宗的起源,该著结合当代社会状况的分析,有这样的记述:"藏王曲结赤松特赞大兴佛教,迎莲华生上师于印度,师即西藏佛教之始祖,其教义以秘密咒力即身成佛为旨,号密宗。降及元初,其教大兴。元世祖入主中夏,以拔思巴归封为帝师,后回西藏使主藏政,此为僧王治藏之始。自是西藏密宗根深蒂固。明又增封各王,皆赐红绮禅衣,世人因其袈裟之色尚红,故称红教,藏语萨克耶派,又谓之萨斯虾。"②藏地社会状况及原始宗教的情形,是理解藏地佛教发展背景的重要依据,《蒙藏佛教史》注意这个问题的研究应该说是有学术意义的。

第三,该著对藏地各教派的关系予以叙述,力图展示各宗之间关系的变迁。譬如,关于藏地的黄教与白教关系,该著依据事实指出:"黄教崛起于前藏时,后藏同时有白教乘时而起。白教源流未详。有谓出自喇嘛德迁纪,或云,藏僧有白姓者,至印度求得佛经,遂倡白教于后藏。"③又指出:"黄教创自尊宗噶巴,先是至尊宗噶巴本习红教,欲匡正当时堕落之僧众,遂别开一派,排幻术,禁娶妻,持律极严,务除红教之弊,因着黄色袈裟以自别,故称黄教。黄教既兴,世人大加敬礼,势与红教埒。至尊圆寂后,其二弟子,一为达赖喇嘛,居西藏首府拉萨之布达拉,一为班禅额尔德尼,居拉萨之西札什伦布,分享黄教。"④黄教和白教的关系,对于藏地佛教的发展意义重大,理出它们的关系有助于了解藏地佛教演进情形。

第四,该著依据藏地佛教的演变,注重对藏传佛教中一些名词的解释。该著作者对于藏地佛教的变迁有较好的掌握,故而在著作中注意对一些名词进行解释,叙述其演进脉络,以增进人们对于佛教的了解。譬如,该著对于达赖喇嘛的解释就是一例。该著说:"达赖喇嘛,稽考经典所载,原为观世音菩萨之化身,任宗教之主宰,本已早入涅槃,惟因誓渡众生,遂不惜而转生于世者也。达赖之名,起源于蒙古,意为大洋之义,智慧如大洋之谓也。西藏人称之曰甲娃任补清,意为最胜宝饰。喇嘛者,西藏语也,无上之义,初意非高贵僧伽不能应用,然今已成普通称号。藏人称出家之僧曰察巴,后尊称察巴为喇嘛,复尊称喇嘛为佛爷。达

① 妙舟法师:《蒙藏佛教史》第 3 册,上海佛教书局 1935 年版,第 1 页。
② 妙舟法师:《蒙藏佛教史》第 3 册,上海佛教书局 1935 年版,第 5 页。
③ 妙舟法师:《蒙藏佛教史》第 3 册,上海佛教书局 1935 年版,第 9 页。
④ 妙舟法师:《蒙藏佛教史》第 3 册,上海佛教书局 1935 年版,第 19 页。

赖喇嘛之职掌,首超全藏,握教政两大权。"①这段论述,从含义到沿革来解释达赖、喇嘛,可谓精审有据,简明扼要,并具有丰富的历史底蕴。

释妙舟的《蒙藏佛教史》在现代中国的佛学研究史上有着突出的地位。应该说,梳理史实、考镜源流是该著的最重要的特色,这反映作者对于藏地佛教有深入的研究,并具有较高的史学研究技艺;该著的史料应该说是比较丰富的,即使是在今天也是极为宝贵的,至少能为今人研究藏传佛教发展提供重要的线索。今人评价:"释妙舟编著的《蒙藏佛教史》(上海佛学书局,1934 年,四册本)是一部全面论述藏传佛教史的专著,探讨藏传佛教的形成、发展和在蒙古地区的传播及其所产生的影响,其中有些观点为后人所采信,在学术界反响良好。不足之处是,作者在对人物、事件的评价和年代的考证上,尚欠细密周详。"②这一评价,既肯定其价值,又点明其不足之处,亦可供研究者参考。

(四) 伊斯兰教研究著作

现代中国学术界关于宗教学的研究,不仅有研究伊斯兰教的著作问世,而且对于伊斯兰教的教义、教理、教历、教法、教史进行了较为全面的研究,形成了伊斯兰教研究的高潮。比较重要的伊斯兰教研究著作有:金吉堂的《中国回教史研究》(北平成达师范学校出版部 1935 年版),马邻翼的《伊斯兰教概论》(万有文库百科丛书 1936 年版),白寿彝的《中国回教小史》(1943 年,载《中国伊斯兰史存稿》,宁夏人民出版社 1983 年版),许崇灏的《伊斯兰教志略》(商务印书馆 1944 年版),马以愚的《中国回教史鉴》(商务印书馆 1948 年版),陈垣的《回回教入中国史略》(文通书局 1948 年版)。在著名学者中,除了学术界熟知白寿彝的《中国回教小史》外,陈垣的《回回教入中国史略》、陈汉章的《中国回教史》、刘凤五的《回教徒与中国历代的关系》、顾颉刚的《河州视察记》、庞士谦的《中国回教寺院教育之沿革及课本》等也是具有较高学术水准的伊斯兰教研究的著作。此外,还有一些重要著作,如杨仲明的《四教要括》(总论伊斯兰、耶、儒、释四教之宗派得失)、马松亭的《回教与人生》、马玉龙的《礼法问答》、马君图的《清真要义》、马自成的《历源真本》、赵振武的《至圣实录纪年校勘记》等,也是很重要的研究伊斯兰教的学术著作。

---

① 妙舟法师:《蒙藏佛教史》第 4 册,上海佛教书局 1935 年版,第 39 页。
② 王雷泉、刘仲宇主编:《二十世纪中国社会科学·宗教卷》,上海人民出版社 2005 年版,第101 页。

1. 金吉堂的《中国回教史研究》(1935 年)

金吉堂①所著《中国回教史研究》是一部重要的学术著述,关于该著的基本情况,有学者作出如下的评述:

> 金吉堂的《中国回教史研究》刊行于 1935 年,此书本为作者当时在北平成达师范学校为学生讲演中国回教历史问题的讲稿,由该校出版部出版。正如金氏在例言中指出的,除直接采取的约百余种资料外,在间接采用的三四十种资料上,也得益于张亮丞(即张星烺)的《中西交通史料汇编》、陈援庵(即陈垣)的《元西域人华化考》、桑原骘藏《提举市舶元西域人蒲寿庚考》、李思纯《元史学》等中外书籍之介绍。金氏之著分卷上与卷下两部分,卷上"中国回教史学"主要探讨伊斯兰教传入后一些历史问题,关于回回、回纥之辨,回教民族说的论证,回教何时传入等,都有所涉及,并提出自己的见解。如在伊斯兰教具体传入中国的时间上,他坚决不认同陈垣的"永徽二年(651 年)"说,而认定应是唐太宗贞观二年(628 年)。在卷下"中国回教史略"中,金吉堂较为简略地根据各个历史朝代顺序,纵向地叙述了伊斯兰教在中国的传布发展概貌,包括由陆、海两路东来的回教商贾及他们在华侨居的状况,大食国和中国的关系,元代活动于各领域的回教人物,以及明、清两代回民的历史遭遇等,还提到历史上穆斯林对中华文化的贡献。该书虽有明显的历史局限性痕迹,也颇粗疏,且有学术概念不够清晰之缺憾,但在当时尚无其他同类论著问世之际,率先在此领域作出尝试,实属难能可贵。②

金吉堂的《中国回教史研究》一书对于"回回"一词予以考订,指出:"元初及其以前所言回回,殆专指花剌子模国人而言也。及既灭花剌子模,蒙古之疆土日扩,眼光逾广,不仅花剌子模人为回回,即与花剌子模人生活相同之人,易言即所有伊斯兰教人皆被称回回矣。故自元初以后之载籍观之,报达阿拔斯朝最末君

---

① 金吉堂(1908—1978),回族,名祈恕,以字行,经名优素福,北京通县人。现代中国伊斯兰教史学家、教育工作者。毕业于北京畿辅学堂,通晓伊斯兰经典。1935 年应马松亭阿訇聘约,在北平成达师范学校讲授"中国回教历史问题",遂将其代表作《中国回教史研究》的部分书稿作为讲义。1938 年在通县创办"穆光小学",担任校长。1947 年被国民党当局逮捕入狱。1949 年北平和平解放时获释。同年 5 月入华北人民革命大学学习。毕业后,曾在易县师范学校任教。主要论著除《中国回教史研究》专著外,还有《中国回教历史问题》、《教门杂识》、《回教民族说》、《敕赐清真寺的五百年》等 10 余篇文章。

② 王雷泉、刘仲宇主编:《二十世纪中国社会科学·宗教卷》,上海人民出版社 2005 年版,第 302 页。

主治下之人民,亦名回回,自西域各方来华之伊斯兰教徒,中国人统名之曰回回,且自海上来航之伊斯兰教商人,因其生活习俗与西北来者无不相同,故华人又别称之曰南蕃回回。总之,自是之后,回回一名,在中国即为伊斯兰教人之代名词。"①由"回回"考证出发,金吉堂对于"畏兀儿"予以考辨,认为"畏兀儿"一词虽由回纥或回鹘转音而来,但被称为"畏兀儿"的人,其所信奉的不是伊斯兰教。他说:"观于以前则当元初官私文书上,回鹘、回纥与回回尝互相参用,殆指一般信奉伊斯兰教之民族者,至于畏兀儿一字之音,虽系由回纥或回鹘之音转来,然自实际观之,其人所奉之宗教,非伊斯兰教。"②从"回回"名词考订入手,金吉堂认为遂有"回回教"名词,由此引起中国人观念的转变。他说:"在回回教一名词成立以前,中国人以夷狄待回教,及回回教名词成立后,中国人之心中以为此教仅行于此族,故曰回教,回回教也。观于历来汉人皈依回教者,不曰进教而曰随回回,可知矣。"③自然,金吉堂对于名词概念的考订,还与社会状况的分析相结合,如他对"回回"名称的研究就与元代政策相联系。他指出:"各个不同种族之回教信徒,于蒙古政府吸引之下,源源东来,同时向中国境内发展,其人数不可以千万计,……起一大结合,经百年间之合同混化,是为今日中国'回教民族'的起源。故今日所谓'回民'者,特有元以后之事实耳。"④金吉堂的《中国回教史研究》重于史料的辨析、事实的考证,因而该著属于严谨创新之作。

金吉堂在《中国回教史研究》中充分肯定了伊斯兰教对于社会发展的贡献。比如,该著认为穆斯林在元代的社会生活中处于重要地位,指出:"总之有元一代为回人在中国之黄金时代,各种习俗不同之回教徒,或商,或仕,或从军,贸贸然来中国,偏于海内,以至于今,何一非外国人?"⑤又如,该著认为回族人对于经贸发展和中外文化交流有重要的贡献,指出:"中国古制,上币用金,下币用铜,银名白金,但为饰品而已。晋代且颁禁止采银之令,同时奖励冶铜,唐中叶陆宣公奏议始有'巴以西交易以布,岭以南交易以银'之语。岭以南,盖中国人与回教商人互市地也,是知中国近代以银为钱币,回教实开其先河。"⑥金吉堂在书中以相当篇幅介绍回民对于中国社会发展的贡献及对中华民族形成的重大影响,

①　金吉堂:《中国回教史研究》,北平成达师范学校出版部 1935 年版,第 8—9 页。
②　金吉堂:《中国回教史研究》,北平成达师范学校出版部 1935 年版,第 15 页。
③　金吉堂:《中国回教史研究》,北平成达师范学校出版部 1935 年版,第 59 页。
④　金吉堂:《中国回教史研究》,北平成达师范学校出版部 1935 年版,第 132—133 页。
⑤　金吉堂:《中国回教史研究》,北平成达师范学校出版部 1935 年版,第 42 页。
⑥　金吉堂:《中国回教史研究》,北平成达师范学校出版部 1935 年版,第 127 页。

这是应值得肯定的。

金吉堂在《中国回教史研究》中，认为中国伊斯兰教与外国伊斯兰教在教义上并没有根本性的差异，但一般中国人对伊斯兰教的认识却有偏颇之处。他指出："回教为注重理智之宗教，观于天经圣训，有许多命令求学之语可知；事实上中古时代之回教文明，确曾灿烂至数百年。然在中国，教义不彰，教理不讲；甚至教人之自信，与教外人对回教之认识，舍不吃猪肉之外，仅如普遍社会所称之'隔教不隔理'而已。夫理论之是则是矣，非则非矣，回教与非回教之不同，只是理论之不同，而云不隔理，则其愚何可及哉。"①故而他的总的看法是："中国回教与外国回教之不同点，只是风俗、语言，或使用文字的差别，至于教典之遵守，教法之主张，精神行事，典礼仪则，则东西南朔，无不相同。"②金吉堂将中国伊斯兰教与外国伊斯兰教进行比较，认为它们之间在教义上的差异并非本质的差异，这是他研究中国回教史的一个很重要的学术观点。

金吉堂所著《中国回教史研究》是一部中国伊斯兰教史研究的开山之作，史料之丰富尤为突出，敢于提出自己的看法，亦为该著的显著特色；而书中对于伊斯兰教在中国演变发展的脉络也详加梳理，再现了伊斯兰教在中国发展的图景，这对于伊斯兰教史的研究亦是突出的贡献。自然，由于该著是第一部中国伊斯兰教史专著，有些资料的诠释尚有商榷之处，有些观点尚待细加研究，但这无损于这部著作的学术地位。

2. 白寿彝的《中国回教小史》（1943年）等著述

白寿彝③现代中国著名的史学家、教育家、社会活动家，长期从事史学研究及宗教史研究。1935年，创办《伊斯兰》半月刊、《大河杂志》和《新儿童》半月刊，曾在《伊斯兰》半月刊第4期发表《中国回教史料之辑录》。1936年，编辑《禹贡》半月刊"回教与回族专号"上，发表有关同治年间陕甘宁回民起义的传闻、传说。1937年，为《禹贡》半月刊办两个伊斯兰教专号，其中有白寿彝所写

① 金吉堂：《中国回教史研究》，北平成达师范学校出版部1935年版，第167页。
② 金吉堂：《中国回教史研究》，北平成达师范学校出版部1935年版，第92页。
③ 白寿彝（1909—2000），现代中国著名的史学家、教育家、社会活动家。1929年9月，考入燕京大学国学研究所攻读中国哲学史。1940年后历任云南大学、重庆中央大学、南京大学等校历史系教授。1949年7月，与郭沫若、范文澜等创办了新中国史学会，并于同年受聘于北京师范大学，任历史系教授。新中国成立后，被聘为中国科学院专门委员，与刘大年等发起创办《历史研究》杂志。从1956年起，连续当选为第三、四、五、六届全国人民代表大会代表，第四、五、六届全国人民代表大会常务委员会委员，五届人大民族委员会副主任、法制委员会委员，六届人大民族委员会委员。主要有《中国通史纲要》、《史学概论》、《中国史学史》、《中国交通史》、《回族人物志》等。

《宋时伊斯兰教徒底香料贸易》一文。1939 年,接受英庚款董事会资助,在云南大学研究云南伊斯兰史,主持《云南清真铎报》和《益世报》的《边疆》半月刊。曾创办《伊斯兰》,主编《月华》、《云南清真铎报》等杂志,同时深入乡村了解回族风俗民情,探讨研究回族发展历史。白寿彝 1942 年在重庆中央大学历史系讲学,开设春秋战国史和伊斯兰文化等课程。《中国回教小史》出版于 1943 年,该著字数虽然不多,但梳理了中国伊斯兰教发展的整个过程,也是一本具有开拓性的学术著作。

《中国回教小史》考察了伊斯兰教在中国发展的历史,将唐代视为中国伊斯兰教史的起点,认为唐宋时期是中国伊斯兰教史发展的第一阶段。该著指出:"唐宋时在中国的回教人,差不多可以说,都是外国人。但自从他们在中国建寺,建公共墓地后,他们和中国的关系一天一天密切起来,回教和中国的关系也要一天一天地密切起来了。"[①]该著对于元代中国伊斯兰教的发展予以充分的说明,肯定伊斯兰教此时在中国已经"生了根",在中国社会上居于重要的地位。该著指出:"元代因为东来回回的数目之多,回教就很容易发达。同时,更因为回回在政治、军事、经济、学术上都有相当高的地位,回教便更容易昌盛。另外,回回在这时都不再以客人自居,他们已把他们的事业,在这块地上打下了基础,这样就使回教在中国生了根,并让回教在外人中传布,而吸收新鲜分子过来。"[②]关于伊斯兰教在明清时期的发展状况,白寿彝总的看法是,明清时期伊斯兰教徒很多,但明清政府对伊斯兰教采取歧视的政策,这极大地影响了伊斯兰教在中国的发展。他说:"明代开国功臣,据说有不少的回教人在内。所部士卒中,回教人也很多。但这不免除明太祖对回教人的歧视。《明律》上规定:'凡蒙古色目人,听与中国人为婚,不许本类自相嫁娶。违者,杖十八,男女入官为奴。'……所谓色目人,实际上是回教人占最大多数。这条限制色目人的法律,也就是限制回教人的法律。事实上,也许回教人因为这条法律的关系,而有娶汉女的许多方便。但就这条文的本身而言,充分地表示它对回教人的猜忌和防范。这种歧视的程度,较元时是大大地增加了。"[③]又说:"大概清中央政府对回教人的歧视,反

---

① 白寿彝:《中国回教小史》(1943 年),《中国伊斯兰史存稿》,宁夏人民出版社 1983 年版,第 20 页。

② 白寿彝:《中国回教小史》(1943 年),《中国伊斯兰史存稿》,宁夏人民出版社 1983 年版,第 23 页。

③ 白寿彝:《中国回教小史》(1943 年),《中国伊斯兰史存稿》,宁夏人民出版社 1983 年版,第 26 页。

映到地方官吏的心理上,已使他们觉得回教人可欺。同时,如果他们是边地官吏,住在天高皇帝远的地方,更使他们能施展鱼肉人民的伎俩。这样,战斗的事情就一天一天地多起来了,回教人是大批地牺牲掉了。清政府及其官吏对于回教人的不顺从,反而感觉着头痛,于是就有了'回回难治'的口号。"①白寿彝通过对伊斯兰教在中国的发展历程的梳理,将中国的伊斯兰教发展史具体地划分为两个时期,并对其中的特征予以揭示,说明尽管明清政府对伊斯兰教人采取歧视政策,但伊斯兰教在中国社会中的影响是加大了。例如该著指出:"自回族传入中国一直到清末,可分为两个时期:唐宋元是一个时期,明清又是一个时期。第一个时期虽可能有中国人信仰回教,但中国境内的回教力量总是以外来的回教人为核心的。第二个时期,中国境内的回教人可以说都是中国人了(不管他们的祖先是中国人或外国人),但被教外人歧视,至少是被政府和士大夫阶级歧视,并且由歧视而迫害。我们可以称第一时期是中国回教史上的移植时期,第二时期是中国回教史上的危难时期。不过我们说危难时期,并不是说回教在这时期没有什么发展,回教在这时期,信仰者的数目不知比以前增加了多少倍,礼拜寺的数目也不知比以前增加了多少倍。回教人在政治上的地位是不如以前了,但回教深入了各地农村,力量比以前还要坚固,这时的迫害虽重,但外来的压力却更使回教人团结了。而宗教学术的研究,寺院教育的推进,也是这时期之另一方面的收获,这也是我们谈中国回教史所必须知道的。"②在这段论述中,白寿彝将中国伊斯兰教史分为"移植时期"和"危难时期",在指出明清政府对穆斯林实行歧视政策的同时,又充分肯定伊斯兰教在中国的发展和壮大,认为穆斯林的"力量比以前还要坚固","外来的压力却更使回教人团结了",这就透过了历史的表象而认识到历史的内在本质,并将历史演进看成是一个曲折上升的进程。此种历史认识是作为史学家的白寿彝,在研究中国伊斯兰教史的显著特色之一。

白寿彝的《中国回教小史》在中国现代学术史上有着重要的学术地位,诚如有的论者所评价的那样:

> 著名历史学家白寿彝的《中国回教小史》,也是民国时期穆斯林学者关于伊斯兰教历史的几本代表性专著中的一本。与另外几本相比,该书主要侧重于描述穆斯林在中国历史上的活动轨迹,全书共9章,其中如"中国大

---

① 白寿彝:《中国回教小史》(1943年),《中国伊斯兰史存稿》,宁夏人民出版社1983年版,第30页。

② 白寿彝:《中国回教小史》(1943年),《中国伊斯兰史存稿》,宁夏人民出版社1983年版,第40页。

食间的交通"、"大食商人的东来"、"大食法之记载"、"礼堂和公共墓地的创建"等前4章,着重从宗教文化的层面介绍唐宋处于初传阶段的伊斯兰教;而"回回之始盛"、"歧视与厄害之发生"、"寺院教育的提倡"、"汉文译述的发表"、"最近的三十二年"等后5章,则从民族关系史的角度入手,阐述来自社会上的压力及穆斯林民族的积极回应。该书写毕并发表于1943年,次年略作修改由商务印书馆出单行本,并增题记。白氏在题记中具体指出了关于中国回教史的研究方法和路径,并提到掌握相关语言工具和理解回教教义、教法的必要性,以及必须熟悉中外史料以及了解欧美学者已有成绩等客观条件;还强调作为研究者,"更要懂得回教的精神,懂得中国回教人的心"。可见,作者当时已意识到民族文化内核与宗教心理的重要性。该书于1981年作字句上个别修改后,收入其著《中国伊斯兰史存稿》。①

这里还需要特别指出的是,白寿彝在1942年撰写的《元代回教人与回教》,也是一本有分量的学术著述。该著具体地考察了伊斯兰教在元代的历史,提出了诸多创新性的学术观点,反映白寿彝作为史学家在对伊斯兰教史的研究中,所达到的深度及其所具有的学术洞察力。譬如,该著就成吉思汗西征前后,穆斯林的状况作了细致的描述,确认成吉思汗的西征是伊斯兰教史上的"新时代之发端",对此后伊斯兰教在中国的发展产生长远性的影响。就此,该著指出:"公元1218年,成吉思汗开始西部亚细亚之远征。此在西亚诸回教国及中国回教,均为新时代之发端。在前者,为由繁华安乐转向于惨酷之悲运,在后者则为由萌芽时期转入兴盛时间。东西相映,已为一奇特之对照;而尤奇特者,则为中国回教之发达正由于西亚回教国之残破。盖因西亚回教国残破之结果,遂有不可名数之回教人被掳或降附,先后随蒙古人以东来。而蒙古人西征后,中西交通大辟,回教人之来中国经商或求仕者,其数亦不在少。此种大量的回教人之东来,及其东来后之种种活动及遭遇,实可使中国回教有新的发展。"②该著又指出:"蒙古西征以前,回教人之在中国者,虽间有赴内地贸易之事,但其集合及长居留之中心,仍限于京师及通商口岸。蒙古西征后,在宋之势力所控制之范围内,回教人之足迹虽仍限制于京师及各港口,但蒙古地方则已有不少回教人之聚住。及元

① 王雷泉、刘仲宇主编:《二十世纪中国社会科学·宗教卷》,上海人民出版社2005年版,第303页。
② 白寿彝:《元代回教人与回教》(1942年),《中国伊斯兰史存稿》,宁夏人民出版社1983年版,第170页。

代宋,则回教人在中国各地均可自由居住,不复受何种限制矣。"①又譬如,该著认为穆斯林在元代有相当的政治地位,并能在文化上作出重要的贡献。该著指出:"元承宋后,色目人之地位在原则上,居于蒙古人及汉人之间;换言之,即其地位较蒙人为下,较汉人为高。回教人者,正色目人中之主要份子也。实际上,因蒙古人数目之过少及蒙古文化程度较低,回教人之政治地位,除若干特别情形外,往往与蒙古人享受同等之待遇。"②关于穆斯林对于中国语言发展的贡献,该著也有这样的叙述:"至元回教人所习之西方语言文字,至少当有二种,曰阿剌伯文,曰波斯文。阿剌伯文为回教人习教义时所必修。元时回教人既遍于中国,当时阿剌伯文之传习必相当之盛。元代回教石刻之留于今者,大体上皆以阿剌伯文书写,可见其传习情形之一斑。至波斯语文,则在当时之回教人中或更为通行,因当时回教人之来自波斯者为数甚多也。今日中国回教人普通语言中所使用之若干事物名称均为波斯语,经师所诵之经典以波斯语经典之三分之一。吾人如追求其源来,除归之于元代外,似无更适合之解释也。"③在白寿彝看来,宗教以其拥有的信徒之存在而存在,伊斯兰教作为宗教在中国的发展及其贡献,在于在当时的中国有一批数量巨大的穆斯林,因而在研究伊斯兰教时必须注重穆斯林这个群体。他说:"然一个宗教之存在,并非因其教义之存在而存在,实因其拥有若干信徒而存在。回教为一具备社会组织之宗教,其信徒在一般社会之地位更在与其宗教之地位相关。吾人试观以上所述,宋末及元初回教人在中国各地之普遍,其在政治地位上之优越,及其中政治人才学术人才之盛,则当时回教之能普遍于各地及其受一般社会之重视,盖无疑问。此种现象不只前一时期所无,且为元之迄今所无。吾人因此而称此时期为中国回教之兴盛时期,决非过论也。"④值得注意的是,白寿彝研究元代的伊斯兰教问题,不只是对历史事实的梳理,还特别注重从历史事实中概括、提炼出基本特征,并进而基于基本特征说明这种历史现象之成因,表现出高超的研究技巧。如关于元代伊斯兰教的特征,该著有以下的说明:

---

①　白寿彝:《元代回教人与回教》(1942年),《中国伊斯兰史存稿》,宁夏人民出版社1983年版,第171页。

②　白寿彝:《元代回教人与回教》(1942年),《中国伊斯兰史存稿》,宁夏人民出版社1983年版,第176页。

③　白寿彝:《元代回教人与回教》(1942年),《中国伊斯兰史存稿》,宁夏人民出版社1983年版,第196页。

④　白寿彝:《元代回教人与回教》(1942年),《中国伊斯兰史存稿》,宁夏人民出版社1983年版,第208页。

此一时期回教之所以异于前一时期者,特征有三:

1. 以前之回教本身,中国政府不惟视为化外,且似全不明了其性质之重要。今则回教与世界现存之各大宗教同受皇帝至重视,其教师亦与他教之教师同政府之优遇,此其一。

2. 以前在中国之回教人均自居于外国人之地位,今则大批外来之回教人逐渐自认为中国人,并且有为中国重要官吏,研究中国文化,介绍西方学术,而卓然有所表现,此其二。

3. 以前之回教人,仅定居于各通商口岸,此后,仅能于得到主管机关之许可后,往来于各重要都市。今则回教人不止遍于中国各地,且在若干地方,于来自外国之回教人外,并有不少之汉人、蒙古人、唐兀人,及畏兀儿人之信教,此其三。

两时期间有此三者之不同,此唐宋时期之所以仅能为中国回教之萌芽时期,而宋末及元代则为兴盛时期也。此外,"回回"之具备宗教的及民族的两重意义,虽不必为此时期之新的现象,但因是回教人得在内地杂居,其表现此双重意义之机会及程度,恐亦不免较前一时期为多耳。①

白寿彝研治伊斯兰教史的特点:一是注重演变发展脉络的梳理和把握,展示伊斯兰教发展的历程;二是善于对伊斯兰教作历史阶段的分析,如提出诸如"萌芽时期"、"兴盛时期"、"危难时期"等概念,并注重揭示其演变的特征;三是关于伊斯兰教的有关说明能够从整个中国社会的情形中作出判断,亦即从伊斯兰教与社会演变的关联性作出解读。白寿彝是现代中国一代史学宗师,其关于伊斯兰教研究的相关著述,不仅开启了他走向史学大师的道路,而且在中国现代伊斯兰教史研究上也是经典之作。

3. 许崇灝的《伊斯兰教志略》(1944 年)

许崇灝的生平不详,其所著《伊斯兰教志略》在伊斯兰教研究方面有重要的贡献,是中国专门研究伊斯兰教的一本重要著作。

许崇灝的《伊斯兰教志略》对于回族历史及伊斯兰教地位有高度的评价,指出:"回族在世界宗教中,实为一有力之宗教,回教历史在世界历史中,亦占一重要部分。自穆罕默德氏于西历纪元 622 年创立回教,他的发源地虽是阿拉伯很小的地方,但发展非常迅速。迄至现在,已有信徒三万万五千万之众……差不多

①　白寿彝:《元代回教人与回教》(1942 年),《中国伊斯兰史存稿》,宁夏人民出版社 1983 年版,第 214 页。

占世界人口的五分之一,五色人种中都有他的信徒;信徒之众,为世界上任何宗教所不及。中古时期,他们表现过极优越的文化。虽然在近世以来,他们的地位显然是衰落了,可是具有积极精神的回教文化,始终没有停止前进。他的教众,也未尝因为政治势力的衰落,而终止了对环境的奋斗。"①该著主张以正确的态度对待伊斯兰教的历史,客观地说明回族及伊斯兰教对于世界历史与文化所作出的贡献。

《伊斯兰教志略》对于伊斯兰教传入中国的历史进行了较为翔实的考证与分析,阐述了自己研究这个问题的基本思路,主张从伊斯兰教与阿拉伯商人的关系入手。许崇灏注意到,关于伊斯兰教传入中国的具体时间,有各种不同的说法,尚无定说。"在各种记载中,有的说是在隋朝开皇年间传入中国的,有的说是唐朝武德年间传入的,有的说是贞观年间传入的,也有的说是永徽年间传入的。在中国的史籍中,关于阿拉伯伊斯兰教的记载很多,但很少说明是何时传入中国的。最早的记载是见于唐杜环的《经行记》中。惜此书已佚,只在杜佑的《通典》中保存一二。"②那么,应该以何种方法来研究伊斯兰教传入中国的时间呢?许崇灏主张从伊斯兰教与阿拉伯商人的关系入手。他说:"回教究竟是在什么时候传入中国的呢? 记载很多,但都是明以后的著作,明以前则少有见到,故要找出一个确实的时期,是很困难的。惟回教之传入中国,与阿拉伯商人,即有莫大关系,我们只能从这个关系中,去寻出其渊源来。"③正是从伊斯兰教与阿拉伯商人关系入手,许崇灏主张以公元629年为伊斯兰教传入中国的时间点。他说:"穆罕默德氏之统一阿拉伯,是在西纪629年(唐贞观3年)。他统一阿拉伯之后,阿拉伯的人民自然都改奉了回教。在西纪629年之前来华的阿拉伯商人,或者还有一部分是非回教徒,但在629年之后来华的阿拉伯商人,可以说完全是回教徒,并且在西纪642年(回教徒完全占领波斯)之后来华的波斯商人,也大都是回教徒。这班经商的回教徒来到中国之后,有的是数年一度地回到本国去,有的是竟长久地居留在中国。他们国教的人渐渐地多起来,自然会有举行宗教仪式的集合处(即礼拜寺),自然会有执掌教务的牧师,故我们认为回教是在西纪629年前后,由阿拉伯商人传到中国来的。"④许崇灏主张以公元629年作为伊斯兰教传入中国的时间,其主张以伊斯兰教与阿拉伯商人关系作为分析

① 许崇灏:《伊斯兰教志略》,商务印书馆1944年版,第1页。
② 许崇灏:《伊斯兰教志略》,商务印书馆1944年版,第40页。
③ 许崇灏:《伊斯兰教志略》,商务印书馆1944年版,第52页。
④ 许崇灏:《伊斯兰教志略》,商务印书馆1944年版,第53页。

的视点,应该说是有其依据的,而他的解释也是有一定的道理的,故而在中国伊斯兰教研究史上可以作为一说。

许崇灏对于伊斯兰教传入中国后的情形有着自己的分析,认为起初的伊斯兰教徒当为阿拉伯商人,但随着阿拉伯商人与中国人的通婚,中国人信奉伊斯兰教才真正开始,而且这应该也有一个过程,其原因是伊斯兰教要适应中国的自然环境和文化传统,但由于中国人宗教观念不强及唐代对外人取"放任主义"态度,故而这个时间也不会太长。他说:

> 回教虽然在西纪 629 年前后传入中国,惟此时的中国回教徒,可以说完全是阿拉伯人,或其他外国商人,而中国人信仰的则很少,也可以说是没有,因回教徒在中国不传教,且因地理环境、物质生活与风俗习惯等的不同,更因中国人固有儒道与佛理的信仰,故很难得到中国人再信回教。就是到现在,汉人之改信回教的,除因特殊原因外,仍然很少。这般阿拉伯商人,有的是久居中国而不返的,日久自然会与中国人发生婚姻上的关系。唐时,外人与汉人发生婚姻关系的已很多,如唐贞观 3 年 4 千胡人归化的事,许多西域使者都在长安娶妻买田,不愿归国。所谓西域,当然包括阿拉伯、波斯及中亚细亚各国在内,其中一定也有许多回教徒在内。此系指长安一地而言,在中国其他通商大埠中,回教徒的人数或比长安多至若干倍……这许多久居中国的回教徒,娶中国女子为妻,定是常有的事。中国人的宗教信心并不深,且唐初对于各种宗教皆取放任主义,故中国女子既嫁给回教徒为妻,当然会被丈夫所同化,而改信回教。中国人之信奉回教,也就是从这种关系开始。①

许崇灏的《伊斯兰教志略》以理论分析见长,比较重视对于历史事实的解说,并善于提出自己的看法,尽管这些看法在今天也还有可商榷之处,但许崇灏的探索勇气及创新意识还是应值得肯定的。譬如,该著对于清朝对于伊斯兰教采取压迫的政策,有这样的解说:

> 清朝统一中国之后,对种族上的待遇,极不平等。清朝对蒙藏二族,甚是优待,而极力压迫回汉人民。汉人是居住被征服地位,满人恐怕汉人起来光复,当然要加以压迫。但为什么满人却偏偏优待蒙人藏人,而对回人也加以压迫呢? 大概蒙藏二族,与汉族的关系很少,同化的程度亦很微弱,易于受其利用,故汉人被满人打败后,蒙人藏人对汉族也并没有什么同情心。至

---

① 许崇灏:《伊斯兰教志略》,商务印书馆 1944 年版,第 55 页。

于回人则与汉人的关系很深,在中国境内,到处都有回教徒的足迹,受汉人的同化亦深,故对汉人的失败,回人是同情的。因为如此,才被满人所嫉妒,而加以压迫。①

总的来看,许崇灏的这部《伊斯兰教志略》虽是研究伊斯兰教的著作,但不是一般地介绍伊斯兰教情况的,而是将中国伊斯兰教历史作为考察的重要对象,因而有着较为鲜明的中国意识。该著在对伊斯兰教的叙述中,具有比较鲜明的史学研究的色彩,尤其是善于对于中国的伊斯兰教的历史提出自己的看法。就是说,该著在史学研究的趋向中,比较注重对相关史实的解说和诠释,从而在中国文化演进的视域中提出自己的看法。这也应该说是该著的一个比较鲜明的特色。

4. 马以愚的《中国回教史鉴》(1941 年)

马以愚②出身于穆斯林学者世家,对伊斯兰教教义、教理造诣很深。马以愚在学术上提出对中国伊斯兰教史的研究,要以大量中外史料为依据,并要做到相互印证,既要重视正史、地方志和私家撰述,又要注重实地考察,亲自掌握第一手资料。他主张学术著述既要列举各家的不同见解,又要纠正各种谬误。对伊斯兰教始入中国的时间问题,马以愚主张唐"永徽二年"说,并认为明史"隋开皇中,始传入中国"的说法,与史料不符。其所著《中国回教史鉴》是研究伊斯兰教史的代表性著作,该著成书于 1940 年,次年由商务印书馆初版,以后又多次再版,可见该著在学术界的影响。该著共八章,分别叙述至圣纪要、伊斯兰教之道、礼法制度、历代史志、回纥源流、穆斯林历法、文章勋业、名寺古墓等方面。就体系来看,该著一部分是关于伊斯兰教的概论,另一部分则是关于中国伊斯兰教史,有着伊斯兰教的教义研究与教史研究相统合的特征。

《中国回教史鉴》对于伊斯兰教问题提出诸多的新观点,以求得对伊斯兰教的新认识。譬如,该著指出伊斯兰教为一神教,但与同为一神教的耶稣教还是有所不同的。该著说:"世界上之宗教,无虑数千百家,而其要不外一神与多神二

---

① 许崇灏:《伊斯兰教志略》,商务印书馆 1944 年版,第 111 页。

② 马以愚(1900—1961),又名马吉睿,经名穆罕默德,回族,安徽怀宁(今安庆市)人。中国现代穆斯林学者、伊斯兰教史学家。早年肄业于安徽法政专门学校,抗战时期在上海伊斯兰师范学校、桂林北京成达师范学校及重庆各大学讲授伊斯兰教史。新中国成立后,聘为安徽省文史馆馆员,并当选为安徽省民族事务委员会委员,除专著《中国回教史鉴》外,尚有《回回历》、《嘉陵江志》、《易学象数论抉微》以及《中国名礼拜寺》、《回教学术之昌明》、《与王寒冰先生论新疆回族与回教》、《嘉陵沿线各县清真寺及回教人物志》、《天命释义》、《历法考证》、《中国伊斯兰教寺墓考察》等论文多篇。

者。多神教之妄诞不经,固无论矣。回教耶教,一神教之最著者也。回教称默罕默德曰圣,曰主宰之使者,所敬礼者曰主宰;耶教称耶稣曰上帝,谓其备圣父圣子圣灵三位于一体,此回教耶教之不同也。"①又譬如,该著提出"先圣"与"后圣"之说,认为不论是"先圣"或"后圣"都对伊斯兰教之"道"有所贡献,这就与传统说法有很大的不同。该著说:"天地之大,古今之久,亦一道相与终始而已。道者,虚位也,必有传道之人,而道始著。然传道之人不能阅古今而永存于天地之间,有开来之人,必有继往之人,相赓相续于无穷,而道始大著,所谓先圣后圣,其揆一也。穆圣之道亦昔圣之道,特仰承主宰之旨而扩充之,非穆圣之创立也。乃后世持门户之见,不揣其本,而齐其末,此著者所以有最后之疑也。噫,误矣。"②这里,马以愚提出"先圣"与"后圣"的主张,在于说明"穆圣之道亦昔圣之道","穆圣"既然属于"开来之人",因而也就必须有"继往之人",故而后世就不能"持门户之见",这样才可能使伊斯兰教之"道"得以"相赓相续于无穷,而道始大著"。这实际上是提出了如何对伊斯兰教进行继承和发展的问题。

马以愚在《中国回教史鉴》一书中,以彰显伊斯兰教的基本教义为己任,故而在诠释伊斯兰教的教义上下功夫。譬如,他提出伊斯兰教的实践性特色,认为重视躬行实践是穆圣率先开创的传统,说:"穆圣之道,以躬行实践为要,安有几分虚处可言。"③又譬如,他认为一般的宗教带有迷信的色彩,而伊斯兰教不仅反对迷信、打破偶像崇拜,而且自穆圣开始就进行了廓清迷信的种种努力,这就使得伊斯兰教与迷信形成对立。对此,他指出:"崇拜偶像乃迷信之宗教,非智信之宗教。读韩退之《原道》,自能辨之。阿拉伯之有偶像,乃中古正道罔失,非亘古如斯也。穆圣廓而清之,以复其本然之善,人生斯世,何幸如之。"④再譬如,他将伊斯兰教与耶教进行比较,认为天地万物之开辟、生成者是为"主宰",而耶稣与穆圣同为先知,但耶稣以"上帝"称谓,则违背历史的进程,显然是不合适的。他说:"天地万物,形形色色,亦至繁矣。未有天地万物以前,忽焉而有天地万物,试叩以天地如何开辟? 万物如何生成? 则必有开之,辟之,生之,成之者。开辟生成者何人? 主宰是也。由是观之,主宰非亘古已有之明证乎。或曰,上帝者,耶稣也。然则未有耶稣以前,必天地万物仍阙如焉可也,且耶稣降世只千九百余年。中国上古,荒渺无稽,然自尧迄今,已四千二百余年矣,则耶稣非开辟天

①　马以愚:《中国回教史鉴》,商务印书馆 1948 年版,第 154 页。
②　马以愚:《中国回教史鉴》,商务印书馆 1948 年版,第 155 页。
③　马以愚:《中国回教史鉴》,商务印书馆 1948 年版,第 156 页。
④　马以愚:《中国回教史鉴》,商务印书馆 1948 年版,第 158 页。

地生成万物之人,不得称之曰上帝明矣。盖耶稣亦先知中之一,与穆圣负同等之责任,非果备圣父圣子圣灵于一体者也。"①不难看出,马以愚对伊斯兰教相关问题的诠释,虽然有贬低基督教的倾向,但他注重世人日益抛弃迷信的社会现实,并从社会生活的实际与需要来解读伊斯兰教,力图使伊斯兰教更加世俗化、生活化,这其实是在学术上推动伊斯兰教改造与发展的一种努力。

马以愚所著《中国回教史鉴》一书,资料搜罗广泛,史料价值极高。该著不但参考史志、会要、地理、杂记等 200 多种,而且还引用了各种不同的历史记载,史料征引极为丰富。该著亦特别注重史事的考订,体现严谨的治学态度。对此,有学者这样评价:马以愚的《中国回教史鉴》一书,"在有关回历的探研上,作者着力甚勤;并依据多年的学术积累,在书中指出历代不少名著中在有关伊斯兰教东传史料上的谬误,包括以整章篇幅纠正清末以降所流行的顾炎武之说法,即回回与伊斯兰教发源地大食联系起来,解决了回回作为民族与宗教一词的真正起源。"②马以愚的《中国回教史鉴》可谓同类伊斯兰教史著作中最为重要的著作之一,值得引起学术界高度重视。

(五) 道教研究著作

在现代中国的学术界,道教研究的著作总的来说不是很多,但其中亦有精品之作,如胡适的《陶弘景的〈真诰〉考》(1933 年)、陈垣的《南宋初河北新道教考》(辅仁大学丛书 1941 年版)、陈国符的《道藏源流考》(中华书局 1949 年版)等,在道教研究上皆有重要的学术贡献。

1. 胡适的《陶弘景的〈真诰〉考》(1933 年)

胡适是现代中国的著名学者,他于 1933 年撰写的《陶弘景的〈真诰〉考》是一篇考证性的文章,主要说明陶弘景的《真诰》存在着作伪的问题,这在中国道教研究上有着重要的学术贡献。陶弘景(456—536),丹阳秣陵(今江苏南京)人,是南朝宋梁间著名医学家、道士,字通明,晚年自号华阳隐居。早年受道家思想影响颇深,年十九为诸王侍读,至四十一岁时辞官隐居,修身养性,钻研医药,对本草学有较深的研究。曾将《神农本草经》和《名医别录》两书中的七百三十种药物,予以分类合编加注,撰成《本草经集注》,为古代本草学重要文献,开启

---

① 马以愚:《中国回教史鉴》,商务印书馆 1948 年版,第 159 页。
② 王雷泉、刘仲宇主编:《二十世纪中国社会科学·宗教卷》,上海人民出版社 2005 年版,第303 页。

按药物的功用进行分类之先河。陶弘景隐居句曲山(茅山)修道时,为梁武帝尊敬,常往咨询,被称为"山中宰相"。在道教研究上,陶弘景著有《真灵位业图》,将道教尊崇为神仙,并在所著《真诰》中将佛教轮回之说引入道教,对道教发展影响很大。《真诰》是陶弘景的主要著作之一,20卷,分《运题象》、《甄命授》、《协昌期》、《稽神枢》、《阐幽微》、《握真辅》、《翼真检》等七篇,文体以诗歌、问答、谕戒杂陈,皆言仙真授受真诀事迹,兼述药物、导引、按摩等修炼方术及道教名山掌故。胡适撰写的《陶弘景的〈真诰〉考》,认为《真诰》这部被称为道教的经典著作,其实很大一部分是陶弘景从佛教的《四十二章经》中抄袭来的。

据胡适在《陶弘景的〈真诰〉考》中的分析,陶弘景的《真诰》以顾玄平(即顾欢)的本子为基础,可以说"《真诰》之书名乃至陶弘景改作此书新提的",而"顾欢著《夷夏论》,很偏袒道教",所以南北朝时期的道教存在着"有意的排斥佛教里的外国成分"的这种意图;而"这种思想最可代表当日的道教运动的思想背景"。换言之,当时"道教运动的意义只是要造出一个国货的道教来抵制那外来的佛教,要充分采纳佛教的'道',而充分排斥佛教里的'戒俗'"①。由于这个缘故,《真诰》第三篇中的材料,"大概全是顾本所无,是陶弘景加入的。""又第六篇中的材料,一部分是顾本所有,一部分是陶氏所添,这也是《叙录》中承认的"②。胡适从当时的道教运动的背景,《真诰》中诸多内容为顾本所无,说明有可能这时所出现的《真诰》带有排斥佛教、与佛教争地位的问题。正是存在着与佛教争道统这样的背景,当时道家一派也就兴起了"求经"的运动,于是也就进行"造经"的活动。胡适说:

当时的"求经"的运动起于什么动机呢?原来东晋晚期,有两大组道教新经典出现于江左,其一组为葛洪的后人葛巢甫所传出的《灵宝经》,《真诰·叙录》中所谓"葛巢甫造构《灵宝》,风教大行"是也。另一组为杨羲与许家父子祖孙所传出的《上清大洞真经》以及附属的符箓图经等。杨羲自称是南岳魏夫人下降亲授与他的,他用隶书写出,传与二许③,更由许翙的儿子许黄民(《叙录》中称许丞)传授下去。后来又有一个王灵期,传得许黄民的抄本道经,放手改削增饰,传写于世,"流布京师及江东数郡,略无人不有"。宋、齐之间,经典大出,人人说是杨、许所传真本。顾欢与陶弘景也都

① 《陶弘景的〈真诰〉考》,《胡适文集》(5),北京大学出版社1998年版,第127页。
② 《陶弘景的〈真诰〉考》,《胡适文集》(5),北京大学出版社1998年版,第129页。
③ "二许"指许谧和许翙。——引者注。

是写经造经之人,他们要尊崇他们自己所传的经典,所以都要造作一部传经故事的书。顾氏的《真迹》就是这样的一部书,陶氏的《真诰》也是这样的一部书。①

胡适根据当时"造经"这一特点来看待陶弘景的《真诰》成书情形,以怀疑的眼光研究《真诰》的著述动机。他认为,顾欢既然是当时有名的大名士,而陶弘景所要做的工作就是改造顾欢的书,故而也就"不能不抬出更有力的根据来",所以"陶弘景不能不东奔西走,到处搜求所谓杨、许三人的手书真迹",并"自负有鉴别法书的特别眼力,一见就能辨别手稿的真伪",因而也就表现出"谨严的校勘"能力。然而,陶弘景是有其目的所在的,这就是有意"作伪"。胡适说:"用这样精密谨严的方法来编纂第一部记天神仙女降授的语言,这是最矛盾的现象。这书里的材料,自从开卷记仙女愕绿华事以下,自然全是鬼话。用最谨严的方法来说鬼话,虽不能改变鬼话的性质,倒也可以使一般读者觉得方法这样谨严的人应该不至于说谎作伪! 所以我们看了陶弘景的校订方法那么自觉的谨严,真不能不格外疑心他或者是一个'读书万余卷'的大傻子,或者是一个'好著述,尚奇异'的大骗子。……我们可以说他不过是一个博学的愚人。这是最忠厚的看法。但他又恐怕别人不相信他的记载,所以有心做出那一大套的校勘考订的架子来,抬高那些鬼话的可信的程度。在这一点上,即使他是被宣传教义的虔诚心所驱使,他总不能逃避有心诈欺的罪名。……这就是说,陶弘景相信那旧本记载的众仙真降授的故事,那也许是时代的影响,不完全是他的过失;可是他有心要把一大堆鬼话编成一部道教传经始末的要典,所以特别夸炫他的材料如何真实、方法如何谨严,这就是存心欺诈了。"胡适基于对陶弘景著述动机的分析,认为"《真诰》为经传而作,其著作动机即有诈欺性质"②。

进而,胡适对《真诰》中的第二篇(即《甄命授》部分)进行文本研究,将其与佛教的《四十二章经》进行对勘,得到一个重大的发现:《甄命授》中的"这十几条全是抄袭《四十二章经》的",并且"四十二章之中,有二十章整个儿的而被偷到《真诰》里来了"③。胡适说:"他(陶弘景)采取了《四十二章经》的二十章,把'佛言'都改作了道教高真的话,文字也有了极微细的改动,又故意加上了两个误字的校勘,和两处脱文的校补,——摆出他的十足的谨严方法的架子——使人

① 《陶弘景的〈真诰〉考》,《胡适文集》(5),北京大学出版社1998年版,第130页。
② 《陶弘景的〈真诰〉考》,《胡适文集》(5),北京大学出版社1998年版,第131—132页。
③ 《陶弘景的〈真诰〉考》,《胡适文集》(5),北京大学出版社1998年版,第133页。

知道他是有所本的。然而《四十二章经》是久已流行的佛书,尽管颠倒次第,尽管改佛为仙真,尽管改窜文字,终不免有被人搜出娘家的危险。所以陶弘景不敢把这生吞活剥的二十条归到杨、许的真迹,也不敢说是顾欢旧本所有,只说了许多迷离恍惚的鬼话,好像连他自己也不很相信似的!这样的费大劲绕大弯子,岂非作伪心劳日拙吗?"①

胡适的《陶弘景的〈真诰〉考》是一篇很有分量的学术考辨文章,疑古思想与中国传统的文献研究方法相结合,并引入了心理分析方法,体现了历史分析与文本研究相结合的研究思路,其意义就在于弄清了《真诰》并非都是道教本身的"经",而是在很大程度上吸纳了佛家的思想,这就揭开了历来被称为道教经典的神秘面纱,同时也向人们揭示出这样一个事实,即至少在南北朝时期,道教在实际上与佛教有着合流的趋势,但在当时的"造经"运动中,仍然是为了对抗佛教。胡适的《陶弘景的〈真诰〉考》虽是一篇文章,但在道教研究中的影响却是深远的。

2. 陈垣的《南宋初河北新道教考》(1940 年)

陈垣是现代中国的著名学者、史学家,对佛教、道教、基督教、伊斯兰教、犹太教、祆教、摩尼教等都有精湛的研究,是杰出的宗教学家。陈垣的《南宋初河北新道教考》初版于 1940 年。该著充分运用文献资料与散见的碑刻材料,研究了宋元之际北方出现的全真教、大道教、太一教等新道教派别,梳理其产生、传承与发展的脉络,并寄托了自己的忧思情怀。从全书研究的重点来说,尤以全真教的研究更为系统有致,而对于全真教的资料考证、宗教活动的刻画以及思想源流的分析上,更是独具匠心,颇用心力。《南宋初河北新道教考》学术价值极高,可谓是道教史研究的一部传世之作。

全真教是宋元时期在北方发展起来的新道教的主要代表。全真教的创始人是王重阳(1112—1170),他自称其师兄为吕纯阳,师叔为刘海蟾,太老师为钟离权,于金太宗大定七年(1167 年)在山东宁海(今牟平县)全真庵创立全真教,主张道、佛、儒三教合一,以《道德经》、《般若心经》、《孝经》为主要经典,并仿效佛教禅宗,倡导"识心见性",建立丛林制度。全真教不尚符箓,不事烧炼,道士须出家。其教旨以"澄心定意,抱元守一,存神固气"为"真功",以"济贫拔苦、先人后己、与物无私"为"真行",达到功行俱全的目标,故而名为全真。其后,全真教处于发展之中。大约在全真教创立五十多年,王重阳的徒弟丘处机被元太祖尊

---

① 《陶弘景的〈真诰〉考》,《胡适文集》(5),北京大学出版社 1998 年版,第 138 页。

为国师,号长春真人,命掌天下道教,全真教在北方乃得以广泛发展,形成盛极一时的局面。然而,长期以来,学术界对于全真教在北方兴起的具体情形,却缺乏深入的了解。

陈垣在《南宋初河北新道教考》中认为,全真教起初只是一个不起眼的道教派别,但与此前之道教亦有较为显著的不同之点,而具有改革派的性质,属于新道教序列。该著说:"元史释老传,分道家为四派,曰全真,曰正一,曰真大道,曰太一。正一天师为宋以前道教旧派,全真等为宋南渡后河北新创三教。……全真之初兴,不过苟全性命于乱世,不求闻达于诸侯之一隐修会而已。世以其非儒非释,漫以道教目之,其实彼固名全真也,若必以为道教,亦道教中之改革派耳。"①该著依据相关历史文献,认为全真派以"刻苦自励"、重视"苦行"为显著特征,但又非一般论者所说的"独善其身"的教派。如该著说:"全真家之制行不一端,大抵以刻苦自励,淡泊寡营为主,故能保西山云节,不然,鲜不觍面向人,败名堕行,以殉世俗之欲矣。"②又说:"或曰,全真教徒之苦行,吾闻之矣,隐居求志,独善其身,于世何补,仁人固如是乎。曰穷则独善其身,达则兼善天下,此仕者之言也,全真不臣不仕,无所谓穷达,能修道而行教,自独善而兼善,其说高于仕者远矣。全真家亟亟立观度人,消除杀盗,因非独善之教也。"③陈垣揭示全真教所具有的"改革派"的性质,阐明全真教"刻苦自励"的特征,这是有助于学界进一步研究和认识全真教的。

陈垣在书中还具体地探讨了全真教迅速传布的原因,从宗教衍化与社会变迁之间的关系作出解说。他依据自己多年来治史的经验及对于历代宗教兴衰历史的把握,认为知识分子的积极推动为全真教兴起的一个重要原因,他说"古之治方术者多矣,然或传或不传,其故不一端,而有无士类为之推毂,亦其一因也","欲其教广传,而不先罗致知识阶级,人几何不疑为愚民之术,不足登大雅之堂耶"④。这虽是就宗教发展的一般情形的讨论,但实际上也是与全真教相关的。陈垣注意到这样一个事实,即全真教在当时的北方一带,"人民信服全真之事,随处可见。即其推行之远,传布之速,已足惊人,其第一流勿论已,其第二流以下,亦恒有弟子千人,庵观百所"。百姓为何信服全真教呢? 对此,陈垣有两处重要的论述,其一说:"然全真何以能得人信服乎,窃尝思之,不外三端,曰异

_____

① 陈垣:《南宋初河北新道教考》,辅仁大学 1941 年版,第 1 页。
② 陈垣:《南宋初河北新道教考》,辅仁大学 1941 年版,第 14 页。
③ 陈垣:《南宋初河北新道教考》,辅仁大学 1941 年版,第 17 页。
④ 陈垣:《南宋初河北新道教考》,辅仁大学 1941 年版,第 20 页。

迹惊人,畸行感人,惠泽德人也。异迹凡宗教家皆有之,或出感情,或出附会,或出迷信,今不必述。述其畸行,试以李志常为例,李著《长春西游记》,继尹志平掌教,所谓第一流也。王鹗真常真人道行碑,言公平至即墨之东山,属贞祐丧乱,土寇蜂起,山有窟室,可容数百人,寇至则避其中,众以公后,拒而不纳。俄而寇所获,问窟所在,捶楚惨毒,绝而复苏,竟不以告。寇退,窟人者出,环泣而谢之曰,吾侪小人,数百口之命,悬于公一言,而公能忘不纳之怨,以死救之,其过常情远甚。争为给养,至于康调,迄今父老犹能道之。此所谓畸行感人也。"①其二说:"呜呼,全真家能攻苦,能治生,又能轻财仗义,济人之急,人民信服,至于讼狱者不之官府而之全真,斯其效大矣。全真家盖深得财聚民散,财散民聚之奥者也。"②陈垣研究全真教兴盛及信众极为广大的原因,结合民众的处境及社会心理状况加以解说,在于对道教在北方演变和发展规律进行探索。

陈垣研究全真教还善于对既有文献作出创新性的解读,并从文献中发现真知,如他从《道藏·全真家集》中发现了"道家有女学"的事实。他说:"曩读《道藏》全真家集,类多与某姑某姑之诗词,心窃异之。如刘长生仙乐集有马姑……不可胜数。于以知全真女冠之盛,见诸文字者如此,其不见于文字者,何啻三千七十乎。自昔女学不兴,利禄之途又不行于闺阃,故女子聪明无所用,惟出家学道,则必须诵经通文义,方能受度。《金史》五五"百官志"礼部注,凡试道士女冠童行,念道德、救若、玉京山、消灾、灵宝度人等经,以诵成句,依音释为通,中选者试官给据,以名报有司。夫然,故最低限度,女冠无不识丁者,是儒家无女学,道家有女学也。"③从史书及相关材料中发现"道家有女学"的事实,突出地反映陈垣研究道家历史的一个重要特色。

陈垣的这部《南宋初河北新道教考》著作,对于全真教在北方的发展作了切实有据的研究,在既有史料的爬梳及其意义的解读中呈现历史的图景,使全真教在北方的发展情形为后人所知晓。陈垣在书中提出的诸多观点及研究宗教史的方法,为后来的学者所接受。今天,研习道教历史尤其是新道教的历史,描述全真教在北方演变发展的情形,陈垣的这部《南宋初河北新道教考》仍然是一部重要的经典著作。

---

①　陈垣:《南宋初河北新道教考》,辅仁大学 1941 年版,第 34—35 页。
②　陈垣:《南宋初河北新道教考》,辅仁大学 1941 年版,第 37 页。
③　陈垣:《南宋初河北新道教考》,辅仁大学 1941 年版,第 38 页。

3. 陈国符的《道藏源流考》(1949 年)

陈国符①本是化工专业的教授,却热心于道教研究,长期搜寻道教文献,对道教文献的沿革、变迁可谓了如指掌,并花费十年时间写成了《道藏源流考》这部专著,为道教研究作出了重要贡献。

陈国符选取《道藏》作为研究对象,有着重要的学术意义。《道藏》是道教经籍总集,有一个不断编纂的历史过程。南北朝,受佛典的影响,开始编纂、汇集道经。陆修静的《三洞经书目录》,为最早的道藏书目。唐开元(713—741)中汇辑成藏,有《三洞琼纲》三千七百四十四卷(一说五千七百卷或七千三百卷),中经唐末五代之乱,经籍亡佚。宋初先后编定《大宋天宫宝藏》和《崇宁重校道藏》,按三洞四辅分离,采用《千字文》编号,奠定了后来《道藏》的编纂体例。陈国符的《道藏源流考》一书,主要是就《道藏》的源流及变迁作出梳理,便于学界明晰其衍变的轨迹。该著对于《道藏》的起源及分类有这样的论述:

> 道书自东汉以来陆续出世,后人视其渊源(及传授)分为七部,编成道藏。其最要者为三洞经,次则为四辅经。三洞者,第一洞真,第二洞玄,第三洞神。
>
> 东晋葛洪撰《抱朴子》,尚未有三洞之称。至刘宋,陆修静总括三洞,三洞经之名,实昉于此。洞真经者,上清经也。洞玄经者,灵宝经也。洞神经者,三皇经也。
>
> 至七部之称,更为后起,始见于孟法师《玉纬七部目录》。孟法师,疑南朝人。
>
> 七部者,三洞四辅也。四辅者,太玄辅,洞真;太平辅,洞玄;太清辅,洞神;正一,通贯总成七部也。
>
> 太玄部者,老子五千文以下诸经也。太平部者,太平经也。太清部,金丹诸经也。正一部,正一经也。②

上段引文所说的陆修静,在《道藏》编纂历史上是一位极其重要的人物。陆修静(406—477),南朝宋道士,字元德,吴兴东迁(今浙江吴兴东)人,是三国吴丞相陆凯之后裔。幼习儒学,旁究象纬。早年弃家修道,好方外游,后入庐山修道。宋明帝泰始三年(467 年)奉命至建康,在崇虚馆广集道经,经整理甄别,集

---

① 陈国符(1914—2000),江苏省常熟人,1937 年毕业于浙江大学化工系,获工学学士学位,1937—1942 年留学德国获工学博士学位。

② 陈国符:《道藏源流考》,中华书局 1949 年版,第 1—5 页。

经戒、方药、符图等一千二百二十八卷,分为"三洞"(即《洞真》、《洞玄》及《洞神》),奠定《道藏》初步基础。其所撰《三洞经书目录》,为最早的一部道藏书目。又编撰《斋戒仪范》等书一百余卷,道教仪式因而初备。陆修静是南朝天师道的开创者,主张儒、佛、道三教合流,尤其是其所撰《三洞经书目录》对后世影响甚大。对于陆修静以后道教经籍的发展情形,陈国符说:"自陆君(陆修静)以降,则帝者无不趋其风矣。此皆史有明文,或余迹可访,又世世从事于斯者,其支裔焉。且知理而不知神,非长生至士也。超理入神,混合于气,无为而不为者,我真宗之道也。道无否泰,教有通塞。塞而通之,存乎其人。故予述真系传,其源同分派者,録名仙籍,不缉于此。"① 可以看出,陈国符对于陆修静在道教文献搜集中的贡献及在道教史上的影响是极为重视的。

陈国符的《道藏源流考》重视道教文献的搜集与整理,并以梳理脉络、考镜源流为其鲜明特色,该著依据各时代的相关文献,对道教名称的演变皆作详细的考辨。例如,该著对于"方士"的称谓,按照历史演变而梳理其变化的轨迹,使人明白后来的"道士"即"方士",但与战国时期的"方士"在含义上已有很大的不同。该著说:

> 战国时已有方士之称。《文选》宋玉高《唐赋》:"有方之士:羡门、高溪、上成、郁林、公乐、聚谷。"《史记》"秦始皇本纪":始皇 35 年,始皇闻候生卢生亡去,"乃大怒曰:吾前收天下书不中用者尽去之,悉召文学方术士甚众,欲以兴太平;方士欲练以求奇药。"是方士即术士也。至三国时,仍沿用此称。《博物志》卷 5 方士条:"魏武帝好养性法,亦解方药,招引四方之术士,如左元放华伦之辈,无不毕至。"其后载魏王所集方士名。道士之称始于汉。《汉书》五行志中:"道士始去,兹为伤。"又《京房传》:"今涌水已出,道人当逐死,当复何言。"颜注:"道人,谓有道术之人也。"……是道术即方术,故道士即方士也。道士之称,虽原(源)于汉,至东晋以后,方士之称,始不复通用,而以道士代之。②

又如,该著对于"道术"一词的考辨也很有学术上的见解。陈国符认为,"道"即"道术",而所谓"道术"也就是"法术",本来是指中国传统宗教的"道术",也就是道教,但后来所用"法术"一词因佛教在中国的传播,其含义有了相当大的变化。该著说:

---

①　陈国符:《道藏源流考》,中华书局 1949 年版,第 30 页。
②　陈国符:《道藏源流考》,中华书局 1949 年版,第 280 页。

道者,道术也。因道术之不同,而有太平道,五斗米道,干君道,李氏道等。佛法之入中国也,当时人视之,直不过此诸道之一耳。齐顾欢《夷夏论》引《玄妙内篇》称之为佛道。按:道术又称法术。盖总括此中国本有之诸道术者,谓之道教。于是金丹、仙东、黄白、玄素、吐纳、导引、禁呪、符箓之术,靡不统属焉。其杂而多端也宜矣?始则颇乏条贯,至南北朝稍仿佛教而改变之,然后蔚然成为中国三教之一。又按《广弘明集》卷十《叙任道林辩周武帝除佛法诏》:"诏曰:佛生西域,寄传东夏。其原风教,殊乘中国。汉魏晋世,似有若无。五湖乱治,风化方盛。"盖汉魏西晋,佛法亦似有若无耳。及石虎倾心事佛图澄,而后始臻盛也。[1]

陈国符的《道藏源流考》这部著作,不仅对于道经源流作详细的考辨,而且对于道教中的名称和术语亦详加辨析,从学术上溯其源头,呈现其语义变迁的脉络,反映作者对于古代文献资料的娴熟及著述上用功之勤。当今有学者这样评价:"当时攻读《道藏》成绩最大的一部书,是陈国符先生的《道藏源流考》。这本书对道藏经的来历、分类等作了前所未有的详细分析、介绍,其中许多结论直至现在仍为学人肯定。"[2]应该说,《道藏源流考》是一部水平上乘的学术专著,当今仍然是研究《道藏》的必备参考书。

道教学术研究的全面开展得益于一批学者的辛勤努力。除上面提及的胡适、陈垣、陈国符外,还有不少学者作出了重要贡献。譬如,许地山的《道教史》(上册)于1933年在商务印书馆出版,是一部重要的道教史研究著作。又如,傅勤家于1933年在商务印书馆出版《道教史概论》,1937年又在商务印书馆出版《中国道教史》。许地山和傅勤家的道教史著述,可谓现代中国的道教学术研究的扛鼎之作。再譬如,刘师培的《读道藏记》,刘鉴泉的《道教征略》,王明的《论〈太平经钞〉甲部之伪》、《〈周易参同契〉考证》、《〈老子河上公章句〉考》、《〈黄庭经〉考》等,王维诚的《老子化胡说考证》,汤用彤的《读〈太平经〉书所见》,以及陈寅恪关于道教研究的相关文章,皆是功力深厚的学术成果,具有很高的学术价值。

总体来看,现代中国的道教研究在20世纪的30年代至40年代末"可以说是道教研究的成熟期","这一时期,将道教作为一个整体的研究方式,得到普遍

---

① 陈国符:《道藏源流考》,中华书局1949年版,第281页。
② 王雷泉、刘仲宇主编:《二十世纪中国社会科学·宗教卷》,上海人民出版社2005年版,第180页。

认同",此时的道教研究与 20 世纪 20 年代"发轫期的厕身于笼统的'国学'之中有很大不同"①,而具有学科独立的姿态,并呈现了活泼向上的发展势头,同时还有着标志性的学术成果和专业研究人才。这一时期的道教研究者多为教外学者,为文相对能实事求是,持论亦颇为公允,一般不带有宗教信仰之偏见;研究方法大都采用近代以来的科学方法,将道教作为一种历史现象来研究。且因这些学者国学基础比较深厚,文献学方法运用尤为娴熟,故而在史料占有、文义疏解、意义诠释等方面有中西结合的治学特色。现代中国的道教研究因其学科独立的姿态而开辟出一个崭新的局面,使道教研究成为现代中国宗教学体系中的重要组成部分。

---

① 王雷泉、刘仲宇主编:《二十世纪中国社会科学·宗教卷》,上海人民出版社 2005 年版,第 179 页。

第十五章　伦理学

　　伦理学是哲学的重要分支学科，即关于道德的科学，亦称道德学、道德哲学或道德科学。伦理学以社会中的道德现象为研究对象，不仅包括道德意识现象（如个人的道德情感等），而且包括道德活动现象（如道德行为等）以及道德规范现象等。伦理学将道德现象从人类活动中区分开来，探讨道德的本质、起源和发展，道德水平同物质生活水平之间的关系，道德的最高原则和道德评价的标准，道德规范体系，道德的教育和修养，人生的意义、人的价值和生活态度等问题。20 世纪初叶，西方的伦理学著作被翻译到中国，引起中国知识界的高度重视。梁启超在 1902 年至 1904 年间，在《新民丛刊》发表了大量文章，其《新民说》将"新民德"视为"今日中国第一急务"，系统地阐述道德起源、道德标准、道德的地位和作用、新道德的内容、新道德培养的途径等问题。梁氏指出，中国"今日欲抵挡列强之民族帝国主义，以挽浩劫而拯生灵，惟有我行我民族主义之一策"，"而欲实行民族主义于中国，舍新民末由"①。在梁氏看来，"道德之立，所以利群也"，"新民"以其具有"新道德"为标识，这"新道德"包括平等、自由、个性发展的理念，以及公德与私德、权利与义务、爱国与爱群、利己与爱他等准则，故而"新道德"根本之要图在"以能固其群、善其群、进其群者为归"②。梁启超运用进化论来研究道德，探讨中国国民如何建设其"新道德"问题，成为近代中国伦理学的重要奠基人之一③。从"五四"至 1949 年的 30 年间，中国思想学术界在批判传统的封建伦理道德、引进西方资产阶级的个人主义新伦理的过程中，逐渐引进马克思主义关于阶级解放与无产阶级道德的学说，有力地促进了中国现代伦理学体系的构建。

---

　　①　梁启超：《新民说》，《饮冰室合集》专集之四，中华书局 1989 年版，第 4—5 页。
　　②　梁启超：《新民说》，《饮冰室合集》专集之四，中华书局 1989 年版，第 14 页。
　　③　参见龚书铎主编：《中国近代文化概论》，中华书局 1997 年版，第 172 页。

一、中国现代伦理学创建的相关条件

中国现代伦理学体系形成于五四时期,基于以下几个具体条件:

一是晚清民初以来西方伦理学观念在中国的传播,为中国伦理学研究提供了新的学术理念。对于晚清时期的伦理学研究,笔者在《留学生与近代中国社会变迁》一书中,曾有这样的说明:

> 中国古代丰富的伦理思想包含在儒学体系之内,没有作为一门系统的知识体系独立出来。中国现代的伦理学作为一门新的学科是由留学生从西方引进的。20世纪初,留学生积极翻译西方的伦理学著作,引进西方的伦理学思想,促成了中国伦理学的诞生。留学生当时翻译的西方伦理学著作很多,如蔡元培翻译德国学者泡尔生的《伦理学原理》,蓝公武翻译的《包氏伦理学》(载《学报》第1年第9号)等。蔡元培在留学德国期间写成了《中国伦理学史》,商务印书馆1910年出版,成为留学生撰写的第一部伦理学专著。该书不仅用历史进化的观点来梳理中国伦理思想发展的历程,而且破除儒学本位思想,对中国历史上的各家伦理思想予以高度的重视;尤其值得称道的是,该书以西方伦理思想发展为参照,总结中国伦理思想的缺陷:"(一)无自然科学以为之基础。先秦惟子墨子颇治科学,而汉以后则绝迹。(二)无论理学以为思想言论之规则。先秦有名家,即荀、墨二子亦兼治名学,汉以后此学绝矣。(三)政治宗教学问之结合。(四)无异国之学说以相比较。佛教虽闳深,而其厌世出家之法,与我国实践伦理太相远,故不能有大影响。"蔡元培是我国现代伦理学的重要开拓者,其伦理学思想对此后中国伦理学的发展产生深远的影响。①

民国建立以后,西方伦理学思想在中国得到进一步传播,尤其是新文化运动的兴起,更推动了包括伦理学思想在内的西方学术观点的输入,从而使中国伦理学研究有着西方进化论的积极影响。

二是新文化运动对封建旧道德的批判,引起国人对中国传统伦理文化的全面反思,其所倡导的"伦理革命"对伦理学的研究产生了有力的推动作用。陈独秀、李大钊、胡适、高一涵、吴虞、陶孟和等新文化运动的精英,在批判旧伦理、倡

---

① 吴汉全、王中平:《留学生与近代中国社会变迁》,吉林人民出版社2012年版,第95页。

导新伦理及探讨道德发展规律等方面有重要的建树,引起了人们伦理观念的根本转变,这对中国伦理学的研究产生了革命性的变革。以下试举几例:

陈独秀对传统伦理道德予以猛烈的批判,认为封建道德是奴隶道德,使人失去"独立自主之人格",指出:"儒者三纲之说,为一切道德政治之大原。君为臣纲,则民于君为附属品,而无独立自主之人格矣;父为子纲,则子于父为附属品,而无独立自主之人格矣;夫为妻纲,则妻于夫为附属品,而无独立自主之人格矣。率天下之男女,为臣、为子、为妻,而不见有一独立自主之人者,三纲之说为之也。缘此而生金科玉律之道德名词,——曰忠,曰孝,曰节,——皆非推己及人之主义道德,而为以己属人之奴隶道德也。"①陈独秀还揭示了封建道德的历史性及其为君主政治服务的本质,指出:"孔子生长封建时代,所提倡之道德,封建时代之道德也;所垂示之礼教,即生活状态,封建时代之礼教,封建时代之生活状态也;所主张之政治,封建时代之政治也。封建时代之道德、礼教、生活、政治,所心营目注,其范围不越少数君主贵族之权利与名誉,于多数国民之幸福无与焉。"②陈独秀是新文化运动的领导者,他对封建传统道德的批判引领当时的舆论走向和学术研究的方向。

李大钊认为传统伦理道德具有服务于封建政治的本质,孔子也就成为君主政治的偶像。他指出:"孔子生于专制之社会,专制之时代,自不能不就当时之政治制度而立说,故其说确足以代表专制社会之道德,亦确足为专制君主所利用资以为护符也。历代君主,莫不尊之祀之,奉为先师,崇为至圣。而孔子云者,遂非复个人之名称,而为保护君主政治之偶像矣。"③李大钊认为,中国传统的伦理限制个人的发展,"重服从、尚保守","而吾民族思想之固执,终以沿承因袭,踏故习常,不识不知,安之若命。言必称尧、舜、禹、汤、文、武、周、孔,义必取于《诗》、《礼》、《春秋》"④,因而必须对专制主义的传统道德予以猛烈地抨击,解除人们思想上的束缚。

高一涵认为封建道德是消极的片面的道德,与现代社会的新道德相冲突,指出:"专制之朝,多取消极道德,以弃智黜聪,为臣民之本。如'不识不知,顺帝之则'、'民可使由之,不可使知之'诸词,见诸经传,利其无作乱之能,与犯上之力

---

① 《一九一六年》(1916年1月15日),《陈独秀著作选》第1卷,第172页。
② 《孔子之道与现代生活》(1916年12月1日),《陈独秀著作选》第1卷,第235页。
③ 《自然的伦理观与孔子》(1917年2月4日),《李大钊全集》第1卷,人民出版社2006年版,第247页。
④ 《民彝与政治》(1916年5月15日),《李大钊全集》第1卷,人民出版社2006年版,第152页。

故也。故往古道德之训,不佞敢断言其多负而寡正,有消极而少积极者,曰惩愤窒欲,曰克己制私,曰守分安命云云,皆为吾国道德之格言。今按国家原理,与世界潮流,始无一不形其抵触。"鉴于传统道德的落后性,高一涵提出了改造传统道德的要求,他说:"道德而不适时势之用,则须从根本改造之,无所惜也。"①高一涵反对的是不适应时代的旧道德,但对道德本身并不反对,他指出:"我的意见:不是说道德是不必要的,是说道德是不能由国家干涉的;不是说共和国家不必尚道德的,是说主人的道德,须由主人自己培养,不能听人指挥,养成奴性道德的。"②

吴虞是新文化运动中打倒孔家店的英雄,认为封建的传统道德已经到了严酷的程度,不仅服务于封建主义的统治,而且使专制政治愈演愈烈,并达到无以复加的地步。他指出:"孔氏主尊卑贵贱之阶级制度,由天尊地卑演而为君尊臣卑,父尊子卑,夫尊妇卑,官尊民卑。尊卑既严,贵贱遂别;所谓'礼不下庶人,刑不上大夫';所谓'王臣公,公臣大夫,大夫臣士,士臣阜,阜臣舆,舆臣隶,隶臣僚,僚臣仆,仆臣台',几无一事不含有阶级之精神意味。故二千年来,不能铲除阶级制度,至于有良贱为婚之律,斯可谓至酷已! 守孔教之义,故专制之威愈衍愈烈。"③鉴于旧道德的严重危害,吴虞主张国人应该立即觉悟起来,认为我们既不是为君主而生的,也不是为纲常礼教而生的,故而不要让吃人的礼教再来欺骗我们。

鲁迅撰写的《狂人日记》,猛烈抨击封建主义的仁义道德,他写道:"我翻开历史一查,这历史没有年代,歪歪斜斜的每页上都写着'仁义道德'几个字。我横竖睡不着,仔细看了半夜,才从字缝里看出字来,满本都写着两个字是'吃人'。"④鲁迅还指出,封建社会的所谓"节烈"是不道德的,因为"道德这事,必须普遍,人人应做,人人能行,又于自他两利,才有存在的价值。现在所谓节烈,不特除开男子,绝不相干;就是女子,也不能全体都遇着这名誉的机会。所以决不能认为道德,当作法式。"⑤"节烈"是不道德的,其本身"不利自他,无益社会国家,于人生将来又毫无意义的行为,现在已经失去了存在的生命和价值"⑥。

① 高一涵:《共和国家与青年之自觉》,《新青年》第1卷第1号,1915年9月15日。
② 高一涵:《非"君师主义"》,《新青年》第5卷第6号,1918年12月15日。
③ 《儒家主张阶级制度之害》(1916年1月),《吴虞集》,四川人民出版社1985年版,第95页。
④ 鲁迅:《狂人日记》(1918年5月15日),《呐喊》,人民文学出版社1973年版,第10页。
⑤ 鲁迅:《我之节烈观》(1918年7月),《坟》,人民文学出版社1973年版,第94页。
⑥ 鲁迅:《我之节烈观》(1918年7月),《坟》,人民文学出版社1973年版,第100页。

胡适对社会上普遍存在着的"贞操问题"提出自己的看法,认为"无论提倡何种道德,总该想想那种道德的真意义是什么",对于"贞操"问题也是这样。在他看来,在中国社会中,"贞操是否单是女子必要的道德,还是男女都必要的"这个问题,是值得讨论的。就是说,"贞操不是个人的事,乃是人对人的事;不是一方面的事,乃是双方面的事。女子尊重男子的爱情,心思专一,不肯再爱别人,这就是贞操。贞操是一个'人'对别一个'人'的一种态度。因为如此,男子对于女子,也该有同等的态度。若男子不能照样还敬,他就是不配受这种贞操的待遇。"①他指出:"贞操是男女相待的一种态度,乃是双方交互的道德,不是偏于女子一方面的。由这个前提,便生出几条引申的意见:(一)男子对于女子,丈夫对于妻子,也应有贞操的态度;(二)男子做不贞操的行为……,社会上应该用对待不贞妇女的态度来对待他;(三)妇女对于无贞操的丈夫,没有守贞操的责任;(四)社会法律既不认嫖妓纳妾为不道德,便不该褒扬女子的'节烈贞操'。"②胡适的态度是,"贞操"问题不是什么"天经地义"的。

李达在新文化运动中,批判中国封建社会中关于女子的道德要求,为五四时期的"道德革命"建言献策。在他看来,"凡是社会上的道德、风俗、习惯、法律、政治、经济,必以男女两性为中心,方可算得真道德、真风俗、真习惯、真法律、真政治、真经济,否则是假的,是半身不遂的"③。但就中国的家庭婚姻而言:"中国数千年只有买卖婚姻,掠夺婚姻,残忍无人道的东西。……婚姻的结合,由两造父母主持,一个是买主,一个是卖主,彼此交换条件议好的时候,这桩就算成了。好象买卖牛马似的,不管买卖的是瞎子,是跛子,是废疾,六根不全,癫狂痴懒,性情乖僻,总要买到手,卖脱手,就算了却心愿。那一对当事的主人喜恶爱憎与否,只当作马耳东风,还勉强的下命道:这是你的夫,那是你的妻,生生死死,是不问的了。若有自鸣不平的,父母便骂他忤逆不孝,紊乱纲常。社会也帮助那老男女说话。家庭间种种悲剧,十有九从此酿成的。最可怪者,譬如这样结成的一对夫妇,自己受了痛苦,后来反忘记了。对于自己生出来的子女,也照样画葫芦,预先为他们结些奴隶牛马的契约,一误再误,千千万万,谬种流传。天下最忍心害礼惨无人道的事,要算这是第一了!此种野蛮婚制,若不根本废除,人生岂有生趣。"④李达对中国传统家庭伦理的分析,揭示了封建伦理对于个性压制所带来

① 《贞操问题》(1918年7月),《胡适文存》第4卷,亚东图书馆1924年版,第66—67页。
② 《贞操问题》(1918年7月),《胡适文存》第4卷,亚东图书馆1924年版,第74—75页。
③ 《女子解放问题》(1919年10月),《李达文集》第1卷,人民出版社1980年版,第10页。
④ 《女子解放问题》(1919年10月),《李达文集》第1卷,人民出版社1980年版,第18—19页。

的严重危害,论证了"道德革命"的历史必然性。

陶孟和是五四时期著名的社会学家,他在新文化运动中对于封建的修养理论提出批评意见,认为真正的修身不仅要对自己有利,也应该对他人有利。他在《新青年之新道德》一文中说:"人之修炼德行,戒恶习,却癖好,洁身持己,无损于人,表面上固己善矣。昔学究先生修养功夫,多能达此程度。然此与不雕木塑之偶像又何以异?居今日之世界,人绝不能仅止于不为恶,必且进至于使罪恶减杀;绝不能止于修养一己,必且更进于修养己以外之人;不特止于己所不欲勿施于人,必更进至施己之所欲于己以外之人。"①陶孟和认为,随着社会的进步,社会道德将有新的发展,"将来之国家,将来之社会,必尽使人民知善而为之,乃能成完善之社会,完善之国家"。这里,陶孟和提出了与传统道德不同的新道德主张,认为社会道德将随着社会进步而前进。

正是基于新文化运动对于中国封建道德的猛烈批判,因而在1919年底遂有人提出新道德建设的具体任务。譬如,瞿秋白在1919年11月的一篇文章中就指出:"我主张攻击旧道德并不是现在的急务,创造新道德、新信仰,应当格外注意一点。攻击旧道德的力量应当居十分之四,创造新道德的力量应当居十分之六。创造新道德就是攻击旧道德,有创造才有研究,只有攻击没有创造,就只能引起怀疑,因此每每发生误会。不过这新的界限本来不能十分清楚、我们只要认定这个目的就是了。我很希望中国少出几个名士英雄,多出几个纯粹的学者,可以切实确定我们的新道德,新信仰,第一步先救救现在这样的知识阶级里的人。"②这里所谓"创造新道德"及在创造新道德中"多出几个纯粹的学者"的言论,自然也就离不开伦理问题的学术研究。不难看出,新文化运动对于封建道德的批判、对于西方现代道德的宣传,具有解放思想、发展个性的作用,使人们在中西伦理对比之中加深了中国封建伦理缺陷的认识,为创造新道德及对伦理问题进行学术研究提供了思想氛围。

三是"五四"以前中国在伦理学研究方面达到了较高的水平,发表了一些重要的伦理学论文,出版了相关的研究著作,为"五四"以后伦理学的研究奠定了一定的学术基础。在"五四"以前,重要的伦理学文章,有梁启超的《中国道德之大原》(1912年)、杨昌济的《论语类钞》(1914年)及《治生篇》(1915年)、蔡元培的《以美育代宗教说》(1917年)等。重要的著作有:谢蒙的《伦理学精义》(中

① 陶履恭:《新青年之新道德》,《新青年》第4卷第2号,1918年2月15日。
② 《中国知识阶级的家庭》,《瞿秋白文集》第1卷,人民出版社1987年版,第18页。

华书局1914年版)、杨昌济的《教育学讲义》(1914年)、蔡元培的《哲学大纲》
(1915年)等。以下,试作初步的介绍:

梁启超的《中国道德之大原》文章,以进化的观点来研究道德问题,认为人
类道德的本体是相同的,但具体的表现形式则是不同的,他说:"吾以为道德最
高之本体,固一切人类社会所从同也。至其具象的观念,及其衍生之条目,则因
时而异,因地而异。"①梁启超关于社会上"道德信条"的产生及其作用,有一段
经典性的论述:

> 凡一社会,必有其所公认之道德信条。由先天的遗传,与后天的熏染,
> 深入乎人人之脑海而与俱化。如是,然后分子与分子之间,连锁巩固,而社
> 会之生命,得以永续。一旧信条失其效力,而别有一新信条与之代兴,则社
> 会现象生一大变化焉(其为进化为退化且勿论)。若新信条涵养未熟广被
> 未周,而旧信条先已破弃,则社会泯棼之象立见。夫信条千百而摇动其一
> 二,或未甚为病也。若一切信条所从出之总根本亦牵率而摇动,则社会之纽
> 殆溃矣。何也? 积久相传之教义,既不足以范围乎人心。于是,是非无标
> 准,善恶无定名,社会全失其制裁力,分子游移而不相摄,现状之险,胡可思
> 议。于斯时也,而所谓识时忧世之士,或睹他社会现状之善美,推原其所以
> 致此之由,而知其有彼之所谓道德者存。于是欲将彼之道德信条,移植于我
> 以自淑。岂知信条之为物,内发于心,而非可以假之于外,为千万人所共同
> 构现,而绝非一二人所咄嗟造成。征引外铄之新说,以欲挽内陷之人心,即
> 云补救,为力已微,而徒爆怀疑之焰,益增歧路之亡。甚非所以清本源而植
> 基于不坏也。②

杨昌济③的《论语类钞》(1914年)及《治生篇》(1915年)是当时有影响的伦
理学文章,提出了伦理方面的一些重要问题。杨昌济在《论语类钞》中强调道德
修养,主张人们锻炼意志,养成坚韧、进取的品格,如该文中明确说:"道德教育,
在于锻炼意志。人有强固之意志,始能实现高尚之理想,养成善良之习惯,造就

---

① 梁启超:《中国道德之大原》(1912年),《饮冰室合集》(文集之二十八),中华书局1932年
版,第14页。
② 梁启超:《中国道德之大原》(1912年),《饮冰室合集》(文集之二十八),中华书局1932年
版,第14页。
③ 杨昌济(1871—1920),又名怀中,字华生,湖南长沙县人。现代中国的伦理学家,教育家。
先后留学日本、英国,1918年后任北京大学教授。著有《达化斋日记》、《杨昌济文集》、《劝学篇》等,
译有《西洋伦理学史》等。

纯正之品性。意志之强者,对于己身,则能抑制情欲之横恣;对于社会,则能抵抗权势之压迫。道德者,克己之连续;人生者,不断之竞争。有不可夺之志,则为无不成矣。"①杨昌济的《治生篇》倡导个性解放、人格独立,提出家庭成员不可有"倚赖"的主张,认为子弟不可倚赖父兄,如该著说:"不可使子弟起倚赖父兄之心也。方子弟幼少之时,必与以相当之教育,随其性之所近,各界一业,使专习之,期于长成之后,能自谋生,而无借于父兄之助也。……君子爱人以德,细人之爱人也以姑息,不督子弟以各图自立,而使生仰给于人之心,是乃与于不慈之甚者也。仰给其父兄已为不义,若至不能仰给于父兄而不得不仰给于他人,则更为无耻,非仁人之所忍也。"同时,他认为父兄也不可倚赖子弟,如该著说:"为父兄者,亦不可有倚赖子弟之心也。……吾人于少壮有为之时,当勤俭贮蓄为衰老时自养之预备,纵使老而无子,或有子而不肖,亦可以辛勤储积之资,送老来之日月。吾人之自为计,固当如此。且人人如此存心,则于国家亦大有益。"②《治生篇》还提出为官者的职业道德,认为官员所做的乃是其义务,而非其权利,指出:"官吏者,非谋生之职业也。吾人苟对于国事确有一种政见,欲得有事权以伸其行道济时之志,则可投身于政界。服官者,义务也,非权利也。能行其道,则服官为宣力于国家;不能行其道,而尸位素餐,则服官不过为私人谋生之具。"③作为教育家的杨昌济,其伦理主张不仅在青年学生中有很大的影响,而且在五四时期的中国学术界亦有重要的地位。

蔡元培的《以美育代宗教说》(1917年)所提出的美育主张,在中国学术界独树一帜,在中国学术界有广泛的影响。该文认为,道德教育可以通过美育的办法得以实现,美育应成为推进新道德养成的重要手段。如该文指出:"纯粹之美育,所以陶养吾人之感情,使有高尚纯洁之习惯,而使人我之见,利己损人之思念,以渐消沮者也。"④蔡元培对社会道德予以高度的重视,早在民国开创之初,他就提出"公民道德"建设问题,指出:"何谓公民道德?曰,法兰西之革命也,所标揭者,曰自由、平等、亲爱。道德之要旨,尽于是矣。……三者诚一切道德之根源,而公民道德教育之所有事者也。"⑤由于蔡元培在政治上及学术界的特殊地

① 《论语类钞》(1914年),《杨昌济教育文集》,湖南教育出版社1983年版,第69页。
② 《治生篇》(1915年),《杨昌济文集》,湖南教育出版社1983年版,第229—230页。
③ 《治生篇》(1915年),《杨昌济文集》,湖南教育出版社1983年版,第234—235页。
④ 《以美育代宗教说》(1917年),《蔡元培美学文选》,北京大学出版社1983年版,第70页。
⑤ 《对教育方针之意见》(1912年2月),《蔡元培全集》第2卷,浙江教育出版社1997年版,第10—11页。

位,他的伦理学思想在社会上有着重大的影响。

谢蒙的《伦理学精义》(1914年)一书,在道德修养理论方面有所创新,强调主观与客观相结合的修养方法。如该书指出:"德既为善之正鹄所在,则修养之法,不可不讲。于是有主观之方法,存养省察之功是也;有客观之方法,崇尚贤士以为模型是也。存养省察,则能自趋于一般之善习;以贤士为模型,则能自树其特殊之人格。二者修养之要义也。"①该书用伦理学的义务观对中国传统的家庭道德予以阐发,指出:"父子之义务,子对于父之义务,则孝是也;父对于子之义务,则慈是也。然其所以成孝成慈者,固非一端矣。父子之伦,为家族之本。"②又指出:"兄弟之义务,兄对弟之道曰友;弟对兄之道曰悌。友以致其爱也;悌以致其敬也。"③谢蒙的《伦理学精义》一书虽然在道德观念上阐扬传统的儒家伦理观,带有过渡时代的特点,但很显然是西方伦理学与中国传统伦理道德相结合的产物。

杨昌济的《教育学讲义》(1914年)是一部教育学研究的专著,但该著还就道德教育的途径与方法提出了诸多的积极主张。该著认为,道德之养成应寓于教学过程之中。作者以数学教学为例说:"数学教授,不但要记教授之材料而已,此外又不可不诉[诸]于生徒之悟性,使难忍受难解之问题而解明之。故数学之教授,有作强固之品性之价值。又数学之真理绝对真实,毫无例外,故学数学不可不服从绝对。对数学的规则,有绝对服从之习惯,则对道德律亦如此。故数学教授,有养成绝对服从道德规则正直之人之效力。"④作者非常重视道德情操问题的研究,认为由道德知识的接受到道德行为之养成,关键在于教育教学的过程中能够培养学生的道德情操。换言之,没有道德情操,则道德知识不能转化为道德行为。该著指出:

自道德之智识,移于道德之实行,必先发生关于道德快与不快之感情,故欲其自好为善恶,单授智识尚为未足,不可不养道德心。然如何而后可以养道德之情操乎?

第一,小儿富于模仿力。师以为善,则亦以为善;师以为恶,则亦以为恶。故教师不可不以躬行实践导之。故教授于示道德的模范以外,又不可不与以道德的兴奋。教师对于生徒请求之事,不可不为己所实行者,若非教

① 谢蒙:《伦理学精义》,中华书局1914年版,第129。
② 谢蒙:《伦理学精义》,中华书局1914年版,第91—92页。
③ 谢蒙:《伦理学精义》,中华书局1914年版,第97页。
④ 《教育学讲义》(1914年),《杨昌济教育文集》,湖南教育出版社1983年版,第152页。

师所实行者,则使生徒生轻蔑之念并轻道德,遂破坏生徒道德之观念。

第二,不论任何事,就生徒已经理解之事更加说明,则生徒厌闻之。而吾人之感情,有自一物移转于他物之倾向,若生徒对于道德之说明觉其无味,则对于道德亦生嫌恶之情。故生徒所已知者,不可不省略之;若欲说明之,亦不可不力求简单。……

第三,关于道德之理论的说明,干燥无味不能唤起生徒之感情,故修身教授宜提出具体的事实,于幼少者尤宜如此。……

第四,关于道德之实行,有以优美之文章书之者可以为材料,使生徒读之,自然发生道德之感情。……

第五,教地理时,举各地之良风美欲,可为道德之助。

第六,唱歌之时,使歌有道德之内容之歌,于养成道德之情操有大效果。①

《教育学讲义》主张将道德情操的培养寓于具体的教学实践之中,使学生能够在具体的唱歌、体操等活动中增进其道德情感。譬如,关于唱歌,该著指出:"唱歌科有练习耳与发音机关之效,此外又有使儿童高尚其品性之力。注意于歌词与曲谱之选择,可涵养生徒之德性。吾人关于道德之智识,移于道德之实行,不可不经道德的情操之阶级。不伴以道德之情操之智识,不能为实行之动机。唱歌于养道德的情操有大效力。"②又譬如,关于体操,该著指出:"体操在助身体全部之发育,整齐其姿态,坚固其筋肉,使动作灵敏。且教授合宜,可以养勇气,励志操,强自信之念,并能养成守规则、忍耐、克己等习惯,皆其效也。"③值得注意的是,《教育学讲义》还提出了"道德心"养成的具体步骤:

要之,欲自训练养成道德之心,不可不经下之三阶段:

第一,则用命令及禁止,自外部加影响于儿童也。此可用之于发育程度尚低之时。……儿童极幼稚之时,尚不知当如何之时应如何处置之道。当此之时,不可不一一加以命令,一一加以禁止,使全然从教育者之意。……

第二,则不用命令而用规则也。儿童发育程度尚低之时,不能理解处如何之时应如何动作一般之法则,且无适用之力,故不得不于事件发生之时,

①　《教育学讲义》(1914 年),《杨昌济教育文集》,湖南教育出版社 1983 年版,第 152—154 页。
②　《教育学讲义》(1914 年),《杨昌济教育文集》,湖南教育出版社 1983 年版,第 158 页。
③　《教育学讲义》(1914 年),《杨昌济教育文集》,湖南教育出版社 1983 年版,第 160 页。

逐一加以命令禁止。及其渐发达也,既自命令屡于同一之时为同一之事,于其精神渐生一定之习惯,又渐能领悟普遍之事情记忆而适用之。当此之时,不必如前日之一一命令,可与以稍涉一般之规则,教以处如何之事,当适用此规则;又处如何之事,当适用彼规则,以处置其日常之行为……。

第三,则纯恃反省之作用也。规则有普遍之性质,无论何人苟能当其时而适用之,即可为良行为、造良品性。虽然,是亦多带外部的性质,非由自己反省而定之规则,不过从之奉之而已。及心性渐次发达,乃自定一种之主义,以之为立身处世之道,是诚可喜之事。道德教育之本旨,亦在使教育者达于此处。[1]

杨昌济的《教育学讲义》(1914年)从教育学的视角研究道德教育问题,探讨了道德教育的途径与方法,揭示了道德教育的实践性、过程性特点,力图使道德引领、知识教育、实践活动达到统一,从而提升道德教育的效果。这在当时是颇有见地的,其许多观点为"五四"以后的学术界所继承发展。

以上的分析在于说明,伦理学作为一门学科在五四时期得以发展起来,并进而构建其学术研究体系。这是有五四时期中国社会变迁所提供的各种条件的。因此,对于现代中国伦理学的起源与发展,应该从中国社会变迁的角度予以诠释。

二、中国现代伦理学的主要趋向

中国现代伦理学的发展与现代中国道德的发展一样,有着现代中国社会演变的内在需要,并且是现代中国社会演变的产物。谷春帆在《旧文明与新工业》一书中说:"一种道德律的发展,是社会需要的反映。有许多行为,公共认为对于生存发展上有益的,日积月累,即认为道德,反之无益有害的行为即为不道德。推而致于未发为行动的思想,亦是如此。道德思想或教化哲学亦无非只是将现实的需要抽象化起来,而表示施教者更进一步的期望。……道德既是一民族求生必需的公共法则、公共规条。故有散漫和平知足自好以维持小农生计的必要,就不得不产生一套以和平的退让、勤俭为美德的道德解释。"[2]同样,现在中国伦

---

① 《教育学讲义》(1914年),《杨昌济教育文集》,湖南教育出版社1983年版,第177—178页。
② 谷春帆:《旧文明与新工业》,商务印书馆1945年版,第69页。

理学的发展,也是根源于现代中国社会的需要,并且是在激烈的斗争中不断推进的。

(一) 新旧道德斗争及伦理文化之争十分激烈

"五四"以后的中国伦理学演进历程中,无产阶级道德思想与地主资产阶级道德思想的斗争,构成了中国现代伦理思想发展的基本内容。这一时期,社会上新旧道德的斗争及学术上的伦理文化之争十分激烈,但学术上的进步趋向及发展目标则是非常清晰的:一方面,以马克思主义伦理思想为指导,在革命斗争中成长起来的无产阶级道德思想,逐步取代了资产阶级的道德思想,成为中国道德思想发展的主流;另一方面,在社会上那种承封建道德之弊、附西洋伦理之风的封建地主、资产阶级的各种反动思想尽管也曾泛滥一时,并且在社会上曾有着较大的影响,但最终退出历史的舞台。

在现代中国,封建地主、资产阶级的伦理思想呈现思想混杂、派系林立、封建伦理思想与资产阶级伦理思想并立的局面,但始终没有能够建立起一个统一的道德标准。其中,影响较大的派别有:实现中国封建地主阶级与西方法西斯主义结合的,以"四维八德"为核心的蒋介石的封建法西斯主义的伦理道德思想;崇拜西方文化、全面否定中国传统文化,主张全盘西化的自由主义的伦理思想(胡适、吴稚晖等);崇尚中国的道德传统,主张恢复和改造中国固有道德的新复古主义伦理思想(梁漱溟、冯友兰等);标榜不拘一宗、博取众家之长的伦理道德思想(张东荪等)。

以上各派的特点,皆是用唯心主义来看待道德问题,把道德视为人类的天性,不仅否认道德的上层建筑地位及其所具有的经济基础,而且颠倒了物质与意识的关系,把道德看作是永恒的力量,认识不到或不敢承认道德的阶级性质及其为统治阶级政治服务的本质。在中国马克思主义者的抨击下,在中国共产党领导的人民革命的有力冲击下,以上形形色色的各种伦理思想相继退出学术的舞台,而成为历史的陈迹。

值得注意的是,封建伦理思想在现代中国的某个时期中还有很大的影响,并成为现代伦理学发展的严重障碍。蒋介石在其《革命哲学的重要》中声称:"人本是一个争存的动物,但因为人类进化,生来就有一种向上的冲动、利他的冲动。这一点向上利他的冲动,存之于心便是'德'。"因而,所谓道德乃是由于天赋的"良知",亦即"德是一个人生下来就赋有的德性"。蒋介石的道德思想尽管亦有进化论的观念,但实质上源于其所谓"民生哲学",是为其法西斯统治服务的。

陈立夫的《人生原理》则以"人性善"直接宣称:"人性原是有仁爱心、同情心,原是有良知的。人能知谋人之共生、共存为善,自私、自利为恶。人性本有好善恶恶之趋向,道德标准即根据于人性中原有的好善恶恶之趋向而建立。所谓实践道德,其实不外扩充人性中固有的趋向,而使其仁爱心、同情心日益拓展以至于无穷。……所谓人当行道德、当为社会,并非从外面定一道德标准而要人去行。道德并非是社会所加于人之约束,而是出自人所自发之尽性的要求。所以人当行道德、当为社会,并非是要压抑个人的要求,而正所以发展个人最深的要求,完成个人最深的要求。"①蒋介石的法西斯伦理思想在现代中国伦理学界也得到一些人的支持,陈立夫的《人生原理》、陶希圣的《论道集》等是阐释蒋介石伦理思想的集大成著作。

(二) 马克思主义者对于新伦理的积极倡导

中国马克思主义者和共产党人鉴于变革中国社会的需要,非常重视道德建设和伦理学问题的研究。他们依据马克思主义唯物史观原理,从学术理论上分析道德的上层建筑地位及其所具有的经济基础,批判各种反马克思主义的封建道德、地主阶级道德,阐述无产阶级的道德思想及其要求,并积极推进马克思主义伦理学思想的中国化,建构了具有中国特色的、反映中国共产党人道德实践的马克思主义伦理学体系。

中国马克思主义者依据马克思主义的唯物史观,对道德的本质及其发展规律进行研究和说明,这方面以李大钊、李达、杨贤江、瞿秋白、艾思奇等为代表。李大钊明确指出,道德是"随着生活的变动、社会的要求,而有所变革,且是必然的变革","道德既是因时因地而常有变动,那么道德就也有新旧的问题发生。适应从前的生活和社会而发生的道德,到了那种生活和社会有了变动的时候,自然失了他的运命和价值,那就成了旧道德了。这新发生的新生活、新社会必然一种适应他的新道德出来,新道德的发生就是社会的本能的变化,断断不能遏抑的"②。瞿秋白指出,"道德的根据实在经济,经济——社会的协作及分工的方式,随着生产力而变更,组织劳动的方法当然亦在变更——道德因此流变不止",但在原始社会里无所谓善恶,因而也就没有道德的发生。但是,"宗教社会

---

① 陈立夫:《人生原理》,正中书局 1944 年版,第 131 页。
② 《物质变动与道德变动》(1919 年 12 月),《李大钊全集》第 3 卷,人民出版社 2006 年版,第 116 页。

的家庭经济制度发生,已经需要生产及分配的管理者——家长;个人都是家庭经济里的一员,不容他不服从家长。所以以'孝悌'为天经地义,灭汩一切个性;社会既有约束的需要,便有道德发生。"到共产主义社会,"阶级消灭,政治消灭,一切约束消灭","那时的道德才是社会的而非阶级的","道德的名词也就消灭了"①。杨贤江也说:"道德是变迁的。时代不同,环境不同,所谓道德也跟着不同。……道德的所以有变迁性,是原于道德这样东西,并不是孤立的、超然的、理想的,乃是受环境的支配,受社会制度的影响的。换句话说,道德乃是人类实际生活的要求和反映,是跟着经济状况的变迁而变迁的。"②正是基于道德是"跟着经济状况的变迁而变迁的"的认知,杨贤江在马克思主义唯物史观指导下阐发了道德在阶级社会中具有阶级性的特定,指出:"道德是阶级的。但这并不是说道德的本性是阶级的,乃是因为人类中间有了阶级,所以有不同的地位的人,就有不同的道德。古代有贵族与奴隶的阶级,于是就有贵族的道德与奴隶的道德;中世有封建诸侯与农奴的阶级,于是就有诸侯的道德与农奴的道德;近代有资本家与劳动者的阶级,于是就有资本家与劳动者的道德。他们的地位不同,换句话说,他们的经济地位不同,所以就有种种不同的待人接物的态度。如果人类中间的这种关系不变,则道德将永为有阶级性的。"③如何才能认识阶级社会中道德的阶级性? 杨贤江提出的思路是,依据唯物史观阐明道德与经济的关系,并立足于社会经济基础的变革来推动道德的发展。他指出:"所谓'世风凉薄,道德沦丧',是受着近代经济压迫的影响而'日甚一日'的。现在我们要讲挽回人心,就决不是几句道德格言所能收效,一定要从经济方面谋改造使大家没有冻饿之忧,才是正当办法。所以单望知识阶级砥砺品格,修养心身,不但于势不顺,也且于事无补。这是我对于道德与经济的看法。"④李达从对"社会的本能"的分析中阐明道德发生的历史必然性,指出:"所谓社会的本能,即是为社会献身的牺牲心,拥护社会的勇敢心,遵从全体意志的服从心,以及感知毁誉褒贬的名誉心,等等。此等社会的本能,都要道德的要素,适合于社会的要求,所以当社会关系继续着的时候,这些社会的要求反复发生作用,有命令个人遵守的力量,而化为道德的规范,日积月累,就变为人类生活的习惯。所以道德规范和社会的要求有着

① 瞿秋白:《社会科学概论》(1924年),霞校社1939年版,第37页、39页。
② 《青年的道德观念》(1924年),《杨贤江教育文集》,教育科学出版社1982年版,第188页。
③ 《青年的道德观念》(1924年),《杨贤江教育文集》,教育科学出版社1982年版,第188—189页。
④ 《致高申第等》(1924年12月),《杨贤江教育文集》,教育科学出版社1982年版,第597页。

密切的关系。社会变化,道德也随着变化。不同的社会状态,要求与它相适合的道德规范,于是发生了道德的变化。"①艾思奇也明确指出:"一切道德随着社会经济状况的变化而变化。……不但会变化,而且会向对立物转化。今天是好的意义上的道德行为,在另外的一种经济社会的条件之下,可以成为恶德,相反的也是一样。"又指出:"道德的变化、转化,又常常是向上的、进步的,……因为道德是'社会经济状况的产物',而社会经济状况正是不断地发展、进步着的东西的缘故。"②关于道德的阶级本质,瞿秋白运用马克思主义阶级斗争理论有一段经典性的论述:

> 道德既有约束的意义,那么,社会里人人的经济利益及目的相同的时候,无所用其约束——经济上的协作及分工制度,劳动的编制方法,合乎人人的心愿——那时人人的行为都是自律的;这是至高的道德,便等于无道德。社会中发生阶级之后,所谓"大道废有仁义",——剥削制度之下,受治阶级的利益目的都和这制度冲突,他们的行为往往反抗现在的秩序——"不道德"变成经常的现象;于是治者阶级不但要用强力制止(法律),而且要事前谆谆劝告,造作道德规范——实是治者阶级的道德。同时,受治阶级处于剥削制度之下,他们反抗这制度的斗争里锻炼出自己的阶级道德——以为阶级斗争的工具。可是一种社会制度里,治者阶级的道德必然取得优势——才能蒙蔽民众的心理,使习久而自忘阶级利益,甘心受剥削,以为是当然的。社会的阶级关系发展,新阶级渐成一种物质势力,他的道德才能起而反抗旧阶级的道德。所以有阶级的社会,道德总是阶级的,而非社会的。新旧社会制度更迭的过渡时间,必然有相异的道德观念之争(旧礼教与新思潮之争),其实是阶级斗争反映到社会心理里来罢了。旧阶级处于剥削者的地位,——那种经济发展到一定程度的时候,阶级的暮气自然增长,政治斗争及经济斗争的败势影响到心理上来,便有"不道德化"的趋势(悲观、保守、狠戾、堕落等);所谓"世风日下"实即旧阶级垂死时自己的道德程度(如现代中国的军阀、政客及买办式的智识阶级及欧美的资产阶级),却不是当时发现的新阶级道德。新阶级正在兴起的时候,伟大的斗争里需要自律的道德以为工具,发见真实的,因而有益于社会的道德——革命的道德;

---

① 《社会之基础知识》(1929 年 4 月),《李达文集》第 1 卷,人民出版社 1980 年版,第 508—509 页。

② 《共产主义者与道德》(1938 年 9 月),《艾思奇文集》第 1 卷,人民出版社 1981 年版,第412—413、415 页。

所以新兴阶级的道德必定是很高的。①

总的来看,中国马克思主义者认为,道德既不是人的天性,也不是神的启示、神的经传,而是社会经济状况的反映;在阶级社会里,道德总是带有阶级性的,不存在超阶级的道德;道德不是永恒不变的,它是随着经济状况的变动而变迁的。因此,时代变迁了,环境变化了,所谓道德也就有所不同;随着社会的发展,一切剥削阶级的道德必将被无产阶级的道德所取代而归于灭亡的命运。

中国马克思主义者对道德的功能与作用问题进行探讨。他们批判了"道德决定论"的观点,认为道德是由社会存在所决定的,受社会的经济基础所制约,但道德一经产生就会对社会产生作用、发生影响。在他们看来,道德对于社会具有向善的引领作用,但道德由于在阶级社会里都是一定阶级的道德,因而道德都是为一定阶级服务的,对于社会成员具有约束作用,于是道德也就具有"工具"的功用。瞿秋白说:"道德便是社会心理的一方面,暗示民众以'行为的标准',——亦是组织劳动的一种工具。资产阶级的学者及'准学者'以为道德是超越时空的永久真理,善恶的绝对标准,——人类悬这真理做最高鹄的,渐行渐近,便算是社会进化。善恶既是永久的范畴,所以就有'无上命令'(良心)的说法。其实近代道德家的规律,专为适应资产阶级式的社会关系而设。古今社会组织的形式不同,道德也就绝相违异;'永久的绝对的善恶'决没这么一回事。原来道德总带有一点约束的意义,资产阶级要使他的道德——约束无产阶级行为的道德变成固定持久的规范,所以他们要理想——至高无上的绝对真理。"②杨贤江对于道德的社会性予以分析,认为社会上的道德对于整个社会环境有着重要的影响。他说:"道德是社会性的。青年不能单讲个人的道德,因为道德并不是属于个人的,是有社会性的。我们中国人从前专讲个人的修养,不管社会;要知道社会的道德不好,不管个人怎样的好也是无用,终为恶势力所同化。"③关于道德的"工具"性,李达也说:"自生产力进步,人类萌有财产观念以后,道德思想乃生变化。人与人之关系,变为物与物之关系,社会裂成互相对抗之阶级,所谓'利他',所谓'互助',发生根本之动摇。何谓善,何谓恶,殆无一定之标准。其结果,道德遂成为一阶级检束他阶级之空想的制裁之具。"④又说:"就道德而论,道德之本质为牺牲,勇气,忠诚,服从,信义,公平,平等诸端。此类道德,在古

①　瞿秋白:《社会科学概论》(1924 年),霞校社 1939 年版,第 36—37 页。
②　瞿秋白:《社会科学概论》(1924 年),霞校社 1939 年版,第 35—36 页。
③　《青年问题》(1925 年 1 月),《杨贤江教育文集》,教育科学出版社 1982 年版,第 208 页。
④　《社会之构造》(1926 年),《李达文集》第 1 卷,人民出版社 1980 年版,第 248 页。

代社会为一切个人拥护种族保卫人群之社会的本能,在文明社会中则不然。封建社会与资本主义社会中,此类道德变为农民奴隶阶级对贵族阶级,劳动阶级对资本阶级之无形义务,未尝见贵族或资本阶级以此施诸农民、奴隶或劳动阶级也。"①以阶级的观念来诠释道德的功能与作用,确认道德是阶级统治的工具,这是早期马克思主义者的一个突出的特点。

中国马克思主义者对道德评判的标准予以阐述,表达了马克思主义在道德问题上的基本主张。杨贤江认为,应该从道德的社会性来研究道德的标准,重在考察道德活动的社会影响,因而主张理论与实践的统一是道德评判的标准,强调社会实践活动及在社会生活中的实际表现。在杨贤江看来,道德的社会性是指"道德是人与人间相处的一种关系","它的形式由当地当时的物质环境而定",故而"在社会各种阶级未消灭以前,道德是有阶级性的",因此道德善恶的"标准"尽管"很难确说","若单就标准而言,当以解除人类社会间的种种束缚与不平为主"②。他指出:"道德不是空想的。道德是活动的,实际的,不是静止的,什么读格言,静坐,反省,安分守己,修身养性,守身如玉的人们,算不得有什么道德。因为他们对于社会并无影响,好也好在他个人。……所以我们评判一个人的道德,要以客观的态度,从实际上看他做出来的事业,以定他道德的高下。……一个专讲理论的人,而行动却同拆白;一个专讲克己复礼的人,一到都市便患花柳病;一个专讲家庭和睦的人,却天天和家人相打骂;这种人实比那不讲道德的还要坏得多。所以我们说道德不是空想的,是要实行的。"③李达认为,就道德的衍化来看,道德有着从"普遍的全面的道德"到"阶级的道德"转变的历程,但道德的根本标准及道德发展的依据,乃是由社会的生产力发展水平所决定的。他指出,在原始社会后期"由于生产力的稍见发展,原始群团就蜕变而成为氏族,社会的组织更趋于紧密了。当时,生产手段属于公有,他们共同生产,平均分配——这是当时人们维持并改进其物质的生存形态的根本原则。人们其他一切行为,都以这原则为依据。我们若用文明时代所说的道德标准来观察当时人类的行为,那就可以说,平等、公平、互助、相爱等等,确是当时万人共同遵守的普遍的全面的道德。"但是,"自从生产手段变为私有而社会分裂为主与奴、富与贫的阶级对立以后,人们自求保持并改进其物质生存形态的趋向,就显出两种根本

---

① 《社会意识》(1926年),《李达文集》第1卷,人民出版社1980年版,第292—293页。
② 《答黎勉群》(1926年1月),《杨贤江教育文集》,教育科学出版社1982年版,第634页。
③ 《青年问题》(1925年1月),《杨贤江教育文集》,教育科学出版社1982年版,第209页。

不同的形式了。在主人与富人一方面,为维持并改进其物质生存形态,就只有尽量占取生产手段以尽量剥削他一阶级剩余劳动。在奴隶与穷人一方面,为维持并改进其物质生存形态的一切努力,就陷于绝望的境地了。于是普遍的全面的道德,就变为偏颇的阶级的道德了;于是,奴役他人、剥削他人变为特殊阶级的道德了。"①恽代英认为,站在无产阶级的立场上,应该以是否符合被压迫阶级的利益作为"高尚道德"的标准,他指出:"我们有我们的'高尚道德',便是被压迫阶级相互间协力一致的道德,便是我们所说革命的'联合战线'。但我们决不相信此外有什么'高尚道德',如有,那一定是骗人的。"②总的来看,早期马克思主义者批判了在道德标准问题上的绝对主义与相对主义的错误,认为在阶级社会里不存在超阶级的善恶标准,同时也不否认在一定的时代所需的一般的道德要求。在马克思主义者看来,主张道德的评价标准应该以其行动是否有利于人民、有利于社会的进步;强调道德评价时,必须坚持主观动机与客观效果的辩证统一的原则。

中国马克思主义者和共产党人科学地对待中国传统道德文化,对共产主义道德原则、规范、修养等问题进行研究,丰富和发展了马克思主义道德学说。杨贤江认为,不仅要在思想上认识道德问题,而且要在社会生活中践行道德,正确处理好"读书"与"实行"的关系,要认识到"道德修养贵乎实行,却不贵看书,但看书能正确我们的道德观念,自也很有益处"③。这是因为,"所谓德,实只是一个人的身体能遵行他的知识与志愿;所谓修德,是要养成身体能听从知识与志愿的习惯。"④在此意义上说,"品行与学问"这两者皆是"一样重要","倘使一方面有缺陷,就不是个健全的人,对于本身,对于人群都不能发生充分的利益"⑤。中国传统文化中重视道德的修养,但"修养的意义是修身养性","修养的目的是高尚道德乃至齐家治国平天下","修养的方法是'读格言'、'主敬'、'主静'"。杨贤江认为,这种修养有"许多缺点",表现在三个方面:"第一个缺点是把虚无缥缈的'性'做目标,实际上无可测量其成绩;虽也说到身,但只有消极的防范,并无现今体育的含义。第二个缺点是偏重个人而忽视社会——所谓独善其身,虽

---

①　《法律与道德》(1947 年),《李达文集》第 1 卷,人民出版社 1980 年版,第 734—735 页。

②　恽代英:《为自己的利益而奋斗》,《少年先锋》第 1 卷第 2 期,1926 年 9 月。

③　《答南昌豫章中学钟灵秀》(1925 年 9 月),《杨贤江教育文集》,教育科学出版社 1982 年版,第 626 页。

④　《致冯国华》(1925 年 2 月),《杨贤江教育文集》,教育科学出版社 1982 年版,第 599 页。

⑤　《答南昌豫章中学钟灵秀》(1925 年 9 月),《杨贤江教育文集》,教育科学出版社 1982 年版,第 626 页。

然也挂上国家天下的招牌,但是空的,与群众不生关系的。第三个缺点是偏重死文字而忽视实际活动——如熟读格言、静坐反省等。"①但这不是说不需要传统文化中修养的积极成分,而是说要在修养中主动地融入马克思主义的基本理念:"第一在目标上,应该是'众善'——包括个人在内,决不是'独善'——心目中只有一个'我自己'。第二在方法上,是要结成团体,定出信条,从客观的事实方面度量修养的成绩;决不可单单一个人抱了'高尚纯洁'的旨趣,拿徒然很好听的名词(如奋斗、牺牲、忠诚、博爱)或抽象的名词(如爱、光、花)作为信条,又取了'闭门谢客'式的态度去拒绝一切社会的活动。"②随着对道德问题研究深入,在对待中国传统道德文化问题上,中国共产党人及马克思主义者对于道德修养与中国优秀传统文化的关系引起高度的重视,提出批判地继承中国传统道德文化的主张和"古为今用"的方针。潘梓年在1939年4月的《新阶段学术运动的任务》文章中指出,"中国旧道德中有不少好的东西。如讲信义,讲气节,讲廉洁,讲勤奋,将坚忍不拔,讲从善如流,讲知过必改,以及急公好义,见义勇为等等。这些东西,都是应当加以阐发的;在抗战过程中尤其明显的看出有阐扬的必要。""阐发这一类的旧道德,倒并不一定要求来说明其中的道理;主要的是要研究出一些能够保证大家都能具有这种美德的切实方法。……要阐扬这类旧道德,就要来研究这些社会条件,把它改变一下,使成为保障这些道德势在必行的社会条件。我们不是要用道理来说服贪污,说服汉奸,而是要使他们无法在社会上存在。同时,在另一方面,所谓阐发旧道德,并不意味着把全部陈腐的封建社会的旧道德,'囫囵吞枣'地接受下来,而丝毫不加辨别和改造;相反的,我们接受旧道德中某些部分(如上面所指出的),也是要依历史主义立场去接受的。就是说,我们要接受它们而使之适于抗战建国实现革命三民主义现阶段的历史要求,我们要批判地接受某些优良部分旧道德,接受它们的精神和形式而赋予新的内容。"③毛泽东、刘少奇等人深刻地阐述了共产主义道德所要求的集体主义这一根本原则,论述了全心全意为人民服务、大公无私、爱国主义、国际主义等共产主义的道德规范。刘少奇紧密联系中国共产党人的道德修养实践,将马克思主义道德理论与中国传统道德文化结合起来,总结和提升中国共产党人道德修养的经验,写成了《论共产党员修养》一书。该著一方面批判旧道德的阶级实质及

① 《怎样讲修养》(1924年4月),《杨贤江教育文集》,教育科学出版社1982年版,第143页。
② 《怎样讲修养》(1924年4月),《杨贤江教育文集》,教育科学出版社1982年版,第143—144页。
③ 潘梓年:《新阶段学术运动的任务》,《群众周刊》第2卷第21期,1939年4月15日。

唯心论的特征,认为"所谓超阶级的、一般的道德,只是骗人的鬼话,事实上这是保障少数剥削者利益的'道德'"①;另一方面又阐述了共产主义道德的基础,指出:"我们的道德之所以伟大,正因为它是无产阶级的共产主义的道德。这种道德,不是建筑在保护个人和少数剥削者的利益的基础上,而是建筑在无产阶级和广大劳动人民的利益的基础上,建筑在最后解放全人类、拯救世界脱离资本主义灾难、建设幸福美丽的共产主义世界的利益的基础上,建筑在马克思列宁主义的科学共产主义的理论基础上。……把道德观建立在历史唯物论的科学基础上,公开地宣称我们的道德是为着保障无产阶级解放和人类解放的战斗利益,这只有共产党人能够做到。"②刘少奇撰写的《论共产党员修养》,建构了以马克思主义道德理论为指导、基于中国共产党领导人民革命伟大实践的共产党员修养理论体系,这是对马克思主义道德理论的重大贡献。

这一时期,一些著名的学者如唐君毅、陈安仁、谢颂羔、温公颐、丘景尼等,从事于伦理道德问题的学术研究工作,参与了道德问题的讨论,他们著书立说,阐发自己的见解。他们虽不是以马克思主义理论为指导,并且在学术体系上也有很大的局限性,但在道德修养、道德教育以及职业道德等方面,亦有其真知灼见方面,对推动中国现代伦理学的建设也是有所贡献的。对此,需要在中国伦理学发展的进程中给予客观的评价。

任何学术皆是社会衍化的产物,受制于社会既有的历史条件。现代中国的伦理学有着鲜明的时代性特色,在学术体系上一方面既要"破旧",另一方面又要"立新",这是那个时代社会变革与思想演进的突出反映。因而,现代中国伦理学过渡性的特征也是较为显著的。

三、代表性伦理思想及伦理学研究专著

现代中国的伦理学虽然处于学术研究的过渡阶段,但中国马克思主义伦理学的研究领域业已开辟出来,并有代表性成果。现代中国的资产阶级伦理学专著很多,代表性的著作有:孙贵定的《伦理学》(商务印书馆 1923 年版),江恒源的《伦理学概论》(大东书局 1926 年版),余家菊的《伦理学浅说》(商务印书馆

---

① 《刘少奇选集》上卷,人民出版社 1981 年版,第 134 页。
② 《刘少奇选集》上卷,人民出版社 1981 年版,第 133—134 页。

1927 年版),谢颂羔、余牧之的《伦理的研究》(1927 年)(华文印刷局 1932 年版),叶法无的《伦理问题 ABC》(世界书局 1929 年版),杜亚泉的《人生问题》(商务印书馆 1929 年版),陈安仁的《人生问题》(泰东图书局 1929 年版),张东荪的《道德哲学》(上海中华书局 1930 年版),潘文定的《青年职业指导》(大东书局 1930 年版),温公颐的《道德学》(商务印书馆 1937 年版),丘景尼的《教育伦理学》(世界书局 1932 年版),谢扶雅的《伦理学》(世界书局 1932 年版),谢幼伟的《伦理学大纲》(1941 年)(中正书局 1946 年版),冯友兰的《新原人》(商务印书馆 1943 年版及 1947 年版),汪少伦的《伦理学体系》(商务印书馆 1944 年版)。下面,选择一些具有代表性的马克思主义者和非马克思主义者的伦理学思想及伦理学专著,试作简单的介绍。

(一) 马克思主义伦理思想及研究专著

在现代中国的伦理学界,以马克思主义为指导的伦理研究得到重视,马克思主义伦理思想与中国伦理状况相结合的过程不断地推进。以下,试重点介绍李大钊的马克思主义伦理观、冯定在"新人群的道德观"及刘少奇的党员修养理论。

1. 李大钊的马克思主义伦理观

李大钊在新文化运动中对旧道德进行批判,对新道德作了独特的构想,成为新文化运动中"道德革命"的重要代表。李大钊转变为马克思主义者以后,积极宣传马克思主义伦理观,阐明了道德的上层建筑属性,并结合中国伦理演进的特点阐发伦理建设的重要问题,为中国马克思主义伦理学的开创作出了突出贡献。

李大钊对道德的分析不仅是观察中国社会的结果,同时也是研究近代资本主义及其历史的结果。他运用唯物史观于道德研究,从经济变动入手研究道德的演变规律及其实质,这是与他对马克思主义的积极钻研分不开的。1919 年他在系统介绍马克思主义的三大组成部分时,就十分倾心于道德问题研究。他指出:"一切社会上政治的、法制的、伦理的、哲学的,简单说,凡是精神上的构造,都是随着经济的构造变化而变化。"①这就将道德置于上层建筑的范畴之中,并指明了道德随着经济基础的变动而变动的事实。事实上,虽然道德的历史发展过程是以社会经济关系的历史发展过程为基础,但如果从每一个具体的历史时

---

① 《我的马克思主义观》,《李大钊全集》第 3 卷,人民出版社 2006 年版,第 27 页。

代及其前后的联系来看,道德又常常呈现出相对于经济关系的历史过程而有某些波动和偏离的现象,亦即道德有自身相对独立的历史发展过程。这个独立的发展过程,除了取决于物质基础的作用,还取决于道德主体的主观努力。对此,李大钊作了深刻的阐明:"伦理的感化,人道的运动,应该倍加努力,以图划除人类在前史中所受的恶习染,所养的恶性质"①。他既批评了那种片面理解物质决定道德的观点,同时也充分肯定了人的主观努力在扬弃并继承道德遗产、加速道德进化过程中的重要作用。1919年李大钊发表的《物质变动与道德变动》,连同他在1920年发表的《由经济上解释中国近代思想变动的原因》等文章,就伦理学的一些基本问题作了积极的探索,并在马克思主义视域中提出了自己独到的见解,从而形成了较为完整的伦理思想体系。

首先,李大钊阐发了道德是一定社会生活反映的观点,指出道德为一定的社会生活服务。他认为,道德是适应社会生活的需要所产生的,绝不是什么神明赏赐,故而需要在社会变迁中看待道德的衍化。他说:"道德既是社会的本能,那就适应生活的变动,随着社会的需要,因时因地而有变动,一代圣贤的经训格言,断断不是万世不变的法则。什么圣道,什么王法,什么纲常,什么名教,都可以随着生活的变动、社会的要求,而有所变革,且是必然的变革。"②这是运用马克思主义唯物史观考察道德问题的突出表现。在中国思想史上,李大钊第一次把道德作为特殊的上层建筑而加以考察,正确指出道德与经济基础的关系,揭示了道德变动与物质变动的内在联系。

其次,李大钊对封建伦理的本质和根源进行了更为深刻的揭露和批判。李大钊在早期新文化运动中就注重对中国传统的封建伦理进行研究,以进化论观点阐明孔门伦理不能适应现代社会的观点。转变为马克思主义者后,李大钊自觉地以马克思主义为指导考察中国传统儒家伦理的运行态势,重点地以"大家族制度"的分析作为切入点,科学地说明儒家伦理乃是适应于"大家族制度"的需要,故而所谓儒家伦理也就是以"大家族制度"为其根基的。他指出:"中国的大家族制度,就是中国的农业经济组织,就是中国二千年来社会的基础构造",而一切政治、法度、伦理、道德、学术、思想、风俗、习惯等,无一不是这个大家族制度的"表层构造"③。他又进一步分析了这个构造的实质,指出:"两千年来支配

① 《我的马克思主义观》,《李大钊全集》第3卷,人民出版社2006年版,第35页。
② 《物质变动与道德变动》,《李大钊全集》第3卷,人民出版社2006年版,第116页。
③ 《由经济上解释中国近代思想变动的原因》,《李大钊全集》第3卷,人民出版社2006年版,第114页。

中国精神的孔门伦理",不论是纲常、名教、礼义,样样都是"损卑下以奉尊长","牺牲被治者的个性以事治者","而孔子的政治哲学,修身齐家治国平天下,'一以贯之',全是'以修身为本'"。故而,传统的道德修养的最高境界,就是"孝"、"忠"、"顺"、"贞"。于是,臣对君的"忠",是子对父"孝"的放大;妇对夫的"顺"、"贞",母对子的"从",也是父权的引申。李大钊由此得出结论:"孔门的道德,是与治者以绝对的权力责被治者以片面的义务的道德"[1]。李大钊指出,孔门伦理道德之所以支配中国二千余年,"不是他的学说本身具有绝大的权威,永久不变的真理,配作中国人的'万世师表',因他是适应中国二千余年来未曾变动的农业经济组织反映出来的产物,因他是中国大家族制度上的表层构造,因为经济上有他的基础"[2]。可见,李大钊对封建孔门伦理的批判并没有仅局限于其本身,而是在封建社会的演变中深刻揭示其阶级实质。可以说,这是五四新文化运动发展进程中第一次以马克思主义为指导对封建道德进行最猛烈、最深刻的批判,充分体现了马克思主义的思想意蕴及分析范式,因而是用马克思主义的历史唯物主义研究中国传统伦理道德的开端。

再次,李大钊认为道德不是一成不变的,而是有新旧之分,新道德的产生与旧道德的消亡是历史的必然。以马克思主义为指导来研究道德问题,则道德不仅有新旧之分,而且道德皆是建立在一定的经济基础之上的,故而也就需要积极地推进道德的新陈代谢。李大钊基于马克思主义唯物史观并从社会变动这个角度看待道德的衍化,指出:"适应从前的生活和社会而发生的道德,到了那种生活和社会有了变动的时候,自然失了他的运命和价值,那就成了旧道德了。这新发生的新生活新社会必然要求一种适应他的新道德出来,新道德的发生就是社会的本能的变化,断断不能遏抑的。"[3]在这里,李大钊依据"生活和社会"演进的观点,肯定了道德具有随着"生活和社会"变化而不断更新的特点,阐述了新道德代替旧道德是符合社会演进的道理,从而为推进道德的演进和建设新道德提供了理论依据。接着,李大钊又进一步论证"道德开新"的理由,他说:"新道德既是随着生活的状态和社会的要求发生的,就是随着物质的变动而有变动的,

---

① 《由经济上解释中国近代思想变动的原因》,《李大钊全集》第 3 卷,人民出版社 2006 年版,第 144—145 页。

② 《由经济上解释中国近代思想变动的原因》,《李大钊全集》第 3 卷,人民出版社 2006 年版,第 145 页。

③ 《物质变动与道德变动》,《李大钊全集》第 3 卷,人民出版社 2006 年版,第 116 页。

那么物质若是开新,道德亦必跟着开新"①。这里,所谓"物质的变动"就是指社
会生产方式的变革,亦即生产关系的变革,其内在的根据则是社会生产力的发
展。李大钊提出的道德随着"物质变动"而变动的主张乃是一个卓越的见解,体
现了马克思主义与道德研究相结合的理念,对当时的思想界和学术界产生了重
大影响,有助于引领早期马克思主义者研究并阐发马克思主义伦理观。这对于
探讨建立新的伦理思想体系有着重大的时代意义和学术价值。

最后,李大钊对新的伦理思想作了理论的探讨,提出了"劳工神圣"的观点。
李大钊运用马克思主义的一个鲜明特点,是将马克思主义的立场、观点和方法具
体地运用到相关问题的分析之中。李大钊不是停留在对旧道德的批判上,而是
基于马克思主义在中国引进的条件,将建设以马克思主义为指导的新伦理体系
作为重要的任务。他在论述新道德产生的历史必然性时,对建立符合时代发展
的新伦理提出了伟大的构想。他指出,"我们所要求的新道德,就是适应人类一
体的生活,世界一家的社会之道德"。据此,"从前家族主义、国家主义的道德,
因为他是家族经济,国家经济时代发生的东西,断不能存在于世界经济时代
的"。李大钊提出,要废弃旧道德,但这不是不要道德,而是要建立新道德,这样
才能适应经济时代的转变。他认为,我们所要建立的新道德应该是"人的道德、
美化的道德、实用的道德、大同的道德、互助的道德、创造的道德"②。虽然李大
钊的构想还存在一些旧思想的影响,尤其是"新道德"中的"大同的道德"、"互助
的道德"等提法还有商榷之处,但到1920年他把这种新道德进一步具体化,这就
是"劳工神圣"的新伦理。他说:"现代的经济组织,促起劳工阶级的自觉,应合
社会的新要求,就发生了'劳工神圣'的新伦理,这也是新经济组织上必然发生
的构造。"③倡导建立劳动者的新伦理,是马克思主义关于人民群众是历史创造
者观点在伦理学研究中的具体运用,反映了李大钊在马克思主义唯物史观指导
下思想认识上的提高。李大钊是中国最早的马克思主义者,他以马克思主义为
指导建立伦理思想体系,必然坚持人民至上的理念,提出"劳工神圣"新伦理势
所必然。

李大钊在马克思主义指导下所提出的伦理思想,是随着时代的发展以及他
对中国伦理问题的观察而不断深化的。早年他作为一位爱国者,对封建伦理纲

① 《物质变动与道德变动》,《李大钊全集》第3卷,人民出版社2006年版,第116—117页。
② 《物质变动与道德变动》,《李大钊全集》第3卷,人民出版社2006年版,第117页。
③ 《由经济上解释中国近代思想变动的原因》,《李大钊全集》第3卷,人民出版社2006年版,第149页。

常表示了极大愤慨,对张勋复辟、洪宪帝制进行了批判,并在进化论指导下阐述了资产阶级的伦理观。虽然李大钊在1917年前后,思想上处于极为矛盾的焦虑状态,但从东西方文明的比较中阐述了东西方伦理的差别,主张通过东西方伦理的取长补短,而谋建符合"第三新文明"的新伦理。十月革命后,李大钊迅速地转变为马克思主义者,并在宣传马克思主义的过程中,自觉地用历史唯物主义分析伦理道德问题,不仅批判历史上形形色色的旧道德,而且正确地指出道德的本质和根源,阐述新道德的产生和旧道德的消亡的客观规律。此时,李大钊能够比较熟练地运用马克思主义的唯物史观,从社会经济变动入手分析伦理现象及其本质,基于人民至上的理念提出劳动者道德建设的问题;他在极力主张摒弃神的道德、宗教的道德、古典的道德、阶级的道德、私营的道德、占据的道德①的同时,又对未来共产主义社会的伦理道德提出伟大的构想,成为当时历史条件下运用唯物史观探讨伦理问题的最杰出者。李大钊是中国近现代宣传马克思主义伦理观的第一人,是对封建道德猛烈批判的最激进者,同时又是中国马克思主义伦理学的先驱者。

2. 冯定的《新人群的道德观》(1937年4月)

冯定②是现代中国著名的马克思主义学者,其所著《新人群的道德观》(1937年4月)是一篇重要的伦理学文献,在中国现代学术史上有着重要的地位。

冯定在《新人群的道德观》中,依据马克思主义唯物史观关于人类生活条件决定道德的主张,并基于社会历史变动与道德之间具有内在关系的事实,提出了"新人群的道德观"这个独特性范畴,认为道德皆是与一定的历史阶段相联系的,并且又是随着时代的变迁而变迁的,于是"道德不是死的,而是活的"。故而,所谓道德都不是一成不变的,也不是"千秋万代都是可以适合的"。他指出:"人对于道德,也就是对于善恶的见解,好像人对于人生的见解一样,各时代不同,各人群之间彼此不同,所以从整个人类历史看,各时代有各时代的道德,各人群也有各人群的道德。这便是新人群新道德观的精髓。新人群的生活条件,使

---

① 《物质变动与道德变动》,《李大钊全集》第3卷,人民出版社2006年版,第117页。

② 冯定(1902—1983),浙江慈溪人,现代中国著名的哲学家、教育家。20世纪30年代用贝叶的笔名发表了大量有关青年思想修养的文章。抗日战争和解放战争时期,主要从事革命的文化宣传教育工作。中华人民共和国建立后,从事中国共产党的宣传文教事业,历任中国全国政协第二、三、四届委员、第五届常务委员,马列学院一分院副院长,北京大学教授,并担任中国科学院哲学社会科学部委员、中国伦理学会名誉会长、中国辩证唯物主义研究会顾问、北京市哲学会会长。著有《平凡的真理》、《冯定文集》等。

新人群有这种最前进的道德观;而就是有了这种道德观,新人群才不会附着那旧道德的骸骨再去迷恋,而发生了一种祛旧革新的力量,新道德观的妙处也就在这儿。"①这里,冯定所阐述的道德观乃是马克思主义的道德观,不仅将道德置于社会历史条件之中,强调"各时代有各时代的道德",而且强调即使是在同一个时代之中,也会存在着"各人群也有各人群的道德"。这就将道德所具有的历史性特征进一步具体化了,从而在凸显出道德与时代关系的同时,又具体地揭示出道德与相关人群的关系。事实上,即使是同一个时代、同一个社会之中,也会因为人群的不同而表现出不同的道德观。冯定的论述,表达了道德即使是在同一个社会形态之中所具有的多样性特征。这是在马克思主义的社会历史理论指导下,通过对"人群"范畴的嵌入而对道德理论的重大发展。

冯定提出"新人群的道德观"这个范畴,是与他对既有传统道德观所坚持的道德不变主张的猛烈批判,紧密联系在一起的。在伦理学界,在 20 世纪 20 年代及 30 年代,传统的"道德永恒"论仍然有较大的市场,因而也就需要从学术上加以辨析,并需要给予思想上的批判和清理。在冯定看来,旧道德之所以在宗法社会中得以"永恒"化、合法化,乃是因为有其经济基础及其相关的上层建筑的支撑,亦即有着农业社会所形成的家族制度这个基础。他指出:

在宗法社会里,孝是至高无上的道德,因为那时父权的社会组织已经巩固,家长的权威正在扩大和发扬,所以每个人的一切利益,都以'家业'也就是拿家庭做单位的这份产业为中心,儿子在家里固然是家长的作品和私有物,为着整个家庭,实际上就是为着家长做人,……"家业"不但是父母保持下来,也是历代祖先创立和恢弘起来的,所以缅怀祖先的情绪在那时非常浓厚,儿子不但要尊敬父母,并且也尊敬祖先,于是甚至有祭祀那样的仪式产生了。"家业"既然要世世代代地继承下去,所以做儿子的一方面要继承父母,一方面自己也必须制造自己那样的儿子来继承自己,于是"不孝有三,无后为大"的道德观也就大为流行了。"家业"一分散就不大容易保持,所以为着避免儿子太多而堕落"家业"起见,便确定了什么大宗小宗的家族系统。②

在冯定看来,道德尽管在封建社会与资本主义社会中有不同的表现形态,并且资本主义社会中的道德确实也有新花样,但这都是与社会的经济基础相联系

① 《新人群的道德观》(1937 年 4 月),《冯定文集》,人民出版社 1987 年版,第 104 页。
② 《新人群的道德观》(1937 年 4 月),《冯定文集》,人民出版社 1987 年版,第 104—105 页。

的。关于封建社会的道德问题,冯定指出:"在封建社会里,至高无上的道德已是忠,不是孝了。因为这时社会的组织已经扩大,封建主一家的私利和封建国家一国的公利打成了一片。封建主为要保持其一人的声威,就需要臣民都能对他表示忠忱。封建国家是在不断战争中长成和发展起来的,为驱使臣民服服帖帖的去作战,提倡'忠'的道德尤其重要。"①关于资本主义社会的道德问题,冯定指出:"在资本主义社会里,道德便有资本主义的新花样了。这儿主要便是要更响亮些来吆喝私有财产的神圣,所以'不偷盗'便成为一种好的道德;不但是好的道德,并且已由道德转变为比封建时代更细密而更严厉的法律,犯偷盗的人应该坐牢受刑,甚至消灭其存在。"②冯定正是在对封建社会及资本主义社会的考察中,说明了道德背后的经济基础及上层建筑所起的作用,从而论述了道德的上层建筑属性。

冯定基于道德演变历史的考察,运用马克思主义的唯物史观进一步说明道德变迁的缘由,并就社会上流行的道德永恒论展开进一步的批判。冯定指出:"道德显然是随时在变化的,然而旧的道德观,认为道德是亘古不变的教条,这是什么缘故呢? 这是因为旧社会向来是'人上人'的社会,'人上人'总希望这样的社会能够永生不死,所以在道德问题上反映出来的也有这样的见解。'人上人'如果在社会兴盛的时候,自然希望这样的社会能够'永存',就是在衰替和没落的时候,也希望这样的社会能够'苟延'。当资产阶级大革命的时光,旧的思想曾一度被理智所审判,旧的道德也曾一度被'暴民'所蹂躏和毁灭,然而继着而来的却是资产阶级永恒的真理,是资产阶级永恒的道德和法律。"③这里,冯定一方面基于传统社会中"人上人"观念的衍化及其对于旧道德观所起到的支撑作用,解说了道德永恒论在思想界和学术界得以延续的原因;另一方面又对资产阶级价值观中所谓"永恒的真理"进行剖析,说明封建时代的"道德永恒"的旧道德观在资本主义社会中得以延续的原因。

冯定在《新人群的道德观》中坚持马克思主义与道德研究相结合的理念,不仅依据马克思主义提出"新人群的道德观"的主张,并具体地提出"新人群"道德建设的办法,而且对宗法社会中道德与其经济基础及上层建筑的关系作出学理上的梳理,同时又在学术与理论相结合的视域中批判了"道德永恒"论,显示出

---

① 《新人群的道德观》(1937年4月),《冯定文集》,人民出版社1987年版,第105页。
② 《新人群的道德观》(1937年4月),《冯定文集》,人民出版社1987年版,第105页。
③ 《新人群的道德观》(1937年4月),《冯定文集》,人民出版社1987年版,第107页。

伦理学研究中既重视建设又重视批判的研究范式,为推进马克思主义指导的道德体系的建构作出了创造性的努力。在现代中国伦理学发展史上,冯定的《新人群的道德观》是重要的学术文本,有着重要的学术地位和思想意义。

3. 刘少奇的《论共产党员的修养》(1939 年)

《论共产党员的修养》是刘少奇在中共党内首创共产党员修养理论的代表作,在中国马克思主义伦理学史上有重要的历史地位。刘少奇于 1939 年 7 月在延安马列学院作了关于共产党员修养的演讲,后在中共中央机关刊物《解放》第81—84 期上发表,1939 年 11 月延安新华书店出版了单行本,各抗日根据地相继翻印,作为根据地党员必读的基本文献。1942 年中共中央把此著列为全党整风的必读文件之一,收入《整风文献》,供全党学习。刘少奇的《论共产党员的修养》一书以及其他相关著作,在中国马克思主义学术史上首创了共产党员的修养理论。关于共产党员的修养问题,马克思、恩格斯、列宁、斯大林在党的建设问题上着重讲党的路线、方针、政策,很少从每个党员应该怎样加强自己的思想意识修养、理论修养、党性锻炼等方面来论述。刘少奇根据中国共产党自身建设的经验和教训,同时亦根据自己对党内生活状况的观察、对党员种种思想和行为表现的观察,创造性地构建了共产党员修养理论体系,《论共产党员的修养》就是这一理论体系的代表作。

《论共产党员的修养》对共产党员修养的必要性、修养的内容与途径、修养的方法等都进行了全面的探索,成为中国共产党第一部从党员个人党性修养的角度论述党的建设的专著。这是对马克思主义党建学说的重大贡献,同时也是对中国马克思主义政治学、伦理学的重大贡献。

《论共产党员的修养》强调共产党员修养的必要性。首先,刘少奇把共产党员革命的过程看成主观世界改造的过程,强调革命的实践活动对于思想改造的极端重要性。他指出,共产党员进行革命的过程就是一个"改造自己"的过程,共产党员必须在长期的同反革命的斗争中改造自己,要在革命斗争中来提高自己的品质和能力,就离不开自身的修养。他说:"由一个幼稚的革命者,变成一个成熟的、老练的、能够'运用自如'地掌握革命规律的革命家,要经过一个很长的革命的锻炼和修养的过程,一个长期改造的过程。"①其次,刘少奇认为共产党员改造自己不能离开革命的实践,因而也就离不开在实践中的"自我修养"。他指出,共产党员要"改造自己","除开要学习历史上的革命经验(前人的实践)而

---

① 《刘少奇论党的建设》,中央文献出版社 1991 年版,第 94 页。

外,还必须亲自参加到当时的革命的实践中去,在革命的实践中,在同各种反革命进行斗争中,发挥主观的能动性,加紧学习和修养",只有这样"才能够逐渐深刻地体验和认识社会发展和革命斗争的规律性,才能真正深刻地认识敌人和自己,才能发现自己原来不正确的思想、习惯、成见,加以改正,从而提高自己的觉悟,培养革命的品质,改善革命的方法等","所以,革命者要改造和提高自己,必须参加革命的实践,绝不能离开革命的实践;同时,也离不开自己在实践中的主观努力,离不开在实践中的自我修养和学习"[①]。再次,刘少奇从党员思想状况和所要担负的历史重任出发,提出共产党员的修养对于保持无产阶级先锋队性质的极端重要性。刘少奇指出:"我们的党员由于原来的社会出身不同,所受的社会影响不同,因而就有不同的品质。他们对待革命实践各有不同的态度、立场和认识,所以,在革命实践中各有不同的发展方向。……因此,革命者在革命斗争中的主观努力和修养,对于改造和提高革命者自己,是完全必需的,决不可少的。"[②]又说:"我们共产党不是天上掉下来的,而是从中国社会中产生的。每个党员都是从中国社会中来的,并且今天还是生活在这个社会中,还经常和这个社会中一切不好的东西接触。不论是无产阶级或是非无产阶级出身的党员,不论是老党员或是新党员,他们会或多或少地带有旧社会的思想意识和习惯,这是不奇怪的。为了保持我们无产阶级的先锋战士的纯洁,提高我们的革命品质和工作能力,每个党员都必须从各方面加强自己的锻炼和修养。"[③]以上,刘少奇从共产党员自身的思想改造、革命斗争的实践需要、党员中存在的非无产阶级思想的实际、共产党所担负的历史重任等方面,具体地研究并申明共产党员加强修养必要性,从而将共产党员的思想状况与革命斗争的实际需要结合起来,从认识与实践的关系阐发共产党员修养的极端重要性,并由实践经验的总结上升到理论的高度。

《论共产党员的修养》对于共产党员修养的内容进行了全面的揭示,为共产党员的修养指明了努力的方向。关于共产党员修养的基本内容,刘少奇指出:"我们要做马克思列宁主义创始人的最忠实、最好的学生,就需要在无产阶级和一切群众的长期而伟大的革命斗争中进行各方面的修养,要有马克思列宁主义理论的修养,要有运用马克思列宁主义的立场、观点和方法去研究和处理各种问

---

① 《刘少奇论党的建设》,中央文献出版社 1991 年版,第 94—95 页。
② 《刘少奇论党的建设》,中央文献出版社 1991 年版,第 96 页。
③ 《刘少奇论党的建设》,中央文献出版社 1991 年版,第 99 页。

题的修养;要有无产阶级的革命战略、战术的修养;要有无产阶级的思想意识和道德品质的修养;要有坚持党内团结、进行批评和自我批评、遵守纪律的修养;要有艰苦奋斗的工作作风的修养;要有善于联系群众的修养,以及各种科学知识的修养等。我们都是共产党员,所以我们大家都无例外地需要进行上述各方面的修养。"①这里,刘少奇提出的共产党员个人修养的内容是极为丰富的。根据刘少奇的这一著作及相关论述,大体上可以概括这样几个主要方面:一是马克思主义理论修养,主要是运用马克思主义的立场、观点和方法研究和解决各种问题的能力,具有理论联系实际的能力;二是无产阶级思想意识的修养,主要是具有无产阶级的党性原则、共产主义的道德品质;三是共产党的组织纪律的修养,主要是要求党员能够正确处理好个人与组织、领导者与被领导者、下级与上级、党员个人之间的各种关系,遵循群众路线,发扬党的优良传统和作风;四是从事革命斗争的知识修养,主要是要求具有广博的知识。注重个人修养特别是道德的修养,这是伦理学研究的重要课题。从刘少奇上述关于修养内容的表述来看,是极为丰富的。

刘少奇关于党员个人加强修养的主要内容是极为丰富的,其核心部分或者说更具有创新性的,是党员的马克思主义理论修养及党员的思想意识修养这两部分。因为,在刘少奇所建构的党员修养的理论体系之中,关于党员组织修养要求,即:"个人利益服从党的利益,地方党组织的利益服从全党的利益,局部的利益服从整体的利益,暂时的利益服从长远的利益"②,是以党员的个人利益与党的整体利益的关系为中心议题的;而刘少奇关于这一问题的处理,是将其放在"共产党员的思想意识"与"马克思列宁主义的学习"中解决的,实际上也就是党员的马克思主义理论修养问题及党员的思想意识修养问题。如刘少奇在论党员个人利益与全党的整体利益时是这样说的:"在一个共产党员的思想意识中,如果只有党的共产主义的利益和目的,真正大公无私,没有离开党而独立的个人目的和私人打算;如果他能够在革命的实践中,在马克思列宁主义的学习中,不断地提高自己的觉悟,那末:第一,他就可能有很好的共产主义的道德。……第二,他也可能有最大的革命勇敢。……第三,他也可能最好地学习到马克思列宁主义的理论和方法。……第四,他也可能最诚恳、坦白和愉快。……第五,他也可

---

① 《刘少奇论党的建设》,中央文献出版社 1991 年版,第 104—105 页。
② 《刘少奇论党的建设》,中央文献出版社 1991 年版,第 127 页。

能有最高尚的自尊心、自爱心。"①关于党员个人的道德修养问题,刘少奇也是将其放在马克思主义理论水平的提升与思想意识的修养方面,强调共产党员世界观转变的绝对意义。他指出:"共产党员应该具有人类最伟大、最高尚的一切美德,具有明确坚定的党的、无产阶级的立场(即党性、阶级性)。我们的道德之所以伟大,正因为它是无产阶级的共产主义的道德。这种道德,不是建筑在保护个人和少数剥削者的利益的基础上,而是建筑在无产阶级和广大劳动人民的利益的基础上,建筑在最后解放全人类、拯救世界脱离资本主义灾难、建设幸福美丽的共产主义世界的利益的基础上,建筑在马克思列宁主义的科学共产主义的理论基础上。在我们共产党员看来,为任何个人或少数人的利益而牺牲,是最不值得、最不应该的。但是,为党、为阶级、为民族解放,为人类解放和社会的发展,为最大多数人民的最大利益而牺牲,那就是最值得、最应该的。"②鉴于这样的认识,以下试就党员的马克思主义理论修养及思想意识修养问题,作简单分析:

——关于马克思主义理论的修养。刘少奇强调"马克思列宁主义理论修养的极大重要性",要求共产党员以坚定的无产阶级立场来学习和研究马克思主义理论,加强个人的马克思主义理论修养,并善于运用马克思主义的立场、观点和方法来解决实际问题。关于以无产阶级立场来提高马克思主义理论修养问题,刘少奇指出:"我们可以说:一个共产党员如果没有明确而坚定的无产阶级立场,没有正确而纯洁的无产阶级思想意识,要彻底了解和真正掌握马克思列宁主义的理论和方法,并使之成为自己的革命斗争的武器,是不可能的。这也就是说,一个共产党员要有比较好的马克思列宁主义的理论修养,就必须有崇高的无产阶级的立场。"③那么,为什么要把提高马克思主义理论水平作为共产党员自身修养的最主要内容之一呢? 刘少奇认为,马克思主义理论之所以是共产党员自身修养的主要内容,一方面是因为马克思主义理论可以使共产党员坚持无产阶级的政治立场,坚持正确的政治方向;另一方面又可以使共产党员能确定和执行有利于无产阶级利益的方针、政策与斗争策略,从而为取得革命的胜利作出更大的贡献。他指出:"马克思列宁主义的理论,是我们观察一切现象、处理一切问题的武器,特别是观察一切社会现象、处理一切社会问题的武器。如果我们不能掌握马克思列宁主义的理论武器,我们就不能正确地认识和处理在革命斗争

---

① 《刘少奇论党的建设》,中央文献出版社 1991 年版,第 129—131 页。
② 《刘少奇论党的建设》,中央文献出版社 1991 年版,第 131—132 页。
③ 《刘少奇论党的建设》,中央文献出版社 1991 年版,第 112 页。

中所遇到的各种问题,就有迷失方向、背离无产阶级革命立场的危险,甚至可能自觉地或者不自觉地成为各种机会主义者,成为资产阶级的俘虏和应声虫。"又说:"如果不掌握马克思列宁主义这个武器,如果没有马克思列宁主义理论的高度修养,要在革命斗争的一切重要问题上,站稳无产阶级的正确立场;要在情况复杂和变化剧烈的环境下,在需要走迂回曲折道路的时候,都能够确定对无产阶级革命事业最有利的方针政策,都能代表无产阶级革命斗争的整体利益和长远利益,是根本无法做到的。"①因此,每个共产党员都要在参加革命实践的同时,十分用心地学习马克思主义的理论和方法,加强马克思主义理论的修养,并且善于将马克思主义理论与革命斗争的实际结合起来,在理论与实际的结合上下功夫。这是因为,"马克思列宁主义理论是国际工人运动经验的总结,是在革命实践中形成又服务于革命实践的理论。只要我们密切联系革命实践,去学习它,运用它,掌握它,我们就能够了解周围事变的内部联系,了解各阶级在目前如何行进和向哪里行进,了解这些阶级在最近的将来如何行进和向哪里行进;我们就能够有确定行动方针的能力,能够对革命运动的前途具有信心。"也正是因为马克思主义理论具有这样伟大的作用,因而"共产党员必须使对马克思列宁主义的理论和方法的学习,同思想意识的修养和锻炼,这两者密切地联系起来,绝不应该使两者分割开来"②。

——关于思想意识的修养。刘少奇在《论共产党员的修养》中,以很大的篇幅讲"共产党员在思想意识上的修养"问题,要求所有共产党员高度重视思想意识修养的极端重要性。刘少奇从思想斗争的角度来看待"思想意识"的修养问题,亦即从无产阶级思想与非无产阶级思想的斗争来研究共产党员思想意识的修养问题。他指出:"我们在思想意识上的修养,是一回什么事呢? 我认为这在基本上就是每个党员用无产阶级的思想意识去同自己的各种非无产阶级思想意识进行斗争;用共产主义的世界观去同自己的各种非共产主义的世界观进行斗争;用无产阶级的、人民的、党的利益高于一切的原则去同自己的个人主义思想进行斗争。上述斗争是一种思想上的矛盾的斗争,它是社会阶级斗争的反映。这种斗争的结局,对于我们党员来说,应该是无产阶级的意识克服以至肃清其他各种非无产阶级的意识,是共产主义的世界观克服以至肃清其他各种非共产主义的世界观,是党的、革命的、无产阶级和人类解放的一般利益和目的的思想克

---

① 《刘少奇论党的建设》,中央文献出版社 1991 年版,第 112—113 页。
② 《刘少奇论党的建设》,中央文献出版社 1991 年版,第 117 页。

服以至肃清个人主义的思想。"①刘少奇认为，共产党员之所以要进行思想意识的修养，这主要是由于共产主义事业的需要，是无产阶级革命要清除反动阶级思想意识影响的需要。具体来说，一方面，"我们为了要获得胜利，就不但要和剥削阶级进行严重的斗争，而且要和剥削阶级在群众中长期造成的影响，要和群众中的落后意识、落后现象进行斗争，才能提高群众的觉悟，团结广大的群众去战胜剥削阶级"②；另一方面，也正是因为"共产主义事业是这样伟大而艰难的事业"，需要"我们共产党员，应该有最伟大的气魄和革命的决心"，需要"我们共产党员，要有最伟大的理想、最伟大的奋斗目标，同时，又要有实事求是的精神和最切实的实际工作"③。刘少奇还从党内同志所存在的"不正确的思想意识"的分析中，强调共产党员思想意识修养的重要性。在他看来，党内不正确的思想意识主要表现为：一是"加入我们党的人，不只是家庭出身和本人成份各不相同，而且是带着各种各色不同的目的和动机而来的"；二是"在某些党员中还存在着比较浓厚的个人主义和自私自利的思想意识"；三是"自高自大、个人英雄主义、风头主义等，在党内不少同志的思想意识中还是或多或少地存在着"；四是党内"少数同志有浓厚的剥削阶级的意识"，以致"他们常常不择手段地对付党内的同志，处理党内的问题，完全没有无产阶级共产主义的伟大而忠诚的互助精神和团结精神"；五是"在我们党内某些同志中还存在着'小气'，计较小事，不识大体等毛病"；六是"小资产阶级的急性病、动摇性，流氓无产者和某些破产农民的破坏性等，也常常反映到党内一些同志的意识中来"④。在刘少奇看来，党员所存在着的各种非无产阶级思想意识是不奇怪的，应该看到其"原因很简单，就是我们的党不是从天上掉下来的，而是从中国社会中产生出来的。……共产党的队伍中如果完全没有这些恶浊东西，倒是奇怪的，倒是完全不可想象的事。我们可以说：只要社会中还有这些恶浊东西，社会中还存在着阶级，存在着剥削阶级的影响，那末，在共产党内也就难免或多或少地存在一些恶浊的东西。正是因为社会上和党内还存在这些恶浊的东西，共产党就有改造社会的任务，党员就有改造自己的必要，就有修养和锻炼的必要。"⑤鉴于对党内各种非无产阶级思想意识表现的分析，刘少奇认为要看到：党内各种非无产阶级思想意识的存在有时是

① 《刘少奇论党的建设》，中央文献出版社 1991 年版，第 118 页。
② 《刘少奇论党的建设》，中央文献出版社 1991 年版，第 122 页。
③ 《刘少奇论党的建设》，中央文献出版社 1991 年版，第 125—126 页。
④ 《刘少奇论党的建设》，中央文献出版社 1991 年版，第 135—147 页。
⑤ 《刘少奇论党的建设》，中央文献出版社 1991 年版，第 150 页。

"潜伏着",但在另一些时候"不正确的思想意识又可能发展起来",甚至支配人们的行动,于是就必然"表现为党内无产阶级的思想意识和非无产阶级思想意识的斗争"。因此,"我们党员在思想意识上的修养,就是要自觉地以无产阶级的思想意识、共产主义的世界观,去克服和肃清各种不正确的非无产阶级的思想意识"①。关于党员思想意识修养问题,刘少奇有一段总结:"共产党员在思想意识上进行修养的目的,就是要把自己锻炼成为一个忠诚纯洁的进步的模范党员和干部。这就要求:(一)从马克思列宁主义的理论学习和革命斗争的实践中,来建立自己的共产主义的世界观,建立自己的党和无产阶级的坚定立场。(二)根据共产主义的世界观,根据党和无产阶级的坚定立场,去检查自己一切的思想行动,纠正一切不正确的思想意识,同时,以此去观察问题、观察其他同志。(三)经常采用正确的态度、适当的方式,去和党内各种不正确的思想意识,特别是对于影响到当时革命斗争的各种不正确的思想意识进行斗争。(四)在思想、言论、行动上严格地约束自己,特别是对于同当时革命斗争有关的政治思想、言论和行动,要用严格的立场和正确的原则来约束自己,除此之外,最好连许多'小节'(个人生活和态度等)也注意到。但是,对其他同志的要求,除开原则问题和重大的政治问题以外,就不要过分严格,不要在'小节'上去'吹毛求疵'。党员的思想意识的修养,照我讲来,基本上就是这样。"②

刘少奇在《论共产党员的修养》中,还对党员修养的途径进行了深入的探讨,确认实践对于党员个人修养有着极端重要的意义。在刘少奇看来,党员修养的方法就是亲自参加人民群众的社会实践,这也是根本的方法。刘少奇指出:"一个人要求得进步,就必须下苦功夫,郑重其事地去进行自我修养。但是,古代许多人的所谓修养,大都是唯心的、形式的、抽象的、脱离社会实践的东西。他们片面夸大主观的作用,以为只要保持他们抽象的'善良之心',就可以改变现实,改变社会和改变自己。这当然是虚妄的。我们不能这样去修养。我们是革命的唯物主义者,我们的修养不能脱离人民群众的革命实践。"③刘少奇将社会实践的方法运用到个人的修养之中,体现了认识来源于实践,又受社会实践检验的唯物主义观点。这不仅使党员个人思想认识的提高与个人的思想修养统一在社会实践之中,而且使党员的修养与千百万革命群众的社会实践结合起来,体现

---

① 《刘少奇论党的建设》,中央文献出版社1991年版,第147页。
② 《刘少奇论党的建设》,中央文献出版社1991年版,第167—168页。
③ 《刘少奇论党的建设》,中央文献出版社1991年版,第105页。

了马克思主义的历史唯物主义关于人民群众是历史创造者的观点,因而为党员的修养指明了正确的途径。值得注意的是,刘少奇对于共产党员个人修养方法又进行了细致的阐述,将认识与实践的关系、接受真理与检验真理的关系、理论联系实际的问题、修养的目的等方面,有机地贯彻到修养的具体途径之中,从而展示了共产党员的修养途径与古代道德修养方法的根本区别。刘少奇指出:"对于我们最重要的,是无论怎样都不能脱离当前的人民群众的革命斗争,而是必须结合这种斗争去总结、学习和运用历史上的革命经验。这就是说,要在革命的实践中修养和锻炼,而这种修养和锻炼的唯一目的又是为了人民,为了革命的实践。这就是说,我们要虚心地学习马克思列宁主义的立场、观点和方法,学习马克思列宁主义创始人的高贵的无产阶级的品质,并且运用到自己的实践中去,运用到自己的生活、言论、行动和工作中去,不断地改正、清洗自己思想意识中的一切与此相反的东西,增强自己无产阶级共产主义的意识和品质。这就是说,我们要虚心地倾听同志们和群众的意见和批评,仔细地研究生活中、工作中的实际问题,细心地总结工作中的经验教训,并且根据这些去检验自己对于马克思列宁主义的了解是否正确,运用马克思列宁主义的方法是否正确,去检查自己的缺点错误而加以纠正,去改进自己的工作。同时,我们要根据新的经验,研究马克思列宁主义有哪些个别结论,在哪些个别方面,需要加以充实、丰富和发展。总之,我们要使马克思列宁主义的普遍真理和具体的革命实践相结合。这应该是我们共产党员修养的方法。这种马克思列宁主义的修养方法,和其他唯心主义的脱离人民群众的革命实践的修养方法,是完全不同的。"①当然,刘少奇论述党员修养的社会实践方法,并没有否认或忽视接受间接经验而进行个人修养的意义,他十分重视认真学习马克思主义理论对党员思想意识提高的重要意义,要求共产党员"把伟大的马克思列宁主义创始人一生的言行、事业和品质,作为我们锻炼和修养的模范"②;同时,也要"认真地学习马克思列宁主义的理论和方法,掌握马克思列宁主义的精神和实质"③。

刘少奇在民主革命时期所创立的共产党员修养理论,从马克思主义政党理论与中国共产党实际状况相结合的高度,科学地回答了共产党员为什么要加强修养、以什么作为修养的内容以及怎样进行修养这一现实的理论与学术课题,从

---

① 《刘少奇论党的建设》,中央文献出版社 1991 年版,第 105—106 页。
② 《刘少奇论党的建设》,中央文献出版社 1991 年版,第 99 页。
③ 《刘少奇论党的建设》,中央文献出版社 1991 年版,第 103 页。

而为更好地保持无产阶级政党的先锋队性质、发挥共产党员的主体积极性与创造性提供了新的途径。刘少奇创建的党员修养学说阐述了党员加强主观世界的改造的必要性和途径，突破了马克思、列宁比较重视论述改造客观世界的思想，填补了马克思主义党建思想的一个空白，是对毛泽东提出的思想上建党原则的具体化与体系化。以学术的眼光来看，《论共产党员的修养》从哲学和伦理学上解决了主体认识的阶级立场、思想意识和思想方法问题，要求共产党员在社会实践中要达到正确的认识就必须不断地加强自身的修养，将党员的马克思主义理论修养、思想意识修养、组织纪律修养、科学知识修养等，置于人民群众的社会实践之中，不断提升认识主体的能动性与创造性，这是把辩证唯物主义实践的观点首次引入共产党员自我修养活动之中，体现了马克思主义关于改造客观世界与改造主观世界相统一的原理，这是刘少奇从共产党员自身修养的角度对马克思主义认识论和伦理学的重大贡献。

（二）资产阶级伦理思想及研究专著

现代中国的资产阶级学者对于伦理学的研究有较大的成绩，出版了不少伦理学和道德学的专著。以下，试重点介绍梁启超、孙贵定、江恒源、余家菊、谢颂羔、杜亚泉、陈安仁、张东荪、丘景尼、谢扶雅、温公颐、谢幼伟、冯友兰、汪少伦等的伦理主张。

1. 梁启超"五四"以后的伦理思想

梁启超在清末民初的伦理观是引人注目的，其伦理观在传播西方伦理观念及对传统道德的批判中发挥了重大作用，在当时的学术界产生巨大的影响。如梁启超在民国初年撰写的《中国道德之大原》（1912 年），就是一篇重要的伦理学研究文章，对于研究道德的发展及其规律有重要的意义。"五四"以后，梁启超转入学术研究领域，致力于以进化论为指导的学术体系、知识体系的构建，并在"五四"以后的重要学术论战中有着重要的表现，因而在伦理学研究方面也有其不少主张。梁启超的《教育应用的道德公准》（1922 年）等文章，在当时的学术界就有很大的影响。

梁启超"五四"以后在撰写的《教育应用的道德公准》中，对道德的"公准"问题提出如下的主张：

> 依我个人的意见，道德应有公准为是。因为假使道德没有公准，道德的自身不免蹈空，陷落虚无，人生在世界上，无论对己对人，都要毫无把握，所以我主张公准说。

……道德公准的公准,是什么呢? 依我看来,道德的公准至少有三个条件。

(一)道德是要永久的,无所谓适于古不适于古今,合于今者不合于后的……。

(二)道德是要周遍的,能容涵许多道德条目,并不相互发生冲突。

(三)道德是对等的,没有长幼贵贱男女之分,只要凡是人类,都要遵守的,依照他去做便是道德,不然便不是道德。

……我们现在要道德的公准,万万不能把从前琐琐屑屑的条目,责备现在的人,只宜从简单入手,条目越少,遵守较易,道德的权威便易养成。无论何人,违反了这公准便免不了受良心的责备和社会制裁。故道德的公准,不可没有,又不可过多,而最普遍最易遵守的道德公准,不外下列四条:

(一)同情——反面是嫉妒。

(二)诚实——反面是虚伪。

(三)勤劳——反面是懒惰。

(四)刚强——反面是怯弱。

上述四者,无古今中外之分,随时随地都应遵守的。四者包含很广,却并无不相容纳,且是对等的重要。[①]

梁启超提出道德的"公准"问题是很有见地的,但将道德的"公准"作为一个一成不变的、放之四海而皆准的"公律",并认为是无古今中外的区别,则显然就不妥了。道德有其公律,但不同的社会也就有不同的道德标准,这是一个显见的事实。退一步言之,作为历史性的"公律",在不同的历史阶段似乎也就有具体的历史阶段的"公律",亦即有着"总体规律"与"具体规律"之别。因而,梁启超的道德"公准"主张,其非历史主义的态度也就很显然了。

在《教育应用的道德公准》中,梁启超还对道德的功能作出自己的解说。他认为,道德的目的就在于"发展个性"与"发展群性"这两个方面。他说:"凡是一个人不能发展他的个性,便是自暴自弃。孔子说:'惟天下至诚,为能尽其性,能尽其性,则能尽人之性。'这尽人之性,便是一个人处著特殊的地位,将固有的特色,尽量发挥。这才不辜负我们的一生。而人生在世界上所以能够生存,不光是恃著个人,尤贵在人与人的关系,这就是群。我们家庭至小的单位是夫妇,大之

---

① 《教育应用的道德公准》(1922 年),《梁启超哲学思想论文选》,北京大学出版社 1984 年版,第 415 页。

有父子兄弟,在邻里有乡党,在校有同学,在工厂有同事,在国家有国人。所以一方面我们要发展个性,他一方面又要发展群性。能够如此,才算是有了高尚的道德。"①梁启超提出的道德目的论,是从人性善的角度立论的,自然有着不可克服的弱点;但他关于道德功能的主张,一方面融入西方的发展个性的思想,另一方面继承了中国传统文化的集体主义思想,因而有着中西合璧的特色。

"五四"以后,梁启超的思想总的来看是迅速倒退,其《欧游心影录》一书表现出对西方文明及现代科学的怀疑,在伦理问题上更多地要回归到中国的传统伦理方面,这应该说是梁启超在"五四"以后伦理观的一个特点。就中国现代伦理学的演进而言,梁启超关于道德问题的主张对后来现代新儒学有引路作用,因而梁启超可以说是中国现代新儒家学说的先驱者。

2. 张东荪的《道德哲学》(1930 年)

张东荪②是现代著名的哲学家、政治活动家、政论家、报人。所著《道德哲学》一书,将历史上关于伦理道德的学说分成快乐论与功利论、克己论与直觉论、厌世主义与自立论、同情论与进化论、完全论与自我实现论以及综合论,成为在哲学视域之中自创体系的伦理学研究专著。

张东荪在《道德哲学》中将道德分为"实际道德"与"道德自身"两类,进而不承认真正的道德有所谓起源问题。他说:"吾人当分实际道德与道德自身。谓实际道德有起源,有发展,有变迁,皆是也。……至于道德自身则不能谓其有所自始,有所改动。……道德自身必藉实际道德而表现,离实际道德亦无觅道德自身。则谓道德自身即宿于实际道德之中……。道德自身虽宿于实际道德中,藉之乃得发展,然仍未可目为同一物也。……惟道德自身无所始,故实际道德虽有起源而非真正起源也。吾人于道德之起源可谓不能知。"③在道德的起源问题上,张东荪将道德分为"道德自身"与"实际道德",并且也认为"实际道德"有起源,但他把"实际道德"仅仅看成是道德的一种外在表现形式,是"道德自身"的一种外部的现象,亦即道德的非本质的、形而上的东西。换言之,道德中真正的具有本质意义是"道德自身",不是"道德实际",而"道德自身"是没有起始的,因而道德也就没有起始了,所以他的结论就是"道德上起源可谓不能知"。由于

---

①　《教育应用的道德公准》(1922 年),《梁启超哲学思想论文选》,北京大学出版社 1984 年版,第 417 页。

②　张东荪(1886—1973),原名万田,字东荪,曾用笔名"圣心",浙江杭州人,现代中国著名哲学家。

③　张东荪:《道德哲学》,中华书局 1930 年版,第 21 页。

将道德的起源说成是"不能知",这就把道德看成是一种先天的、与社会实际不相关的东西,这实际上是把道德说成是永恒的、不可改变的存在物。张东荪为什么把"道德"划分为"道德自身"与"实际道德"呢? 就在于他认为时下人们所说的"道德",还不是最初意义上的、根本的道德。他说:"第一,吾名之曰'诚',即翁德所谓自尊(即自重)是已。第二,吾名之曰'仁',即翁德所谓敬邻是已。实则即孔子所谓'忠''恕'也。对己必诚,必忠;对人必仁,必恕。此实为道德之最初基本,其他一切道德皆由此进展以出。以口语表之,此二者可谓为'起码'之道德。"①由于他认为,这个"起码"的道德,才是根本的道德,所以他找出了"道德自身"来并探求其"真谛",从而作出了道德起源"不能知"的论断。

关于道德演进的趋势,张东荪的认识与当时学术界通行的看法有所不同。当时的学术界认为,道德演变有三个趋势:第一是社会化的趋势,亦即道德有趋于公同、趋于普遍之势;第二是个性化趋势,亦即有趋于各人自觉之势;第三是合理化趋势,亦即有趋于以理性为标准之势。张东荪对道德演进的三个趋势的看法,虽然在总体上是表示认同的,但他认为"此三趋势之在今日,同时并存,非前后相继"。就是说,道德演变的这三种趋势并不是"前后相继"的关系,而且三种情形也并非处于同样的地位。换言之,道德演进的趋势不是直线型的取代关系,而是同时并存、交错复杂的关系。他指出:"此三趋势虽于今日皆一律存留,未有消灭而其发生之始则显有前后差池。社会化之趋势最先出,故习俗道德止有一群好恶而无个人责任。个性化之趋势次出,故个人道德侧重于个人地位。然个人自觉心一起,理性批判之要求即紧接以生。是以个性化之趋势与合理化之趋势无甚先后。不过降至今日,合理化之趋势愈为显著而已。"②学术界一般认为道德经过了最初的"习俗道德"阶段,在此阶段是以习俗为道德,风俗对于其中的各个人是有无上的威权,而个人对于本群之风俗也只是一味盲从,没有丝毫的批评与怀疑。张东荪承认道德之演进与风俗的关系,但认为存在着"善良风俗"与"不良风俗"的类型,于是风俗也有不合道德的情形,而道德借风俗而演变,亦非通过"革命方法"而得以实现的。他说:"道德藉风俗而见,而风俗有不合于道德者,此不合道德之风俗必有以改易之,斯方有道德之进化。质言之,即道德之演进也即在逐渐汰除不良风俗,而同时增长善良风俗。顾不良风俗如何以去之,善良风俗如何以造之乎? 是则曰决不能用革命方法。……以风俗不合

---

① 张东荪:《道德哲学》,中华书局 1930 年版,第 607 页。
② 张东荪:《道德哲学》,中华书局 1930 年版,第 25 页。

道德,加害于我也,我则亦以不道德抗之,斯为横决。以横决而谋变更道德即吾
所谓道德革命方法者是也。以革命施于道德,道德之旧者固可被破坏,然决不足
建立新者以代之。"①那么,为什么不可以"革命方法"推进道德变迁呢? 除了基于
"革命只能破坏而不能建设"的观点外,张东荪认为人们所内存的"理想"是一
个根本性因素。他说:"道德随理想而进,道德进一步,其所悬之标准则更远一
步。故在著者之意,以为人类之所以有道德,与道德之所以有进步,皆在于吾人
有理想。"②可见,在道德与风俗的关系上,张东荪不把风俗看成是一成不变的整
体,而是认为风俗之中有着不良风俗淘汰、善良风俗增长的现象,从而出现由风
俗的演化而推动道德的演化这种现象。就是说,这一过程不是"革命方法"所造
成的,而是善良道德与不良道德作用的结果,于是才有旧道德的淘汰和新道德的
建设。

张东荪基于进化论承认道德变动的必然性,但将这种必然性归结于文化的
变动,而不是社会生产力的进步。他说:"道德在文化之整体中,文化进步则道
德亦必进化。道德之进化与其相关者(即经济政治学术等)之进化相辅而行,然
其间之程度未必有严正比例,然二者之相关则不容否认也。"③由于将文化作为
道德变动的原动力,因而张东荪反对道德革命,认为即使有一个阶级推翻另一个
阶级的革命,但也不能推动道德的变迁。他说:"止有阶级道德之说在视资产阶
级之道德为甲,劳动阶级道德为乙,两种截然不同。俟劳动阶级推翻资产阶级以
后,道德遂由甲变乙,斯谓道德之革命。殊不知事实上资产阶级之道德,即与劳
动阶级之道德相同,即为一种。纵使劳动阶级推翻资产阶级,而道德之内容亦不
能有变化。故道德革命之说,亦根本上悖于事实。"④可以说,张东荪从文化上来
说明道德的变迁,反对以革命手段推进道德建设,这使他在道德问题上陷入了文
化决定论的窠臼。

张东荪主张要重视道德标准的评判作用,认为依据道德标准的评断,则社会
上的道德行为可以分为三类,即道德行为、不道德行为、无关于道德行为,这大致
说明人类的行为大多是与道德相关的。他说:

　　吾人既能发为自动行为矣,既能自定其标准矣,则吾人于建立标准以
后,必可依此以检查所有之行为。检查之结果必将见有三大类:曰合乎标准

---

① 张东荪:《道德哲学》,中华书局 1930 年版,第 38 页。
② 张东荪:《道德哲学》,中华书局 1930 年版,第 235 页。
③ 张东荪:《道德哲学》,中华书局 1930 年版,第 600 页。
④ 张东荪:《道德哲学》,中华书局 1930 年版,第 645—646 页。

者;曰违背标准者;曰无关于标准者。第一可名曰道德行为;第二可名曰不道德行为;第三可名曰无关于道德行为。例如吾人自定一标准曰:临财毋苟得。设吾于道路见有人遗失钱囊。吾拾而追还其人,此乃合乎标准之行为,可称为道德者也。反之若吾即匿而据为己有,此违反标准之行为,所谓不道德者是已。至于我读书后散步以吸新空气,此则止有合乎卫生与否之问题,而与道德范围无涉也。故散步为无关于道德之行为。虽然,苟吾以散步为常课,而一日废除之,亦未尝不发生勤惰之问题。勤为道德,惰为不道德,又稍稍侵入道德之范围矣。可见人类行为无在不与道德问题相联,而真正无关道德之行为并不居多数也。①

需要说明的是,张东荪在主张道德标准评判时,认为评价人类的行为是否道德,应该基于人类对于生命的欲求和对生存的需要。他举例说:"避免痛苦乃当然之事。盖以万事以生命存在为前提。最高理想必先有最低基础。生命者理想之基础也。若不有生命,又何有于理想? 是皮之不存,毛将安附? 是以视避免苦痛为人生之最低条件,固属天经地义,不可否认者也。至于人有时而甘于忍饥受寒,是自愿受痛苦也;特此自甘受苦非以苦痛本身有价值而欲取之,乃因欲得他种目的而不得不暂行牺牲耳。此乃足明苦痛非人之所欲。盖人若不另有远大目的的,决无自愿受苦者,可证之于事实也。"②张东荪关于道德标准的研究,注重了道德行为的社会性要求,同时亦强调人们对于生命的要求在道德评判中的基础性地位。

在道德与经济、政治的关系上,张东荪认为道德与经济、政治确实是有密切关系的,但不是经济决定道德,也不是政治决定道德,而是相反。他说:

经济决不能离道德而独立,正犹道德之不能离经济也。无论何种生产方法必有待于合作,而合作则必先有合群之道德;无论何种交换方法必有待于公平,而公平则必先有应当之观念,故经济行为之先有最初步之基本道德,否则经济行为不能成立。政治亦然,无论何种政治必先建立制度,而制度之创立又必有待于是非善恶之辨别。换言之,即必先有劝善抑恶或保善防恶之心然后方有制度,且制度之运用亦必须有此种认识与夫责任之自觉,是政治之成立必先有若干道德为其条件也。至于学术,亦甚明显,盖欲于真理有所获,必须首先有诚心,不自欺,不欺人。此"诚"即道德是已。谁谓学

① 张东荪:《道德哲学》,中华书局1930年版,第8页。
② 张东荪:《道德哲学》,中华书局1930年版,第130页。

术之研究不须先有道德为其基础耶？此言经济政治学术宗教等之有待于道德也。①

张东荪将道德提到如此高的地位，就在于他在道德问题上以文化来立论，将文化看作是社会一切的基础，而道德又是文化体系中的重要部分，故而道德的地位就在经济、政治、学术之上了。他曾说："人类现实生活受限制于时空之交切点，顾人无不欲超越此交切点；凡向此超越之努力，堆集其共同者名之曰文化。文化有种种：对于物质需要则有经济，对于合群之维系则有政治；对于条理之审知则有学术；而对于行为方面有所律则者厥曰道德。"②在马克思主义者看来，上层建筑是由其物质性基础决定的，道德虽然具有自律性的一面，但道德作为一种上层建筑，在根本上受制于社会的经济基础，归根到底是由经济基础决定的；而在上层建筑中，道德与同样是上层建筑的政治，不是对等的关系，而是由政治这一上层建筑所决定的。张东荪在道德与经济基础、其他上层建筑的关系上，可谓反其道而行之，其文化道德观的特色尤为显著。

张东荪注重道德的特殊功用，强调道德修养的极端重要性，认为道德修养方面主要在于躬行，而不是接受一般的道德教育。研究伦理问题，无不注重于道德的功用。与一般的解释不同，张东荪对道德的功用作了独特的解说，认为道德就在于"自得"，而不在于"自用"，亦不在于对外。他指出："若夫德则初无一定之用处。惟其无一定之用处，故无所不用。特其用也非用以对外，非用以应物，乃纯为自得而已。故道德止在自得而不在自用。其在吾国，语云心安理得……。俗人置祸福之标准于外，外加以苦痛即为祸；外加以快乐则为福。而自得于道德者，其标准不在外，乃一操之于自己创造之内界。其祸福之分，止在能否心安理得。断无自得而不为福者也。"③在张东荪看来，德是立身处世的前提，在"德"与"才"问题上是德者为先。他说："设汝于人生有真了解，则汝得之知识，不论大者为治国之道术，小者为土木之工艺，皆得自用。反之汝于人生不得正解，虽抱治国之道术，亦必有害于国家。甚至于一技一能，亦皆不使其得所。"④当时的伦理学者，大多强调道德的教化，主张开展道德教育。而张东荪认为，道德提升的途径是自己的实践，亦即"道德之改造止在自身之表现。以自己之言行表示

---

① 张东荪：《道德哲学》，中华书局 1930 年版，第 599 页。
② 张东荪：《道德哲学》，中华书局 1930 年版，第 576 页。
③ 张东荪：《道德哲学》，中华书局 1930 年版，第 40 页。
④ 张东荪：《道德哲学》，中华书局 1930 年版，第 40 页。

道德的方法,改正他人之不道德。"①他对于社会上的道德教育,提出自己的看法:

> 德固为不可传授,而可传授者非德,乃关于人生根本之义谛之理耳。明乎此,便有两点可言者。一曰,授人以德,不若指示之以正当之人生观。二曰,对于各别诸德,而为单纯劝将者,必无济于事。由前言之,可谓无道德教育而仅有哲学教育。由后言之,惟有自身作则,方足以言传授。换言之,传授道德不应以言教,而应以身教。古语云,以言教者讼,以身教者从,即谓此也。今以近世之言语表示之,即道德止有自我实现,而无空汎叙述。今之国人辄以不道德责人,其结果不道德者愈层出无穷。此无他,乃由于不知自己实践躬行,而徒以他人为对象耳。②

张东荪的意思是,道德教育本身就在于身体力行,"实践躬行",而不是外部的说教;因而,社会上一般的所谓道德传授,实际上传授的不就是"德"本身,而只是关于人生的一些道理。可以说,强调道德的自我实践,重视"身教",是张东荪在道德修养问题上的一大特色。

张东荪是现代中国著名的哲学家,其认识论方面主要来源于康德,具有中西文化的深厚学养,力图在融会西洋各家哲学思想来建设新的哲学体系。就其伦理学说来看,既继承了中国传统的伦理文化及道德修养理论,又汲取西方文化的民主科学精神,因而其伦理学思想可以说是具有中西合璧的特色。由于张东荪在伦理问题上坚持以文化来立论,将道德看作是文化的一种,认为道德是经济、政治、学术的基础,因而其伦理观也可以说是"文化的道德观"③。继《道德哲学》之后,张东荪在伦理学上还有《现代伦理学》、《伦理学纲要》④等著作,在现代中国的学术界亦有重要影响。

---

① 张东荪:《道德哲学》,中华书局 1930 年版,第 39 页。
② 张东荪:《道德哲学》,中华书局 1930 年版,第 39 页。
③ 郭湛波:《近五十年中国思想史》,山东人民出版社 1997 年版,第 147 页。
④ 《现代伦理学》,张东荪著,上海新月书店 1932 年 8 月初版。该著共 14 章:席其维克之直觉的功利主义,布莱德雷之自我实现主义,斯宾塞进化主义,格林之大自觉说,马蒂诺之良心论,盖育之生力充溢说,翁德之文化主义,赫胥黎之人道制胜天行说,穆亚新实在论伦理学,许濮朗盖之生活基型说,克鲁巴金之互助伦理说,马克思派之伦理意见。《伦理学纲要》,张东荪著,上海中华书局 1936 年 1 月初版,1941 年 8 月出第 3 版。该著论述伦理学的各个流派的主要观点,分伦理学定义、快乐论、功力论、苦行论、直觉论、解脱论、超越论、同情论、进化论、自我实现论等 11 章。——参见北京图书馆编:《民国时期总书目(1911—1949)哲学·心理学》,书目文献出版社 1991 年版,第 220—221 页。

3. 冯友兰"贞元六书"中的伦理学思想

冯友兰是现代中国的著名哲学家,其伦理学思想最早成形于《人生哲学》①
一书,丰富发展则主要体现在"贞元六书"②中,构建了以"新理学"为特征的伦
理学体系,在中国现代哲学史及伦理学史上皆有着重要的地位。

第一,冯友兰就道德的本质与起源问题上,提出了一些重要的主张,其学术
贡献主要是:

一是阐发道德制度与人生的关系。在冯友兰看来,道德制度是变动的,但就
某一个社会而言,道德制度也有相对稳定性;而人生处于时时变动之中,因而较
好的道德制度就在于使人们的"善"得以增添,从而使人生更为美满。他说:"道
德制度皆日在变改之中。盖因道德制度,未必即真是人道之当然;且人之环境常
变,故即客观的人道之当然亦常变。若有较好的制度,即可得较大的和。所得之
和较大一分,所谓善即添一分,所谓恶即减一分。所谓恶减一分,……而人生
亦即随之较丰富美满一分。"③关于道德制度及于人生的影响,冯友兰还从风
俗的角度予以分析,强调社会的道德教化及其通过社会风俗所给予人生的重
要作用。他说:"道德制度,如已极端普遍流行,一般人对之皆不知不觉而自
然奉行,则即成为风俗。社会之有风俗,犹个人之有习惯。个人之较复杂的活
动,方其未成习惯之时,须用智力之指导;但及其行之既久,已成习惯之后,则
即无须智力之指导,而自达其目的。社会中之风俗,其始亦多系理智所定之道
德制度,以种种方法,如刑法教育之类,使人勉行者;及其后则一般人皆有行之
之习惯,不知其然而自然行之,于是即成为风俗。"④冯友兰不是如一般学者那
样探讨道德的风俗起源问题,而是研究现行社会通过风俗贯彻道德制度的情
形,说明社会正是通过引领风俗的途径而实施其道德制度。这就使人们看到,

---

① 冯友兰的《人生哲学》一书,作为"高级中学教科书",商务印书馆于 1926 年 9 月上海初版,
1928 年 3 版,1932 年国难后 1 版,1933 年国难后 4 版。该著中,作者认为人生哲学的目的是求"对
于人生之道理",它与研究行为准则和道德规范的伦理学是不同的。作者在该书中打破了中外哲学
家的界线,把人生哲学分成浪漫派——道家、理想派——柏拉图、虚无派——叔本华、快乐派——杨
朱、功利派——墨家、进步派——笛卡尔、培根、费希特、儒家、亚里士多德、新儒家、实用主义与实在
主义等 12 个部分,并一一加以论述。
② 冯友兰从 1939 年到 1946 年 7 年间连续出版了六本书,即《新理学》(1937 年)、《新世训》
(1940 年)、《新事论》(1940 年)、《新原人》(1942 年)、《新原道》(1945 年)、《新知言》(1946 年),称
为"贞元之际所著书"。
③ 冯友兰:《人生哲学》(1926 年),商务印书馆 1933 年版,第 307 页。
④ 冯友兰:《人生哲学》(1926 年),商务印书馆 1933 年版,第 308 页。

风俗不仅在道德的起源方面发生作用,而且在道德制度形成之后的社会中,风俗仍然与道德制度处于密切的关联之中,风俗实际上成为贯彻社会道德制度的工具。

二是提出道德具有"吃人"的本质。冯友兰认为,凡是道德皆有约束人的功能,故皆有"吃人"的一面。他说:"近数年中,有所谓礼教吃人之说。依吾人之见,凡道德制度,除下所说能包括一切欲者外,盖未有不吃人者。盖一种道德制度所得之和,即不能包括一切欲,则必被遗落而被视为恶而被压抑者。此被压抑者,或为一人诸欲中之一欲,或为一人之欲,或为一部分人之欲。要之道德制度,即有所压,即有所吃,即可谓恶。"①冯友兰将道德之所谓"吃人"归结于"欲",认为是"欲"被压抑的结果。

三是揭示道德规范的特殊性。在冯友兰看来,一社会有一社会的道德要求与规范,符合此社会的道德规范未必就符合另一种社会,这使每一社会的道德显示出特殊性。他说:"有社会之理及其所规定之基本规律,是凡社会中之分子所皆必须依照者,无论其社会是何种社会。某种社会之理及其所规定之基本规律,则只某种社会中之分子依照之。所以在某种社会内之分子之行为之合乎其社会之理所规定之基本规律者,自此种社会看,是道德底。但此种行为,不必合乎另一种社会之理所规定之基本规律,或且与之相反。所以自另一种社会之观点看,此种行为又似乎是不道德底,或至少是非道德底。但这只是似乎是,因为一种社会内之分子之行为,只能以其社会之理所规定之基本规律为标准,以批评之。其合乎此标准者,是道德底。如是道德底,即永远是道德底。"②这里,冯友兰以社会来解读道德,以社会的演变来诠释道德的历史性,说明不同的社会有不同的道德,从而揭示了道德标准的时代性。

四是评析了道德的层次性。一般论者将道德看作各个社会都能通用、不可分割的整体,冯友兰不同意这种看法,而认为道德本身有其层次性,人们对道德行为的评价依据其在团体中的位置也显现出不同的层次。他说:"不但逻辑中有层次论,即道德学中亦应有层次论。不但于讲逻辑时须讲层次,即于讲道时,亦须讲层次。……所谓一事之是道德底与否,皆是站在行此事者所属于之团体之观点说。……一团体与其所属于之团体,不是在一层次之内。一团体,对于其所属之团体说,是在一较高底层次中;对于其所属于之团体说,是在一较低底层

---

① 冯友兰:《人生哲学》(1926年),商务印书馆1933年版,第306页。
② 《新理学》(1939年),《冯友兰学术精华录》,北京师范学院出版社1988年版,第110页。

次中。对于一团体之较高层次中，如尚无团体之组织，即是说，一团体如不属于任何团体，则此团体之行为，无论其是如何底行为，皆无所谓道德底或不道德底。"①这就将道德看成是一个可以分类的东西，并考虑到道德评价过程中的主体与客体的关系，因而是很有创见的。

第二，冯友兰对于学界关于国家道德的研究提出质疑，不主张对国家进行道德判断。在他看来，要对一个国家是否道德作出判断，其前提是必须在国家之上有一个"更高底社会"，亦即只有从较高层次的团体，才能判断那种较低层次团体的道德。对于国家作出道德判断，这在当时并不具备其前提性条件。因为，"在国之上尚没有一个较高层次底社会组织之时，无论哪个国或民族，都须以其自己为本位，'竞争生存'。不然，它是一定不能存在底。"②对此，冯友兰解释道：

> 不承认国之上有更高底社会者，以为国家之行为，不入于道德底判断之内。盖国之上既无更高底社会，则国之行为，无所谓合乎一社会所依照之理所规定之基本规律与否，所以亦无所谓道德底或不道德底。凡以为国之行为，可以是不道德底者，皆系从一超乎国之上之另一较高底社会之观点说。实际上此较高底社会尚未完全成立。国之行为，尚不能完全入于道德底判断范围之内者，正因此也。③

冯友兰又说：

> 我们说一个人或一个家的行为不对，是站在较人或家高一层次之社会组织上说底。但若说一国的行为不对，则必须站在较国高一层次之社会组织上说，而此组织是现在尚没有底，或虽有而是有名无实底。我们于上文说，凡是以个人的，或家的行为，比拟国的行为，就自古以至现在底国与国间底情形说，都是不合适底。我们说就自古以至现在国与国间底情形说，即是说自古以至现在，尚没有比国更高一层次底社会组织，或虽有而有名无实。我们并不说，世界上不应该有这种组织，在将来亦永没有这种组织。我们相信，世界上应该有这种组织，而且将来亦一定有这种组织。不过在这种组织尚没有底时候，或虽名有而实无有底时候，我们若持如上所述之辩论，在逻辑上说，是不合适底。我们若相信所谓道德制裁能对国的行为有多大效力，

---

① 《新世论》（1940年），《冯友兰学术精华录》，北京师范学院出版社1988年版，第162—164页。

② 《新事论》（1940年），《冯友兰学术精华录》，北京师范学院出版社1988年版，第173页。

③ 《新理学》（1939年），《冯友兰学术精华录》，北京师范学院出版社1988年版，第112页。

在行为方面,是要吃大亏底。①

冯友兰认为不能对国家作出道德判断,基于当时没有"更高底社会"的认识。在他看来,即使有所谓道德的判断,不仅不能处于超然的地位,而且对某一国家也不能产生所谓的道德制裁,这主要是就判断者所处的位置而言的。冯友兰还从"国"与"国"之间利益关系的实质来分析,说明对国家予以道德判断是不可能的。他指出:"在现在底世界中,人是文明底,而国是野蛮底。野蛮底国却是文明底人所组织者。我们若'明层次',则知此话,并无矛盾,亦非怪论。人与人应该互助,一国内之人,对其同国之人固应互助,即对异国之人,亦应互助。但国与国则不互助而斗争;其有互助者,乃因互助于其自己有利而行之,并非以互助为一种道德而行之。在人与人之关系中,'以小人之心度君子之腹'是不应该底,但在国与国之关系中,这却是一个最稳当底办法。"②道德原本是就人伦关系而言的,冯友兰并不主张将道德套用到国际关系之中,他的"层次论"尽管有其弱点,但应该说还是有所见地的。

第三,在社会道德研究方面,一方面强调社会中道德规范的重要性,认为社会要有理想的道德标准;另一方面主张社会要建立起互助互信的道德。在社会道德研究中,冯友兰提出了三个重要的见解:(1)社会是在道德规范中运行的。冯友兰把道德看成是社会的基本特征,强调道德在社会中的至上性,因而格外重视道德规范与社会运行的关系,认为无论是君子还是小人都有其道德的义务。他说,"一社会之分子,有君子小人之分","君子即是依照一社会所依照之理所规定之基本规律以行动者","小人即不依照此基本规律以行动者","若一社会内所有之人,均不依照其社会所依照之理所规定之基本规律以行动,则此社会即不能存在。……如一社会之内,君子道长,小人道消,则此社会之依照其理,可达于最大底限度。如此,此社会即安定;此即所谓治。如一社会之内,小人道长,君子道消,则此社会即不能依照其理。如此,则此社会即不安定,或竟不能存在;此即所谓乱。"③(2)社会成员都必须有互助互信。冯友兰认为社会建立在互助的基础上,因而社会成员也必须互信,也就是说话要可靠。他说:"一社会之所以能成立,靠其中之分子之互助。于互助时,此分子与别一分子所说之话,必须可靠。此分子所说之话,必须使别一分子信之而无疑。……若在一社会之内,其

① 《新事论》(1940年),《冯友兰学术精华录》,北京师范学院出版社1988年版,第168—169页。

② 《新事论》(1940年),《冯友兰学术精华录》,北京师范学院出版社1988年版,第170页。

③ 《新理学》(1939年),《冯友兰学术精华录》,北京师范学院出版社1988年版,第113页。

各分子所说之话,均不可靠,则其社会之不能存在,可以说是'无待蓍龟'。人必有信,不是某种社会之理所规定之规律,而是社会之理所规定之规律。"①
(3)社会须追循理想的道德标准。在冯友兰看来,虽然社会不可能是理想的社会,但都需要设定理想的道德标准。他说:"一社会若欲成为一完全底社会,其中之分子,必皆'兼相爱、交相利'。此可以说是社会之理所规定之规律中之最主要底一规律。实际底社会,没有完全能达到此标准者,然必多少近乎此标准。若其完全不合乎此标准,则是此社会完全不依照社会之理所规定之一主要规律;若其不完全依照此,则此社会即不成其为社会,即根本不能存在。"②冯友兰关于社会道德的研究,是基于社会良性运行的追求,自然也就带有理想的色彩。

第四,冯友兰在道德修养问题上从学理上将"仁"的行为与"义"的行为区别开来,追求"仁"的理想境界,并提出了具体的路径。

关于"仁"的修养境界,冯友兰从个体与他人关系的角度予以解说:

> 一个人若只顾其自己,而对于别人的利害,若痛痒不相关者,此人即亦是麻木不仁。为公底行为,都以增进别人的利,或减少别人的害,为其意向所向底好。若有此等行为者之所以有此等行为,乃纯是其与别人痛痒相关的情感使然,他的境界,即是自然境界。他的此等行为,虽是合乎道德底,但并不是真正地道德底。若有此等行为者,确有见于此等行为的道德价值,此等行为的意向的好,为实现此价值。此意向的好,而有此等行为,他的行为,即是道德行为;他的境界,即是道德境界。他于实现此价值,此意向的好时,他心中若不兼有与别人痛痒相关的情感,而只因为'应该'如此行,所以如此行,则其行为,即是义底行为。若其兼有与别人痛痒相关的情感,则其行为,是仁底行为。③

那么,如何才能实施其"仁"的行为,而达到修养的最高境界呢?冯友兰提出了"尽伦尽职"的主张,认为"尽伦尽职底行为,是道德底行为。凡道德底行为,都必与尽伦或尽职有关。"④其具体的办法是:一是发挥"我"的力量,彰显个体的自由意志。他说:"在道德境界底人的尽伦尽职底行为,都必需是出于行为

① 《新理学》(1939年),《冯友兰学术精华录》,北京师范学院出版社1988年版,第126—127页。
② 《新理学》(1939年),《冯友兰学术精华录》,北京师范学院出版社1988年版,第117页。
③ 冯友兰:《新原人》(1943年),商务印书馆1947年版,第80页。
④ 冯友兰:《新原人》(1943年),商务印书馆1947年版,第75页。

者的'我'的高一部分的有觉解底选择。一个人的行为若不是出于行为者的有觉解底选择,则其行为只是顺才或顺习而行,其人的境界是自然境界。一个人的出于选择底行为,若不是出于行为的'我'的高一部分的选择,则必是出于行为者的'我'的低一部分的选择。如此则其行为必是有所为底,其人的境界,是功利境界。在自然境界及功利境界中底人,在表面上看,虽亦可有尽伦尽职底行为,但其行为,只是合乎道德底。一个人的'我'的高一部分所作底选择,就其人自己说,都是无所为底,一个人的'我'的高一部分能作无所为底选择,即是所谓意志自由。"①这里,关键的是作出选择的是"我"中的"高一部分"还是"低一部分"问题,如果是"我"中的"高一部分"(即"自由意志"),则是达到了最高的境界。二是在日常行事中"尽伦尽职",激发其主体的积极性。在冯友兰看来,虽然"尽伦尽职"有不同的境界,但对于不同的人而言,都要不断地"尽伦尽职",这可以说是冯友兰在道德修养方面提出的普遍性要求。他说:"不论一个人所有底伦或职是什么,他都可以尽伦尽职。为父底尽为父之道是尽伦;为子底尽为子之道亦是尽伦。当大将底,尽其为将之道,是尽职。当小兵底,尽为兵之道,亦是尽职。……所以人求尽伦尽职,即随时随地,于其日常行事中求之。对于在此方面有觉解底人,其日常行事,都有了新意义。因为一个人平常所作底事,除其确是不道德底事外,皆可与尽伦尽职,有直接底或间接底联带关系。因此种关系而作之,其行为即是道德底行为。有此等行为底人的境界,即是道德境界。"②冯友兰提出的道德修养主张,以"尽伦尽职"为基本目标,将个体的主观意志与道德实践活动结合起来,一方面提出道德行为本于"我"之"高一部分"(自由意志)的最高境界,另一方面又提出兼及别人"痛痒"、"从日常行事"中入手的基本要求,创造性地改造了儒家的"修己及人"主张。

冯友兰是中国现代新儒家的重要代表,其"贞元六书"中所表达的伦理学主张,主要是通过从人的社会生活的具体情境中来把握人生,不仅承继宋明理学的精神,而且又有着独特的理论思辨。冯友兰在伦理学体系的构建中,对于道德的本质及其特征,对于国家道德问题及社会道德问题,对于修养的境界及其途径等问题,都有学术的阐发和独到的见识,因而自成其"新理学"的一家之言。冯友兰在中国现代伦理学史有着重要的学术地位。

---

① 冯友兰:《新原人》(1943年),商务印书馆1947年版,第82—83页。
② 冯友兰:《新原人》(1943年),商务印书馆1947年版,第84页。

4. 孙贵定的《伦理学》(1923年)

孙贵定[1]是现代中国著名的教育学研究专家,同时也是伦理学研究专家。他于1923年出版的《伦理学》[2],是五四时期一部较有代表性的伦理学著作。该著有以下几个方面值得学术界重视:

一是孙贵定的《伦理学》特别注重道德标准的研究,认为在道德标准设定以后还需要按照"特别情形"予以分析,不可像使用"数学的公式"来机械地对待道德标准。他指出:"我们若要辨别是非善恶,必须寻出一个标准,以免个人意见的分歧。但这种标准,不像数学的公式,不论何人,都可把他做个计算的定例。这是因为关于伦理的问题,只可讲求他普遍的原理。如有些行为,大概是善的;有些行为,大概是恶的。但到底是善是恶,却是很不一定,更须看他特别情形去。原来世事千变万化,一事有一事的特殊情形。伦理学家自然不能将人类所有一切行动,不论大小轻重,详细记载下来,可令人如查字典一般,一查便知道他的是非善恶,也不消说。"[3]在孙贵定看来,道德的标准也是有不同的程级,须依次来考量。他举例说:"责任可称谓德行的初步,如忠、孝、仁、勇等,都是美德。社会的心理,公认一个最低的程度,不论何人,皆须躬行实践。若不到这个程度,便是放弃责任;若刚到这个程度,便是尽责;若超越这个程度,便是德行。故责任之地位,恰在有德与无德的中间。"[4]孙贵定将道德标准分成不同的层次,并注重各种层次之间的界限,这是对道德标准研究的深化,也是他的这部《伦理学》著作的重要特色,避免了一般伦理学在道德标准问题上大而化之的毛病。

二是孙贵定主张将伦理学上各种道德的标准予以调和,使伦理学上有关主观的标准和客观的标准能够统一起来。在他看来,历来伦理学上所讨论的各种道德标准虽各自不同,但总可以分为主观的与客观的两大类,如"快乐"的标准注重主观,"责任"的标准注重客观。但单纯注重"主观"或单纯注重"客观",都

---

[1]　孙贵定(1896—1949),江苏无锡人。教育学家、外国文学专家。1912年考取第一批公费留英学生,1912—1923年在英国爱丁堡大学学习,先后获得英国文学硕士、教育学学士、哲学博士学位。1923年回国后任教于厦门大学,任教育心理学教授、教育学院院长、代理校长等职。1937年赴上海,任教于暨南大学等校,1946年起任光华大学教授、教育系主任。著有《伦理学》、《教育学原理》等著作。

[2]　孙贵定的这部《伦理学》著作,后来又进行修订,于1945年3月由上海商务印书馆初版,作为师范学校教科书。修订后的《伦理学》,分14章论述伦理学的目的与对象,包括品性、行为、责任、德行、欲生、智识、道德范围、意志自由、个人自由与政府干涉、伦理学说之一斑等。

[3]　孙贵定:《伦理学》(1923年),商务印书馆1932年版,第3页。

[4]　孙贵定:《伦理学》(1923年),商务印书馆1932年版,第22页。

近乎偏见。因此，他认为应该调和这两个标准，"故若要寻出一可靠的标准，最好能调和主观与客观两方面入手。调和的第一步，先应知道幸福果含什么性质。据亚里斯多德的学说，'幸福不单是快乐，而是使天赋的才能得完全发展的结果。'若我们把这个结果，做理想上的目的，不论判断何种行为，只须看他离去这个目的，有多少远近，似无不可。但这种标准，有一缺点，这便是天赋的才能，有善有恶，倾向各自不同；纵使完全发展起来，也不一定是个人或社会的幸福。因此我们更应查明那一种发展，确是在道德上有价值的。"基于道德的主观与客观标准的调和，孙贵定认为应该具体地考量个人的"天赋的才能"问题，积极地引导个人的"天赋的才能"向社会需要的方向发展，并在个人与社会之间的关系上予以最后的判断。他说："凡个人发展他天赋的才能，应先将他的意志，经过一番教练训导，变成社会的意志，使他明白社会的幸福与个人的幸福，总是互相补助，并不是互相反背。照这种情形，个人得自由发展，自己并不牺牲什么，也不与社会抵抗。社会因个人的发展，得造成公共的幸福，个人即为社会的一份子，全体的幸福也是他一己的幸福。这样看去，……伦理上主观客观两方面观点不同的地方，即便可从此调和。道德的标准，当为社会与个人的幸福，不单是社会或个人的快乐。"①孙贵定关于道德的主观与客观标准的调和，实际上是力图使西方的个人主义伦理与中国传统的集体主义伦理得到折中，建立一个既促进个人"天赋的才能"发展又有助于"公共的幸福"的道德标准。

三是在道德修养方面，孙贵定一方面注重外在道德观念约束所起的重要作用，另一方面更重视个人自身的主体积极性发挥的意义，主张个人内在修养的极端重要性，强调要变外在的道德约束转化为内在的、主观上的自觉行为。他说："从心理一方面看去，若希望训练有效，个人须具三大要点：一、承认尊长的威权，觉得自觉确有短处；二、模仿的倾向。若不肯或不能模仿他人，便永无学习之希望。三、同情及博爱的心。道德上的进步，便是外界的管束逐渐减轻，自敬自制的能力逐渐加重，直到尽责任的原动力并不是为社会的赏罚，只为个人自己的天良。早初尽责任，觉得是必须的，后来渐渐变成应该的，把强迫的性质变换去了。"②就中西道德修养的理论来看，西方注重的是外在的法制体系的有力约束，强调的是国家在个人修养方面的引领作用；而中国传统的修养理论则注重的是

---

① 孙贵定：《伦理学》(1923年)，商务印书馆1932年版，第62—63页。

② 孙贵定：《伦理学》(1923年)，商务印书馆1932年版，第18页。

个人内在的修心养性与良心发现。不难看出,孙贵定则是力图调和两者,通过折中中西的办法而形成修养理论,但偏重的是中国传统的修养理论。这大致反映了五四时期在新文化精英之外的一些学人,在伦理学研究方面较为普遍的倾向。

需要指出的是,国家问题虽是政治学研究的重点内容,但其中的"责任"与"义务"的关系亦是伦理学研究的问题。孙贵定运用伦理学的方法来考察"国家义务"问题,并提出自己的看法。他指出:"就伦理上看去,国家的义务,可分为消极与积极二种;就消极一方面说,应该达到三大目的:一、平日维护法律,保卫治安;二、若遇抢劫行凶等事,惩罚犯法的人;三、维持生命,与工作之权利,设法使全国民皆有谋生的机会。就积极一方面说,便是增进国民的幸福,精神上物质上两方面皆须注意。"①孙贵定将伦理学研究延伸到政治学的领域,有着"政治伦理"研究的视角,以便深化人们对国家问题的认识。这在当时的伦理学著作中是很有特色的。

孙贵定的《伦理学》著作在思想上坚持调和中西的治学理念,虽然带有过渡时期学术研究的特点,体系架构上亦有不成熟的一面,但引进西方伦理观点并力图与中国伦理理论相结合的色彩较为突出,特别是在道德标准问题的研究、修养理论的研究等方面也有着较为显著的特色。

5. 江恒源的《伦理学概论》(1925 年)

江恒源②的《伦理学概论》一书,有两个版本:一是最早由北京平民大学于1925 年 12 月初版,1932 年 3 月再版;二是上海大东书局于 1926 年初版,1935 年出第 5 版。该著分三编:第一编总论,论述伦理学的各种重要概念;第二编道德行为论,论述道德判断的对象及其相关的问题;第三编道德判断论,讨论道德标准、道德知识及人生目的等问题。该著是专门研究伦理学的学术专著,内容亦相当丰富,有以下两个方面很有特色:

一是在道德的起源问题上,主张从社会生活的角度来看待道德,认为社会生

---

① 孙贵定:《伦理学》(1923 年),商务印书馆 1932 年版,第 52 页。
② 江恒源(1886—1961),字问渔,号蕴愚,江苏连云港灌云县板浦镇人。现代中国著名的伦理学家。1915 年北京大学毕业后,在私立朝阳大学、中国大学任课务。历任江苏第二厅视学、省立第八师范校长、江苏省教育厅厅长、上海中华职业教育社办事处主任等职。1949 年 9 月,应邀赴京参加中国人民政治协商会议。新中国成立后,先后担任全国政协委员、政务院文教委员会委员、上海市人民委员会委员、上海比诺中学校长、中华职业学校校长等职。著作有《伦理学概论》、《中国先哲人性论》、《职业指导》等。

活是道德的本源和依据。在江恒源看来,由于社会生活是变动的,故道德也是变动的、不断进步的。他指出:"盖必有群居生活,乃能产生道德生活;亦必有群居生活,乃能产生理知的道德生活。若溯其由来,皆是为保持生活存在的目的而起,皆是为适应生活的需要而起。至于道德根蒂,早已伏于人类根性之中,也是经过若干岁月的演进,才能渐渐的发荣滋长。"①江恒源将道德的起源定位在社会生活,更依据马克思主义的唯物史观原理,肯定这种社会生活即是社会的物质生活,认为物质生活是人们从事一切社会活动的基础,同时也是人们从事其他精神活动的基础。他指出:"有家族,便有夫妇父子兄弟。有国家,便有君臣主仆。结合团体,公营生活,利害公通,共谋趋群,便有超出家族和国家以外的社会,便有超出夫妇兄弟父子君臣关系以外的朋友。欲增进家族国家及社会的福祉,便有兹爱,孝友,忠信,礼让等种种道德的条目发生。试溯其渊源,迨无一不是由物质的生活,进而成精神生活;由肉体活动,进而成心理活动;由个人行为,进而成群众行为。其在心理方面,则有惊疑,有欲望,有辨识,有记忆,有联想,有情感,有思虑;其在行动方面,则有利害冲突,有人我猜忌,有前后继续,有彼此仿效。因此乃创神话,立宗教,结契约,定刑罚,兴制度,创文学,传授智识,运用思想,分别是非。于是遂由动物性的人,演成理性的人;由纵欲自利的人,演成节欲利群的人。至是乃有所谓'道德的理想化'和'道德的社会化'的现象发生。"②江恒源基于对道德本源的认识,继而从历史演进的视角阐述道德标准问题,认为道德标准是在历史演进中逐步形成的,因而由道德观念的发生到普遍习俗的形成乃是一个历史的过程。对此,江恒源指出:"人人有道德观念,自然无形之中,就有了公认的行为标准。这个行为标准的认识,却也要经过若干年的变化,若干年的演进,才能由浮动性变成固定性;由群众共通的要求,演成普遍的习俗;由言语的表示,制成一国家一民族的法规。"③关于道德的上层建筑性质,江恒源有这样的表述:"所谓人类道德行为……,自然是精神动作,显于外的动作,自觉的动作,发于欲求的动作,完健人格的动作,经心的动作('经心'亦可称做'故意'),已完成的动作,由个人自己决意愿做的动作。"④江恒源运用唯物史观原理解析道德的起源与发展问题,揭示了道德的物质性基础及道德演进的历史性特征,这在当时是很有学术见地的。

---

① 江恒源:《伦理学概论》第1编,大东书局1926年版,第29页。
② 江恒源:《伦理学概论》第1编,大东书局1926年版,第24—25页。
③ 江恒源:《伦理学概论》第1编,大东书局1926年版,第31页。
④ 江恒源:《伦理学概论》第2编,大东书局1926年版,第6页。

　　二是注重道德修养问题的研究，主张吸收中西伦理道德之所长，既发达个性又"兼善天下"，使人生能够达到一个"高尚与圆满"境界。对此，江恒源在《伦理学概论》中有一段精彩的论述：

　　　　盖道德之所以可贵，实在人类生活，能日趋高尚，日趋圆满。高尚与圆满，虽然一指外形以言，一指内容以言，其实是一个浑圆之体，万不容稍加歧视。如若说，生活只要高尚，不必一定要圆满，则必流于形式，成了枯寂的人生，以致演成枯寂的社会。其结果，必至于独善其身的君子多，兼善天下的君子少；高人多好逃逸于山林，善士不肯立身于社会。若谓只求圆满不一定再求高尚，则凡可达圆满生活之事，皆可不必辨其性质，任情以行，无稍顾忌。对于道德的尊严，则不必问其有无损失。对于人格的存在，则不必问其有无影响。其势又必至于急功好利之徒盈天下，使人生日营逐于竞争之场，而忘其真正价值之存在。最好能内外疏通，行质并举，同一个人，既可以独善其身，又可以兼善天下。克己之人格，至于牺牲一己之生命而不顾，其目的所在，不仅仅表示一己人格之高尚，还是要"大我"的生活，因此得良好的影响，可以丰富其生活的内容。快乐之极，则必有己饥己溺之心，务使世界人类，皆能得普遍的利益，方可以表示一己的愉快。终日营营，舍身社会，不仅求社会生活的圆满，还要因此表示人格的高崇。既要本着"先天下之忧而忧，后天下之乐而乐"的热心，以力谋大群的福利；又要本着"利之中取大，恶之中取小"（墨子语）的办法，以定兴利的准则；更要本着"己欲立而立人，己欲达而达人"的精神，以立作人的次序。①

　　江恒源在论述道德修养方面，不仅将道德立于"人类生活"之中，而且将"高尚与圆满"视为道德修养的目标，强调两者的不可偏废，这是很有特色的。需要说明的是，江恒源关于道德修养的论述，强调"独善其身"与"兼善天下"这两者是统一的，并主张在"高尚与圆满"目标的追寻下"内外疏通，行质并举"，达到既有"人格之高尚"又有"大我"的生活。这显然是汲取了中国传统伦理文化的智慧。

　　江恒源的《伦理学概论》在体系架构上，既有马克思主义的影响，又有中国传统伦理文化的影响。大致说来，在阐述道德发展及探求道德规律方面，能够从社会生活的角度出发，故而受马克思主义的影响较大一些；而在道德修养方面，受中国传统修养理论的影响则较大，并没有看到社会实践活动的决定性作用。

---

　　① 江恒源：《伦理学概论》第 3 编，大东书局 1926 年版，第 223—224 页。

总体看来,江恒源的《伦理学概论》既深受马克思主义理论的影响,力图在马克思主义唯物史观指导下研究道德问题,同时又力求在道德修养方面兼容中西,创建具有中国特色的伦理学体系。该著尽管在很大程度上体现了马克思主义的研究理念,还不是马克思主义的伦理学研究著作,但在中国现代伦理学史上也是有着重要地位的。

6. 余家菊的《伦理学浅说》(1927 年)

余家菊① 1927 年所著的《伦理学浅说》,是用国家主义的观念写成的概要性伦理学读物,在于宣传其国家主义的伦理观。该著有两个版本:一是上海广学会 1927 年初版,1933 年国难后 1 版("百科小丛书"第 133 种,王云五主编);二是上海商务印书馆 1930 年 4 月初版("万有文库"第 1 集第 89 种,王云五主编)。大致来说,该著传承传统的伦理学观念,从所谓人类的心性出发,因而学术上的新意不多。

余家菊在《伦理学浅说》中认为,道德起自人类的天性,基于人类的善性,而不是社会的生活。譬如该著说:"吾人之行善,乃起于天性之要求。谚言云:'人之好善,谁不如我',即此意也。惟因吾人有好善之性,故吾人之责任,祇在长养之,灌溉之,而使其发荣滋长。外界的夹持,非不重要;惟其作用祇限于培植,而不能产生。犹之乎肥料能滋养苗稼,而不能产生苗稼。农夫可使谷苗死,但不能改谷苗为麦苗。此其故何也?毋亦由于谷性之非麦性耳。吾人之于他人之行善也,亦何独不然?吾人可引导其为善,可妨碍其为恶。然而使其好善之性不存,则亦不能自无中生有也。故行善乃根于所性。"②这种观点,是从人类所谓"好善之性"出发来认识道德的本原问题,脱离了社会生活的实据,其唯心主义的特征是很显著的。

该著对于道德行为的评价,虽然也认为应该审查这种行动给予他人的影响,但主要的还是要求从这种行为的主观愿望来考察。如该著说:"评判行为,当:(一)审查其及于他人或社会之影响,(二)次当辨其计划之疏密,(三)再次当明其主要目的之所在,(四)而最要者犹在观其行为是否出于志愿。"③这就是说,对于道德行为的判断,主要的不在于其社会影响如何,而在于这种行为的主观愿望如何。这样,就使道德行为成为一种纯粹的心理行为,而与社会生活完全脱离

① 余家菊(1898—1976),字景陶,又字子渊,湖北黄陂人。著有《国家主义概论》、《中国教育史要》、《伦理学浅说》、《教育原理》、《中国伦理思想》、《大学通解》等。
② 余家菊:《伦理学浅说》(1927 年),商务印书馆 1933 年版,第 26 页。
③ 余家菊:《伦理学浅说》(1927 年),商务印书馆 1933 年版,第 4 页。

了关系,因而阐发的乃是一种唯心主义的道德观。

该著不仅在学术指导思想上出现严重偏误,而且将道德问题的分析置于孤立的状态中。譬如,该著在分析"德行"与"责任"两者关系时,有这样的一段言论:"德行与责任,一线相通,有上下之别。各人所不可不为者称为责任,为之而超过必需的最低标准者称为德行。如不伤人,责任也;而舍己救人,则德行也。大抵言之,责任为社会所公认的标准,而德行则为个人特具有的卓越鹄的;故责任为起码的,而德行为优异的;责任兼具他律性,而德行则纯然自律的。他人能强迫一己尽责任,但不能驱使一己为德行也。"①这种关于"德行"与"责任"关系的解说,完全割裂了两者的内在关系及其与社会生活的联系,不仅使"德行"成为一个纯粹的个人行为,而且使"责任"变成了处于低级层面的空洞概念。

总体来看,余家菊的这部《伦理学浅说》缺乏学术上的新意,不仅以学术的形式宣传其唯心主义道德观,而且撰述目的上为现行的国民党政治统治服务,与学术进步的主潮相隔膜,因而在学术上没有什么价值。但该著在当时是运用其"国家主义"思想阐发传统伦理观念的代表性著作,也是作为政治思想的"国家主义"在学术领域的重要反映,因而在中国现代学术史上还是应该从批判的角度提及的。

7. 谢颂羔、余牧之的《伦理的研究》(1927 年)

谢颂羔②与余牧之合著的《伦理的研究》著作,最早由上海广学会 1927 年 1 月初版。该著共 4 编,第一编为"伦理学的基础",第二编为"伦理学的各个派别及历史",第三编为"实用伦理",第四编为"结论"。该著将个人道德视为国家道德、社会道德的基础,认为社会上伦理状况皆是由个人的道德水平决定的,因而个人不仅要爱自己,也要爱社会上其他人;不仅要爱自己的国家,也要爱他人的国家。

关于个人道德与国家道德的关系,该书指出:"个人道德完美,则国家天下也可因而完美了;个人道德窳败,则国家天下也要随之窳败了;这是种因收果之一定的道理。"③该书强调由己及人、博爱天下的伦理观念,如该著说:"社会家庭

① 余家菊:《伦理学浅说》(1927 年),商务印书馆 1933 年版,第 24 页。
② 谢颂羔(1895—1974),笔名济泽,浙江宁波人。生于杭州,出身于基督教世家。著有《西洋哲学 ABC》、《公民与社会的研究》、《实用人生哲学的研究》、《宗教学 ABC》、《家庭的研究》、《欧战笔记》、《教会与现代工业问题》等,合著有《伦理的研究》、《宗教心理学》等。
③ 谢颂羔、余牧之:《伦理的研究》(1927 年),华文印刷局 1932 年版,第 149 页。

都是由个人集成的,所以要提高社会道德,还要从个人着手。若是每一个人皆能提高他的人格道德,则社会道德也自然能提高。"①又说:"一个真能认识爱的道理的人,必定只有尽力爱人,没有存心害人的事了。孟子常说:'爱人者,人恒爱之。'所以社会上若是个个人都有爱人的行为,则此社会也没有不欣欣然如我们理想中的天国一般,永无纷争扰乱之事了。"②在国家道德与世界道德的关系问题上,该著企求每个国家都能成为仁爱的国家,建立一个和谐的世界秩序,这当然也是以个人的爱国心及其道德的提升为前提的。该著说:"我们所说的爱国,就是要人民全体和衷共济,捐除私忿,使国家臻于理想的完美的地步。若是只顾侵略他人,与他人的国家寻衅争斗,怨仇反复,残杀不止,则御外尚来不及,何能专心修理内政? 这样,则欲国家臻于理想的完美的地步,岂非至难么? 所以真爱国者,不但爱自己的国家,也能爱敬他人的国家的。"③这是在道德问题上由内及外、由个人到国家、由国家到世界的思维范式,要求的是通过一己的道德行为推而广之,进而影响全社会以至全世界。

该著对于家庭伦理建设予以高度的重视,主张建设良好的家庭制度,并提出了一些具体的措施。该著作者认为,家庭伦理特别重要,而家庭伦理制度的建设更为迫切。该著说:"人伦之道,莫重于夫妇。有夫妇,然后才有父子,才有兄弟姊妹,才有朋友,才有国家。所以家庭的伦理,乃是人伦伦理的基础。"④又说:"家庭制度的良否,对于伦理的发展,是极有影响的。家庭制度若是优良,则家人父子之间,便可以享受完满的天伦之乐;否则便不免骨肉相残,同室如敌。"⑤就此,该著提出了家庭制度建设的几点主张:

一是主张建立以快乐幸福为目的实行小家庭制度。该著从家庭幸福快乐的目的出发,指出:"我们觉得家庭的组织,当以快乐幸福为目的;但是这种快乐幸福,并不是自私的,也不是可以坐而享受的。既做家庭中的一员,若不恪尽其一分责任本分,而想享受幸福快乐,这是不合理的,也是不可能的。至于操握家庭大权的父母,有时候只知做一种九世同堂之醋甜的大梦,而不顾到其儿女将来的幸福,变所谓'不痴不聋,不可做阿家翁'的颟顸态度。这种现象,实在是家庭间最大的不幸。做父母的最大的责任,就是要养成儿女有独立生活的能力,当顾到

---

① 谢颂羔、余牧之:《伦理的研究》(1927年),华文印刷局1932年版,第41页。

① 谢颂羔、余牧之:《伦理的研究》(1927年),华文印刷局1932年版,第41页。
② 谢颂羔、余牧之:《伦理的研究》(1927年),华文印刷局1932年版,第158页。
③ 谢颂羔、余牧之:《伦理的研究》(1927年),华文印刷局1932年版,第272页。
④ 谢颂羔、余牧之:《伦理的研究》(1927年),华文印刷局1932年版,第172页。
⑤ 谢颂羔、余牧之:《伦理的研究》(1927年),华文印刷局1932年版,第187页。

儿女将来的幸福，不可因一时溺爱，贻误儿女的终身。所以在做父母的一方面设想，为谋儿女的终身幸福计，还是以小家庭制度为最适宜。"①在该书作者看来，主张小家庭制度是因为"人类的心理，久则生淡"的缘故，同时也是鉴于传统大家庭中经常出现"父子相背，妇姑勃豀，兄弟失和，妯娌相吵"的"种种有乖伦理的现象"，故而在建立小家庭之后，还应该承继传统伦理中可资借鉴的方面。作者主张，在建立小家庭制度之后，"若是父子兄弟既分居之后，仍能定期时相往来，相待如宾，则父子兄弟间的感情比可常保浓厚，而孝悌的道理，仍然可以克尽，并且比较日日相处在一门之内还要格外亲密快乐了"，因而"儿女在另组织小家庭之后，万不能遽然抛弃父母兄弟于不顾，……既有小家庭的儿女，对于父母，仍当恪尽孝养之道。或时奉甘旨，以代侍奉；或常迎父母来家，以省晨昏；务必使父母能得暮年的快乐，不致感受孤寂的痛苦。"②该著一方面基于快乐幸福的原则，强调建设小家庭制度；另一方面也主张小家庭中要汲取传统伦理在"孝道"等方面的精华。

二是主张父母在家庭中担负起应尽的责任。该著在主张小家庭制度的同时，也主张合理地汲取传统的家庭义务观，强调家庭成员所应担负的责任。该著说："大学上说：'身修而后家齐，家齐而后国治，国治而后天下太平。'所以我们若能使家庭的基础，建筑巩固，则国家和天下也就无不能治了。倘若我们舍此不顾，以家庭为赘疣，男子不顾负治理家庭和担任经济的责任，女子不顾负治理家庭和抚养儿女的责任，而犹日以服务社会国家的美名自饰，这种舍本逐末的方法，实在是我们不敢谓然的。"③在家庭义务问题上，该著尤其强调父母应该担负起教养的责任，否则就将成为社会的罪人。该著说："我们觉得父母对于儿女的关心，是保姆所不能体会得到的。譬如婴儿有了疾病，在保姆不过给以医药而已；但父母则有无限的慈爱抚慰的方法，使之忘其痛苦。又如性的智识，若非亲生的父母教导之，则鲜有能得良效果的。至如父母在日常对于儿女的一切事情，无不富有慈爱牺牲的心，足以使儿女潜移默化，乐于从善。若是父母只顾自己个人的安逸快乐，将这些事一概推给保姆，则其结果，必致使儿童感受无穷的痛苦。这样父母，因为缺乏正当的家庭观念，只顾到自身的逸乐，或是偏重于物质经济的打算，于是便将伦理上的责任和快乐都抛弃不顾了。我们觉得这样的父母，不

---

① 谢颂羔、余牧之：《伦理的研究》(1927 年)，华文印刷局 1932 年版，第 187—188 页。
② 谢颂羔、余牧之：《伦理的研究》(1927 年)，华文印刷局 1932 年版，第 188—189 页。
③ 谢颂羔、余牧之：《伦理的研究》(1927 年)，华文印刷局 1932 年版，第 200 页。

但是伦理上的罪人,也是社会上的罪人了。因为他们既生了儿女,而不能教育儿女,使儿女不能得到完美的教育,社会也不能受着极大的影响了。"①该著在家庭伦理上,对家庭成员的责任极端地重视,将家庭中的义务放在第一位,这是一个较为显见的特色。

三是主张在家庭中开展性教育活动。该著对于家庭中的父母提出了"节育"的要求,认为只有"节育"才能解决"父母的精力不逮"、经济"窘迫"的问题,并要求父母应担负起性教育的重要责任。该著指出:中国家庭虽然较西方家庭有着"稳健"的特点,但其缺憾是"我国的家庭对于性教育太不注意了","我国的家庭,可以说从来没有注意到性教育的这件事了。世代相传,既都以性欲为神秘的羞耻的事,于是,其不可明言的弊害危险也就随之流传到今了"②。由此,该著提出:"父母对于成年的儿女,应该公开的把性的智识的道德——如:男女的生理卫生,夫妻的关系,正当的性行为,性欲的危害,性道德等,都老老实实地告诉他们。而其最要紧的,还是要注意人格一方面,使儿女能有自己节制其行为的能力。"③公开地提出在家庭中开展性教育的主张,这在20世纪20年代末的中国,应该说是极为难得的。

四是主张将婚姻伦理列入家庭建设中的重要内容。该著对于婚姻伦理问题予以研究,就婚姻观、择偶标准以及早婚晚婚问题提出了自己的主张,认为婚姻问题的解决直接关系到此后家庭的幸福。该著认为,社会成员要有正确的、慎重的婚姻观,需要将道德问题融入婚姻之中,在结婚与离婚之时要有对他人负责的道德。如该著指出:"男女两方面,在未婚以前,应该特别的慎重,不可因一时感情的冲动,贸然就结婚。但在既婚之后,则男子或女子方面,也不可以只顾自己的幸福,不顾对方的痛苦,任意地提出离婚。我们觉得离婚的这件事,无论他是否有不得已的情形,但在实际上来说,终是有亏于伦理道德的。至于父母若祇知固执地强使其子女结婚,不顾到子女将来的幸福,则不免酿成家庭间的惨剧,于家庭伦理也自不能无亏了。"④该著提出"结婚与恋爱的原理",认为"忠诚的友爱心"是婚姻的双方所必须恪守的道德。如该著这样指出:"我们应该知道结婚与恋爱的原理,不止是性的问题,更有传种的问题。我们为儿女的原故,便不能不有巩固而且完美的家庭组织,以便抚育之。婚姻的原素,自然离不了爱的本

① 谢颂羔、余牧之:《伦理的研究》(1927年),华文印刷局1932年版,第197—198页。
② 谢颂羔、余牧之:《伦理的研究》(1927年),华文印刷局1932年版,第202—203页。
③ 谢颂羔、余牧之:《伦理的研究》(1927年),华文印刷局1932年版,第208页。
④ 谢颂羔、余牧之:《伦理的研究》(1927年),华文印刷局1932年版,第175页。

能;但我们应该使肉体的爱和精神的爱,同时并重。夫妇之间,尤其需要的,是彼此体谅,彼此互助的爱。这种爱,才是永久不会变移的。既然如此,我们就可以明白结婚的要素,不止是靠着感情,也是要有忠诚的友爱心了。能了解这种道理的人,自不致妄用恋爱自由和结婚自由。而其结婚之后,夫妇间的家庭幸福,也必美满无憾了。"①在对待"早婚"与"迟婚"问题上,该著与传统的"早婚"观不同,又与当时社会上知识阶层所较为流行的"迟婚"观有所差别,倾向于在两者之间进行调和,故而提出较为健全的主张。该著指出:

> 早婚和迟婚两种,也是一样的于家庭伦理大有损害的。……早婚的男女,生理与智识,都没有十分成熟,经济也是不能独立的,对于家庭伦理大半不能有透彻的了解,夫妻间的感情也是容易反复无常的。其所生育的子女,据生理学上确切的观察,也是多不康健的、不聪明,而且容易夭折的。此外,早婚的男女,其本身也是容易衰老,于个人的学识,于社会的进步,都有极大的损害。至于迟婚的男女,其弊害虽与早婚不同,但其弊害的程度,却与早婚相等。迟婚的男女,常因为过了结婚的年龄,很难择配,于是便不能免掉抑郁的痛苦了。并且到了中年以后,夫妻间最甜蜜的青春期已过去了,……虽然结了婚,也感不到如青春期中的夫妻的了。而在这中年的时期,无论男或女,其一切习惯和感情,也都早已养成,大都固定而不可复变了;所以要想使夫妻间的感情融洽如一,也是非常难的事了。②

从以上的论述来看,该著不主张早婚,但也反对迟婚,而是认为应该依据其适婚的年龄。该著对于社会上以金钱美貌为标准的择偶标准提出严肃的批评,认为那种"以金钱容貌为标准,而置品行道德于不问,这实在是一种极卑鄙误谬的观念"。该著提出:"我们现在的青年男女,到了结婚的相当年龄,无论择妻或择夫时,都要先注意考察对方的人格如何,性情良否,然后再去品评他或她的学识、容貌和生活能力。若能这样的观察合意之后,再谈到结婚,则结婚以后,或可不致发生不良的结果了。"③可以看出,该著对于婚姻道德问题予以高度的重视,从稳定社会生活的秩序和有助于促进个人幸福的高度提出婚姻伦理的极端重要性,要求人们树立正确而又健全的婚姻伦理。

此外,谢颂羔、余牧之的《伦理的研究》(1927年)对于职业道德亦展开研

---

① 谢颂羔、余牧之:《伦理的研究》(1927年),华文印刷局1932年版,第176页。
② 谢颂羔、余牧之:《伦理的研究》(1927年),华文印刷局1932年版,第177—178页。
③ 谢颂羔、余牧之:《伦理的研究》(1927年),华文印刷局1932年版,第179页。

究,提出了以服务意识为主要内容的职业道德要求,并从学术上说明为官者、为商者、新闻家等的职业道德规范。关于为政者道德,该著提出:"执政的人,应该知道国家是为人民而设,官吏只是人民的公仆,为人民司守国家门户而已。"①关于商业上的道德,该著认为是"诚实无欺"四个字②,主张劳资两方协力的道德伦理。该著说:"我们经营工商业的目的,虽然为着牟利,也是应该服务他人的。获利之后,仍当平其资财,使众人都能得益。在资本家计划工业或商业的经营中,最重要的一点,便是不可忘记了工人和伙友的生活幸福。在工人方面,也当与资本家有相互的体谅,以便逐渐的增进两方面的利益。若使工商业能有伦理化的趋势,则劳资两方面的裂痕便可日渐弥缝,而工商业的进步,也可以蒸蒸日上了。"③特别值得注意的是,该著提出了新闻家的七点道德要求:(1)"对于无论何种问题,都要有不偏不倚的态度,使双方的是非,昭然若揭";(2)"新闻的评论,无论对于政治社会以及个人,都要有公平的判断";(3)"记载的新闻,必须翔实可靠。非特不能造谣惑众,也不能过甚其辞,或截头去尾,隐人之善,扬人之恶";(4)"新闻家最重要的事,便是应有真正的言论自由。我们不但是不应受金钱的贿赂,卖掉我的人格,损失舆论界的道德,并且也不能为一党一派所把持";(5)"对于新闻稿件,不可辗转抄袭他人的稿件为能事。即或必须转载他人的稿件时,也当特别声明,免致被人目为偷儿之流。这种诚实不欺的道德,乃是新闻家所必须遵守的。"(6)"舆论界的领袖,应有高尚的道德,丰富的学识,和纯洁的思想。因为新闻家的责任,不但是传播新闻消息,也是使人由此能得到人生的智识和种种教训的";(7)"新闻纸上登载广告,虽然是可以得到经济上的帮助;但是也应该慎重一些,不可为金钱而丧失新闻纸的价值"④。该著在职业道德问题的研究中虽然具有调和劳资双方的目的,但基本上还是依据西方民主政治理念的,突出地表现为尊重人的自由、民主、人格等基本权利。

谢颂羔、余牧之所著的《伦理的研究》一书,无论是就其观点的健全性方面,还是就学术视野的开阔性、研究内容的广涉度方面,都是一部值得重视的高水平学术著作。该著关于伦理问题的研究有着中西伦理调和的特点,是构建本土化伦理学体系的重大努力,在中国现代学术史上占有重要的地位。

---

① 谢颂羔、余牧之:《伦理的研究》(1927年),华文印刷局1932年版,第273页。
② 谢颂羔、余牧之:《伦理的研究》(1927年),华文印刷局1932年版,第241页。
③ 谢颂羔、余牧之:《伦理的研究》(1927年),华文印刷局1932年版,第217页。
④ 谢颂羔、余牧之:《伦理的研究》(1927年),华文印刷局1932年版,第262—268页。

8. 杜亚泉的《人生问题》(1929 年)

杜亚泉①1929 年出版的《人生问题》②一书是其伦理学方面的代表作,全书有绪言、人类的机体生活、精神生活、生活生活、人生的目的和价值、人生问题和人生观等 6 个部分。该书对现代中国的伦理学研究有较大的贡献。

杜亚泉在《人生问题》中就"良心"的起源问题进行研究,梳理了"良心"形成的过程,肯定了"良心"与"生活意志"的联系。在他看来,良心萌芽于生活意志,加上种族和自身的经验,而次第发达。动物学家已经证明高等动物中有良心的存在,而人类学家也证明,即使是任何劣等的民族也均有家族的道德标准,同时也有道德上应用的语言。他指出:"良心由种族的经验而发达,已为社会进化论者所公认。但个人自身的经验,如家庭的风仪,乡里的习俗,学校的教育,朋辈的熏染,时代的趋向,均与良心有关系,其发达可分为三段:第一段为模仿的良心,大都受社会的感化,以模仿的本能为其主因,社会以为善者即为善,以为恶者即为恶,不求其理。第二段为固有的良心,于社会中所谓善恶,渐求其理由,理智于是顾现。第三段为自由的良心,以自己的理智判断善恶,不为社会的评价所拘束。"③杜亚泉所说的"良心"即通常我们所说的"道德心",肯定其是由多种因素作用的产物,认为"良心"的形成也有一个由初级到高级的过程,这就看到了道德心具有变动性的特征,体现了在进化论指导下对"良心"的诠释进路。

杜亚泉正是在进化论指导下,承认道德的发展与进步的事实,认为道德不仅形成于各种联系之中,而且道德无论是在种类还是在内容上,都是由简单而趋于复杂的。他说:"德的种类,随社会的进步而增加,其内容亦随社会的进步而更变,与本务相同。当社会组织简单时,德的种类亦较简单;大抵仅存于个人的关系间,至社会组织次第复杂,德目亦次第增加。于对个人的德以外,更发生对团体的德。"④杜亚泉以进化论来看待道德问题,同时又从社会的角度阐释道德,则在其认识视野中,道德不仅是变动的、继涨增高的,而且也是社会演进的产物。杜亚泉在关于"至善"、"本务"、"德"三者关系的分析中,也是依据进化论的观点,力图在联系中说明个人品性形成于社会的变动之中,有着道德实践活动的强化。他指出:"盖至善、本务与德三者,互相关联。至善的理想稍有变异,本务及

---

① 杜亚泉(1873—1933),原名炜孙,字秋帆,号亚泉,笔名伧父、高劳,浙江会稽(今上虞长塘)人。著有《人生哲学》、《博史》、《杜亚泉文选》等,译有叔本华的《处世哲学》等。

② 该著商务印书馆 1929 年 8 月上海初版,1934 年出版国难后 1 版。

③ 杜亚泉:《人生哲学》,商务印书馆 1929 年版,第 207 页。

④ 杜亚泉:《人生哲学》,商务印书馆 1929 年版,第 241 页。

德,自然亦随伴变异。有变异斯有进化,除必然的究极目的以外,无亘古不变的事物。然至善的理想,即当然的究极目的,以契合于必然的究极目的为主;必然的究极目的既亘古不变,则当然的究极目的,于变异中仍有不变的存在。虽当变异剧烈时,一时有失其依据的状态,但不久必即于安定。故至善的理想,谓其有变异则可,谓其无可依据则不可。吾人当依据至善的理想,随时随地,衡量审察;认明本务,躬行实践:习熟以后,即成种种的德。品性因此确定,人格亦由此实现了。"①杜亚泉强调社会变迁在道德形成和发展中的作用,注意到社会中业已具备的各种条件对于道德形成过程的影响,并且充分重视道德实践活动的意义,这种注重进化、强调联系的观点与一般的道德进化论者相比,显然是高出一筹的。

杜亚泉研究道德评价问题,注重于道德评价对象的探讨,以便为道德标准的分析奠定基础。道德评价自然涉及道德评价的对象、道德评价的标准、道德评价者自身状况以及在道德评价过程中的其他相关环节,但道德评价对象是基本的前提。没有道德评价的对象,也就不会有道德评价行为的发生。在杜亚泉看来,所谓道德评价就是就"人类的行为","依人类的究极目的,评定价值,为道德的评价",因而,"凡有动机的行为即行为,均可以附以道德的评价"②。问题是,这里的"人类的行为",并非是人类的一切行为,因而就需要对可以作出道德评价的"人类的行为"予以明确的界定。杜亚泉对"道德行为"的条件予以研究,阐述了可以作为道德评价的"人类的行为"的一般条件。他指出:"凡行为可以为道德上评价的对象的,必须具有下列条件:(一)对人的行为……。(二)行为的结果,须在行为时可以预期的……。(三)为心意完全无缺损时的行为,即具有判别善恶能力时的行为……。(四)为由自由意志出发的行为;由强迫而行的动作,不能为道德上评价的对象……。综合上列四种条件,则为道德上评价对象的行为,乃'心意无缺损的人,依其自由的意志,对人而施其结果可以预期的行为'。"③可以说,这里关于道德评价对象的说明,是基于道德行为的构成要素而作出的判断,因而也反映出道德行为的一般内容及基本要求。由此,杜亚泉提出要着重对于人的"品性"给予道德的评价,并说明了"品性"因为具有道德行为的特征,因而可以并且也应该作为道德评价的重点。他说:"品性为过去行为的结果,而为未来行为的原因,所以品性的价值,可以从过去的行为论定,又可从将来

---

① 杜亚泉:《人生哲学》,商务印书馆 1929 年版,第 243 页。
② 杜亚泉:《人生哲学》,商务印书馆 1929 年版,第 203 页。
③ 杜亚泉:《人生哲学》,商务印书馆 1929 年版,第 203 页。

的行为推定。品性所以可为道德上评价的对象,因为品性为吾人的自由意志反复熟习而成;品性成立以后,虽能左右意志的倾向,然意志仍不失其自由。所以吾人对于自己的品性,仍可以自由的意志,加以努力持守或矫正,这就是品性的修养工夫,为实践伦理上所最注重的。"①这里,杜亚泉不仅将"品性"作为道德评价的重点,而且希图通过道德评价的方法,促进人们在品性修养方面的不断提升。这实际上是力图发挥道德评价在道德演进中的引领和导向作用。

杜亚泉在对道德评价对象研究的基础上,对于道德标准问题予以研究,认为人类的道德标准最初是风俗,但这风俗将人类的目的寓于其中,然而风俗的标准只是人类最初的道德标准;其后,因为有对这一最初的道德标准进行相关的解释,相继出现了神权主义的道德标准、国权主义的道德标准以及圣人主义的道德标准,从而使人类道德标准出现演进的次序。他指出:

> 原来人类道德发达的初期,其评价的标准,就是社会的风俗,这风俗的成立的当初,大约都有目的的。普通成人的行为,当初也都是有目的;但成为了习惯以后,目的观念就渐渐消失。风俗就是社会的习惯。社会在太古时代,即有风俗存在,生在社会中的各个人,大都祇知道已经成立的风俗,祇知道依从风俗而行;所以最初的道德标准,就是风俗,就是他律的。这标准的成立,有何目的,大众既莫明其妙。于是或认为神意;宗教家就依据风俗,附以神秘的色彩,成为宗教的教义,主张以教义为标准的,为神权主义。迨社会内既构成国家,主权者具有强大的权力;于是依据风俗教义,附以主权者的意志,成为国家的法令。主张以法令为标准的,称为国权主义。其后宗教政治的权力,过于专横,致渐渐失坠;社会中的先哲,依据风俗、教义、法令,取其所长,舍其所短,成为德教。主张以德教为标准的,称为圣人主义。此种他律的道德标准,皆有权力随于其后;服从的为社会所赞许,违反的受社会的非难或制裁。②

杜亚泉关于道德标准问题的研究,有这样几个显见的特点:一是从"风俗"这一道德的起点来分析道德标准的演进过程,亦即将"风俗"贯穿于道德标准演变的进程之中,从而凸显风俗在其中所起的基础性作用。二是从社会演变的视角分析道德标准的历史性特征,亦即将道德标准的演化置于社会变动的过程中,从而揭示道德标准所具有的社会性内涵。三是将权力问题与道德标准联系起

---

① 杜亚泉:《人生哲学》,商务印书馆 1929 年版,第 212 页。
② 杜亚泉:《人生哲学》,商务印书馆 1929 年版,第 216 页。

来,揭示权力意志在道德标准中的地位,从而阐明政治权力在道德标准形成中所起的关键性作用。可以说,在道德标准问题的探讨中,杜亚泉的论述还是具有较多新意的。

杜亚泉对于伦理学上"本务"这一范畴有独到的解说,这对于伦理学的建设有重要的启示。在杜亚泉看来,人生有其"究极目的",这"究极目的"就是"至善";而实现这"至善"的行为,就是"本务"。概而言之,关于"本务"范畴的研究,杜亚泉的贡献主要在三个方面:一是厘清"本务"与"至善"的关系。杜亚泉说:"至善属于理想;本务则在于实行。理想而不能实行,是成为空想;所以道德尤重在实践。本务的意义是就行为言。吾人的行为,从至善的理想出发时,即称为本务,本务含有当为的即不可不为的意义。吾人即生而为人,即不可不尽此本务。"①这里,是说明"本务"具有行为性、实践性的性质,而不同于具有的理想性的"至善"。二是揭示了"本务"的"绝对性"与"普遍性"的基本特征。杜亚泉说:"不论自己的情意如何,必须实行;这是本务的绝对性。又不论知识程度如何,亦无老弱男女的关系,无不各有其本务;这是本务的普遍性。"②这里,揭示了本务的"绝对性"及"普遍性"特征,是在于说明"本务"在行为上的不可变更性和在行为范围上的广泛性,这是对道德行为规律性的提炼。三是分析了伦理学上的"本务"与法律上"义务"关系。杜亚泉说:"在常识上对于本务的观念,分为二类:一、为确定的本务,即不可不为的本务……。二、为不确定的本务……。本务亦通称义务。义务有法律上的意义与伦理上的意义。其伦理上的意义,即称本务。法律上的义务和伦理上的本务,其最著的差别:即违反法律上的义务时,有国家的或国际的公权,从外部加以制裁,责其履行,或加以惩罚;若违反道德上的本务时,祇有内部良心的制裁,或伴以社会的非难,除了自然的惩罚,如衣食住不卫生则生疾病,消费不节制则成贫困等以外,并无外部权力加以制裁。所以本务的绝对性和普遍性,均是从良心上出发,不可误解为从权力上出发的。又法律上的义务,祇以现于外部的行为为止;内部的动机如何,置诸不问;道德上的本务,不仅以外部行为为止,内部的动机,尤为重要。又法律上义务,大都由法文明白规定;即或有不成文的法律,习惯相沿,亦必有明确的条件,使遵守。至道德的本务,虽亦与社会的习惯有关系,但没有明确的条件。"③杜亚泉从三个方面,即

---

① 杜亚泉:《人生哲学》,商务印书馆 1929 年版,第 235 页。
② 杜亚泉:《人生哲学》,商务印书馆 1929 年版,第 235 页。
③ 杜亚泉:《人生哲学》,商务印书馆 1929 年版,第 235 页。

两者的制裁形式、涉及范围、内容明确性,阐述了道德上的"本务"与法律上的"义务"的区别,从而使"本务"这一范畴在伦理学上具有其特定的内涵。

杜亚泉高度重视人生的道德修养,依据传统儒学的修养理论提出修养的一般要求,认为人生道德修养都要有"智的修养"、"情的修养"及"意的修养"。在杜亚泉看来,修德的一般方法,自然以发展理想、认明本务为要;而力行本务以实现理想,尤为入德的唯一不二之路径。前者古人谓之知,后者古人谓之行;知属于智的作用,行属于情意的作用。由此,杜亚泉依据传统儒家修养理论,将知行统一起来,主张依照知情意的具体要求,从积极方面和消极方面将道德修养落实到人生之中。他指出:

关于智的修养,即大学所谓致知,其工夫可分为二方面:主观的方面为思考;客观的方面为经验。思考与经验的对象:一、为一般的,如理化现象、生活现象、精神现象、社会现象等;即宋儒所谓穷理。二、为特殊的,如现在的时势,自己的职业、地位、性能及应付事物的种种方法,古人谓之思义。这种致知工夫,在积极方面,固以发展理想认明本务为主;但尤其在消极方面用以辨明迷误,袪除诱惑,最为得力,古人谓之辨惑……

至情的修养,在使情的作用圆满活泼,即大学所谓正心。……正心的意义,在使感情保有和平宁静的常态,圆满活泼,无偏倚与执着。其修养的工夫,一曰"存心";一曰"养性"(见孟子)……

至意的修养,首在"立志",就是立定向善的决心……。其次为"养气"。气就是意志的努力;养气的工夫,就是"毋暴"和"毋馁"……

以上皆积极的方法。至于消极方面,则在"反省"与"改过"。随时把过去的行为,细心检察,是否合于人生目的;对于本务有无缺欠;所知的是否谬误;所行的有无太过或不及之处。若检出过失,可以补救的当随时补救;并自省其所以过误的原因,以后更注意矫正……

此等积极的或消极的修养方法,虽皆赖自己的努力;但他人的补助,如父兄师长的教导,朋友的熏陶,贤哲的指示,均不可缺。所以亲师取友,及留意古人的嘉言懿行,于人格的修养上效力殊大。①

杜亚泉在《人生问题》中所构建的伦理学体系,是以西方的进化论为指导、着重传述与发扬中国传统儒学伦理的学术体系,在伦理价值取向、道德评价、修养理论等方面具有鲜明的中西调和的特色,因而该著可以归入中国现代新儒学

---

① 杜亚泉:《人生哲学》,商务印书馆 1929 年版,第 243 页。

伦理学的系列之中。

9. 陈安仁的《人生问题》(1926 年)

陈安仁[1]在《人生问题》[2]一书中认为,道德起源于群居组织的要求、人类利他的天性以及抵御自然的需要。对此,他从"群居组织"的角度有如下的解说:

> 道德之起源实由于有群居的组织也。群居组织何以发生道德乎?第一,有群居,则人类之欲求有所限制;有所限制,则人类欲求不得自由;不得自由,则有禁阻行为之意义。道德之源,先由于禁阻,由个人良心之禁阻,则为自在的道德。其由社会风俗之禁阻,则为外在的道德。太古之世,人皆相争相杀,征逐劫掠,靡日不有。故其相和谐而结为群居也,必先由于阻禁不法之行动。此社会之意识,先结于个人之心中,而为其良心裁制之标准。积而久之,此外在的道德,积为种种,而为内在的道德之基础。是故道德演进,常基于风俗之转移。积而久之,以外在的道德,有时穷于其术,则以群意结成法律,而为道德之保障矣。第二,人类之欲求,不能不谋有以支配之。惟已有所限制,则于限制中而求其发展,则必以无侵害他人,而兼有利他性之事功,而求发展。故人类道德之起源,实由以人类有利他性以为之动机,而后道德有存在之意义。使人类专以限制欲求之范围中,而存有静止的状态,则人类自古迄今,必成为自私自利孤独生活之人类,而道德必无建立之处也。第三,凡事物无因不能有果,使人类之无道德之先天性,则道德之事功,必不能发表;有此先天性之道德观念,而后道德之光辉日现。故道德之起源,可谓由先天性以为之基础也。第四,由于天行之酷虐,水火风气,天行资为布施之一大工,天行之所至,有时以万物为刍狗,而人类于天地间,为渺小之物,其何以能抗天行布施之势力乎?夫人孤立无能不能资生,乃思联结势力以为之抵抗,虽或不能完成抵抗,然于相当之势力,得保其适合之生存;人类有此结合之保护性日演而日进,如慈母之顾覆其子,推而远以顾护其家庭社会人类,而爱力乃绵延而勿绝也。[3]

---

[1] 陈安仁(1889—1964),字任甫,广东东莞人。曾在广州两广师范、香港皇家书院读书,后考入私立广东大学(广州法学院前身)法科及省立高等师范本科。现代中国的著名学者,曾任中山大学史学系主任、教授。主要著作有《人生问题》《中西历史新研》、《秦汉时代学者之人生哲学》、《中国历史之转变与动向》、《王阳明学术思想之研究》、《中国近代史》、《中国文化史》、《中国农业经济史》、《人类历史发展之中心问题》等。

[2] 陈安仁的这部《人生问题》著作,著者曾自刊于 1920 年,1921 年又再版,162 页。其后,作者对此著加以扩充,泰东图书局 1926 年 9 月初版,1929 年 9 月出第 3 版,470 页。

[3] 陈安仁:《人生问题》,泰东图书局 1929 年版,第 275 页。

　　陈安仁在对道德起源问题予以解说后，进而探讨道德的演变历程。他肯定了"道德随时代人群而异"，并依据孔德关于历史进化的学说来解释道德的形成过程，认为野蛮时代"人类之道德观念，极简单粗野"，在半开化时代虽然"尚战争劫掠，然能对于自部落，有自己亲爱之观念，而亲亲之德性以立，其后人根据此德性，扩充之而有社会的自悟心，道德之观念，随之绵密高尚，而文明时代，乃以开始"①。陈安仁关于道德起源及发展进程的阐述，尽管有其不足的地方，如不是从生产力视角解读道德观念的起源，而是从个人的良心、人类的"利他性"等方面予以解释，在本质上属于道德起源的观念论者，但对于道德起源四个原因的解说，尚可以说是一家之言。

　　陈安仁在《人生问题》一书中，对于环境给予道德的影响进行了具体的分析，认为外在环境是道德形成的重要因素，同时还就人生所遇到的"变境"问题及其给予道德的重要作用予以探索。在他看来，"人类之于环境势力甚为重要"，而"环境恶劣足以影响个人之道德"，因而"居于野蛮残暴之群间，必不能产生礼让恭敬之行为。居于文明揖让之社会，比不致发生凶杀暴劫之举动"。在人性是"善"还是"恶"的问题上，陈安仁认为人既有善性也有恶性，在遇到不同的环境就会表现出来，其结果是：好的环境促进善性增长，恶的环境则使恶性膨胀。他说："人类有为善之本能，亦有为恶之本能。此为善之本能，遇善之环境，则善心日长，而善行日多。为恶之本能，遇恶之环境，则恶心日长，而恶行日多。抑善之本能与恶之本能，由遗传影响而有多少轻重之别。使善的本能遗传多者，遇恶环境，则此本能不得适宜之发展，终入于恶。恶之本能多者，遇善之环境，则此本能终可以善之环境而加以改造。使为善之本能得善之环境，不待问而更适于生长矣。为恶之本能得恶之环境，不待问而更适于恶性之生长矣。"②鉴于就环境与道德关系的考察，陈安仁认为就整个人生而言，实际存在着一个"不可捉摸之变境"，这一"变境"是不以人的意志为转移的，但"影响于人生道德之行为者"，对于人生可谓"不期至而自至，不期去而自去"，犹如"天数以为主持"一样。关于这种"变境"对于道德影响的情形，陈安仁说："彼意志薄弱者，当变境之阻碍于吾生之前途者，则丧失其操守之主义，或信仰之宗旨，而与前者之行为先后若两人者，世所常有也。譬之遇得顺安利之境，则意志骄矜，心情浮荡，置人世道德信义而不顾，甚或蹂躏之而不顾者，无虑百千万之人也；遇失逆危虞之境，则意

①　陈安仁：《人生问题》，泰东图书局 1929 年版，第 309 页。
②　陈安仁：《人生问题》，泰东图书局 1929 年版，第 287 页。

志灰沮,心情坠落,持悲观厌世之念,而不可以安顿其精神上悬摇之震动者,亦无虑百千万之人也。（如各国自杀者之多,皆由此原因。）"①由此,陈安仁提出伦理学需要重点地研究此"变境"的主张,以推动人生的道德行为的转变。他说:"世界之变境,常足以转移人类道德之意志与情感,然寻究变境之足以转移人类之道德之意志与情感者何耶?（一）为变境之来,与吾身有密切之利害关系。（二）为变境之来,足以与人生前进之目的相左。（三）为变境之来,吾人不能寻究其因果之关系,并其趋向之归宿。（四）为变境之来,吾人失去其主观之操持,而为客观所感诱。有此数因,境遇之变迁,常引人生道德行为之转变也。"②陈安仁这里所说的"变境"其含义为"境遇之变迁",相当于今人所说的"境遇",认为这种"变境"（亦即机遇）对于转移"人类道德之意志与感情"有重要的影响,主张对此应该予以积极的探索,这是很有见地的。

陈安仁以人类的本能（天性）诠释人类的道德本能,主张人们追求最高的道德境界,实现道德的"最高价值",批评那种以富贵享乐为目的的道德观。在陈安仁看来,人类存在着其本能,因而也就有"道德之本能",此本能根于人类的天性。他说:"人类有本能,而后由其本能以建立各种之德性与事业;无道德的本能,则道德不能自发也。依人类历史以观,其道德之光辉,足以照耀百世,其至性操守,足以模范后人者,甚多。而反面以观,其凶暴残刻之行为,足以令人谈虎色变,訾为凶人者亦甚多。若谓无道德之本能耶,则人类之道德何以发展? 若为有道德之本能耶,则人类不道德之事何以如此之多? 为之解曰:道德之本能,根于人类之天性,而此天性为兽欲的本能所遮掩,则此道德本能以未得机会发展之故,而日就潜消。"③陈安仁以道德本能论为主要依据,主张人类要追求最高的道德境界,他说:

> 人生道德行为,有最高价值者,以其能受外境至不可忍受之剧变,而尚能继其道德之弹力性也。世之皇皇然高揭道德之招牌,谈性理、说仁义不绝口,表面观之,似一纯全无缺之道德家也。然此安常处顺之道德家,未当以危虞颠沛之境,而若以有道德夸于人,是无以名之。名之曰未经试验之道德家,未经锻炼之道德家而已,未足以真有道德之最高价值也。有道德之最高价值者,造次必于是,颠沛必于是,有道德之勇气,能百折不饶,而不以当前

① 陈安仁:《人生问题》,泰东图书局1929年版,第289页。
② 陈安仁:《人生问题》,泰东图书局1929年版,第289页。
③ 陈安仁:《人生问题》,泰东图书局1929年版,第279页。

之境遇,萦绕于心,致隳其操守也。……操持其所信与人世一切之困难斗战,奋其精神,振其神气,使一般怯懦虚张之道德家,观其热烈之性行,而叹为不可及。如此之道德行为,诚有可贵之价值;亦惟有此道德价值,方足以羞煞人世外羔羊而内豺狼之伪道德也。①

这里,陈安仁将道义勇气、积极进步、乐观向上、知难而进等因素,视为道德"最高价值"的基本表征,汲取了中国传统道德所提出的刚健有为、百折不回、重义轻利的内容,因而有着中国传统文化的底色。陈安仁希望社会上普遍地追求高尚的道德境界,而对于以"富贵"为道德追求的人予以严肃的批评,认为人生在追求富贵之中实际上正在酝酿着诸多的罪恶。他指出:"通常之人,对于人生之目的莫不曰富贵,其求富贵之目的何在? 曰富贵之后,将以为所欲为,颐指气使,骄夺纵欲,以得身心之快乐也,人人之目的如是。故在富贵之社会中,一掷千金,一饭千金。其内面酝酿之许多罪恶,真擢发难数也。(富贵中间有不尽然者,然占绝少数。)夫富贵有易倾于罪恶之发生性,人多困苦艰难之时,则易以谨惕修德。而当快荣无忧之际,常易陷于逸轨放纵之行,况复假以金钱之势力,无所往而不可也。"②陈安仁这里关于富贵追求的批评,实际上是力图矫正中国传统的民间道德文化中的另一面相,显然是其所倡导的"道德最高价值"主张的延伸。

陈安仁在《人生问题》一书中对道德的新旧问题进行对比研究,在揭示新道德基本内容、显著特征的基础上,积极地倡导新道德。他说:

> 道德本无新旧之分,然时代之不同,及社会心理之变迁,而对于道德,常有新旧之概念。吾人对于道德而以旧名之者,以其不适于时势之要求,与现在人类之需要也。对于道德而以新名之者,以其比较的为适于时势之要求,与人类之需要也。

（一）旧道德是保守的,新道德是进化的。旧道德是尊重习惯,历史传说,社会古代之信条,颂扬之、保守之,视为天经地义之不可叛易,以故视此习惯传说信条,为人类行为正当之法则,而不稍有怀疑之态度也。新道德是进化的,对于旧时之习惯传说信条,以进化之眼法视之。其有阻于人类之进化者,则杜弃之;其与人类之进化无丝毫之资益者,则鄙夷之。时时重进步,而人类亦以发展其能力知识,以应此道德的进化观念也。

---

① 陈安仁:《人生问题》,泰东图书局 1929 年版,第 291 页。
② 陈安仁:《人生问题》,泰东图书局 1929 年版,第 294 页。

（二）旧道德是压抑的，新道德是自由的。旧道德与新道德，最大分别之点，即旧道德是压抑，而新道德是自由之一点也。旧道德，若君臣之伦，父子之伦，夫妇之伦，皆无对等关系，而以强者支配弱者为道德也。故其尊重父道，则蔑视为子者之人格，而操纵其生命与夺之自由。尊重夫道，则蔑视为妇者之人格，而以权力威吓剥夺其行动。其所谓旧道德，皆压抑的道德也。……新道德是重自由的。凡旧时代压抑之伦理道德，皆当摒弃，而一以正当法则，纳于自由之轨道中，而尊重道德也。盖自由的道德，是尊重人类之自由以发展其知识能力，以奉行道德，无勉强，无压抑。如此之道德，为可贵之道德。易言之，旧道德是非人的道德，而新道德是人的道德。

（三）旧道德是重个人的，新道德是重社会的。旧道德是重个人之克己复礼，皆以个人性行之改善为目标。高人隐士致力于一己道德之修善，以其理想之生活，一达斯地，自以为道德之完人，而为人世所当师法者也。穷者独善其身，为旧道德修为之张本。其所谓道德，不外一利己之道德。除此之外，皆非其所汲汲者。新道德则不然，新道德非注重个人的，而注重社会的。惟注重社会，则必发达其社会性，以利他为主义，提起服务之精神，实行互助，勇于服务，为新道德修为之张本，能为是者方可为道德之完人，而不拘拘于个人一己隐修之性行为标准者。旧时代孜孜于孤独生活，故其道德一孤独的道德。新时代为共同生活，故其道德是注重共同生活之道德也。共同生活各尽人力，以取人事所需。凡取所需逾其量以侵犯他人者，皆不道德也。凡取所需而不尽人力以事生活者，亦不道德也。故互助主义，为新道德之标准。①

陈安仁在对新旧道德的比较中，一方面基于进化理念和时代演变、社会心理变迁的思路，以是否"适于时势之要求"、是否满足"人类之需要"作为考量道德新旧的标准；另一方面又批判地、创造性地将传统道德某些内容（如重视集体主义等）改造为新道德的基本因素，同时又融合西方伦理道德的某些观点（如重自由及个性发展等），力图实现现代新道德与传统旧道德的对接，显现出伦理学研究中继承与创新的思维范式。

陈安仁认为道德问题有其经济的基础，解决道德问题必须从改造社会的经济组织下手。在陈安仁看来，"社会生计不足以应人民之要求"，可以引发经济上的三大问题，一是"经济上之不平等"，二是"经济上之倚赖"，三是"经济上之

---

① 陈安仁：《人生问题》，泰东图书局1929年版，第306—308页。

不足"。此三者都会对道德产生重大影响："经济上之不平等,则社会怨尤抢掠嫉忌中伤之事必发生";"社会之分子以依赖而后能生存,必丧失其道德之独立性与人格之尊严,无道德之可言也";"经济上之不足,社会日趋于贫乏,人民之生计愈不能安全,而人民之道德将愈趋愈下,而无法以维持之"①。由此,他说:"由社会问题牵连而起之道德问题,即是云社会之经济组织不良。人民之生活不良,有关于人生之道德行为也。吾人认定经济组织不良,人民生活不良,社会中有一部分之必以此不良之影响,而陷于不道德之行为。……吾人虽不能为咎何方,而社会问题与道德不能不多少之关系也。吾人以为社会一日不达于完美高尚之社会,则社会中以生计之危虞,个人与家庭必生出不道德之行为也。吾人欲使个人道德比较地高尚,则吾人对于社会贫乏者之救济,是不可缓者也。"②陈安仁注意到,社会中的道德与国家的政治生活关系密切,"国家政治"对于社会道德有着重大的影响,"国家因种种之变迁,而人民有受影响而发生道德的变态。国家政治严酷刻薄寡恩,流风所被,人民因而欺诈委屈。国家政治修明,上下安泰,仁风所播,人民因而宽舒仗义。"③所以,陈安仁认为改造道德固然需要从各方面进行,但主要的还是要开展政治变革的实践活动。他指出:"欲人类道德之增进,使人类道德为适合于人生标准,则当何术乎? 其必改造现在国家社会家庭之环状,使之革新,寻求不良环境之原因与阻碍之礁石而消灭之,扫除之。近世国家社会家庭之实际生活,乃建立于为私欺诈强暴基础之上。吾人欲适于现世之国家社会家庭实际生活,亦惟有发展吾人为私欺诈强暴之本能,而后能适以存生,否则为此不良之国家社会家庭所淘汰而去。……是故欲增人生道德之生活,于教育上为遮遏人类不良恶劣之本能,于环境上改造社会国家家庭恶劣之现状。吾人日日言道德,说仁义,而不为此根本之图,而汲汲以头痛医头、脚痛医脚之事,宁非至愚。"④陈安仁认为人类有变革旧制度、旧道德的心理,亦有变革现行社会的能力,故而可以而且也应该通过变革社会制度而达到"人类道德之增进"之目的。他指出:"吾人从政治史考察有揽权专制之政治,黩武主义之政治,阶级制度之政治,奴隶利用之政治(如希腊)。此诸种政治,在其时代,皆为其时之人民所讴歌、所颂赞,而不加异词。故国民思想之进化与道德思想之变迁,可将此种错误之时代思想制度,一一改变之。此种变迁之所由起,一因人类

① 陈安仁:《人生问题》,泰东图书局 1929 年版,第 282 页。
② 陈安仁:《人生问题》,泰东图书局 1929 年版,第 282 页。
③ 陈安仁:《人生问题》,泰东图书局 1929 年版,第 293 页。
④ 陈安仁:《人生问题》,泰东图书局 1929 年版,第 288 页。

对于此种种之改制,抱不满感之心理;二因人类心中有新的标准,欲使此种政制适于人道之主义。所谓平民主义、民生主义、社会主义,亦不外此道德思想之表现,欲使人类不良不道德之生活除去,而实现较良较为合理之生活耳。"①从以上的叙述可以看出,陈安仁由对道德与经济关系的探索,认识到道德背后的经济基础以及国家对道德的制约作用,从而得出了通过政治变革而推进道德进步的结论。

陈安仁在道德修养理论方面也有重要的建树,主张将个人的主观意识修养与道德实践活动结合起来。他提出了以下的主张:一是强调个人要以公益之心对待自己的私产,以发展社会利益为自己的义务。他说:"夫私产非绝对的私有,不过遇一时之机缘而取得社会公有之物而已。此取得社会公有之物,法律上虽许可一时具有,依吾人道德之责任,当善用之以发展社会公有之利益。吾人具有私产,虽为吾人之权利,而发展社会利益,遂为吾人之义务也。"②二是认为个人德性随着社会实践、个人经历而增长,将道德实践作为道德修养的基础。在他看来,道德修养在于道德实践,如果仅仅满足于"改造人心","而不扫除国家社会家庭不良之环境,而人类道德之生活,亦未有增进之一日也"③。陈安仁说:"人生之道德性,常可由年龄之增进而增进,而不道德之性,亦可由年龄之增进而增进。不可不察。……吾人观察人物品性,见有年愈老而不德之性愈增者,不问而知其行为之经验中,多不德之倾向者也。年愈老而道德之性愈增者,不问而知其行为之经验中,多道德之倾向者也。"④这就是说,人的德性是由于其"行为"所决定的,所谓道德修养就是要增加其"行为之经验"。三是主张修养活动要与美育结合起来,以美育来提升个人的道德水平。关于美育对于道德的作用,陈安仁说:"自美育之目的与价值言之,一曰陶冶美的情操。有美的情操者,必能有道德的情操也;二曰涵养审美的趣味。有审美的趣味,则爱慕道德亦必觉有一种之趣味也;三曰有助长美的创作力。有美的创作力者,对于道德亦有创作之行为也。"⑤可见,陈安仁把道德修养看作既是道德实践活动,又是道德意识提升过程,力图在道德实践和道德认识方面提高道德修养的效果。

虽然,陈安仁所著的《人生问题》一书,在有些方面还有很大的缺陷,论述中

---

① 陈安仁:《人生问题》,泰东图书局 1929 年版,第 310 页。
② 陈安仁:《人生问题》,泰东图书局 1929 年版,第 312 页。
③ 陈安仁:《人生问题》,泰东图书局 1929 年版,第 288 页。
④ 陈安仁:《人生问题》,泰东图书局 1929 年版,第 316 页。
⑤ 陈安仁:《人生问题》,泰东图书局 1929 年版,第 321 页。

存在着不相契合甚至冲突的环节,如书中一方面认为道德的本能在于人类的天性,另一方面又认为后天的环境对道德形成构成重要影响,而对于这两者的关系到底如何,则没有必要的说明与有力的论证。但总体来看,陈安仁的《人生问题》一书以群居组织诠释道德起源,以人类的本能(天性)说明人类的道德本能,注重社会环境及境遇对道德形成的影响,在新旧道德比较、道德的经济基础、修养理论等方面作了极为重要的探索,对中国现代伦理学的发展作出了重要的贡献。

10. 丘景尼的《教育伦理学》(1932年)

丘景尼在20世纪30年代所著的《教育伦理学》,是一部专门研究教育伦理学的专著,在学术界第一次就教育领域的伦理学问题作了比较系统的研究,开创了中国教育伦理学研究之先河。

丘景尼在《教育伦理学》中以进步的、社会的观点来看待道德的起源问题。他认为,个人的道德意识起源于后天的社会认识活动,是社会生活的反映。他说:"道德意识不是一生出来就有的,必须生后心意渐次发展,而后才有这种意识的发生。心意须循自然的途径而发达,道德意识也须循自然的途径而发达。我们决不能从无中生有。"①在他看来,道德是变动的、发展的,根源于社会生活的演变,因而道德并不具有永恒性。他说:"道德观念要不外人类对于社会的合理的生活之一种见解或要求,此见解与要求之总和及其系统,即人类道德历史发达之全过程。见解与要求常随实际生活之发达而变易,见解与要求既变,道德观念自亦随之而更改。……世未有万世不易之道德观念,过去之道德观念祇能适用于过去,倘时代已过去,而此道德之遗骸犹存,则其对于吾人不独无丝毫利益,且有束缚之感。"②丘景尼不仅将道德与社会生活的实际联系起来,而且将道德的变动及新道德的产生看成是社会生活变动的结果,并特别强调道德是社会生活的反映,主张新道德在社会变迁中逐步代替旧道德,这就正确地认识到道德与社会生活的关系。

在道德与法律的关系上,丘景尼力图将两者关系厘定清楚,重点阐发了道德没有制裁性、强制性的特点。他指出:"道德与法律二者,都是维持社会安宁和保障人间幸福所不可缺的一种共守的轨范。若从道德教育的目的言,则道德的陶冶也可以说是犯罪的一种预防,亦即'刑期于无刑'的意思。惟二者亦有不同

---

① 丘景尼:《教育伦理学》,世界书局1932年版,第93—94页。
② 丘景尼:《教育伦理学》,世界书局1932年版,第22页。

之点,即道德虽有具体的条件,但无具体的制裁;法律则不然,既有具体的条件,又有具体的制裁。"①这里,丘景尼看到道德与法律两者的共同性,同时也注意到两者的差异。

丘景尼在道德修养理论方面的重要建树,是将知情意的统一观运用到道德修养理论之中,主张在"意"的陶冶之中要"知情并重",并进而在实践方面加以努力。他说:"要养成自律的习惯,首先要对于道德的观念有充分的理解,对于善恶的判断要确切无误;次之,要对于过度的感情能够抑制;再次,更要对于意志的实行能够笃践。由此观之,可知在意志陶冶之时,对于知的陶冶和情的陶冶,应该同时并重。"②丘景尼在道德修养方面,认识到道德修养具有阶段性与层次性的特色,认为应该将修养的过程看作是知情意不断演进的序列,故而也就需要高度重视道德的"笃践"环节,这就将社会实践的观点融入修养过程之中。就修养理论本身而言,丘景尼的这一主张是很有特色的。

在道德教育方面,丘景尼提出了两个重要的主张:

一是道德养成必须经由"他律"到"自律"的路径。在丘景尼看来,道德养成必须符合道德意识演进的顺序,遵循由"他律"到"自律"的步骤进行。他说:

> 凡实施道德训练之时,我们应就人类道德意识发达之自然的顺序,先由他律的方法,以养成其意志的习惯,渐次加以自律的要素,完成其自己的训练。以时期言,小学时代的训练,以他律的为主;中等学校时代的训练,则渐次进为自律的;自青年后期以至成年,则全然为自己训练。在他律的训练时期,须绝对服从,渐次进于自律的时期,自由的要素亦渐增,比至自己训练则可一任自己的良心以为自由的行动。由他律以至自律,由服从至自由,此服从与自由,他律与自律,亦决非互相矛盾者。盖他律的训练,系由外部的指导以服从道德律;而自律的训练,则由自己内部良心的命令以服从道德律。自道德实行之点言,两者初无二致。由此观之,自律他律与夫自由服从,也不过是道德意识发达顺序的一种表示而已。③

这里,丘景尼从道德"训育"角度解读道德的培养过程,认为"他律"的方法是"干涉主义","自律"的方法是"自由主义"。在道德的训育方面,丘景尼不同意完全采取干涉主义,但也不同意完全采取自由主义,认为"这是和道德意识的

---

① 丘景尼:《教育伦理学》,世界书局 1932 年版,第 144 页。
② 丘景尼:《教育伦理学》,世界书局 1932 年版,第 93 页。
③ 丘景尼:《教育伦理学》,世界书局 1932 年版,第 62—63 页。

发达顺序不相适合的"。他在以上所主张的道德训练的顺序，就是"先由干涉主义以入自由主义的一种方法"，亦即干涉主义与自由主义者"二者互用的调合主义"，并认为这是"最稳健的"道德训练办法。

二是道德教育应该重视家庭、学校、社会三者的统一。当时社会上的普遍的观点，认为道德教育主要责任在学校，因而"一讲到训育，一般人都会联想到是学校训育"。丘景尼认为，这是一种狭隘的观点，将道德教育的范围缩小了。事实上，"光靠学校一方的陶冶，是决计不能收到完全的效果的"。丘景尼从道德的形成过程及其与社会生活的关联，认为道德教育是一个系统的、全面的过程，因而主张家庭、学校、社会三者要协力做好道德教育工作。他说：

> 品性的养成，必须是先由家庭作基础，学校继续之，社会补助之，三者相联，互为沟通，其效始著。三者之沟通，在训育上之需要，较知识技能的教学为尤巨，因为知识技能的教学，纵使家庭中间一点基础也没有，或无父母及亲近之人，家庭之温情早失，然在学校方面尚可以补足这个缺陷，以养成他们的完全知识。至于训育则不然，如一个人幼时家庭即有缺陷，或骨肉之温情凉薄，或一般的遭际不良，其影响于品性者实至为深刻，要想从学校中间去陶冶出一个圆满的品性来，真是难而且难的一件事。……学校训育如无家庭做基础，决不能收圆满的效果。盖无家庭的助力，不独事倍功半，或且至于全无效果；又学校卒业后，社会还设有智育上的种种机关，感觉不足之时，倘可以再去补习；反之，社会的风纪舆论如果是不良的话，其恶影响直接就可以左右学校训育，且无从挽救。加之，社会所给与个人品德上的影响，不仅在学校毕业之后，即在学校中，也是同一个样子。以时期论，学校的训育，祗不过是一时；父母的熏陶，则可及于终身；社会的影响，则死后还可及于子孙。①

丘景尼主张家庭、学校、社会在道德教育方面共同担负起责任，采取同一的教育方针，一方面是基于道德观念形成的社会因缘，另一方面是基于家庭、学校、社会三者的内在联系。对此，他有这样的说明："学校教育本来是社会共同生活的一种准备，而家庭则为社会共同生活的单位。道德为社会共同生活的要件，不论其为学校为社会为家庭，具应有此道德以为共同之目的。目的既共同，那么，训育的目的亦自不可不采与社会家庭同一的方针，以作为品格训练的标准。如

---

① 丘景尼：《教育伦理学》，世界书局 1932 年版，第 67—68 页。

此三者不能统一调合,其效果上必致相杀。"①丘景尼将道德教育放大到社会生活之中,要求家庭、学校、社会共同开展道德教育,体现了道德教育的全局性眼光和系统性的思维。

丘景尼的《教育伦理学》以教育伦理作为研究对象,将教育与伦理结合起来,这是极为重要的探索。就学术发展史和学科建设而言,教育学与伦理学是相互联系的学科,不仅教育需要伦理学的指导,而且伦理学也需要一定的教育方式才能发展。丘景尼的《教育伦理学》一书扩大了伦理学研究的领域,并开拓出伦理学的新分支——教育伦理学,这对于教育学和伦理学的建设皆有重要的意义。该著基于伦理学的视角研究教育学,不仅有助于推进伦理学分支学科的发展,而且也有助于教育学的发展更加符合伦理的规范和社会道德建设的要求,因而在中国现代学术史上占有重要的地位。

11. 谢扶雅的《伦理学》(1932 年)

谢扶雅②是现代中国学兼中西、知识渊博的著名学者,在哲学、文学、宗教、伦理学、宗教学等学科皆有重要的学术成就,其所著《伦理学》一书,在道德意识、道德行为、道德标准等方面的研究,为建构伦理学体系作出重要的贡献。

谢扶雅的《伦理学》从道德意识的分析入手,通过对道德意识的分析来深化伦理问题的研究。在"道德意识"的起源问题上,力图调和"先天"说与"后天"说,认为是先天与后天综合作用的结果。如他在《伦理学》中说:"道德意识是因人类对内对外,依缘著生物进化和社会进化交错而成的结晶品,既不是什么先天形式,也不一定全是本人的后天经验。"③关于道德意识,谢扶雅从社会生活的角度予以解说,他总的看法是:"道德意识既发源于保群冲动,而'群'(即社会)生活固常常迁变不居。因之道德意识亦势必随而常变……。所以道德意识不妨说

---

① 丘景尼:《教育伦理学》,世界书局 1932 年版,第 68 页。

② 谢扶雅(1892—1991),浙江省绍兴人。早年留学于日本的高等师范学校、立教大学,美国的芝加哥大学、哈佛大学。先后担任岭南大学、中山大学、金陵大学、东吴大学、湖南国立师范学院、广州华侨大学教授。1949 年移居香港后又先后任教于崇基学院、香港浸会学院,曾教授过国文、哲学、教育学、伦理学、宗教学等课程。主要著作有《人格教育论》、《个人福音》、《人生哲学》、《道德哲学》、《中国伦理思想述要》、《中国政治思想史纲》、《经学讲义纲领》、《中国文学述评》、《修辞学讲义》、《宗教哲学》、《基督教纲要》、《基督教与现代思想》、《基督教与中国》、《基督教与中国思想》、《巨流点滴》等。编译著作有《康德的道德哲学》、《祁克果人生哲学》、《圣多默神学》、《东方教父神学》、《许革勒宗教的神秘要素》、《安立甘宗思想家文选》等。

③ 谢扶雅:《伦理学》,世界书局 1932 年版,第 40 页。

就是社会生活底投影。某种社会必反映出某种道德意识无疑。"①谢扶雅正是由道德意识入手,论述了道德行为、道德判断、道德标准等问题,从而构建其伦理学研究的体系。

谢扶雅对于道德行为问题亦予以研究,尤其是注重对道德行为的特点及与此相联系的道德判断加以分析。在他看来,人们生存在社会之中,自然也就有其道德行为。一方面,道德行为不是一般的行为,而是人格的反映,因而有着人格的特征;但另一方面,道德行为作为主体性行为有其自择性,而作为社会性行为又有其社会性。他指出:

> 道德行为有下列三特点:
>
> (1)人格的。……惟健全的人格所发动出来的行为,才算是道德行为。
>
> (2)自择的。道德行为必须出乎本人自觉的发动,而不是无意识的动作,有明了的愿望及目的而自主地决定这样做去,绝非懵懂恍惚,或受外力强迫不由得不这样做。质言之,所谓道德行为是完全出于本心自择。……
>
> (3)有影响于社会的。……道德行为必须行为者和别人发生利害关系,才能成立。②

在谢扶雅看来,人们因为有道德行为,因而也就有对道德行为的判断,但道德判断本源于个人的道德意识,亦即道德判断是由道德意识生发出的道德行为的评价。那么,道德判断如何得以实现呢? 换言之,道德判断成立的依据什么呢? 对此,谢扶雅有如下的说明:

> 道德判断底主体必须是道德意识……,它兼具"知""情"两作用。属于知者叫做道德知识;属于情者叫做道德情感。我们能辨察这件事应当做,不可不做,那件事不应当做,不可去做,——这是道德知识。对于当做的事发生赞赏或钦佩,对于不当做的事发生非难或愤怒——这是道德情感。不过道德判断,在研究上虽可分析为道德情感和道德知识两方面,实际上两者交错会通打成一片,并非分立孤峙,我们对于一种道德行为,如缺乏道德知识,固无由下道德判断;如不能惹起道德情感反应,也就无力下道德判断。道德情感伴著道德知识同时并作,是非之见,褒贬之情,融于一炉,于是道德意识活泼显明,于是道德判断成立。③

---

① 谢扶雅:《伦理学》,世界书局1932年版,第41页。
② 谢扶雅:《伦理学》,世界书局1932年版,第15页。
③ 谢扶雅:《伦理学》,世界书局1932年版,第36页。

　　谢扶雅认为道德判断起源于道德意识,道德判断之所以得以进行,就在于有道德知识与道德情感的作用;并且认为,在道德判断的过程中,道德知识与道德情感是"同时并作"。这样,所谓道德判断,也就是一个在道德意识作用下的"知情意"过程。谢扶雅由研究道德行为而深入到道德判断,再由道德判断进到道德标准问题。这是其伦理学研究的重要路径。关于道德标准问题,他主张调和学术界的各种主张,建立一个大家能够接受的道德标准。他说:"风尚的道德标准太偏乎外的,社会的他律的;良心的道德标准太偏乎内的,个人的,自律的。倘能将内外联合一气,折衷至当,一方本著个人的知能,他方参酌社会的组织;一方可以容纳进化的原理,他方可以维持遍效的根基,以此作为道德标准以衡量人类行为价值,则真是再好没有了。伦理学上所谓目的论或正鹄论,便指这个综合的道德标准。"①谢扶雅的《伦理学》关于道德行为、道德判断、道德标准的研究,是很有特色的。

　　谢扶雅的《伦理学》是一部很有特色的伦理学专著,他虽然注重于伦理学问题的系统研究,但也并不夸大伦理学的作用,并不将社会生活中的许多问题都纳入到伦理学考察的范围。譬如,他在阐述道德教育问题时,讲过这样一段话:"人生的天性——生存与生殖二事,无所谓道德的不道德的,好似清水一杯,道德好比糖或盐或苦汁,放入清水之中,成为甘或苦或咸;加味复加味,熏习复熏习,遂陶成或则为善人,或则为恶人。道德教育所负的重大使命在此。"②这里,他强调道德教育的作用,但并不认为生存与生殖都是道德问题,而是强调道德问题研究有特定的范围。这是与当时一般的伦理研究者所不同的。谢扶雅的伦理学研究有着中国传统伦理研究的学术基础,他本人曾专门研究中国传统伦理文化,并出版了《中国伦理思想述要》、《中国伦理思想 ABC》等著作③。总之,谢扶雅的《伦理学》是一部很有特色的伦理学著作,既有着中国传统伦理文化研究的学术基础,又有着从"道德意识"到"道德行为"再到"道德判断"的研究路径,值得研究者引起重视。

---

　　① 谢扶雅:《伦理学》,世界书局 1932 年版,第 50 页。
　　② 谢扶雅:《伦理学》,世界书局 1932 年版,第 159—160 页。
　　③ 谢扶雅的《中国伦理思想述要》,广州岭南大学书局 1928 年 10 月初版,该著分为引论、中国伦理底基本概念、最高理想、本务论等 4 章,阐述中国伦理思想的发展与特点及其基本范畴。《中国伦理思想 ABC》原为谢扶雅在岭南大学的讲义,上海世界书局 1929 年 5 月初版(1930 年出了第 4 版),该著介绍中国伦理思想的特征、变迁、基本概念(天、道、性等),儒、墨、道、新儒四家伦理观。

12. 温公颐的《道德学》(1937 年)

温公颐①是现代中国的著名学者,学术功力深厚,勤于著述,通晓哲学、逻辑学等诸多学科,其所著《道德学》一书在中国现代伦理学史亦有重要的地位。温公颐的《道德学》(商务印书馆 1937 年 1 月初版,同年 4 月再版),主要按照康德及黑格尔学说体系阐述伦理学理论和实例,以英国马肯荣的《伦理学手册》为蓝本。全书分为 4 编:第 1 编论道德学之旨归,第 2 编分析道德行为之心理和社会的要素,第 3 编讨论各家之道德标准,第 4 编则为实际道德生活之考察。该著有以下主要特色:

第一,将人类道德的演进分为三个时期,并依人类历史演进的先后次序予以解说,承认道德规律的作用。在温公颐看来,道德的形成有三个时期,即道德的成立期、行动期及反省期,有如人的成长历程一样。他说:

> 人类道德之发达,概可分为三时期:第一,即道德习惯之成立期,此相当于个人之幼年期。当此时也,一切由社会之必然约束而为德,如儿童之听训于师长父母,个人初未有道德之意识。第二,为行动期,相当于个人之壮年期。此时经相当之教育已能成立系统,独立行动,所谓传袭的道德系统,即此时成立。第三,反省期。此时因第二期之发展,新势力加入,其于民族也,则外力发展,吸收新来份子,于是内部发生变化,而昔之平衡已失,所谓"新酒入旧瓶",旧有之仪式,已不能容纳新精神,自须改弦更张而为深刻之反省。道德学者一方考核旧有之制度道德,他方复权衡新起之思想,彼既不同于传袭主义,一味守旧,亦不同于激进主义,一味盲从,只凭理性之考核,不合理者去之,合理者存之。结果乃得合理思考之道德。故道德学者,亦可谓发生于合理的思考,即对于发生问题之道德风习为合理之思考也。②

这里,温公颐将思想观念与行为统一起来予以考察,就道德观念起源问题作出"意识——行动——反思"的认知,虽然还没有认识到实践的基础性地位,但

---

① 温公颐(1904—1996),原名寿健,福建龙岩人。早年毕业于北京大学,后在北京大学任讲师、教授。自 1930 年起,还兼任北京师范大学、私立中国大学、私立朝阳学院、私立华北大学教授,主讲《哲学概论》、《道德学》、《逻辑学》、《中国哲学史》等课程。1947 年 11 月受邀到河北省立女子师范学院任中文系教授、主任,讲授《道德学》、《逻辑学》等课程。解放后,任河北师范学院中文系主任、教授。1959 年调入南开大学,自 1962 年起担任南开大学哲学系主任,一直到 1987 年退休。著作有《哲学概论》、《道德学》、《逻辑学》、《类比推理在实践中的运用》、《先秦逻辑史》、《中国逻辑史教程》、《逻辑学基础教程》、《中国中古逻辑史》等。

② 温公颐:《道德学》,商务印书馆 1937 年版,第 6 页。

毕竟将道德实践融入了道德观念演变的进程之中,并把道德的演变看成是一个不断上升、提高的过程,因而是有其积极意义的。正是基于这样的认识,温公颐进一步将道德的起源、发展过程与人类社会前进的历程联系起来,试图从人类演变历史中给予道德的历史解释。他说:

> 在野蛮人中,道德之意识仍在萌芽时期,其行动多由于冲动,未来之结果如何,初未尝计及之也。惟野蛮人之行动亦非可以尽情放纵者……。

> 野人之行动,一切固以风习为标准,即文化发达之后,习俗之势力亦常支配于道德判断之中……。足征风俗在国民道德之形成中,实占重要之地位,类此以风俗为道德者,名曰习俗道德,乃人类道德之最初形式也……。

> 人类生活逐渐发展之结果,于是行为之规律趋于确定。在此规律之确立中,有仅为习惯仪式之更趋固定者,然当铸成实际法律时,以前习惯已起相当变化……,此时之道德标准即以国家之法律为规,个人均以法律之所示,指导其行为,故可名之曰公民道德,乃人类道德行为演进之第二阶段也……。

> 当一定之法律形成时,思考亦自然发生。法律常与习俗冲突,且各种法律亦不免有互相冲突之处,然则吾人所认为道德之最后规范,已不能不发生问题,吾人已不能再以国家之法律为道德之规范,必须进一途而为法律根本意义之考核。由此思考之结果,人类已逐渐采取法律原则之精神,而弃置其文字上之规定:盖人类已了然以原理指导其行为,换言之,即以理性为其最后之基础,法律有悖于理者非之,习俗有符于理者仍是之。夫如是,吾人已离暗示与模仿之境,而达于理性之考察,此即反复思考之道德,乃人类道德发展之第三阶段也。①

不难看出,温公颐关于道德起源的解说,有着理论与历史相结合的解读范式。在温公颐的认识视野中,他并不认为一切道德问题都能通过理性的办法得以很好地认识,所以他对于"纯理性"的考察表示一定的怀疑。如他说:"夫吾人之生活固不能谓纯由理性之考察,道德生活内容之复杂,其间几微迅速,有不容吾人之完全度此冷静之思考生活者,故信仰与经验,即在最富思想者之心中,亦不能完全弃置,其为行为指导之原则,半成于思考,半由个人之经验及种族之经验引由而得,足知模仿与暗示,即在道德行为最发达之阶段中,亦未完全抛弃

---

① 温公颐:《道德学》,商务印书馆1937年版,第75—76页。

也。"①需要说明的是,温公颐是将道德的演进看成是一个有规律的历史过程,有其生成、变动的历史轨迹。然而,他认为道德的规律还不能说就完全等同于一般情形下所说的规律,而是有着独到的特点,但也不能否认作为规律的特点。就此,他曾说:"道德学之规律乃属于第三类,即虽可以侵犯之,然不能改变之也。夫特殊之道德律亦有时而变,因地而异。然其重要之原则,固始终不变,为一切人类之所共守,甚至具理性者均遵守之。"②可以说,温公颐在道德问题上,既是历史主义者,又是坚持科学观念的规律论者。

第二,对道德的本质、功能及作用作出新的解说,提出"道德知识论"的主张。对于道德的本质、功能及作用,历来的道德学者都有其解说,这也成为伦理学上争论不休的问题。温公颐根据西方传统的伦理观点并结合自己对道德的体认,有这样的说明:

(1)道德不得视为一种技能,须视为一种了解。盖以道德为技能,即无异于视道德为物品,可以领有。物品之领有,用于善则善,用于恶则恶,……若道德则不然,道德者常善而不能用之于恶。其非为一种工具,已昭然可见。故道德者自得,而不在于致用……

(2)道德只寓于动作之中。善画者能绘美丽之画,善思者能造深沈之思;然人之为善也,则不能谓其能行善,以其实际行善耳。夫正当之行为,亦有不表之于外者,然不表之于外,亦正为一种表示……

(3)德之行要素存于意志。康德尝云:"善意之为善,非以其能得一定之效果,乃由意志之本身为善耳。""即使因环境之不良,无力实现其所志,即使以最大努力,仍将无所成,然善意仍有存在之价值(自然非仅为一种愿望,而为尽吾人之所能),盖有如宝石,自发光辉,有其自身之价值也。"亚里士多德亦言,善人虽在困境中,不能实现其最高之目的,然"其高贵之光华则仍照耀如故也"。由此言之,则至德之行不必倚其效果之如何而定,则欲斤斤于行为之小节,不求道德之根本者,徒益暴其虚伪耳。③

温公颐如上的解释,是以"知识"来诠释道德的本质,因而有所谓"了解"、"动作"、"意志"寓含于道德之中的说法,这就作出了道德非功用的结论。对于这种"道德知识论",他的解释是:"道德为知识之一种,亦为习惯之一种,第依其

---

① 温公颐:《道德学》,商务印书馆1937年版,第77页。
② 温公颐:《道德学》,商务印书馆1937年版,第124页。
③ 温公颐:《道德学》,商务印书馆1937年版,第11—12页。

所取之观点如何而定耳。有德之人继续生活于义务观念之世界,类此生活继续不变,即为一种习惯之养成,亦即为真知灼见。其生活之世界不同者,其观察事物之习惯亦随以各异;犹之戴有色眼镜者,所见均着眼镜之颜色。故所谓有德者,即习惯的具有一种知识或卓见之谓。"①

第三,对于学术界普遍认可存在的"道德律"提出新的看法,认为"道德律"本身并没有实质性内容,因而也不具有指导道德行为的作用。伦理学界注重于道德律的研究,强调道德判断在发现道德律中的作用。温公颐也注重于道德判断的分析,如他认为:"道德判断之发展,可得下列各种之通性:(1)道德判断发展之程序,由习俗,经法律以达于反复思考之原则。(2)道德之判断,先及外部之动作乃终及于内部之意向及性格。(3)道德判断之发展,由适合于特殊民族或国家之道德观,以达于具有遍效性之道德观。"②需要指出的是,温公颐虽然主张对道德判断的研究,但并不赞同学术界关于道德律的认知。温公颐说:"道德律者不能有任何特殊之内容;彼不能告吾人以某事应为,或不应为,盖一切特殊之事均具经验之偶然原素,而道德律则无与于此经验之原素也。道德律不能告吾人以吾人所应为之内容,彼只能示吾人以行为之形式。此无有实质之纯粹形式,必为简单普遍律令之形式:此即言道德律除告吾人以合于律令之行为的法式外,不能有其他之指示。而此之所示,乃不过指吾人之行为必须有相当之自圆性,吾人行为所据之原则必为吾人之全生命中所能采择者,且又能应用于他人之生活中。"③不难看出,温公颐这里尽管没有明确地否定道德律的存在,但却把道德律说成一个没有"任何特殊之内容"的可有可无的东西,认为道德律至多只是为人们的行动提供形式,而且其"所示"的这些"形式"或"法式",也不能影响人们的道德行为的实质与内容,至多只是使"吾人之行为必须有相当的自圆性",就是说并不能给人们提供道德行动的有价值的内容。

温公颐勤于治学、学有本源,其所著《道德学》一书提出的道德形成"三期"说、"道德知识论"等主张,以及关于"道德律"的否定性解说,尽管与当时中国伦理学界的主流观点相左,但在中国伦理学界亦可谓独树一帜、自成一家之言,因而在中国现代伦理学史上有着重要的学术地位。

---

① 温公颐:《道德学》,商务印书馆1937年版,第62页。
② 温公颐:《道德学》,商务印书馆1937年版,第86页。
③ 温公颐:《道德学》,商务印书馆1937年版,第129页。

13. 谢幼伟的《伦理学大纲》(1941 年)

谢幼伟①是现代中国的著名学者,研究领域涉猎哲学、伦理等学科。谢幼伟在 20 世纪 40 年代所著的《伦理学大纲》一书,共 5 章,主要论述伦理学的性质、任务、派别,革命人生观与行为论等,在学术界影响很大②。该著有两个最为突出的地方:

一是将"革命行为"作为"道德行为"来予以论述,力图实现传统与现实的对接,表现出学术研究强烈的政治色彩。在谢幼伟看来,"所谓道德的行为是在目的、兴趣和利益有冲突时所产生的行为"③。而所谓"革命者",其"革命行为"只有表现出"道德的行为",才能称得上是真正的革命者。由此,他通过对"革命"的伦理学诠释,在彰显传统道德修身信条中,说明革命者所必须有的修养要求。他指出:"革命之事,始于修己,终于安人。一个革命者必有一个革命者的人格,非养成革命者的人格,不足以言革命。……讲革命,必讲修己。革命所重的虽在安人,然徒言安人而不言修己,必无法安人。从大学的三纲领而论,明明德修己,亲民的安人,合修己和安人然后能达到至善的地步。即就促进民族的生命言,也不能不先促进一己的生命。若自暴自弃,将自己的生命摧残,安能促进民族的生命? 是以任何一个革命者,决无忽视修己的道理。修己之道是什么呢? 则格、致、诚、正、和、修,可以包括。"④这样,谢幼伟就将传统儒学关于修身的理论与现代革命者修身要求统一起来。问题是,"革命者"即使非常注重道德修身,并且也是按照儒家所指引的方向前进,何以"革命行为"就是"道德行为"呢? 对此,谢幼伟的解释是:"所谓革命的行为,质言之,就是道德的行为。一个革命者,就是一个道德家。未有讲革命而不讲道德的。不讲道德,不惟不能革命,且将破坏革命。革命必有革命的道德。虽革命者的道德判断或和统治阶级的道德观念不同,然自道德本身言,革命者实无法可以避免。谓革命可以革除道德,实不知道道德的真义,也不知道革命的真义。须知革命者的行为有时虽似和传统的道德

---

① 谢幼伟(1905—1976),字佐禹,广东梅县人。早年就读东吴大学,毕业后赴美国哈佛大学深造,获哲学硕士学位。回国后,历任军事学校教官,浙江大学教授兼哲学系主任。1949 年去印尼,任雅加达八华中学校长、《自由报》总编。后去台湾,历任《中央日报》总主笔、华侨大学先修班主任兼华侨中学校长,中国文化学院哲学研究所主任,香港中文大学哲学研究所主任。著作有《西洋哲学史》、《怀黑德哲学》、《伦理学大纲》、《人生哲学》、《当代伦理学说》等。
② 该著由正中书局 1941 年 2 月重庆初版,1944 年出了 12 版;其后,有 1946 年 1 月沪 1 版,1947 年出版了沪 7 版。
③ 谢幼伟:《伦理学大纲》(1941 年),正中书局 1946 年版,第 125 页。
④ 谢幼伟:《伦理学大纲》(1941 年),正中书局 1946 年版,第 132 页。

相违,然究其实,所谓相违的是躯壳而不是精神……,我们不谈革命则已,谈革命即不能不谈道德,革命事业非恃道德无以其成功;革命行为也非合乎道德不能谓为革命。革命的行为,仅能表现为道德的行为,惟有在道德行为中,乃有革命行为之可言。"①这里,是由"革命"与"道德"关系的阐发中,来说明"革命行为"与"道德行为"一致性的。

二是对中国传统道德的予以高度的推崇,希望中国传统的儒家道德在现代社会中得以发扬光大,表现出现代新儒家所恪守的治学理念。谢幼伟以现代伦理学理论阐释"大学之道",将伦理学所关注的"动机"、"行为"和"结果"与儒学修身所企求的不同境界对应起来。如他说:

> 我国儒家论行为,所以区别善恶的,表面虽没有显明的标准,然若细心体认,将见我国儒家的道德判断,实基于一种动机和结果并重论上。这在"大学之道,在明明德,在亲民,在止于至善"数语中,表现得最为清楚。大学首提这数语,实有"深意存焉"的。因大学一书是我国伦理学上一部系统较为完整的著述,其开宗明义,即以"明明德"、"亲民"和"止于至善"为言,无异是说道德的标准,即是这三纲领。合乎这三纲领的是善,反乎这三纲领的是恶。明明德,是自行为的动机言。亲民,是自行为的结果言。依乎明德的动机,行其亲民的事实,而能推进至于至善之境的,即是一完全良善的行为。换一句话,一良善的行为,是良善的动机,而复有良善的结果。②

谢幼伟关于儒学修身境界的现代伦理学阐述,就是为了说明儒学所要求的道德标准是道德行为的动机与结果的有机统一,因而也是现代人所应追求的道德目标。由此,谢幼伟则更进一步,将儒家道德境界与"革命的道德行为"联系起来,要求"革命者"依据儒家的道德标准塑造自己,规范自己的道德行为,做到言行一致,动机与结果的一致。他说:"大学的道德标准,实一折衷至当的道德标准。所谓革命的道德行为,即当以此为轨范。在一个革命者眼中,行为的道德或不道德,实视其合乎大学的道德标准与否而定。所以从行为结果方面讲,一个革命者的行为,其或善或恶,在察其行为的结果为亲民抑害民。亲民的是善,害民的是恶。革命的目的在亲民。"③谢幼伟从传统儒家的道德标准来诠释"革命者的行为",将儒学道德修养理论与当下的社会道德要求连为一体,表现出复兴

① 谢幼伟:《伦理学大纲》(1941年),正中书局1946年版,第120—121页。
② 谢幼伟:《伦理学大纲》(1941年),正中书局1946年版,第125页。
③ 谢幼伟:《伦理学大纲》(1941年),正中书局1946年版,第128页。

儒学的强烈使命感。

谢幼伟所著《伦理学大纲》是现代新儒家的治学理念在伦理学方面的贯彻，该著基于其生存的"革命"时代的特征，力图将儒家道德境界与"革命的道德行为"统一起来，并在"革命行动"的道德阐释中建构其伦理学体系，借以使传统儒家伦理能够运用到现代的社会生活之中，进而实现传统伦理的"现代转型"。谢幼伟的《伦理学大纲》在中国现代伦理学史上，乃是复兴传统儒学伦理的重要努力，因而在现代中国的伦理学发展进程中也是有其显著特色的。

14. 汪少伦的《伦理学体系》(1944 年)

汪少伦①在 20 世纪 40 年代所著的《伦理学体系》(重庆商务印书馆 1944 年初版，1945 年出第 3 版)，副标题为"中国道德之路"，全书分 3 篇：道德起源与背景，道德理论，道德规律，共 14 章。该著是一部自成体系且较有影响的伦理学著作，在许多方面有其独特的见解：

第一，在民族视域中对道德起源与变迁进行了理论上的研究，使道德置于民族生存与发展的视域之中。在道德的起源问题上，汪少伦认为道德的产生源于民族的需要，而所谓道德皆是民族的道德。在他看来，民族是道德产生的母体，没有离开民族的道德，故而他将"民族社会"作为研究道德问题的重要范畴，并借此构建伦理学体系。汪少伦指出："因民族社会特别需要，所以道德都是由民族社会创造出来的。在某种道德形成过程中，某个社会的所有份子均有一部分力量，好像语言的形成一样。因此道德和语言均无确定的作者。在道德转变过程中，有时或有少数道德天才者，或中国过去所谓的立德者，表现力量较大，如中国的孔子、希腊的苏格拉底等；但道德天才者创造新的道德规律时必须能适合民族特性及时代潮流，否则其所创造的道德规律即不能得到舆论的赞同，由模仿以发生普遍效力。同时道德天才者所创造的道德必藉他人以实现……。倘使每个

---

① 汪少伦(1902—1982)，又名礼明，安徽桐城练潭(今双港镇山明村)人。五四运动时期参加爱国运动，被学校除名。不久，转入宣城师范继续就学，继而考取天津盐务学校。在天津盐务学校期间，加入中国共产党。毕业之际，前往苏联莫斯科中山大学学习。北伐战争结束后回国，曾担任国民党安徽省党部党务训练所教务长。不久受通缉而逃至日本，进入早稻田大学，并加入国民党。1929 年回国任山东省教育厅科员，1930 年前往德国柏林大学攻读哲学与教育。1936 年底回国，历任中国陆军军官学校政治教官，国立编译馆编辑兼人文组主任，中央政治学校教授兼教务副主任，国立中央大学教授兼公民训育系主任。1944 年任安徽省政府委员兼教育厅厅长，1948 年秋当选为国民政府第一届立法委员、国民政府教育部教育研究委员会委员。新中国成立前去台湾，相继担任台湾师范大学教育学教授、新加坡南洋大学教育学教授。著有《青年修养》、《中国命运和伦理学》、《民族哲学大纲》、《训练原理和实施》、《伦理学体系》、《多重宇宙与人生》等。

个人是孤立或自为目的的,则他个人的生、死、成、败对于他人毫无影响,则节或不节、勇或不勇、智或不智即失其道德价值。由此足见道德确是由民族产生出来的。"①这就是说,道德是基于民族的需要而产生的,道德也就成为民族得以生存和发展的重要支柱,而少数"立德者"固然在道德的形成过程中起了很大的作用,但归根到底也是源于民族的需要。可以说,以"需要"的观点并从"民族"的角度来解释道德的起源,是汪少伦建立的伦理学体系的一个重要特色。对于道德变迁问题,汪少伦从"支族"的角度予以较为深入的研究,认为道德既然起源于民族的产生,则"道德目的"和"道德范围"的变迁皆源于"支族"的变迁,而"道德水准的变迁"则是在民族形成以后的事,表现出道德变迁在民族形成中的特殊性。他指出:"关于道德目的或范围的变迁,大多由于支族与民族之递嬗。即在民族未形成以前,支族为一切生活之单位,所以道德亦以维持支族共同生活为目的……。民族形成以后,民族代替支族为一切生活之单位,于是支族道德亦变为民族道德。……至于道德水准的变迁,则多由于民族发展的运期不同,其实践道德规律的程度亦不一致。各个时代实践道德规律不一致,史实亦至明显,……中国过去道德水准的变迁多为波浪式的起伏。"②不难看出,汪少伦对于道德变迁的论述,以其"民族观"为特点,并将"共同生活"作为道德演进的社会条件,同时又将践行道德的实践活动作为道德发展的基础,强调道德有一个由"支族道德"到"民族道德"的转变过程,认为不同的民族有其不同的道德变迁规律,力图揭示道德体系之中有着各民族道德的特殊性。

第二,关于道德规律的存在及其价值,汪少伦从民族衍化和发展的角度予以充分地肯定,强调道德规律对于民族的生存与发展的极端重要性。在他看来,道德规律的价值,根源于道德在安定社会秩序方面的独特作用。他说:"道德则渗入人类心灵,形成普遍所谓的良心。由于良心的指示或驱使,使各人均能发生其应有之言、行;好像神经系统能使各种机关,各个细胞发生其应有的作用一样。同时道德又大多属于积极性质,如爱人、爱物、勇往直前、追求真理之类。道德为安定社会内部生活最理想并唯一的工具,所以各个社会——尤其是向前发展的社会,无不由其道德天才的份子适应时、地需要,制定种种道德规律,命令人人必守,违反即加以种种制裁。"③因此,他格外强调道德规律的普遍意义,把道德规

① 汪少伦:《伦理学体系》(1944年),商务印书馆1947年版,第20页。
② 汪少伦:《伦理学体系》(1944年),商务印书馆1947年版,第30—31页。
③ 汪少伦:《伦理学体系》(1944年),商务印书馆1947年版,第17页。

律提到民族存亡的高度。如他说："倘使一个民族社会缺少道德规律，或道德规律不能发生作用，则这个民族社会的各份子及各部分必至互相冲突。互相冲突的结果，亦必自行灭亡。……因道德对于民族社会特别需要，所以道德兴替对于一个民族的盛、衰、亡有极大的影响。"①也许因为汪少伦将道德作用提升到特定的高度，所以他在道德与法律关系的问题上将法律视为道德中的部分，并认为法律是处于道德体系中的"最低的一部分"。他指出："法律……不但为道德之一部分，而且为其最低的一部分。法律即为道德的一部分，部分不能代替全体功用，法律自不能尽安定社会内部生活之全责。同时，法律只为道德最低的一部分，所以无论如何美备，只能使人不致有恶的言、行，而不能使人努力善的言、行。"②重视道德在社会秩序建构中的基础性地位，这是正确的。但社会秩序建构中，作为上层建筑的各个方面如道德、哲学、宗教、法律等等，皆有各自的地位和作用，并且法律的因素对社会的政治秩序所起的作用，比道德所起的作用则更大，这是基本事实。此可见，汪少伦的《伦理学体系》亦有夸大道德作用之嫌。

第三，重视对于道德种类的研究与说明，并就国家道德、社会道德以及家庭道德等方面进行了深入的剖析，在诸多方面提出了创新性的主张。

譬如，关于国家道德问题，汪少伦强调国家是民族人格的具体化，必须使国家意志与民族意志达到一致，才能使政府成为"民族国家的政府"。他指出：

> 因国家为民族安内攘外，以实现其生存与自由的工具，所以代表国家的机关或政府必须有能。盖必须有能，然后才能适应时、地需要，为种种合宜措施，以达到安内攘外的目的。否则优柔寡断，内不能安，外更不能攘，民族的生存与自由即无由实现。同时因国家为民族人格的具体化，所以代表国家的机关或政府必须能代表民族意志……，所谓能代表民族意志，即为能代表某时期人民的意志。盖必须政府能代表某时期人民的意志，然后政府的意志与民族意志相一致。政府意志与民族意志相一致，然后政府才为民族国家的政府。否则政府为政府，人民为人民，上下脱节，即不能谓之真正政府。③

这就是说，所谓国家道德就是民族道德的延续，在本质上是民族道德的反映。因此，国家必须维护民族的利益、代表民族的意志，这主要表现为在一定时

① 汪少伦：《伦理学体系》（1944年），商务印书馆1947年版，第19页。
② 汪少伦：《伦理学体系》（1944年），商务印书馆1947年版，第17页。
③ 汪少伦：《伦理学体系》（1944年），商务印书馆1947年版，第177页。

期内能代表人民的意志。自然,汪少伦这里所说的"人民"在不同的阶级立场上,乃是具有不同的政治含义的。

又譬如,关于社会道德问题,汪少伦强调社会道德的总体目标在于谋求民族的生存与自由,因而道德必须从民族的生存和发展的高度引领社会的前进,尤其需要对于社会经济生活加以积极的培育与鼓励,同时也要发挥道德的制裁功能。他说:

> 经济生产与运输既为民族创造生存与自由的资料,所以凡非对实现民族生存与自由另有任务,或无劳动能力者,如为民族培植优良份子的教育人员、为民族安内攘外的政治与军事人员、为民族创造精神自由的学术与艺术人员,以及已老、尚幼或残废的份子——以外,均应努力参加某一方面生产与运输的工作。否则不但国家可以取消其生存权利,即'不劳者不许食!'而且社会应加以道德制裁,即视其为变相的老鼠!同时从事他种工作的份子,虽不能直接参加经济劳动,但应尽量尊重经济劳动,尤不可贱视经济劳动。因经济劳动为创造民族生存资料,而生存不但为民族生活两大目的之一,而且为其最基本的目的。因此,经济劳动实为一种极重要的劳动,亦为一种极神圣的劳动。其他各种劳动的价值决计不能超出经济之上。历来鄙视经济劳动,实为极错误的观念;过去官吏往往压迫劳动民众,尤为违反道德行为。[1]

汪少伦的上述言论,在于倡导全社会需要培植一种重视"经济劳动"的道德,以引领社会道德风尚的前进。自然,汪少伦也不只是一般地倡导社会所应有的"生产"的道德,他特别强调国家在"经济劳动"道德的培育中发挥引领性作用,要求国家在分配、消费等方面有所作为,建立其关于分配与消费的道德体系,使得全社会遵循"关于分配与消费的道德规律"。他说:"就分配来讲,不但国家应实行收入平均的原则,每个民族份子亦应严守收入平均的道德。因每个人均为民族之一份子,对于民族有相同的义务与相同的权利。虽各个之能力不甚相同,亦为民族所给予;如由遗传所给予的天才,由教育所给予的知识与技能。各人的能力既为民族所给予,则各人创造的多少尽管不同,皆不足为享受不平均之根据。平均享受既为应有的道德,则任何人自不能利用权力或机会,以非分掠取,否则即等于变相的强盗。"[2]又说:"就消费来讲,国家平均分配于各个人或家

---

① 汪少伦:《伦理学体系》(1944年),商务印书馆1947年版,第184页。
② 汪少伦:《伦理学体系》(1944年),商务印书馆1947年版,第184—185页。

庭的东西,各个人或家庭虽可自由使用,但对于超过本身或本家庭实际需要的东西,应当归还民族,或分送不足实际需要之个人或家庭,切不可任意滥费。任意滥费一分民族生存资料,不但等于任意滥费一分祖先或同胞的血汗,亦且等于任意灭低一分同胞或子孙的生存机会。滥费祖先所遗留下的血汗,或灭低子孙生存机会,均为违反道德。所以,超过本身或一家人实际需要的享受或滥费,为一种极大的罪恶。"①如果说汪少伦在"国家道德"方面,比较侧重于道德的政治性内容的阐发,那么,他在"社会道德"方面,则格外地强调道德对经济生活的支撑作用及其引领性意义。

再譬如,关于家庭道德,汪少伦主张小家庭制度,指出:"成年或结婚的子女不但不必与父母同居,而且应该脱离父母而自立。否则不但加重父母的负担,而且减低子女的进取精神,对本身对社会均属有害而无益。这是合乎道德的家庭制度。"②在家庭伦理建设方面,汪少伦还提出了独特的"教养道德"主张。他说:

因家庭主要目的在谋生育子女以实现本身及民族生命的持续,所以凡已结婚的男女,除非本身具有恶劣遗传质,或其他特殊状况,经国家医生检查不许生育或免除生育者外,均应努力于子女之生育。其结婚而实行避孕的人,只享受家庭权利,不尽家庭义务,较之独身尤不道德;社会应加鄙弃,法律应予制裁,如征收无子税,或剥夺一部分公权之类。结婚男女不但应该努力生育子女,尤当努力教养子女,此即过去所谓的慈。倘使生而不养,养而不教;则或增加社会罪恶,或养成为害社会的份子,其违反道德较之独身与避孕为尤甚。父母不但应该努力教养子女,而且无条件地努力教养子女。所谓无条件地教养子女,即教养了子女并不希望子女有何回报……。但父母教养子女虽不期待子女有所回报,或无条件地慈爱;但子女对于父母却不能不有所回报,或尽可能的孝敬。子女对父母所以然必须有所回报,或尽可能地孝敬,即因父母为自身所从出,父母的身体即为本身的身体,父母的人格即为本身的人格。本身既不能不保养本身的身体,即不能不保养父母的身体;本身既不能不尊重本身的人格,自不能不尊重父母的人格。否则不孝父母等于虐待自身,不敬父母等于自暴自弃。虐待本身与自暴自弃均为不道德。③

① 汪少伦:《伦理学体系》(1944年),商务印书馆1947年版,第185页。
② 汪少伦:《伦理学体系》(1944年),商务印书馆1947年版,第164页。
③ 汪少伦:《伦理学体系》(1944年),商务印书馆1947年版,第165—166页。

　　以上是汪少伦就家庭中父母与子女间的道德关系所作出的说明,强调的是家庭中的成员所应有的责任、义务与权利。在汪少伦看来,家庭中同时也有"兄弟姊妹"的道德关系,这也是家庭伦理的重要方面。汪少伦说:"至兄弟姊妹同为父母所生,虽年龄、性别有所不同,其先天秉质大多相等,即为父母性细胞的结合。兄弟姊妹既同为父母性细胞的结合,本身原为一体。本身原为一体,则自应互相亲爱,否则虐待兄弟姊妹,不但等于虐待父母,亦且等于虐待本身。虐待父母或本身均为不道德,则虐待兄弟姊妹自亦为不道德。"①汪少伦的《伦理学体系》中关于家庭道德的论述,既继承了中国传统的家庭伦理思想,又在当时个性解放的背景中有创造性的发挥。

　　第四,高度重视中国的传统儒家伦理,在创造性诠释儒家伦理的基础上,重点研究并阐发"学术中的道德制度与规律"问题。汪少伦提出,"所谓道即指合乎事实的真理",因而对于"道德的规律"的问题,可以从"知道、传道、行道、卫道、容道、共道"等方面来分析和研究。"所谓知道,即从事学术研究的民族分子,必须以全副精力用于研究各方面现象或各种问题,以求发现其法则或真理"。但真正的学者不但应当努力"知道",而且应当努力"传道"。"所谓传道,即将所发见的真理,或述之以口,或笔之于书,以公布于天下后世,藉以实现其精神自由"。这里的"传道",是对一个真正的学者的道德要求。因为"倘使发见真理而不加以公布,则私藏真理等于私藏公物一样";而"私藏公物既为不道德,私藏真理亦为不道德"。当然,"传道"是有条件的,这不仅需要以"知道"为前提,而且需要"有道才传,有真理才公布"。"倘使根本无道可传,而亦乱发议论;根本无真理可公布,而要大做文章,或广刊著作,则欺世盗名的行为等于盗贼"。"传道"之后,还要努力"行道"。而"所谓努力行道,即将所发现的真理用于解决实际问题:如改革社会、支配自然之类"。作为一位真学者,还要身体力行地"卫道",并将"卫道"与"容道"、"共道"有机地结合起来。对此,汪少伦指出:"所谓卫道,即对于所发现的真理,不但绝对信守,而且努力传播、努力宣扬、努力实行。……但真学者虽应努力卫道,却不可认自己所发现的真理为唯一真理,他人所发现的真理尽为谬论。如是他人必须信奉我所发现的真理,否则不加以排斥,便加以讥谤。此种偏狭胸襟,亦非真学者所应有。换句话讲,即真学者虽应亦当容道。真学者不但应当容纳他人所发现的真理,而且应当与其他学者互相合作。因各方面学术不但目的完全相同——实现民族的生存与自由,其对象亦为一

　　① 汪少伦:《伦理学体系》(1944年),商务印书馆1947年版,第166页。

体——地面上各种现象。专门研究只为学术分工，不得已的办法；并非各门学问可以相互独立。学术对象即为一体，学术目的又复相同，所以各方面学者应该开诚合作，以提高创造效率，以完成共同使命。此即所谓的共道。但所谓共道或开诚合作，并不是互相标榜或互相隐过。互相标榜或互相隐过，不但不能提高创造效率，而且减低创造效率。因必须互相批评，然后始能促进个人尽量努力。这是学术中的道德制度与规律。"①汪少伦对于"知道、传道、行道、卫道、容道、共道"等内容的研究，一方面吸收了传统儒家伦理的内容，另一方面又结合学术实践活动的实际，阐述了学术道德的基本问题，这是他对于学者提出的具体的道德要求。

汪少伦所著《伦理学体系》从民族生存和发展的视角立论，对道德的起源与变迁、道德规律的价值、道德的种类、学术道德等问题进行了创造性的研究，不仅将道德的起源与变迁看作是民族的需要，而且力图在西方伦理思想与中国传统伦理思想的结合上有所创新，故而在道德演变及其规律的研究方面有自己独特的见解。在中国现代伦理学史上，汪少伦的《伦理学体系》尽管存在着很大的局限，但仍不失为一部重要的学术著作。

---

① 汪少伦:《伦理学体系》(1944年)，商务印书馆1947年版，第188—189页。

后　记

任何比较成熟的学科皆有其学科史或学术研究史,现代中国时段(1919—1949)的学术研究在演进中也就形成了"中国现代学术史"。所谓中国现代学术史,按理应该包括现代中国时段(1919—1949)中的人文学科、社会科学及自然科学的研究史。就是说,自然科学中的数学、天文学、物理学、化学、地学、生物学、医学等学科,也应该在"学术史"之中叙述其研究历程及其成果。限于笔者的知识基础和研究能力,在目前还不能做出这样的学术史著作。因此,笔者的这部多卷本著作《中国现代学术概论》,叙述的只是 1919 年至 1949 年间现代中国学术体系中的人文学科和社会科学的发展史,主要是哲学、经济学、政治学、史学、社会学、法学、文学、语言学、伦理学、宗教学、美学、教育学、新闻学、民族学、民俗学等十五个学科的历史。本著的目的是想初步地梳理现代中国这一时段中,人文社会科学学术演变的大致情形及其具有代表性的学术成果,进而构建中国现代学术史的研究体系,便于人们了解现代中国这一时段学术的基本概貌及演进的态势,为今天的学术文化建设特别是自主知识体系的构建提供本土化的学术资源。

研究"中国现代学术史"这样的课题有着较多的困难,研究者要有相关学科的知识体系,不仅需要对现代中国的历史演变有较好的掌握,具有史学研究的相关基础,而且需要掌握现代中国时段之内的人文社会科学各个学科的发展状况。这对于现在的研究者来说,确实有很大的难度。包括笔者在内的研究者,因为是新中国成立以后培养出来的,接受的乃是分科式、专业化的高等教育,这就很难通晓人文社会科学的各学科及其相关领域。好在,我在 2002 年出版了《李大钊与中国现代学术》、在 2010 年出版了三卷本《中国马克思主义学术史概论(1919—1949)》等著作,对于现代中国的马克思主义学术史还算比较熟悉,对于现代中国的哲学、政治学、经济学、历史学、社会学、法学、文学等学科的发展状况也有所知晓,具有一定的学术史研究基础。加之从 2012 年至 2015 年间,笔者主持国家社科基金重大招标项目"中国马克思主义学术史",并于 2019 年在人民出版社出版了五卷本的《中国马克思主义学术史》,这就积累了相关的研究资料和研究经验,为撰写这部《中国现代学术概论》打下了一定的基础。

"中国现代学术史"的下限是 1949 年,而 1949 年至今已经七十多年了。按理,现在才撰写"中国现代学术史"这样的著作,应该说是相当迟缓了,这反映出我们的研究工作确实有很大的滞后性。史学界都明白,作为"史"的性质的东西,一个时代结束后,就会立即进行撰史的工作,这才是史家所应有的敏锐和责任。学术史的研究也是这样。清朝灭亡十年后,梁启超及时地推出《清代学术概论》、《中国近三百年学术史》等著作,总结有清一代的学术;其后,又有钱穆的《中国近三百年学术史》,也是总结清代学术成就的。但不知道什么原因,新中国成立已经这么多年了,却一直难以见到"中国现代学术史"之类的著作。可喜的是,生活·读书·新知三联书店于 2008 年推出刘梦溪的《中国现代学术要略》,十年之后的 2018 年又出了该著的"修订本",这应该说是弥补了中国现代学术史领域的空白。

笔者为什么选择"中国现代学术史"这样的题目呢?我比较崇拜有学术成就的学者,对于勤于耕耘、有知识、有学问的人,素来抱有敬仰之情,怀有敬重之意,存有敬畏之心。故而,我对于学者撰写的论文、专著,总喜欢细加琢磨、深刻体会,这在无形中使自己受到既往学者研究理念、人格力量的感染。我喜欢阅读中国现代学人的著作,不仅能感受到他们追求学术的态度,而且也被他们的学术智慧、探索精神、人格魅力所折服。然而,我常常检阅相关的研究动态时,发现自己所接触到的现代中国的不少著名学者,他们的学术著作尚不为当今学术界所注意,至于对这些学者的研究工作及其成果进行学术的梳理与总结,则可谓少之又少。这实在不是很正常的学术现象,反映出当今中国学术界的历史意识、文化传承理念有很大的不足,如果说得重一点,就是对于本土学术的既有成就、本土文化的发展缺乏应有的尊重。笔者觉得,应该高度尊重现代中国社会中那些勤于耕耘的学者们,需要将他们的研究成果加以研究和总结,并作为一份文化成果有所批判、有所选择地继承下来,这应是当今学者的一个很重大的责任。

我自己确立学术史的研究方向确实有很大的偶然性,但其中似乎也有某种必然性的因素。笔者自 20 世纪 80 年代后期开始了李大钊研究的工作,1989 年参加全国纪念李大钊诞辰 100 周年学术讨论会,其后即得到张静如先生的悉心指导。1999 年在北师大攻读博士学位时,我的导师张静如先生鉴于我的研究基础,为我确立了"李大钊与中国现代学术"的研究方向,并指导我完成了《李大钊与中国现代学术》的博士学位论文。张先生是马克思主义理论研究专家、党史学名家,全国著名的李大钊研究专家。他希望我通过"李大钊与中国现代学术"问题的研究,不仅在李大钊研究方面取得突破,而且能够打下中国马克思主义学术史的研究基础,并进而开创"中国马克思主义学术史"的研究方向。我比较能够体会张先生的学术理念,在博士毕业后的十年中,继续沿着读博阶段所确立的研究方向不断努力,于2007年至2009年间主持江苏省教育厅的重大项目"中国马克思主义学术史(1919—1949)",又于2009年主持教育部规划项目"中国马克思主义学术史(1919—1949)"。这样,博士毕业后经过近十年的艰苦努力,于2010年在吉林人民出版社出版了三卷本的《中国马克思主义学术史概论(1919—1949)》。此著出版后,受到学术界的重视,获得了不少奖项,算是有点学术影响。对我个人而言,既然已经写出了1919年至1949年间的"中国马克思主义学术史",那么,下面的工作将如何开展呢?我选择了将研究对象的下限向后推移,在2012年又主持国家社科重大项目"中国马克思主义学术史"。

"中国马克思主义学术史"这个项目之后,在学术研究上应该继续做什么呢?对此,我思考再三,选择了将研究对象向左右方向拓展,亦即将研究对象从"中国马克思主义学术"扩大为"中国现代学术",这就必须进而研究现代中国时段中非马克思主义学术的部分,所涉及的研究领域还要包括那些意识形态不太强的学科,如此才能够建构"中国现代学术史"研究体系。由"中国马克思主义学术史研究"进到"中国现代学术史研究",有这样几点理由:其一,学术研究需要强调多方的联系性,即使是研究马克思主义学术史,从联系的角度来看也要研究非马克思主义者学术研究的历史及其成果,因为马克思主义学术是与非马克思主义学术相比较而存在、相斗争而发展的,并且两者之间有着竞争互动的关系,这是研究工作深化的需要;其二,学术研究确实有着意识形态性特征,但也有一些学科及其研究工作,其意识形态性不是太强,故而作为整体的学术史,既需要包括意识形态性较强的学科,又需要包括那些意识形态性不太强的学科,同时亦需要包括那些向来不为当今学界所重视的所谓"小学科",从而尽可能体现学科发展的多样性、全面性,这样才能呈现学术发展的整体性面貌;其三,学术史既需要将研究对象在演进的时段上进行相应的延伸,同时更需要在研究对象的内涵上加以丰富与扩展,如此才可能进到探求规律性的层面。

研究现代中国的学术史,总有个"上限"和"下限"。在现在看来,1919年作为"上限"应该没有什么问题,而"下限"也只能定为1949年。对于现当代中国的学术发展史来说,1949年显然是一个重要的分界点,亦即1949年乃是学术史上一个重要的"历史节点"。其突出的表征是,此前与此后的学术研究有很大的不同,尽管也有着学术发展的内在连续性。1949 年至今已经七十多年了,能够在 1949 年前作出重大学术贡献的学者,现在大多已经作古,因而也是可以盖棺论定的;那时的学者作出了怎样的学术贡献,其学术著作的开创性及其价值到底如何,他们的学术理念及提出的学术观点、学术主张有什么样的影响,是否引起学术界的共鸣而得到有效的传承,经过新中国成立后七十多年的学术沉淀和时代检验,在现在大致也是能够作出判断的。尽管现在所作出的判断,仍然有很大的局限性,不可能做到纯然的客观;况且,人文社会科学的所谓"客观",也只有相对性的意义。这就是说,要对中国现代学术史上的学者作出客观的评价,也是一件比较困难的事。现代中国时段的不少学者是有学术传承谱系的,他们的不少弟子或再传弟子仍然活跃在当今的中国学术界,甚至还是处在当今中国学术的前沿。在此情形下,要求现在的研究者书写出的学术史,能够照应到各种关系并得到各方完全的满意,应该说不是很容易做到的,但也不能因此就将中国现代学术史搁置不顾。笔者的看法,现在还不是客观地书写整体的 20 世纪中国学术史的时候,只能将 1949 年之前的中国现代学术史先行地做起来,形成一个较为扎实的基础。至于 20 世纪下半期的中国学术发展史,如果要进入比较客观的研究阶段,至少还是要等上几十年,大致在 2050 年左右可以书写出来。当然,这也不妨碍现在就开始做一点关于 20 世纪下半期学术史研究的准备性工作。

这部多卷本的《中国现代学术概论》,在写法上是有侧重的。事实上,写任何一部著作,也不可能面面俱到,详略的要求还是要考虑的。在学科上,本著虽然涉及十五个学科,但也不是平均用力,而是比较侧重于学术成果比较丰富的、研究范围比较大的学科。其中,哲学、经济学、政治学、史学等学科,所占的比例较大,篇幅上自然也就大些;其他学科,篇幅也就相对小些。这大致也是比较符合当时学术研究的实际状况。具体言之,由于现代中国的十五个学科所关涉的学者及其著述颇多,故而笔者所做的主要是"梳理",并且只能采取"点面结合"的办法,主要工作在两方面:一是叙述每一个学科演变脉络与学术发展轨迹,呈现各个学科的整体面貌及演进态势,故而,一些在当时并不特别著名的学者也需要有所涉及,这是"面"的工作;二是就每个学科中代表性的学术著作给予重点介绍,既表征代表性学者在学术上所作出的重要努力及其所取得的突出成就,又反映这个学科的研究工作所达到的高度,这是"点"的工作。在著述构架上,本著主要叙述现代时段(1919—1949)的中国马克思主义学术史和非马克思主义

学术史,但比较侧重于中国马克思主义学术史的研究与叙述①。其理由就在于:
现代中国时段的中国马克思主义学术,确实是中国现代学术发展进程中最主要
的方面、最有生命力的部分,并且也是新中国成立以后以马克思主义为指导的学
术发展的本土化资源。进而言之,民主革命时期的中国马克思主义学术,不仅是
新中国成立以后学术发展所不可或缺的基础,而且也是当今哲学社会科学发展
及构建学科体系、学术体系、话语体系和建构自主知识体系,所必须加以有效利
用的宝贵资源。笔者的看法,无论是从中国现代学术史的基本构成,还是从学术
历史演进中的重要地位来看,都得将中国马克思主义学术史作为"中国现代学
术史"的重点而加以叙述,并在整体的构架上处于最为显著、最为突出的位置。

本著起初取名为《中国现代学术史》,并于 2016 年 11 月 28 日完成 280 万字
的初稿(八卷本)。考虑到著史得更加慎重一些,就想着先弄出一个概论性的著
作,遂决定将初稿删繁就简,力图使复杂问题简单化、通俗化。在经过 2018 年 3
月的修改及 2022 年 3 月的修改后,将初稿中的文字压缩为 180 万字左右,定名
为《中国现代学术概论》(五卷本)。需要指出的是,当今中国学术研究喜欢以
"合作社"的方法进行,这个办法固然成书较快,短期内亦能有较为显见的研究
成果。然而,包括学术史在内的史学研究,实在是"独断之学",除非有司马光那
样的组织才能,并能集中有如刘恕、刘攽、范祖禹这样的著名史家为其助手,否则
很难产生高质量的研究成果。鉴于这样的考虑,为了能确保写作时间并使写出
的东西能够有点质量,笔者推开各种杂务,专心于著述工作,独自完成本著。这
样,全书在体例、文字、内容上,大致能够做到相对的统一,也不枉费读者花时间
来阅读这部书。

笔者三十多年的学术研究,得到了我的导师张静如先生的悉心指导与有力
支持。我的三卷本《中国马克思主义学术史概论(1919—1949)》完成之后,张先
生不仅作序给予诸多的鼓励,而且希望笔者能将现代学术史研究进一步开展下
去。我从事的党史研究、李大钊研究、中国马克思主义学术史研究、马克思主义
中国化研究、近代中国留学生研究、中国现代政治史研究、中国现当代社会史研
究等等,皆是在先生所指导的研究方向上前行的,而且也力图承继先生的学术思

---

① 笔者的这部《中国现代学术概论》(五卷本)在著述理念上将中国马克思主义学术放在首
要的位置,但考虑到本著的既有规模及本著毕竟属于"概论"性质的学术著作,又不得不在中国马克
思主义学术叙述的篇幅上有所限定。读者如需要进一步了解中国马克思主义学术史的全貌,可参
阅三卷本拙著《中国马克思主义学术史概论(1919—1949)》(吉林人民出版社 2010 年版)及五卷本
拙著《中国马克思主义学术史》(人民出版社 2019 年版)。

想和研究路数。本想,这部多卷本的《中国现代学术概论》完成之后,再请先生作序。可是,先生在 2016 年 8 月 29 日却永远地走了。谨以此书对我的导师张静如先生表示深切的怀念!

　　笔者从 1999 年读博研究"李大钊与中国现代学术"问题开始,就不断搜集中国现代学术史的资料。起初,重点是搜集现代中国的马克思主义学术史的材料,主要集中在哲学、政治学、经济学、史学、社会学、法学、文学等七个学科,同时也附带地搜集一些非马克思主义学术史的材料,并逐渐将搜集材料的范围扩大至语言学、伦理学、宗教学、美学、教育学、新闻学、民族学、民俗学等学科的范围。从 2016 年 11 月 18 日写出本书的初稿,至今又是七年过去了。书稿规模比较大,每修改一次至少需要半年以上的时间,在每次修改后自然是觉得满意一些,但过了一段时间再看看书稿,不满意的地方还是很多,于是又只好进行新一轮的修改。我这些年,就是在这样的状态中走过来的。我想,这部书稿总是放着也不是个事,毕竟写出的书主要不是给自己看的。丑媳妇总是要见公婆的,研究者写出的书还是出版的好。对于我来说,这部书稿的出版也能了却一桩心事,同时也是对自己二十年来的中国现代学术史研究有一个交代。

吴汉全

初稿完成于 2016 年 11 月 18 日

二稿修改于 2018 年 3 月 16 日

三稿修改于 2022 年 3 月 14 日

四稿修改于 2023 年 10 月 19 日

责任编辑：马长虹
封面设计：汪　莹

图书在版编目（CIP）数据

中国现代学术概论/吴汉全 著. —北京：人民出版社，2025.5
ISBN 978－7－01－026540－7

Ⅰ.①中… Ⅱ.①吴… Ⅲ.①学术思想-思想史-中国-现代 Ⅳ.①B26

中国国家版本馆 CIP 数据核字（2024）第 091292 号

中国现代学术概论

ZHONGGUO XIANDAI XUESHU GAILUN

吴汉全　著

人民出版社 出版发行
（100706　北京市东城区隆福寺街 99 号）

北京中科印刷有限公司印刷　新华书店经销

2025 年 5 月第 1 版　2025 年 5 月北京第 1 次印刷
开本：710 毫米×1000 毫米 1/16　印张：113.25
字数：2100 千字

ISBN 978－7－01－026540－7　定价：580.00 元（全五卷）

邮购地址 100706　北京市东城区隆福寺街 99 号
人民东方图书销售中心　电话（010）65250042　65289539